In ricordo di Laura

Cum semel a te profectum carmen est, ius omne posuisti;
oratio publicata res libera est.
Quintus Aurelius Symmachus, Ep. 1,31

I contenuti digitali
tecnologie, diritti e libertà

Nicola Lucchi

I contenuti digitali
tecnologie, diritti e libertà

 Springer

Nicola Lucchi
Università degli Studi di Ferrara
Dipartimento di Scienze Giuridiche

ISBN 978-88-470-1398-8   ISBN 978-88-470-1399-5 (eBook)
DOI 10.1007/978-88-470-1399-5

Prefazione e ringraziamenti

Questo volume, destinato ai corsi di diritto dell'informatica, diritto delle nuove tecnologie e diritto dell'informazione e della comunicazione, si rivolge anche agli studiosi ed agli operatori del settore dei nuovi media. Esso si propone di offrire una riflessione sulle problematiche di carattere tecnologico-giuridico che stanno rimodellando il mondo dei contenuti digitali. L'industria dei contenuti sta infatti affrontando, ormai da qualche anno, una seconda "rivoluzione Gutenberg". Per venire incontro alle nuove domande dei consumatori in un ambiente ridisegnato dalle nuove tecnologie, l'informazione e la conoscenza stanno così reinventando se stesse e i loro modelli di business.

L'analisi svolta nelle pagine che seguono è il frutto di uno studio iniziato alcuni anni or sono, le cui fasi di avvicinamento sono state enucleate in una serie di articoli e in un volume dal titolo "Digital Media & Intellectual Property", pubblicato in lingua inglese nel 2006 (sempre per i tipi di Springer). Rivisitando quanto già osservato, cercheremo perciò di dare un assetto organico agli elementi chiave dell'odierno dibattito sugli orientamenti delle industrie creative nell'era digitale, anche valorizzando i cambiamenti intervenuti in questi ultimi tre anni. Il volume vuole essere pertanto un'occasione di stimolo per la conoscenza e il confronto delle scelte strategiche essenziali per il futuro dei contenuti digitali.

In particolare, l'indagine svolta ambisce ad avviare una riflessione su ciò che da più parti sembra essere ormai posto in dubbio: il principio cardine della remunerazione per il lavoro creativo. La nostra analisi non intende però soffermarsi sulla discussione circa la legittimità di ricompensare o meno gli autori di un'opera. Il nodo della questione è che, da alcuni anni, milioni di persone in tutto il mondo possono avere accesso gratuito a copie digitali di opere che costituiscono il frutto dell'ingegno di qualche autore. Io stesso ho ritrovato il *file* del mio libro del 2006 - e di molti altri testi scientifici - sul sito www.ebookee.com. Comprendo dunque bene le paure degli autori. È giusto discuterne e confrontarsi, con la consapevolezza però che indietro non si può tornare: è la semplice constatazione di una necessità di fatto. Si tratta perciò di investire tempo e intelligenze non soltanto in dissertazioni etiche, ideologiche o giuridiche, ma anche - e soprattutto - nella ricerca e definizione di un modello di remunerazione complementare o alternativo, efficace e funzionale.

I tempi sembrano ormai maturi per far emergere una soluzione di compromesso in grado di garantire nuove forme di compensazione per i produttori di contenuti (magari organizzate diversamente dal passato). Una soluzione che mantenga attrattivi gli investimenti per realizzare nuovi contenuti e che, allo stesso tempo, non mortifichi l'evoluzione tecnologica, le innovazioni che Internet è in grado di innescare e, soprattutto, sia in grado di tutelare adeguatamente anche gli utenti.

Gli allarmi a difesa del diritto d'autore, in relazione ai fenomeni di condivisione dei contenuti facilitati da Internet, si susseguono ormai ad intervalli regolari. Il problema esiste da tempo e, pur tornando d'attualità ad ogni nuovo fenomeno di "distribuzione alternativa", non è stato ancora risolto. Tuttavia la questione va oltre la mera tutela dei diritti di proprietà intellettuale. La ridefinizione di tali diritti sembra, infatti, un paradigma di tantissime altre questioni legate alla cosiddetta "era del controllo digitale". Saremo dunque in grado di far fronte in modo "cooperativo" allo snaturamento del diritto d'autore ed agli inevitabili conflitti che questo porta con sé? E, nel contempo, le nuove forme di distribuzione di contenuti apriranno un periodo di straordinarie opportunità oppure di minore libertà? Le moderne dinamiche della comunicazione sono incontenibili e foriere di crescita e benefici per tutti. Il punto di equilibrio sembra tuttavia ancora lontano. Da una parte abbiamo i conservatori a tutti i costi, i "mercanti di contenuti", che continuano a lanciare allarmi senza far nulla di concreto per adeguarsi all'inevitabile cambiamento. Dall'altra si collocano quelle istituzioni - Unione europea *in primis* – che, potendo agire dove i singoli Stati non sono in grado di arrivare, avrebbero il dovere di trovare soluzioni originali per problemi del tutto nuovi. Il rischio dietro l'angolo è quello di un governo privato e globale delegato esclusivamente alle *corporations*.

Riusciranno i Governi ad assicurare un futuro sostenibile ai contenuti digitali? Il volume non azzarderà una risposta al quesito - né si cimenterà in improbabili pronostici - ma si muoverà secondo le tre direttrici che dovrebbero, a nostro avviso, orientare l'operato del legislatore: diritti, tecnologie e libertà.

* * *

La realizzazione di tale opera è stata possibile anche grazie alle ricerche che, in questi anni, ho potuto svolgere presso varie università straniere; ricerche sempre generosamente finanziate sia dall'Università di Ferrara, in particolare dalla Facoltà di giurisprudenza, sia dalle istituzioni ospitanti.

Nel dare alle stampe questo lavoro vorrei ringraziare tutti coloro che, a diverso titolo, mi hanno sostenuto durante le fasi di preparazione e realizzazione dello stesso.

Prima di tutti, un ringraziamento particolare va a Deborah Esposito Fabiano, Marina Negri, Camilla del Torre e Miriam Coppola per aver contribuito a questa pubblicazione fornendomi involontariamente l'ispirazione iniziale. Senza il loro stimolo questo lavoro, dei cui contenuti rimango comunque l'unico responsabile, difficilmente avrebbe visto la luce.

Ringrazio infinitamente la carissima amica Marina Mantovani che, dalla lontana Nuova Zelanda, ha pazientemente accettato di rileggere le bozze prima della pubblicazione, fornendomi preziosi consigli ed indicazioni. Sono altresì grato a Paolo Veronesi per gli utili suggerimenti e le fondamentali osservazioni critiche, nonché a Federica Corradi Dell'Acqua per l'editing del volume.

Ringrazio inoltre Rochelle Dreyfuss, Eleanor Fox and Helen Nissenbaum e Joseph Weiler per gli interessanti colloqui e per la loro generosa ospitalità a New York. Sono altresì riconoscente a Mark Lemley e a Pamela Samuelson che, con le loro lezioni, mi hanno iniziato a questi argomenti.

Un ringraziamento particolare va inoltre a Roberto Bin che, più di tutti, ha segnato le mie scelte professionali.

Devo ugualmente ringraziare Luigi Costato per l'attenzione e la disponibilità dimostrate verso il mio lavoro.

Vorrei infine manifestare la mia gratitudine a tutti coloro che, in vario modo, mi hanno sostenuto, accompagnato o ispirato, rendendo piacevole e proficuo questo periodo della mia vita: Angela Cossiri, Filippo Benelli, Silvia Borelli, Marco Borraccetti, Margherita Franzoni, Christian Iaione, Laura Imbernon, Cesare Mainardis, Silvia Manservisi, Guido Margutti, Maria Fernandez Molinero, Francesca Pancaldi, Riccardo Resca, Juan Antonio Ruiz, Roberta Tragaioli, Giovanna Salatino, Mario Savino, Silvia Schiavo, Alfredino Settembri, Pierpaolo Settembri, Alessandro Somma, Lara Ziosi, Mirella e Luciano.

Sicuro di qualche involontaria omissione chiedo anticipatamente perdono agli amici ed ai colleghi che non appaiono e ai quali sono comunque debitore.

Ferrara, Settembre 2009   Nicola Lucchi

Indice

Abbreviazioni

BEUC	Beureau Européen des Unions de Consommateurs
CDA	Communication Decency Act
CLCV	Consommation Logement et Cadre de Vie
CSS	Content Scambling System
DMCA	Digital Millenium Copyright Act
DRM	Digital Rights Management
EUCD	European Copyright Directive
EULA	End User License Agreement
FTC	Federal Trade Commission
GATT	General Agreement on Tariffs and Trade
HLG	High Level Group
INFOSOC	Information Society
IPRED	Intellectual Property Rights Enforcement Directive
ISP	Internet Service Provide
MPPA	Motion Picture Association of America
MTP	Misure Tecnologiche di Protezione
OCSE	Organizzazione per la Cooperazione e lo Sviluppo Economico
OECD	Organisation for Economic Co-operation and Development
OMC	Organizzazione Mondiale del Commercio
OMPI	Organizzazione Mondiale della Proprietà Intellettuale
P2P	Peer to Peer
RIAA	Recording Industry Association of America
SEE	Spazio Economico Europeo
TPM	Technological Protection Measure
TRIPs	Agreement on Trade-Related Aspects of Intellectual Property Rights
UCC	Uniform Commercial Code
UE	Unione Europea
USC	United States Code
WCT	WIPO Copyright Treaty
WIPO	World Intellectual Property Organization
WPPT	WIPO Performances and Phonograms Treaty
WTO	World Trade Organization
XCP	Extended Copy Protection

Introduzione

"Guardare un film in televisione, ascoltare una canzone da un riproduttore audio, sfogliare un libro in una biblioteca: sono tutti comportamenti apparentemente consolidati e di *routine*, almeno sino a poco tempo fa. La realtà di oggi è invece radicalmente diversa: lo sviluppo delle nuove tecnologie digitali ha infatti consentito, tanto alle nuove generazioni quanto a quelle di età più adulta, di reperire informazioni di ogni tipo attraverso strumenti digitali differenti e soprattutto, di poterlo fare in qualsiasi luogo ci si trovi e in qualunque momento. È dunque cambiato per il consumatore non solo il modo di accedere ai contenuti culturali e di intrattenimento, ma anche l'utilizzo che viene fatto di tali contenuti: sempre più spesso si attivano forum, *chat, instant messaging, blog, newsgroup* per comunicare; si moltiplicano gli accessi ai social network per condividere immagini, conoscenze, riflessioni; si utilizzano sempre più tecnologie mobili di nuova generazione".[1] In questo contesto, è stato coniato il termine Web 2.0, espressione con cui comunemente si indica proprio tale ambiente evoluto di Internet, ovvero tutte quelle applicazioni *on-line* che permettono agli utenti di controllare direttamente i contenuti digitali, interagendo in maniera del tutto nuova spesso anche come autori ed editori di sé stessi. Nella pratica, il termine si riferisce a quell'insieme di strumenti e di servizi che offrono la possibilità di utilizzare la rete in modo innovativo; in altre parole, esso comprende i *blog*, i *forum*, le *chat*, i sistemi enciclopedici aperti come *Wikipedia*, i sistemi di condivisione di video ed immagini come *Youtube* e *Flickr*, i *social network* come *Facebook, Twitter, Myspace* o, ancora, i mondi virtuali come *Second Life*.[2] In questo modo, si profila all'orizzonte un'industria dei "media senza media", ovvero uno scenario in cui il consumatore crea e distribuisce propri contenuti eliminando tutte le forme di

---

mediazione "presenti nelle diverse fasi della catena del valore tradizionale tra attività creativa/intellettuale [...] e sua circolazione e consumo".[3]

I contenuti digitali e tali recenti tecnologie di comunicazione costituiscono, infatti, una nuova forma di partecipazione attiva degli utenti, un fenomeno in forte crescita specialmente tra le nuove generazioni.[4] Gli attuali modelli multimediali sono il risultato del processo di innovazione tecnologica in corso ormai da tempo, caratterizzato dalla diffusione, accesso e fruizione delle informazioni non solo in assenza di un supporto fisico che le contenga (libro, CD, DVD o altro) ma anche indipendentemente da ogni mezzo di trasporto. Pertanto, con il termine *contenuti digitali* ci riferiamo alle nuove modalità di diffusione dei contenuti, rese possibili dalle "recenti tecnologie digitali". Quando parliamo, di contenuti digitali intendiamo i "prodotti intellettuali resi disponibili in formato elettronico digitale, funzionanti in computer o altri dispositivi in grado di leggere contenuti digitalizzati".[5] In altre parole, i contenuti digitali non sono altro che opere dell'ingegno (come la musica, le immagini, i testi e i videogiochi), ma dematerializzati, ovvero liberati da un contenitore predefinito e distribuiti sulle diverse piattaforme digitali. È in tal senso che useremo il termine in questo libro.

I contenuti digitali e le loro innovative tecnologie di trasmissione attraverso le reti di comunicazione (come Internet), rappresentano le cause che hanno portato allo sviluppo di nuovi approcci verso i media tradizionali, nonché verso l'economia, la cultura ed il diritto loro applicati. Lo sviluppo delle tecnologie digitali ha insomma rivoluzionato il sistema dei media attraverso un processo di trasformazione economica, giuridica e sociale.

I contenuti digitali in generale, e le reti di comunicazione in particolare, hanno creato un ambiente assai diverso per lo sviluppo internazionale dell'industria e della tecnologia, specie nei settori dell'*high-tech* e dei contenuti multimediali.

La rivoluzione prodotta da tali modalità di diffusione dei contenuti, (divenuti autonomi e svincolati da piattaforme distributive predeterminate), si è tradotta in una moltitudine di prodotti che consentono agli utenti di divenire essi stessi creatori, così generando problematiche assai differenti ri-

---

[3]   Così Augusto Preta, Economia dei contenuti. L'industria dei media e la rivoluzione digitale, Milano, 2007, p. 8 e ss.

[4]   Sulla generazione dei cosiddetti "nativi digitali", ovvero giovani cresciuti sin dalla nascita con e dentro questi ambienti virtuali, e le nuove modalità di fruizione dell'informazione e persino della formazione, si veda l'interessante ricerca di John Palfrey, Urs Gasser, Understanding the First Generation of Digital Natives, New York, 2008.

[5]   Cfr. Pamela Samuelson, Digital Media and the Changing Face of Intellectual Property Law, 16 Rutgers Computer and Tech. L.J. 323, 324 (1990). Sull'argomento si veda anche Tony Feldman, An introduction to digital media (1997); Alan Williams, Duncan Calow, Nicholas Higham, Digital Media: Contracts, Rights and Licensing (2nd ed. 1998).

spetto a quelle indotte dagli altri classici media (come radio, televisione e stampa).

La produzione di informazione digitale e la diffusione di servizi interattivi sono fenomeni che hanno infatti completamente trasformato le condizioni di accesso alla conoscenza ed il modo di distribuzione dei contenuti.[6] Tuttavia, quando l'informazione è registrata in formato digitale, anche il lavoro del contraffattore diventa più semplice. La copia di un'opera digitale sarà infatti identica, (in termini di qualità), all'originale, essendo la sua copia esatta, eseguita da una macchina appositamente programmata per decifrare il codice binario, ovvero una serie di 0 e di 1. E ciò a prescindere dal numero di copie che si vorranno produrre.[7] In aggiunta, la velocità alla quale le copie potranno essere distribuite e diffuse può essere incrementata grazie alla capacità di propagazione delle informazioni offerta da Internet.[8]

All'interno di questo contesto - essenzialmente caratterizzato dalla separazione tra media e contenuti - i tradizionali modelli di business sono stati messi in profonda crisi perché ancora legati alla vendita di beni materiali.[9] Una delle più evidenti resistenze al cambiamento è caratterizzata dall'introduzione di sistemi di gestione dei diritti digitali (*Digital Rights Management Systems* o DRMs) e di misure tecnologiche di protezione (MTP): un *business model* utilizzato per distribuire in modo sicuro e controllato i contenuti digitali. Tali strumenti, nati con l'obiettivo di arginare il fenomeno della pirateria, hanno via via esteso il controllo dei titolari del diritto d'autore sui propri contenuti digitali,[10] contribuendo a sconvolgere l'assetto tradizionale dei diritti di proprietà intellettuale.[11] Tali "recinzioni tecnologiche" rappresentano l'elemento fondamentale sul quale si basano molti degli innovativi servizi di diffusione dei contenuti (come gli *on-line music* e video *stores*, i servizi di *pay-per-view* o di video *on demand*).

---

[6]   Comm. on Intell. Prop. Rights and the Emerging Info. Infrastructure, National Research Council, The Digital Dilemma: Intellectual Property in the Information Age, at ix (2000) [in seguito: Digital Dilemma].

[7]   Per una dettagliata tassonomia dei media digitali si veda Samuelson, Digital Media and the Changing Face of Intellectual Property Law, p. 324; Id., Digital Media and the Law, 34 Comm. ACM 23 (1991).

[8]   Cfr. Samuelson, Digital Media and the Law, cit., p. 24. Digital Dilemma, cit., p. 32.

[9]   Sul punto si veda Augusto Preta, Economia dei contenuti. L'industria dei media e la rivoluzione digitale, Milano, 2007, p. 8 e ss.

[10]   Jaques de Werra, Acces Control or Freedom of Access?, in Christoph Beat Graber et al., (a cura di), Digital rights management: the end of collecting societies?, Berne, 2005, p. 111.

[11]   Il termine "proprietà intellettuale" è spesso utilizzato senza una particolare e concreta definizione. In termini generali, tale espressione si può considerare comprendente qualsiasi risultato dell'intelletto umano: come le idee, i concetti, le invenzioni, i racconti, le canzoni, ecc, tuttavia, vi è una differenza fondamentale tra la nozione di proprietà intellettuale e quello di diritti di proprietà intellettuale. Sul punto si veda e.g., Ian J. Lloyd, Information Technology Law, 4th ed., London, 2004, p. 304.

Per questa via, i proprietari delle vecchie tecnologie, le multinazionali ed i governi hanno di fatto privatizzato l'accesso ai contenuti, utilizzando una combinazione di strumenti tecnologici, giuridici e contrattuali.[12] Quando tutti questi strumenti sono presenti, ogni diritto che l'utente, spesso un consumatore, potrebbe avere per via della normativa sul diritto d'autore rischia di essere sostituito da termini e condizioni contrattuali definite unilateralmente, rese concretamente inderogabili da strumenti tecnologici a loro volta protetti da norme giuridiche.

Lo scenario disegnato dai rapidi cambiamenti e dall'espansione dei contenuti digitali è reso ancor più complesso anche dal fatto che la tecnologia permette di combinare varie forme di espressione creativa promuovendo la realizzazione di opere multimediali che fondono in un tutt'uno suoni, immagini e testi.[13]

Tuttavia, contrariamente a quanto è accaduto per altri beni informatici, non abbiamo a disposizione una definizione prescrittiva dei contenuti digitali, anche se esistono esempi di legislazione diretta alla loro protezione.[14] In particolare, la tutela loro offerta è essenzialmente una combinazione tra regimi di protezione già esistenti per altre opere simili. La configurazione giuridica risultante è perciò costituita da una stratificazione di previsioni normative, direttamente o indirettamente connesse ai nuovi prodotti tecnologici ed ai cosiddetti diritti digitali.[15]

Nonostante ciò, le crescenti difficoltà nel mantenere un equilibrio tra i contrapposti interessi (quelli dei detentori dei diritti di proprietà intellettuale e quelli del pubblico degli utenti finali e dei consumatori), hanno stimolato interventi normativi e di regolamentazione sia a livello internazionale che nazionale. A questo proposito, negli ultimi anni si è avvertita con forza la necessità di modernizzare i tradizionali strumenti utilizzati per la protezione dei diritti di proprietà intellettuale, soprattutto in relazione ai nuovi scenari tecnologici. Questo settore è stato caratterizzato da numerosi interventi normativi nell'ambito della cosiddetta società dell'informazione, con speciale attenzione alla protezione delle opere frutto dell'ingegno e a carattere creativo. In tale contesto, le eccezioni e le limitazioni ai diritti di pro-

---

[12]   Cfr. de Werra, Acces Control or Freedom of Access?, cit., p. 111.

[13]   Cfr. Irini A. Stamatoudi, Copyright and Multimedia Products: A Comparative Analysis 16-19 (2002).

[14]   Si veda Olena Dmytrenko, James X. Dempsey, Copyright & the Internet: Building national legislative frameworks based on international copyright law, Global Internet Policy Initiative (GIPI) – 4 (Dec. 2004) alla URL <http://www.internetpolicy.net/practices/20041200 copyright.pdf>.

[15]   Cfr. Stamatoudi, Copyright and Multimedia Products, cit., p. 5.

prietà intellettuale ed i privilegi accordati agli utenti sono diventati uno dei più controversi aspetti della normativa sulla proprietà intellettuale.[16]

Lo scopo del volume è dunque quello di descrivere l'evoluzione avvenuta nel mercato della distribuzione dei contenuti digitali evidenziando i punti di tensione sorti dal rapporto sempre più stretto tra tecnologia e diritto. In particolare, il diritto d'autore verrà utilizzato come modello attraverso il quale analizzare i principali problemi che, nel campo di diverse esperienze giuridiche, qualificano un intero processo sociale "sempre più spesso definito nei termini di una transizione dalla modernità alla postmodernità".[17] La cornice nella quale ci muoveremo sarà essenzialmente quella dell'industria dei contenuti perché qui i fenomeni derivanti dalla digitalizzazione sono emersi con maggiore prepotenza ed in maniera più evidente. Proprio per questo, tale settore, per la sua peculiare storia, costituisce un osservatorio privilegiato tale da prestarsi a diventare un paradigma ed un modello per altri settori produttivi aventi per oggetto delle proprie attività il bene informazione.[18]

È in quest'ottica che verranno analizzate le esperienze statunitensi in materia di gestione di diritti digitali, evidenziando gli effetti destabilizzanti delle norme anti-elusione delle misure di protezione tecnologica introdotte dal *Digital Millennium Copyright Act* (DMCA).[19] Allo stesso modo si osserveranno criticamente le simili prescrizioni incluse nella direttiva 2001/29/CE della Comunità europea miranti all'armonizzazione di alcuni aspetti del diritto d'autore e dei diritti connessi nella società dell'informazione (direttiva InfoSoc).[20]

Nel dettaglio cercheremo di rivelare come l'attuale normativa (americana, europea ed internazionale) sia in grado di compromettere la capacità del consumatore di esercitare talune legittime prerogative, come le eccezioni e limitazioni al diritto d'autore,[21] attribuendo ai proprietari di opere

---

[16] Recentemente gli Stati membri dell'Unione europea sono stati costretti a modificare i sistemi di eccezioni e limitazioni al diritto d'autore proprio al fine di conformarsi alla direttiva sull'armonizzazione di taluni aspetti del diritto d'autore e diritti connessi nella società dell'informazione. Sul punto si veda Robert Burrell e Allison Coleman, Copyright Exceptions: The Digital Impact, Cambridge, 2005.

[17] Così Marina Santilli, Il Diritto d'Autore nella Società dell'Informazione, Milano, 1988, p. 25.

[18] Cfr. Paolo Auteri, Il Paradigma Tradizionale del Diritto d'Autore e le Nuove Tecnologie, in in Maria Lillà Montagnani, Maurizio Borghi (a cura di), Proprietà Digitale: Diritti d'Autore, Nuove Tecnologie e Digital Rights Management, Milano, 2006, p. 23.

[19] 17 U.S.C. § 1201 (2000).

[20] 2001 G.U. (L 167) 10.

[21] Le eccezioni e limitazioni generalmente riconosciute sono: quella per uso privato, parodia, per uso didattico o di ricerca scientifica, citazione, caricatura oltre ad altre eccezioni per gli archivi e le biblioteche. Nel sistema statunitense il *fair use* è la più importante eccezione al

intellettuali forme di protezione extragiuridica per i propri prodotti espandendo il controllo oltre i limiti consentiti.[22] L'assetto normativo e gli indirizzi operativi che vietano l'aggiramento delle misure tecnologiche di protezione hanno infatti inavvertitamente prodotto una forma di diritto d' accesso, predisponendo un'architettura che i titolari dei diritti d'autore sfruttano per controllare la gestione dei contenuti.[23] Nello specifico, ciò è la diretta conseguenza della diffusione di mezzi di protezione dal fenomeno della pirateria digitale, cioè strumenti sviluppati per garantire una distribuzione sicura e per impedire il commercio illegale di opere creative per mezzo di reti di comunicazione digitale.

Tradizionalmente, i titolari dei diritti di proprietà intellettuale non hanno mai detenuto un controllo illimitato sull'uso delle loro opere: il diritto d'autore e i diritti connessi rappresentano, infatti, un concetto giuridico che racchiude in sé anche molti vincoli per limitare il controllo monopolistico garantito ai titolari. Se questi diritti esclusivi vengono trasformati in una concezione tecnologica, non si potranno far valere le altrettanto rilevanti limitazioni ai diritti di proprietà intellettuale. Di contro, ai titolari del diritto viene di fatto consentito utilizzare simili strumenti di protezione per espandere arbitrariamente il controllo sulle loro opere.[24] Tale incondizionata attribuzione di poteri ha rilevanti conseguenze: da una parte comporta un'inopportuna delega nell'assunzione di decisioni spettanti tradizionalmente allo Stato ad una entità non statale, dall'altra privatizza (di fatto) la promozione delle arti e della conoscenza nel settore digitale, invece di incoraggiare, nell'interesse pubblico, il flusso dell'informazione libera.[25]

Anche se la maggior parte di tali questioni deve ancora trovare risposte ragionevoli, il dibattito sorto a livello internazionale sta contribuendo ad evidenziare e a chiarire la situazione di incertezza e confusione normativa.

In particolare, una visione più chiara circa l'attuale assetto giuridico e tecnologico può senz'altro emergere da un'analisi comparativa tra il modello adottato in Europa e quello d'oltreoceano. Infatti, la maggior parte della letteratura giuridica sui media digitali è etnocentrica, ovvero si riferisce esclusivamente ad esperienze di singoli paesi o modelli giuridici, ed è scritta in termini generali come se il modello che prevale in un determinato

---

copyright. Codificata al titolo 17 U.S.C. § 107 (2000). Tale sistema è fondamentalmente diverso dal sistema delle eccezioni o libere utilizzazioni caratteristico del sistema continentale.

[22]   Cfr. Andrea Ottolia, Dan Wielsch, Mapping the Information Environment: Legal Aspects of Modularization and Digitization, 6 Yale J. L. & Tech. 174 (2003).

[23]   Matt Jackson, Using Technology to Circumvent the Law: The DMCA's Push to Privatize Copyright, 23 Hastings Comm. & Ent. L.J. 607, 608 (2001).

[24]   Ibidem.

[25]   Cfr. Shubha Ghosh, Deprivatizing Copyright, 54 Case W. Res. 387, 395 (2003).

paese potesse essere valido per tutti.[26] È proprio in tale contesto che l'analisi comparativa può essere d'aiuto attraverso due strumenti: la formazione e chiarificazione dei concetti in grado di mettere in comunicazione sistemi differenti;[27] la valutazione ed il rilevamento delle differenze tra le regole comportamentali, le modalità produttive e le caratteristiche di sistema dei mezzi di diffusione che agiscono nei differenti contesti. L'analisi comparativa, inoltre, è utile nella ricerca sociale e giuridica perché sensibilizza il ricercatore all'analisi dei mutamenti e delle affinità contribuendo alla formazione di un solido apparato concettuale. Nel sistema dei media, inoltre, esiste una stretta relazione tra paesi con una consolidata cultura e tradizione (come gli Stati Uniti) ed i paesi con una meno sviluppata consuetudine. Questa relazione si riverbera in una tendenza a mutuare, talvolta acriticamente, la regolamentazione adottata in altri sistemi giuridici – normalmente quelli anglo-americani – e a considerarla applicabile senza alcuna argomentazione critica anche in altri contesti.

La discussione di questi temi ha una significativa rilevanza pubblica in quanto la produzione di contenuti digitali è diventata una delle risorse più importanti per la crescita economica, l'imprenditoria, l'occupazione, lo sviluppo professionale, sociale e culturale, nonché per promuovere la capacità creativa ed innovativa delle moderne società.[28] In questo scenario diventa ancora più importante formulare un nuovo assetto per i diritti legati alla proprietà intellettuale. Mentre i prodotti digitali hanno di recente sperimentato un incredibile successo di mercato, allo stesso tempo ad essi è stata data una inadeguata e sproporzionata protezione, sotto gli schemi delle preesistenti normative in tema di diritto d'autore.

I diritti di proprietà intellettuale[29] – come il diritto d'autore, i brevetti, i marchi registrati etc. – offrono una protezione giuridica alla quale si affidano autori, inventori, imprese, ricercatori e altri per tutelare le proprie

---

[26]   Cfr. Daniel C. Hallin & Paolo Mancini, Comparing Media Systems: Three Models of Media and Politics, Cambridge, 2004, p. 2.

[27]   Per "concetti" si intende il prodotto delle tecniche di comparazione. Sulla metodologia del diritto comparato si veda: David J. Gerber, System Dynamics:Towards a Language of Comparative Law?, 46 Am. J. Comp. L., 719 (1998); James Gordley, Comparative Law a Distintc Discipline?, 46 Am. J. Comp. L., 607 (1998).

[28]   Ibidem.

[29]   Come già evidenziato, il termine "proprietà intellettuale" è spesso utilizzato senza una particolare e concreta definizione. In termini generali, tale espressione si può considerare comprendente qualsiasi risultato dell'intelletto umano: come le idee, i concetti, le invenzioni, i racconti, le canzoni, ecc, tuttavia, vi è una differenza fondamentale tra la nozione di proprietà intellettuale e quello di diritti di proprietà intellettuale. Sul punto si veda e.g., Ian J. Lloyd, Information Technology Law, 4th ed., London, 2004, p. 304.

creazioni frutto del loro ingegno.[30] I diritti di proprietà intellettuale stabiliscono anche quale uso legittimo possa essere fatto di un'opera creativa, e sono perciò essenziali per assicurare che gli autori siano ricompensati per i loro sforzi.[31]

L'avvento di Internet, come accennato precedentemente, ha tuttavia sollevato una nuova e inaspettata sfida, rendendo più difficile trovare un equilibrio. La risposta ad Internet è stata la diffusione di un sistema estremamente protettivo, in cui i contenuti digitali sono considerati alla stregua della proprietà fisica, con ampi diritti di controllo attribuiti ai titolari delle opere creative.[32]

Allo stesso tempo, le tecnologie digitali permettono la copia perfetta, gratuita e illimitata, oltre che la diffusione dell'opera stessa.[33] Senza un'adeguata protezione e applicazione delle norme, gli autori potrebbero decidere di non rendere la loro opera disponibile in formato digitale.[34] In pratica di fronte a tali mutamenti è necessario rendersi conto che le esigenze della società dell'informazione differiscono da quelle della precedente società industriale.[35]

Nelle pagine che seguono analizzeremo come i proprietari delle vecchie tecnologie stiano cercando di bloccare la strada a quello che avvertono come un antagonista, non riuscendo a comprendere l'autentica e primigenia formulazione della normativa sulla proprietà intellettuale ed i nuovi significati che devono essere applicati nell'ambiente digitale.[36] La rete Internet infatti offre nuove possibilità in termini di appropriazione e distribuzione: la legge dovrebbe essere ridisegnata, possibilmente in termini di sfruttamento economico, considerando tuttavia l'originario obiettivo delle norme sul diritto d'autore.[37] Potrebbe anche essere necessario, in previsio-

---

[30]   Il diritto di proprietà intellettuale è stato definito come "that area of law which concerns legal rights associated with creative effort or commercial reputation and goodwill". Cfr. David I Bainbridge, Intellectual Property, 5th ed., New York, 2002, p. 4.

[31]   Sul punto si veda in generale Robert P. Merges et al., Intellectual Property in the New Technological Age, 3d ed., New York, 2003, p.15.

[32]   Cfr. Digital Dilemma, cit., p. 8-12.

[33]   Ibidem, p. 3-6.

[34]   Quando le informazioni vengono registrate in formato digitale, l'attività di chi vuole realizzare una copia è molto più facile. La copia digitale di un'opera avrà esattamente le stesse qualità e caratteristiche dell'originale, perché è la copia esatta di un codice binario (una serie di zeri e di uno) meccanicamente leggibile. Lo stesso effetto si realizza a prescindere dal numero di copie effettuate. Inoltre la velocità con la quale le copie possono essere diffuse è aumentata anche grazie alla potenzialità offerta da Internet. Ibidem, p. 32.

[35]   Cfr. Manuel Castells, The Rise of the Network Society, 2d ed., New York, 2002, p. 33.

[36]   Vedi Mohanbir Sawhney, Hand in Hand, Context Magazine (2000), alla URL <http://www.contextmag.com/setFrameRedirect.asp?src=/archives/200004/digitalStrategy.asp>.

[37]   Ngli Stati Uniti, l'obiettivo principale del diritto d'autore è codificato nella U.S. Const. art. I, § 8, cl. 8. Tuttavia, è necessario rimarcare le differenze sostanziali nei presupposti storici ca-

ne del potenziale offerto da Internet, costruire un nuovo modello giuridico-economico modellato sulle caratteristiche proprie della rete.

La prima parte di questo volume è volta ad evidenziare come il bilanciamento che la legge sul diritto d'autore originariamente cercava di stabilire, è stato di fatto compromesso: in risposta alle minacce della pirateria digitale ed alle forme di indebita appropriazione dei contenuti, i titolari dei diritti d'autore hanno puntato a creare un sistema in cui le loro creazioni siano protette allo stesso modo dei beni fisici. In quest'ottica i titolari dei diritti hanno messo a punto un sistema in cui esercitano un controllo esteso sull'accesso e sull'uso delle proprie opere, con conseguente diminuzione dei diritti e dei privilegi tradizionalmente riconosciuti all'utente. In particolare cercheremo di comprendere come i diritti di proprietà intellettuale, unitamente al contratto ed alla tecnologia, stiano modellando il mercato e l'ambiente normativo dei contenuti digitali.

Nella seconda sezione analizzeremo le misure adottate a livello legislativo per proteggere i diritti d'autore in questo nuovo contesto digitale. Particolare attenzione sarà data al modello normativo adottato dagli Stati Uniti, paese che è passato da una situazione di nazione culturalmente povera ed importatrice a quella di più grande esportatore di opere dell'ingegno, e leader nello sviluppo tecnologico, ma anche capofila delle vigorose iniziative a tutela delle opere e contro la pirateria audiovisiva ed informatica.[38] Si compareranno inoltre le tutele di carattere giuridico, le misure tecnologiche e le clausole anti-elusione recentemente adottate nell'Europa continentale e negli Stati Uniti.

Daremo inoltre spazio al dibattito in merito ai nuovi comportamenti di consumo da parte degli utenti finali, analizzando il caso dei sistemi *peer-to-peer* e gli effetti prodotti dalla reazione dell'industria contro la condivisione illegale di contenuti.

---

ratteristici dei paesi basati sul sistema *à droit d'auteur* da quelli di tradizione anglosassone. Diversi commentatori hanno comunque osservato come da tempo sia in atto un processo di armonizzazione del diritto d'autore a livello internazionale. Cfr. Gillian Davies, The Convergence of Copyright and Authors' Rights – Reality or Chimera?, 26 Int' Rev. of Indus. Prop. and Copyright L. 964, 965 (1995) (l'a. osserva come la Convenzione di Berna abbia di fatto rappresentato un ponto di congiunzione tra i due sistemi); J.A.L. Sterling, Creator's Right and the Bridge Between Author's Right and Copyright, 29 Int' Rev. of Indus. Prop. and Copyright L. 302 (1998). Per un esempio rappresentativo delle differenze tra i due modelli si vedano Tullio Ascarelli, Teoria della Concorrenza e dei Beni Materiali, Milano, 1960, p. 355, e 1 Paul Goldstein, Copyright: Principles, Law and Practice, Oxford, 1989, p. 317.

[38] Cfr. Vittorio M. de Sanctis, I soggetti del Diritto d'Autore, Milano, 2000, p. 35. Si veda anche Hector L. MacQueen, Copyright and the Internet, in Law and the Internet: A Framework for Electronic Commerce 181, 184 (Lilian Edwards & Charlotte Waelde eds., 2d ed. 2000).

Nella terza sezione osserveremo il fenomeno delle misure tecnologiche adottate per tutelate i contenuti digitali e per prevenire le attività di copia, riproduzione e distribuzione illegale tramite Internet.

Analizzeremo anche come l'industria dei contenuti stia cercando di sviluppare sistemi di licenze per la distribuzione *on-line*, imponendo attraverso la tecnologia eccessive restrizioni delle forme di appropriazione del patrimonio intellettuale da parte degli utenti. In particolare, rileveremo la tendenza a convertire le misure di protezione tecnologica in una forma di diritto d'autore privatamente imposto.[39]

Il volume si concluderà con una panoramica sugli effetti derivanti da tali nuove tendenze, prendendo in considerazione le possibili soluzioni adottabili all'interno del sistema giuridico statunitense ed europeo, entrambi attualmente inclini ad utilizzare accordi contrattuali per espandere i diritti di proprietà intellettuale.

Il testo propone infine di apprendere dall'esperienza dei vecchi media: le nuove tecnologie non devono necessariamente distruggere l'attuale architettura normativa, ma al contrario sono in grado di creare nuove opportunità.[40] Le vecchie e le nuove tecnologie, infatti, possono trovare il modo di cooperare insieme.[41] La soluzione ottimale sarebbe quella di riuscire ad adattare le norme in materia di proprietà intellettuale alla nuova era digitale.

Un vero equilibrio può essere raggiunto solo attraverso un'adeguata valorizzazione degli interessi dei titolari dei diritti, degli utenti finali e dei consumatori, tenendo conto in maniera "neutrale" sia della protezione dell'iniziale investimento creativo che del permesso al riutilizzo (legale o su licenza) dell'opera dell'ingegno.[42]

---

[39]   Cfr. James R. Maxeiner, Standard-Terms Contracting in the Global Electronic Age: European Alternatives, 28 Yale J. Int'l L. 109 (2003); Jerome H. Reichman, Jonathan A. Franklin, Privately Legislated Intellectual Property Rights: Reconciling Freedom of Contract with Public Good Uses of Information, 147 U. Pa. L. Rev. 875, 878 (1999).

[40]   Cfr. Sawhney, Hand in Hand, cit.

[41]   Ibidem.

[42]   Come è stato osservato da autorevole e famosa giurisprudenza d'oltreoceano, il diritto d'autore deve pervenire ad un bilanciamento tra "a copyright holder's legitimate demand for effective [...] protection [...] and the rights of others freely to engage in substantially unrelated areas of commerce." Così Sony Corp. of Am. v. Universal City Studios, Inc., 464 U.S. 417, 442 (1984).

1
La rivoluzione digitale

1.1 Il dilemma digitale

"Dilemma digitale" è ormai diventata un'espressione-simbolo per indicare il conflitto tra l'esigenza di non limitare la diffusione dei contenuti digitali e quella contrapposta di tutelare in modo adeguato i diritti di proprietà intellettuale. Come è stato osservato, le nuove tecnologie di comunicazione ed i nuovi supporti multimediali hanno introdotto "notevole entropia nel mondo consolidato di autori, editori e broadcaster", sovvertendo l'intero ambiente dei media attraverso l'affermazione di un inatteso paradigma commerciale e di fruizione di beni intangibili.[1]

Internet, come mezzo di comunicazione globale, ha avuto il potere di riunire un illimitato numero di persone contemporaneamente, con minima spesa e senza restrizioni in termini di tempo e di limiti geografici.[2] La diffusione pressoché totale della rete ed i bassi costi di gestione offrono un ambiente ove i prodotti che venivano tradizionalmente distribuiti come beni fisici possono oggi essere usufruiti completamente in forma digitale.[3] Questa trasformazione ha implicazioni diffuse sulla struttura dei costi[4] e sulle strategie degli intermediari (distributori, produttori) dei contenuti.[5]

Inoltre la digitalizzazione dei contenuti, combinata con la crescente adozione di tecnologie di distribuzione tramite la banda larga, rappresenta

---

[1] Così Ministero per l'Innovazione e le Tecnologie: Dipartimento per l'Innnovazione e le Tecnologie, Relazione Informativa: Digital Rights Management, (2004), p. 18, alla URL, < http. ://www.interlex.it/testi/pdf/drmfull.pdf>.

[2] Cfr. Manuel Castells, The Internet Galaxy: Reflections on the Internet, Business, and Society, Oxford, 2001, p. 2-5.

[3] Cfr. Digital Dilemma, cit., p. 32 (si osserva come le informazioni in forma digitale siano in gran parte liberate dal supporto che le trasporta); si veda anche John M. Gallaugher et al., Revenue Streams and Digital Content Providers: An Empirical Investigation, 38 Info. & Mgmt. 473, 476 (2001).

[4] La produzione di beni informazionali è caratterizzata da elevati costi fissi, ma da bassi costi marginali, in altre parole il bene informazione è costoso da produrre, ma economicamente riproducibile. Cfr. Carl Shapiro, Hal R. Varian, Information Rules: A Strategic Guide to the Network Economy, Boston, 1999, p. 3.

[5] Cfr. George M. Giaglis et al., The Role of Intermediaries in Electronic Marketplaces: Developing a Contingency Model, 12 Info. Sys. J. 231 (2002).

una rivoluzione e una sfida per lo sviluppo del nuovo mercato e la trasformazione del tradizionale modello di distribuzione.[6] Le conseguenze indotte nell'industria dei contenuti, come risultato delle nuove tecnologie sono già oggi sotto i nostri occhi. Ad esempio, la combinazione della tecnologia mp3 - *file* digitali compressi sino ad 1/22 delle loro dimensioni originali, con significativa riduzione dello spazio di allocazione[7] - e della tecnologia *peer-to-peer* - in grado di assicurare l'indipendenza dai server centrali e trasferimento dei *file* direttamente attraverso i computer dei singoli utenti - ha determinato una sostanziale trasformazione nel modo di acquisto e appropriazione delle creazioni intellettuali. L'utilizzo e la distribuzione di tali creazioni, da una parte massimizza la diffusione di cultura, dall'altra incrementa il rischio di appropriazione illegale e di diffusione di prodotti piratati, contraffatti o comunque non autorizzati.[8] Uno degli effetti di questo nuovo assetto è la possibilità di un drastico cambiamento negli equilibri di potere. Internet può, infatti, essere utilizzato come un mezzo di distribuzione molto economico ed esteso a tutto il mondo. Il digitale poi separa il mondo dei media dai contenuti. Tali processi promuovono inoltre il cosiddetto processo di convergenza digitale, ovvero l'integrazione tra tecnologia e contenuti su piattaforme e dispositivi che impiegano il linguaggio dei bit.[9]

Nel 1990, Pamela Samuelson propose profeticamente una dettagliata tassonomia per media ed i contenuti digitali,[10] individuando alcune caratteristiche fondamentali delle opere dematerializzate ed enfatizzando i problemi connessi alla regolamentazione dei tradizionali regimi di proprietà intellettuale. Secondo l'autrice, le caratteristiche dei media digitali, probabili responsabili dei significativi cambiamenti normativi, sarebbero sei.[11]

La prima è rappresentata dalla facilità di duplicazione, ossia la facilità con la quale le opere digitali possono essere copiate. Questa caratteristica pone grandi sfide per il diritto, specialmente per il diritto d'autore:[12] infatti,

---

[6]   Cfr. Shapiro, Varian, Information Rules: A Strategic Guide to the Network Economy, cit.

[7]   Sul punto si veda Dean S. Marks, Bruce H. Turnbull, Technical Protection Measures: The Intersection of Technology, Law and Commercial Licenses, 22 Eur. Intell. Prop. Rev. 198 (2000). Lo stesso articolo è stato presentato al Workshop on Implementation Issues of the WIPO Copyright Treaty (WCT) and the WIPO Performances and Phonograms Treaty (WPPT) (Geneva, Dec. 6-7, 1999), alla URL <http://www.wipo.int/documents/en/meetings/1999/wtc_ wppt/pdf/im p99_3.pdf>.

[8]   Cfr. Digital Dilemma, cit., p. 90.

[9]   Così Preta, Economia dei contenuti, cit. p. 6 e ss. Il fenomeno della convergenza non coinvolge solo Internet, ma in generale anche il mondo dei contenuti audiovisivi ed i mercati ad essi conessi.

[10]   Cfr. Samuelson, Digital Media and the Law, cit., p. 23.

[11]   Ibidem.

[12]   Ibidem.

con lo sviluppo e la diffusione dei contenuti digitali, è diventato possibile fare copie perfette di lavori protetti da diritto d'autore, senza alcun peggioramento della qualità di copia in copia.

La seconda caratteristica è costituita dalla facilità di trasmissione e dalla possibilità di uso multiplo.[13] Questo elemento implica che una singola copia abusiva può essere inserita in un computer connesso ad una rete di computer e quindi ad altri utenti, ciascuno dei quali potenzialmente in grado di farne uso virtuale e simultaneo.[14] La combinazione di queste prime proprietà pone un serie di condizioni critiche per il rafforzamento del diritto d'autore nell'ambiente digitale.[15] I titolari dei diritti infatti sono incoraggiati ad erigere barriere per restringere l'accesso e per ricavare profitti più dall'uso che dalla vendita delle copie.[16]

La terza caratteristica è la plasticità delle opera digitali. I contenuti digitali come musica, foto e software, possono essere infatti facilmente modificati, estratti, manipolati, composti e trasformati finché non diventano irriconoscibili rispetto all'opera originale.[17]

La quarta caratteristica è rappresentata dall'equivalenza del lavoro in formato digitale. Le opere coperte da diritto d'autore, quando sono in formato digitale, sono meno differenziate nel tipo e più simili alle altre poiché si trovano sullo stesso mezzo di diffusione.[18] In altre parole, quando le opere sono digitalizzate vi è una interruzione nella distinzione del diritto d'autore tra i differenti tipi di opera.[19] Così accade che le opere letterarie, musicali, grafiche, quando sono convertite in formato digitale, sottostanno alla stessa condizione, sono indistinguibili nel supporto e non più differenziabili in libro, quadro e disco, mettendo in crisi la nozione di *copyright* che ha diverse sfumature a seconda del supporto fisico di appartenenza.

Una nuova occasione per riflessioni di carattere giuridico è determinata dalla quinta caratteristica, ovvero la compattezza dell'opera una volta espressa in formato digitale. Tale elemento distintivo è dovuto al fatto che i contenuti sono conservati e distribuiti come sequenze di 0 e di 1, con la possibilità di conservare quantità di dati o informazioni estremamente complesse in spazi molto ridotti. Questi contenuti, inoltre, non possono es-

---

[13]   Ibidem, p. 24.

[14]   Ibidem.

[15]   Ibidem.

[16]   Ibidem.

[17]   Ibidem, p. 25.

[18]   Ibidem, p 26. L'autrice osserva come tale equivalenza tra opere in formato digitale "make increasingly easy to create a difficult to classify work by combining what have previously been thought of as separate categories of works".

[19]   Cfr. Pamela Samuelson, Robert J. Glushko, Intellectual Property Rights for Digital Library and Hypertext Publishing Systems, 6 Harv. J. Law & Tec 237, 240 (1993).

sere percepiti o letti dall'uomo, se non con l'aiuto di un computer o appositi dispositivi digitali.[20]

La sesta ed ultima caratteristica è la cosiddetta non linearità. Il dato digitale infatti non si consulta linearmente come si fa con un libro, ovvero pagina per pagina. Lo stesso libro sotto forma di file è consultabile a prescindere dalle forme vincolate imposte da chi l'ha scritto, ovvero indici e sommari, perché ogni parola contenuta nel testo diventa una chiave di ricerca che ne permette la scansione. Il contenuto dematerializzato infatti è suscettibile di assumere diverse tecniche di consultazione e di ricerca, quali ad esempio le strutture di navigazione a ragnatela tipiche dell'ipertesto, permettendo all'utente di reperire facilmente l'informazione di cui ha bisogno, creando però ulteriori interrogativi in materia di proprietà intellettuale perché l'utente può espandere le diramazioni informative in qualità di autore mediante la creazione di nuovi contenuti.[21]

Possiamo infine aggiungere un'ulteriore caratteristica. Le opere digitali, sono infatti ulteriormente caratterizzate dall'intangibilità, non possedendo fisicità e tattilità tradizionalmente associate alle classiche forme delle opere che hanno accompagnato la storia dei contenuti.[22] Infatti il codice binario, ossia la sostanza di cui sono materialmente composte le opere digitali, non può essere percepito o consultato come il materiale di cui erano costituite le precedenti opere analogiche.[23]

Quest'ultima caratteristica è evidente nei comportamenti umani drasticamente differenti di fronte all'appropriazione illegale di contenuti digitali. Così, gli appassionati di musica non penserebbero mai di rubare un CD in un negozio di musica, ma gli stessi non sono affatto preoccupati dal procurarsi illegalmente *file* digitali da un sistema di distribuzione *peer-to-peer*, nonostante le conseguenze per l'artista ed il produttore siano essenzialmente le stesse.[24]

In questa situazione è evidente come i proprietari delle vecchie tecnologie di distribuzione siano intimoriti dalla possibilità di perdere il controllo su autori, compositori ed artisti, poiché il loro ruolo può diventare completamente inutile.[25] Infatti l'intermediazione degli editori, dei distributori, delle compagnie discografiche, ma anche più semplicemente di edicole, li-

---

[20]   Ibidem, p 241.
[21]   Ibidem. Si veda anche Samuelson, Digital Media and the Law, cit., p. 28.
[22]   Cfr. Scott Olson, Digital Deontology, 2 Int'l Digital Media & Arts Ass'n J. 53, 54 (2005).
[23]   Ibidem.
[24]   Per questo esempio si veda Olson, Digital Deontology, cit., p. 54.
[25]   La tecnologia favorisce l'eliminazione di qui soggetti ed organizzazioni che si pongono come intermediari tra gli utenti finali ed i creatori di contenuti. Tale concetto è riassunto con il termine di disintermediazione. Cfr. Digital Dilemma, cit, p. 90.

brerie, negozi di dischi e cinema può essere facilmente eliminata.[26] In altre parole, le reti digitali eliminano gli intermediari e riducono drasticamente i costi.

Al fine di mantenere il loro mercato, gli intermediari dei contenuti sono obbligati ad un cambio radicale. L'arrivo di nuovi sistemi di distribuzione sta costringendo i fornitori a sottoporsi ad un'inevitabile metamorfosi verso la decentralizzazione e la disintermediazione nei sistemi di gestione dei contenuti.[27] Per mantenere la loro essenzialità all'interno del modello commerciale delle industrie culturali gli intermediari dei contenuti cercano di conservare il controllo sull'utilizzatore finale ricorrendo a misure di protezione del diritto d'autore estremamente restrittive.[28]

È proprio per questo motivo che di fronte alle applicazioni delle nuove tecnologie di distribuzione che consentono diversi flussi informativi, i fornitori di contenuti hanno cominciato a sostenere la necessità di più severe misure legislative non solo per le opere protette da diritto d'autore immesse in rete o comunque diffuse digitalmente, ma anche per ogni misura tecnologica e di sicurezza utilizzata per distribuirle.[29] Il precipitato di tali rivendicazioni è che le norme sul diritto d'autore non sono più strumenti di difesa nei confronti di rivali disonesti, ma "lo scudo e la spada nei confronti del resto del mondo".[30]

I distributori di contenuti non percepiscono la necessità di conformarsi ad alcuni aspetti positivi della nuova tecnologia di distribuzione, come ad

---

[26]   Cfr Alina M. Chircu, Robert J. Kauffman, Strategies for Internet Middlemen in the Intermediation/Disintermediation/Reintermediation Cycle, 9 Electronic Markets 109, 113 (1999).

[27]   Per una panoramica delle questioni inerenti la disintermediazione si veda George M. Giaglis et al., Disintermediation, Reintermediation, or Cybermediation? The Future of Intermediaries in Electronic Marketplaces, in Proceedings of the Twelfth International Bled Electronic Commerce Conference, Bled, Slovenia, June 7-9, 1999 at 389 (Stefan Klein, Joze Gricar, Andreja Pucihar eds., 1999); Michael D. Smith et al., Understanding Digital Markets: Review and Assessment, in Understanding the Digital Economy 99, 121 (Erik Brynjolfsson, Brian Kahin eds., 2000). Si veda anche Alan Williams et al., Digital Media: Contracts, Rights and Licensing, cit., p. 4; Lawrence Lessig, Free Culture: How Big Media Uses Technology and the Law to Lock Down Culture and Control Creativity, New Yok, 2004, p. 41.

[28]   Tuttavia, alcuni sembrano preferire il mantenimento dello *status quo*. L'industria dei contenuti, infatti, sta spingendo per proteggere la sua condizione di supremazia. Per una più generale analisi sui vari modi in cui gli interventi istituzionali possono facilitare od ostacolare il miglioramento delle norme giuridiche si veda Clayton P. Gillette, Lock-In Effects in Law and Norms, 78 B.U. L. Rev. 813 (1998).

[29]   Cfr Pamela Samuelson, Intellectual Property and the Digital Economy: Why the Anti-Circumvention Regulations Need to be Revised, 14 Berkeley Tech. L. J. 519 (1999). Ma vedi anche Kamiel Koelman, The Protection of Technological Measures vs. the Copyright Limitations, in Adjuncts and Alternatives to Copyright: Proceedings of the ALAI Congress June 13-17, 2001 p. 448 (Jane C. Ginsburg, June M. Besek eds., 2002).

[30]   Così Vincenzo Zeno Zencovich, Diritto d'Autore e Libertà di Espressione: Una Relazione Ambigua, AIDA, 2005, p. 152.

esempio la fortissima riduzione dei costi di produzione[31] e distribuzione permessa dal fatto che i dati digitali non sono più inseparabili da un vettore fisico, ma possono essere rappresentati da una serie di simboli e stringhe del tutto astratte.[32] La tecnologia quindi può promuovere l'etica ed il bene collettivo con la riduzione dei costi di transazione.[33]

I prodotti digitali sono inoltre particolarmente ben strutturati per la discriminazione dei prezzi e gli utenti sono spesso pronti a pagare per un accesso *on-line* immediato a specifici contenuti piuttosto che aspettare per fruire dello stesso bene in un altro formato. Una larga varietà di contenuti infatti può essere facilmente scomposta e distribuita *on-demand*.[34] I contenuti digitali traggono vantaggio anche dall'abilità di poter essere utilizzati da varie categorie di consumatori classificabili secondo le esigenze d'uso e l'immediatezza della necessità.[35] In ultima analisi la progressiva ed inarrestabile migrazione dei consumatori verso i nuovi media, le loro mutevoli aspettative, la possibilità di entrare in un mercato con una base di potenziali fruitori sempre più diversa e stratificata, nonché le tangibili differenze fra prodotti digitali e prodotti fisici, creano una grande quantità di opzioni per generare guadagni attraverso modelli economici di gestione dei contenuti estremamente interessanti.[36]

Probabilmente per queste ragioni i fornitori di contenuti stanno guardando con sempre maggior interesse ai servizi web di tipo *pay per view* o *pay per download*.[37] Allo stesso tempo, molti artisti e autori sembrano

---

[31]   Così Yochai Benkler, Net Regulation: Taking Stock and Looking Forward, 71 U. Colo. L. Rev. 1203, 1240 (2000). La riduzione dei costi potrebbe far aumentare il numero di operazioni che coinvolgono i contenuti. Le sfide e le opportunità per i titolari dei diritti d'autore sono perciò legate alle modalità attraverso le quali stabilire come distribuire tale estensione delle transazioni sia sotto forma di aumento dei profitti che di diminuzione dei prezzi. Sul punto si veda anche Michael W. Carroll, Whose Music is it Anyway? How We Came to View Musical Expression as a Form of Property, 72 U. Cin. L. Rev. 1405, 1413 (2004).

[32]   Vedi Digital Dilemma, cit., p. 32.

[33]   Vedi in generale Cass R. Sunstein, Free Markets and Social Justice, Oxford, 1997. Relativamente alle norme sociali, vedi anche Eric A. Posner, Efficient norms, in The New Palgrave Dictionary of Economics and the Law, p. 19 (Peter Newman ed., 1998).

[34]   Così Hal Varian, Pricing Information Goods, in Proceedings of Scholarship in the New Information Environment Symposium (Carol Hughes ed., 1995), alla URL <http://people.ischo ol.berkeley.edu/~hal/Papers/price-info-goods.pdf>.

[35]   Cfr. Gallaugher et al., Revenue Streams and Digital Content Providers, cit., p. 479.

[36]   Ibidem.

[37]   Come dimostra l'esperienza di Apple iTunes, il vero problema è la necessità di una originale filosofia nella distribuzione e fruizione dei contenuti. Se i fornitori di contenuti fossero in grado di identificare e concentrarsi maggiormente sulle esigenze dei consumatori, invece che sul semplice business o sui requisiti di controllo e monitoraggio, l'innovazione sarebbe senz'altro possibile. Sul punto si veda Urs Gasser, iTunes: How Copyright, Contract, and Technology Shape the Business of Digital Media – A Case Study (Berkman Ctr. for Internet

convincersi che è possibile trarre vantaggio dall'opportunità di esporsi direttamente al pubblico, anche se il ruolo attualmente giocato dalle compagnie di distribuzione (le grandi *major* dei contenuti) è ancora un freno alla completa trasformazione del tradizionale assetto della circolazione dei contenuti.[38]

L'industria, consapevole delle grandi opportunità offerte dal digitale per superare l'arcaico modello di mercato monopolistico - consentendo agli autori di raggiungere il proprio pubblico autonomamente - ha preferito concentrarsi pigramente verso una infrastruttura sicura che traesse vantaggio dalle proprie consolidate risorse, riducendo costi e implementando misure tecnologiche di protezione standardizzate.[39]

Le grandi *corporations* hanno dunque preferito arroccarsi su posizioni conservatrici proclamando la propria insostituibile necessità. A tal fine hanno richiesto e prontamente ottenuto un'efficace struttura di sicurezza anticopia attraverso leggi *ad hoc* che supportano la protezione tecnologica e proibiscono l'aggiramento delle protezioni applicate alle opere digitali.[40] Tale tentativo di restaurazione di anacronistici equilibri propri del passato avviene a totale detrimento delle legittime aspettative degli utenti finali con il risultato di avvantaggiare forme di distribuzione alternativa sempre più pervasive ed incontrollabili.

Una parte essenziale di questo volume sarà indirizzata all'analisi di tali condizionamenti, cercando di determinare se le restrizioni imposte ai diritti degli utenti possano rappresentare la corretta ed efficace reazione al mancato rispetto delle leggi sulla proprietà intellettuale.

& Soc'y at Harvard Law School Research Publ'n No. 7, 2004), alla URL <http://ssrn.com/abstract=556802>.

[38] Ad esempio, l'attuale tecnologia consente ai musicisti non professionisti di creare registrazioni di alta qualità e di distribuirle direttamente al pubblico attraverso Internet, scavalcando gli intermediari e riducendo significativamente i costi. Cfr. John Alderman, Sonic Boom-Napster, mp3, and the New Pioneers of Music, Cambridge, 2004, p. 64.

[39] Per quanto riguarda le cosiddette *self-help measures* e le loro finalità, si veda, tra i tanti, Charles Clark, The Answer To the Machine Is In the Machine, in The Future of Copyright in a Digital Environment 139 (P. Bernt Hugenholtz ed., 1996); Kenneth W. Adam, Self-help in the Digital Jungle, in Expanding the Boundaries of Intellectual Property: Innovation Policy for the Knowledge Society 103 (Rochelle C. Dreyfuss et al. eds., 2001) anche in 28 J. Legal Stud. 393 (1999); Julie E. Cohen, Copyright and the Jurisprudence of Self Help, 13 Berkeley Tech. L.J. 1089 (1998); David Friedman, In Defense of Private Orderings, 13 Berkeley Tech.L.J. 1151 (1998); Mark Stefik, Shifting the Possible: How Trusted Systems and Digital Property Rights Challenge Us to Rethink Digital Publishing, 12 Berkeley Tech. L.J. 137 (1997).

[40] Così Marks Turnbull, Technical Protection Measures: The Intersection of Technology, Law and Commercial Licenses, cit.

1.2 I contenuti digitali

Con il termine contenuti digitali (contrapposto al termine analogico), ci riferiamo all'intero fenomeno dei media elettronici e, in particolare, a tutte quelle opere convertite in formato digitale. Negli ultimi anni, il mercato dei prodotti multimediali ha sperimentato un incredibile successo. Allo stesso tempo, la cornice normativa di riferimento risulta superata e disorganica, manifestando tutta la sua inadeguatezza di fronte all'evoluzione dei diritti di proprietà intellettuale. Tali lacune sono rilevabili tanto da un punto di vista della legislazione internazionale, quanto da quello delle leggi nazionali.[41] Il problema comune a tutti i media digitali è legato alle caratteristiche del sistema numerico binario, che rappresenta tutti i valori numerici utilizzando solo due simboli: 0 e 1. Nell'ambiente analogico controllare la duplicazione era relativamente semplice; nell'ambiente digitale diventa molto più complesso. Nella passata era analogica infatti, la carta e gli altri supporti fisici potevano rendere le operazioni di copia difficoltose o estremamente costose, così come era difficile distribuire il prodotto in zone lontane o su vasta scala, o incorporare i contenuti in una nuova opera.[42] La tecnologia analogica immagazzina informazioni nella forma di un segnale continuo, che riconosce i cambiamenti nell'informazione, modulando l'ampiezza o la frequenza del segnale.[43] Al contrario, le tecnologie digitali immagazzinano ogni tipo d'informazione in un unico formato, molto più compatto di quello analogico, poiché il contenuto è tradotto in codice binario.[44] Per esempio, il suono è registrato nei CD traducendo le onde sonore in cifre. In seguito, tale rappresentazione binaria è decodificata e convertita in un segnale elettrico analogico attraverso un dispositivo, il riproduttore, e tradotto in un suono. Con una registrazione analogica invece, le onde sonore sono registrate sotto forma di rilievi fisici su un supporto altrettanto fisico, il vinile, ed in seguito la punta di un giradischi scivola su questi solchi per leggere la musica.

Poiché l'informazione digitalizzata suddivide tutte le informazioni in unità discrete, l'informazione diviene più facile da processare e manipolare. Può essere copiata in modo economico, può essere spedita ovunque nel mondo, via Internet, in una manciata di secondi, duplicata per averne una copia perfetta e inclusa o riprodotta in nuove opere.[45]

---

41   Sulla storia e le conseguenze delle *media technologies* vedi Nicholas Negroponte, Being Digital, New York, 1995.

42   Cfr. Digital Dilemma, cit.

43   Cfr. Williams, Calow e Higham, Digital Media: Contracts, Rights and Licensing, cit., p. 3.

44   Cfr. Stamatoudi, Copyrights and Multimedia Products: A Comparative Analusis, cit., p. 22.

45   Ibidem.

La digitalizzazione dei contenuti, resa possibile da tecnologie estremamente sofisticate, porta con sé grandi opportunità per la creatività, il mercato e la cultura. La creazione e distribuzione di contenuti digitali, connessa con la produzione e la duplicazione, stanno guidando le principali tendenze dello sviluppo economico e i *trend* di consumo.[46] Le tecnologie dell'informazione e della comunicazione (*Information and Communication Technologies*) inoltre, hanno offerto ai consumatori nuovi modi per creare, distribuire e beneficiare di contenuti digitali. Uno dei maggiori benefici offerti dalla società dell'informazione è infatti la facilità di distribuzione che potrebbe garantire all'industria dei media maggiori profitti ed ai consumatori una maggiore offerta commerciale ed una più ampia gamma di servizi.

Come recentemente confermato alla Conferenza Internazionale sulla futura economia digitale, organizzata in collaborazione dall'Organizzazione per la Cooperazione e lo Sviluppo Economico (OCSE) ed il Ministero Italiano dell'Innovazione e delle Tecnologie:[47]

> L'aspetto della tecnologia digitale che ha più vistosamente e fortemente colpito l'industria dei contenuti è la facilità con cui le registrazioni digitali possono essere riprodotte e ridistribuite. La semplicità con cui copie audio e video perfette possono essere create e poi distribuite a milioni di persone ha: ridotto l'efficacia delle leggi sul diritto d'autore; destabilizzato i tradizionali modelli di business; e dato sviluppo alla maggior parte delle riforme legislative e delle iniziative economiche di cui abbiamo discusso [...].[48]

Le conseguenze della transizione dall'analogico al digitale sono "grandi come il cambiamento da un sistema di trasporto basato sulle ferrovie ad un sistema fondato sull'automobile e sull'aereo, avvenuto nel ventesimo secolo".[49] Per i media, la tecnologia di trasmissione è la componente caratterizzante perché influenza il formato, il contenuto, ed i costi.[50] I contenuti digitali, sia quelli audio che quelli video, possono essere creati, trasportati e diffusi usando differenti tipologie di strumenti. I contenuti, infatti, possono essere incorporati in modi diversi. Come già accennato, i media analogici

---

[46] Cfr. Leonardo Chiariglione, The Digital Media Manifesto, alla URL <http://www.chiariglio ne.it/manifesto/dmm.htm>.

[47] International Conference on the Future Digital Economy - Istituto San Michele, Rome, Italy 30-31 January 2006 alla URL <http://www.oecd.org/sti/digitalcontent/conference>.

[48] Così William Fisher III, Conference speech: The Future Digital Economy. Digital Content - Creation, Distribution and Access, organizzato dal Ministro per l'innovazione e le tecnologie e l'Organizzazione per la Cooperazione e lo Sviluppo Economico, p. 30-31 January 2006, Roma, Italy alla URL <http://www.oecd.org/dataoecd/16/44/36138608.pdf>.

[49] Cfr. Eli Noam, Will Internet TV Be American?, in Internet Television 235, 236 (Eli Noam, Jo Groebel, Darcy Gerbarg eds., 2004).

[50] Ibidem.

richiedono supporti fisici per creare, muovere, immagazzinare e usare i contenuti[51] anche se il contenuto continua ad esistere ad un livello separato dal suo mezzo fisico.[52] Tradizionalmente, nel mondo analogico i dati richiedono un supporto fisico (nastri, dischi, audio e video cassette,…) che può deteriorarsi nel tempo. Al contrario, una volta che il contenuto è stato digitalizzato, il dato diventa disponibile come *file* eseguibile ed autonomo, che è appunto una sequenza di bit percepiti come una singola unità. Nel mondo analogico, ciascun *medium* ha un'esistenza distinta, direttamente connessa con la sua rappresentazione fisica e una sua struttura. Al contrario, i contenuti digitali esistono nella stessa forma e possono essere differenziati solo con l'uso di uno specifico programma di lettura.[53]

I dati digitali, espressi in bit, non sono solo facilmente duplicabili ma possono anche rappresentare una nuova forma di supporto di contenuti particolarmente protetti. Infatti il supporto dei dati digitali non è soggetto a deterioramento e può essere facilmente protetto da tecnologie di controllo dell'accesso, come la crittografia, l'autenticazione, il *digital fingerprinting*, il *watermarking* ed altri meccanismi di distribuzione per contenuti digitali, che garantiscano un sistema sicuro per la gestione dei contenuti soggetti al diritto d'autore.

Per preservare i contenuti digitali ed assicurarne l'utilizzo all'utente, i distributori devono poter riprodurre il contenuto sui nuovi media, trasferirlo e standardizzarlo secondo la tecnologia in evoluzione e distribuirlo agli utenti ad una qualità compatibile con le capacità di banda e gli *standard* di trasmissione disponibili (ADSL, banda larga, Isdn, wireless, fibra ottica, Umts, Modem 56k).[54] Gli standard sono particolarmente importanti perché assicurano qualità, compatibilità e interoperabilità, ovvero quell'insieme di caratteristiche che permettono a due o più sistemi o prodotti informatici di scambiarsi informazioni o servizi e di utilizzare le informazioni o i servizi scambiati, favorendo la convergenza tra sistemi diversi.[55] I contenuti possono inoltre essere protetti da meccanismi tecnici come la crittografia o altre tecnologie di accesso controllato, implementate in modo da consentire

---

[51]   Ibidem.

[52]   Ibidem.

[53]   Cfr. Michael Niederman, The Changing Narrative Paradigm Analog to Digital and What that Means, 2 Int'l Digital Media & Arts Ass'n J. 45, 50 (2005).

[54]   Cfr. The National Digital Information Infrastructure and Preservation Program, Sustainability of Digital Formats, alla URL <http://www.digitalpreservation.gov/formats/sustain/sustain/sustain.shtml>.

[55]   Cfr. Frank Kamperman, Digital Rights Management Interoperability, in Security, Privacy, and Trust in Modern Data Management, p. 317 (Milan Petković, Willem Jonker eds.) (2007).

al provider la salvaguardia del contenuto digitale ed al consumatore l'utilizzo dell'opera su differenti piattaforme.[56]

La diffusione delle reti di comunicazione e la loro ampia capacità di trasmissione di dati, permettono di digitalizzare ogni tipo di contenuto, sia testuale che audiovisivo. Questi elementi tecnologici sono il fattore chiave dei profondi cambiamenti nella società: essi infatti hanno avuto un impatto significativo sulle condizioni economiche e sociali e sui tradizionali modelli di *business* dell'editoria e del commercio di audiovisivi.

L'attuale trasformazione ha di fronte a sé inevitabili e naturali evoluzioni, con un conseguente incremento nella diffusione, sviluppo ed uso delle tecnologie di comunicazione ed informazione.

In una struttura in cui la tecnologia ha operato un drastico cambiamento nella possibilità di copiare, distribuire, controllare e pubblicare, i comportamenti delle industrie dell'informazione e dei consumatori sono stati alterati. La tecnologia digitale ha esacerbato le comuni tensioni fra i titolari dei diritti d'autore, le *technology corporations* ed i consumatori. Le tecnologie digitali e gli strumenti tecnologici di protezione dei contenuti hanno fortemente cambiato le abitudini, gli usi, le regole e prassi commerciali presenti nel mondo dei media. Alcuni formati di contenuti digitali hanno incorporato la possibilità di limitarne l'uso al fine di preservare i diritti di proprietà intellettuale. L'utilizzazione può infatti essere circoscritta ad un determinato periodo di tempo, ad un particolare computer o ad uno specifico strumento hardware o può richiedere una password di accesso o una connessione attiva alla rete.[57]

Per questa ragione è stato coniato[58] il termine "digital dilemma", con riferimento ai problemi connessi all'attuale ecosistema dei media digitali in tale periodo di transizione. Secondo il rapporto denominato *The Digital Dilemma: Intellectual Property in the Information Age*, l'infrastruttura dell'informazione - con la quale intendiamo l'informazione in forma digitale, le reti di computer nonché il *world wide web* - è stata accompagnata da contraddittorie prescrizioni e aspettative. In particolare, relativamente alla proprietà intellettuale essa è in grado di promettere di più - maggiore

---

[56]   Ibidem. Si veda anche Alan Williams et al., Digital Media: Contracts, Rights and Licensing, cit., p. 11.

[57]   Williams et al., Digital Media: Contracts, Rights and Licensing, cit., p. 11 e ss.

[58]   Il termine fu coniato dalla Commissione istituita dallo *United States' National Research Council* con lo scopo di predisporre uno studio sulle questioni relative ai diritti di proprietà intellettuale nell'era digitale. Il termine "digital dilemma" fu pertanto utilizzato per fare riferimento alle problematiche del digitale riguardo alle opere protette da diritto d'autore. Cfr. Digital Dilemma, cit..

quantità, qualità ed accesso - mentre al contempo pone in discussione gli strumenti per ricompensare coloro che creano.[59]

1.3 Condivisione di contenuti: i nuovi formati audio e video

La trasmissione e la condivisione di contenuti audio e video non avrebbe avuto un tale successo se non fosse stata preceduta dallo sviluppo di nuovi software e nuovi formati di *file*. Da una parte i programmi di *ripping* che permettono di estrarre e copiare i contenuti audio e video, dall'altra i programmi di *encoding* che utilizzano particolari algoritmi di compressione capaci di ridurre le dimensioni del *file* duplicato.

I programmi di *ripping* di fatto permettono di estrarre e convertire le tracce analogiche presenti nei supporti ottici in *file* digitali, in modo da renderli gestibili attraverso un computer e poterli trasmettere o trasferire su altri supporti di memorizzazione o di riproduzione.[60] Gli algoritmi di compressione pongono invece rimedio alle dimensioni estremamente elevate dei *file* catturati dai supporti ottici e quindi difficilmente utilizzabili per la trasmissione a distanza o la diffusione in rete (portabilità). A tale compito sono deputati i CODEC (dalla contrazione delle parole *COmpression* e *DECompression*), ovvero programmi che si occupano di codificare (cioè comprimere) un segnale audio o video in un certo formato, per poi decodificarlo durante la riproduzione. Con il giusto CODEC, il sistema operativo è in grado di riconoscere il formato in cui è stato compresso il *file* permettendone la riproduzione (operazione di decodifica). In presenza di un software di *encoding* sarà inoltre possibile cambiare anche il formato del *file* audio o video. Tra i più conosciuti CODEC si possono segnalare: DivX, MPEG-1, MPEG-2, MPEG-3, MPEG-4.[61] Il codec DivX, in particolare, si è diffuso in concomitanza della crescita del mercato dei DVD.[62] Grazie al DivX è infatti possibile memorizzare, con una qualità accettabile, un'intero DVD in uno spazio assai ridotto. Tale strumento ha quindi contribuito, così

---

[59]   Cfr. Digital Dilemma, cit., p. 2.

[60]   Cfr. Edimatica, Scaricare Musica e Film da Internet, Milano 2008, p. 11; Eliot Van Buskirk, Music Mania: Registrazione, Ripping, Remix e Altro Ancora, Milano, 2003, Ben Long, DivX e Video Digitale: Guida Completa alle Tecniche di Editing e al Ripping, Milano, 2004.

[61]   Sul punto si veda anche Giovanni Pascuzzi, Opere Musicali su Internet: Il Formato mp3, in Foro italiano, 2001, vol. IV, pag. 101. L'A. spiega come comprimere un file significhi "applicare allo stesso un modello matematico: questo si ottiene facendo passare il file attraverso un software dedicato al fine di ottenere un altro file di dimensioni ridotte, in termini di bit, rispetto a quello di partenza".

[62]   DivX Network Inc. alla URL <http://www.divx.com>.

come avvenne per la musica con il formato mp3, alla propagazione su Internet e sulle reti *peer-to-peer* delle opere cinematografiche.[63]

Proprio il formato mp3[64] rappresenta il primo standard (non proprietario) di successo per la diffusione, attraverso la rete e non, di *file* audio.[65] L'algoritmo di compressione che ne sta alla base, consente di ottenere brani di buona qualità in pochi *bytes*.[66] In particolare ciò avviene eliminando le bande di frequenze che l'orecchio umano non è in grado di percepire. Per capire la rilevanza dei sistemi di compressione è utile considerare l'esempio di un compact disc musicale: quattordici brani, ovvero settanta minuti di musica, necessitano di uno spazio di circa 648 Mb, mentre gli stessi contenuti compressi in formato mp3 occupano solo 78,8 Mb, conservando comunque un'ottima qualità del suono.[67]

Tali nuovi formati, resi compatibili con tutti i sistemi operativi, hanno contribuito alla nascita di nuove forme di distribuzione di contenuti audio e video, lecite e non. Da un lato sono stati creati e messi in commercio nuovi supporti in grado di riprodurre tali contenuti digitali e di conseguenza sono sorte, anche se con molto ritardo, nuove forme di commercializzazione di opere e servizi per via elettronica. Dall'altro lato è esponenzialmente cresciuta la diffusione di musica e video in rete attraverso forme di scambio illegale di *file* sfociate in dilaganti fenomeni di pirateria.

1.4 La regolazione dei saperi nell'economia della conoscenza

Manuel Castells, uno dei più autorevoli esperti della società della comunicazione e della rete, ci offre un importante contributo teorico ed analitico sulla cosiddetta "età dell'informazione", ovvero sull'attuale periodo storico caratterizzato da una nuova forma di capitalismo (cosiddetto informazionale o immateriale).[68] Tali definizioni indicano un nuovo assetto del sistema economico: la conoscenza diventa la principale forza produttiva, e

---

[63] Così Marco Petri, Divx, Xvid, Mpeg e gli Altri. Formati e Strumenti Gratuiti per il Video, Milano, 2005, p. 82.

[64] Motion Picture Expert Group-1/2 Audio Layer 3.

[65] Lo standard è ora superato dal formato AAC (Advanced Audio Coding) che, a parità di dimensione del file, riesce a garantire una qualità sonora superiore del 35% rispetto al formato mp3. Cfr. Deborah De Angelis, La Tutela Giuridica delle Opere Musicali Digitali, Milano, 2005, p. 11. Sulle caratteristiche dei file mp3 si veda anche Silvia Stabile, Gli mp3 File ed il Diritto d'Autore, Dir. Ind., 2001, p. 278.

[66] Cfr. Palma Balsamo, Distribuzione On-line di File Musicali e Violazione del Copyright: Il Caso Napster, in Dir. Aut., 2001, p. 35.

[67] Così De Angelis, La Tutela Giuridica delle Opere Musicali Digitali, cit. p. 12.

[68] Manuel Castells, L'Età dell'Informazione: Economia, Società, Cultura, Milano, 2003.

"il valore di scambio delle merci, materiali o no, non è più determinato in ultima analisi dalla quantità di lavoro sociale generale che contengono ma, principalmente, dal loro contenuto di conoscenze, d'informazioni, d'intelligenza generali".[69] In questo senso il termine capitalismo immateriale o cognitivo traccia un nuovo paradigma teorico capace di modificare i modelli produttivi sempre più incentrati sull'innovazione e sulla centralità della conoscenza nell'economia.[70] In altre parole, emerge una nuova forma di economia in cui "il peso economico dei settori legati all'informazione è diventato determinante" (*knowledge economy*).[71] Con l'espressione economia della conoscenza si indica un genere di attività economica che

> non si basa soltanto su risorse "naturali" (come l'agricoltura e le miniere) ma anche su risorse "intellettuali", come il *know-how* e le conoscenze specialistiche. Alla base del concetto di economia della conoscenza è il riconoscimento che il sapere e l'istruzione (chiamati anche "capitale umano") possono essere considerati beni commerciali o prodotti e servizi intellettuali che possono essere esportati con alto profitto. È ovvio che l'economia della conoscenza acquista maggiore importanza nelle regioni in cui le risorse naturali sono scarse.[72]

Da questa trasformazione della conoscenza in capitale immateriale nasce un nuovo mercato delle conoscenze, un mercato dove il valore di scambio dei prodotti è essenzialmente legato alla capacità pratica di limitarne la libera diffusione. Il valore di scambio della conoscenza, infatti, risulta

> interamente legato alla capacità pratica di limitarne la libera diffusione, ossia di limitare con mezzi giuridici (brevetti, diritti d'autore, licenze, contratti) o monopolistici la possibilità di copiare, imitare, "reinventare", apprendere dalle conoscenze altrui. Il valore della conoscenza, in altre parole, non è frutto della sua scarsità (naturale) ma unicamente delle limitazioni stabilite, istituzionalmente o di fatto, all'accesso, limitazioni che comunque

---

[69] Così Andrè Gorz, L'Immateriale: Conoscenza, Valore e Capitale, Torino, 2003, p. 24. La rivoluzione in atto nelle tecnologie dell'informazione trasforma non solo le informazioni e le modalità di fruizione, ma anche, e soprattutto, la gestione e lo sviluppo della conoscenza. La conoscenza è ora vista come un elemento di base, un risultato finale, o un aspetto del capitale. L'economia della conoscenza è una sub-disciplina dell'economia che sta rapidamente emergendo. Si veda anche Dominique Foray, L'economia della conoscenza, Bologna, 2006.

[70] Il termine capitalismo cognitivo è stato per la prima volta utilizzata da Enzo Rullani. Si veda E. Rullani, L. Romano, Il Postfordismo. Idee per il Capitalismo Prossimo Venturo, Milano, 1998.

[71] Così Dominique Foray, L'Economia della Conoscenza, Bologna, 2006, p. 9.

[72] Così Commissione delle Comunità Europee, Libro Verde - Il Diritto d'Autore nell'Economia della Conoscenza, COM(2008) 466 definitivo del 16 luglio 2008 alla URL <http://eur-lex.europa.eu/LexUriServ/LexUriSer v.do?uri=COM:2008:0466:FIN:IT:PDF>.

riescono a frenare solo temporaneamente l'imitazione, la "reinvenzione" o l'apprendimento sostitutivo da parte di altri potenziali produttori. La scarsità della conoscenza, ciò che le dà valore, è dunque di natura artificiale, e deriva dalla capacità di questo o quel "potere" di limitarne temporaneamente la diffusione e di regolarne gli accessi.[73]

Ciò vale a dire che il valore della conoscenza non proviene dalla sua scarsità naturale, bensì dai limiti stabiliti, istituzionalmente o di fatto, per l'accesso alla conoscenza stessa. Scopo dell'economia della conoscenza è lo studio della conoscenza come bene economico. L'oggetto di ricerca di questa disciplina è perciò costituito "dalle proprietà di questo particolare bene economico che ne governano la produzione e la riproduzione, nonché le condizioni storiche ed istituzionali (come la tecnologia dell'informazione o i diritti di brevetto) che ne determinano il trattamento in un'economia decentrata".[74] Tuttavia, come è stato osservato, la riproduzione della conoscenza e quella dell'informazione sono fenomeni distinti: infatti mentre la prima (la conoscenza) avviene attraverso l'apprendimento, la seconda (l'informazione) si realizza con la riproduzione. Proprio da tale distinzione sorgono problemi giuridici diversi. Per quanto concerne la conoscenza il problema giuridico è legato alla riproduzione, mentre la riproduzione dell'informazione non porta rilevanti problemi in quanto il costo marginale della riproduzione è vicino allo zero.[75] Al contrario, la questione principale posta dall'informazione è essenzialmente legata alle forme di tutela ed agli strumenti che ne promettono la diffusione.[76]

In tale contesto, la Rete si presenta come lo strumento globale, universalmente accessibile, mediante il quale tutti i saperi, le informazioni e tutte le attività possono in teoria essere messe in comune. Quando però la conoscenza si trasforma in capitale immateriale, liquido e difficilmente contenibile, ecco che allora la dimensione immateriale inizia a porre dei problemi. *In primis*, quello relativo all'esercizio dei diritti di proprietà, in particolare per quel che riguarda il controllo sull'utilizzo di un'opera.[77] Le evoluzioni più recenti nel campo multimediale rivelano tutta l'attualità del problema. Come osserva Dominique Foray, la Rete

---

[73] Così Enzo Rullani, Il Capitalismo Cognitivo: Del Deja-vu?, in Posse, n. 2, gennaio. 2001. Id., Le Capitalisme Cognitif: Du Dèjà vu?, in Multitudes, n. 2, 2000, p. 90.

[74] Dominique Foray, L'Economia della Conoscenza, cit. p. 13

[75] È stato altresì notato che "il costo di produzione della conoscenza è molto incerto" e "radicalmente diverso dal costo della sua riproduzione. Una volta che la prima unità è stata prodotta, il costo necessario per riprodurre le altre unità tende a zero. In ogni caso, tale costo non ha niente a che vedere con il costo di produzione inziale". Così Enzo Rullani, Le Capitalisme Cognitif: Du Dèjà vu?, in Multitudes, n. 2, 2000, pp. 87-94.

[76] Dominique Foray, L'Economia della Conoscenza, cit. p. 18.

[77] Ibidem, p. 145.

offre la possibilità di accedere liberamente ai programmi culturali o musicali, di scaricarli e poi di copiarli su un supporto qualunque. I problemi non riguardano solo il diritto patrimoniale, ma anche il diritto morale: l'integrità dell'opera è minacciata quando [...] il lettore non scrive più sui margini, ma nel testo stesso, cosa che gli è consentita dal libro elettronico. Di fronte a queste minacce vi sono, da un lato, le risposte classiche date dalle grandi catene di distribuzione di prodotti multimediali: creare nuovi diritti di proprietà per proteggere la creazione intellettuale digitale. I nuovi diritti sulle banche dati, come quelli sulla protezione dell'informazione digitale fanno pendere la bilancia a favore della protezione privata.[78]

Il sistema dei diritti di proprietà intellettuale è perciò sotto pressione soprattutto a causa delle delle turbolenze portate dalle tecnologie. Ne consegue un sistema fortemente orientato verso criteri che mettono al centro non più l'autore e l'opera frutto del suo ingegno, bensì il mero stimolo all'investimento ed alla commercializzazione su vasta scala di prodotti e servizi legati all'informazione. Il controllo dell'accesso diviene perciò "la forma privilegiata di capitalizzazione delle ricchezze immateriali".[79] L'accesso ed i mezzi di accesso alla conoscenza sono ora il terreno cruciale su cui si gioca il conflitto che ha ad oggetto un vero e proprio spostamento di poteri.[80] Come osservato da Yoachai Benkler, il cambiamento causato dall'informazione in rete è stato assai penetrante perché ha cambiato il modo in cui "i mercati e le democrazie liberali si sono coevoluti". In particolare,

> I cambiamenti avvenuti nelle tecnologie, nell'organizzazione economica e nelle pratiche sociali di produzione hanno creato nuove opportunità per la creazione e lo scambio di informazione, conoscenza e cultura. Questi cambiamenti hanno accresciuto il ruolo della produzione non commerciale e non proprietaria, sia per gli individui sia per gli sforzi cooperativi che agiscono all'interno di un ampio spettro di legami più o meno stretti di collaborazione. Le pratiche che ne sono emerse si sono affermate con notevole successo in vari settori, dallo sviluppo del software al giornalismo investigativo, dalle avanguardie artistiche ai videogiochi multiplayer on-line. Nel

---

[78] Ibidem.

[79] Cfr. Andrè Gorz, L'immateriale: Conoscenza, Valore e Capitale, cit, p. 26; Jeremy Rifkin, L'Era dell'Accesso, Milano, 2001, p. 1545 e ss. Gli autori segnalano come le moderne economie siano caratterizzate da un progressivo spostamento dalla vendita di beni verso la vendita dell'accesso a servizi resi da tali beni.

[80] Sul possibile rilievo costituzionale dell'accesso alla conoscenza e all'informazione vedi Zencovich, Diritto d'Autore e Libertà di Espressione: Una Relazione Ambigua, cit., p. 156. L'A. osserva come l'accesso alle informazioni rappresenti un aspetto essenziale del rapporto di cittadinanza perché "senza informazione non può esservi una partecipazione informata alle decisioni politiche, sociali, economiche o individuali.

loro insieme, queste pratiche indicano che sta emergendo un nuovo ambiente dell'informazione, un ambiente nel quale gli individui assumono un ruolo più attivo di quello che avevano nell'economia dell'informazione industriale tipica del XX secolo. Questa nuova libertà porta con sé grandi promesse: in quanto fattore di ampliamento della libertà individuale; in quanto piattaforma per una democrazia più partecipata; come strumento per la crescita di una cultura più critica e autoriflessiva; e, in un'economia globale sempre più dipendente dall'informazione, come meccanismo di sviluppo umano ovunque nel mondo.[81]

Contemporaneamente tale fenomeno, strettamente legato alle tecnologie digitali ed al mondo dei media, minaccia le industrie della *old economy* poiché gli strumenti necessari a produrre e diffondere informazione e conoscenza sono ora disponibili ad un numero molto più elevato di individui.[82] Tale aumento dell'autonomia individuale, da una parte espande la libertà effettiva degli individui-utenti, offrendo nuove forme di espressione creativa, dall'altra, la nuova cultura dello scambio e della condivisione impatta sul muro dei diritti di proprietà intellettuale dietro al quale cerca invece di difendersi la "conoscenza proprietarizzata".[83] In questo senso il mondo dei contenuti digitali, il suo nuovo ambiente comunicativo di rete e le regole imposte nel tentativo di modificarne le simmetrie di fondo, rappresentano un contesto privilegiato dove studiare, comprendere e risolvere un dilemma che, solo apparentemente, sembra interessare una platea ristretta di operatori e quindi essere di scarso interesse per il pubblico e la società civile. In realtà siamo di fronte a forze economiche e sociali che premono in direzioni opposte, cercando di correggere l'apparato legislativo a loro immagine e somiglianza.

La questione sottesa al disordine introdotto dalle tecnologie è epocale e ci riguarda tutti da molto vicino perché in gioco c'è la rinegoziazione delle condizioni di libertà, giustizia e progresso.[84] Si tratta infatti di capire se sia tollerabile che "la produzione di informazione venga regolamentata in mo-

---

[81] Yochai Benkler, La Ricchezza della Rete: La Produzione Sociale Trasforma il Mercato e Aumenta la Libertà, Milano, 2007, p. 1-2.

[82] Ibidem, p. 4.

[83] Sulle conseguenze della deriva protezionistica si veda Laurent Gille, La Protezione della Proprietà Intellettuale, Fattore della Divisione Internazionale della Conoscenza, in Antonio Pilati e Antonio Perrucci (a cura di), Economia della Conoscenza: Profili Teorici ed Evidenze Empiriche, Bologna, 2005, p. 207, 267. Su come invece la politica di regolamentazione attuata nell'ambiente di rete digitale venga per lo più utilizzata per replicare l'attuale struttura dei mezzi di comunicazione di massa, in cui i cittadini sono consumatori passivi, si veda una delle prime voci critiche in Yochai Benkler, From Consumers to Users: Shifting the Deeper Structures of Regulation Toward Sustainable Commons and User Access, 52 Fed. Comm. L.J. 561, 567 (2000).

[84] Cfr. Benkler, La Ricchezza della Rete, cit., p. 33 e ss.

do tale da costringerla all'interno di un modello industriale, schiacciando così il modello emergente di produzione individuale, radicalmente decentrata e non commerciale, con le sue promesse di progresso per la libertà e la giustizia".

Infine, è interessante notare come la combinazione tra queste nuove forze produttive e la mondializzazione, stravolgano i parametri spazio-temporali dell'organizzazione sociale, alterando persino il modello dello Stato nazione: "i livelli amministrativi che si erano lentamente edificati sulla decomposizione del Medioevo (le Città stato, lo Stato moderno, la Nazione e, più recentemente, le Organizzazioni internazionali) perdono sostanza e pertinenza per affrontare i problemi e prendere decisioni in modo autonomo e coerente".[85] Anche su questo fronte, il caso del *copyright* digitale è emblematico. Come vedremo meglio in seguito, il rafforzamento dei diritti di proprietà intellettuale di fronte alle tecnologie digitali non si è concretizzato soltanto attraverso una trasformazione della legislazione, ma anche attraverso strumenti intrinsecamente privatistici.[86]

La progressiva deterritorializzazione degli spazi, la destatualizzazione degli ordinamenti giuridici e la dematerializzazione dei beni (e persino dei fatti giuridicamente rilevanti)[87] si traduce in "un'asimmetria tra mercato globale e Stato, in conseguenza della quale quest'ultimo viene progressivamente messo fuori gioco nel controllo delle dinamiche sociali e nella conseguente formulazione degli imperativi volti a governare o ad orientare la vita collettiva".[88] Al contempo, mano a mano che le scelte fondamentali sfuggono alla competenza diretta dello Stato, collocandosi a livelli gerarchicamente superiori, o diversi, tanto più sembra crescere il ruolo di sistemi alternativi alla creazione di regole.[89] Si assiste dunque ad una progressiva diminuzione dell'importanza dell'ordinamento statale e ad una crescente rilevanza degli ordinamenti privati: contratti, consuetudini (nor-

---

[85]   Y.M. Boutang, Una mutazione dell'economia politica tout court, in Y.M. Boutang (a cura di), L'età del capitalismo cognitivo: innovazione, proprietà e cooperazione delle moltitudini, Verona, 2002, p. 59.

[86]   Sul punto si vedamo, tra gli altri, Giovanni Pascuzzi, Il Diritto dell'Era Digitale: Tecnologie Informatiche e Regole Privatistiche, Bologna, 2006; Vincenzo Zeno Zencovich, Francesco Mezzanotte, Le Reti della Conoscenza: Dall'Economia al Diritto, in Dir. Inf., 2008, p. 141, 148.

[87]   Giovanni Pascuzzi, Il Diritto dell'Era Digitale: Tecnologie Informatiche e Regole Privatistiche, Bologna, 2002, p. 185 ss.

[88]   Così Antonio Baldassarre, Globalizzazione Contro Democrazia, Bari, 2002, p. 64. Sul nuovo capitalismo immateriale si veda diffusamente Gorz, L'Immateriale: Conoscenza, Valore e Capitale, cit..

[89]   Per la dottrina italiana cfr. per tutti Roberto Caso, Il "Signore degli Anelli" nel Ciberspazio: Controllo delle Informazioni e Digital Rights Management, in Maria Lillà Montagnani e Maurizio Borghi (a cura di), Proprietà Digitale: Diritti d'Autore, Nuove Tecnologie e Digital Rights Management, Milano, 2006, p. 109, 110.

me sociali) e regole tecnologiche, ovvero gli standard imposti delle architetture digitali.[90] In questo quadro complesso, dove i contenuti assumono sempre più importanza e rilievo, in quanto strumenti del cambiamento sociale e del mercato, cercheremo di chiarire i processi che hanno portato all'espansione ed alla pervasività dei diritti di proprietà intellettuale, considerando le ragioni giuridiche, politiche e di interesse pubblico per un riequilibrio democratico a favore degli utenti.

1.5 I diritti di proprietà intellettuale

L'espressione "proprietà intellettuale", normalmente utilizzata anche dalle fonti convenzionali internazionali, si riferisce genericamente a tutte quelle attività creative dell'uomo ed in particolare, nel linguaggio giuridico, ai principi di diritto che tutelano le opere derivate dall'inventiva e dall'ingegno umani, ovvero i cosiddetti beni immateriali. Trattandosi di un termine che esprime un concetto di carattere generale è utile specificare come, all'interno di tale espressione, ricadano una pluralità di profili funzionali diversi anche se, avendo spesso oggetto entità dello stesso genere, vi possa talora essere un affievolimento delle distinzioni.[91]

Scomponendo tale categoria generale possiamo individuare, così come si sono presentate storicamente, tre differenti figure: il brevetto, il diritto d'autore ed il marchio registrato.

La prima tipologia di proprietà intellettuale ad affermarsi fu il brevetto, ovvero la forma di protezione del monopolio su invenzioni.[92] Gli albori dell'istituto brevettale si collocano nelle *literae patentes* (lettere aperte) con le quali il sovrano dava pubblicità della concessione della privativa all'individuo che introduceva un'innovazione nel territorio del regno.[93] Sono brevettabili tutte quelle invenzioni che hanno ad oggetto un prodotto commerciale realizzato con processi meccanici, fisici, chimici o biologici (invenzioni biotecnologiche). Gli elementi fondamentali di un brevetto so-

---

[90]   Cfr. Trotter Hardy, Property (and Copyright) in Cyberspace, U. Chi. Legal F. 217, 237 (1996); Lawrence Lessig, Code and Other Laws of Cyberspace, New York, 1999.

[91]   È stato osservato come, nel caso del software, le diverse tipologie di proprietà intellettuale abbiano ad oggetto entità delle stesso genere, nel senso che "i rapporti di proprietà sono diversi nonostante i suoi oggetti siano sostanzialmente uguali". Così Andrea Bottani, Richard Davies (a cura di), L'Ontologia della Proprietà Intellettuale, Milano, 2005, p. 15.

[92]   Andrea Bottani, Richard Davies (a cura di), L'Ontologia della Proprietà Intellettuale, cit., p. 8.

[93]   Cfr. Gustavo Ghidini, Intellectual Property & Competion Law: the Innovation Nexus, Cheltenham, 2006, p. 25. Per una ricostruzione storica sui privilegi d'invenzione si veda Remo Franceschelli, Trattato di Diritto Industriale, Vol. I, Milano, 1960, p.285 e ss.

no la novità, l'applicabilità e l'utilità dell'invenzione, ovvero della soluzione tecnica dell'applicazione.[94] Nella pratica un brevetto è "un contratto tra l'autorità pubblica e un inventore in base al quale l'inventore rivela la propria invenzione, che avrebbe potuto altrimenti tenere segreta, mettendola a disposizione del pubblico dopo la scadenza del brevetto stesso".[95] La protezione dell'invenzione ha come scopo quello di incentivare la creatività ripagando l'inventore per il tempo e le risorse impiegate nella scoperta.[96] Proprio per questo motivo, il brevetto prevede una protezione per l'invenzione limitata nel tempo ed utile alla sua commercializzazione. Il privilegio derivante dal brevetto può inoltre essere ceduto a terzi sotto forma di licenza.

La seconda categoria di proprietà intellettuale è rappresentata dal diritto d'autore ed ha ad oggetto opere letterarie, musicali ed artistiche frutto della creatività e dell'ingegno di uno o più autori. Si tratta di un diritto reale ed esclusivo che si acquista direttamente con la creazione di un'opera originale, ma che protegge solo la forma rappresentativa e non il contenuto concettuale dell'opera.[97] Tale distinzione tra forma e contenuto significa che il diritto d'autore non è un diritto di proprietà sulle idee, ma soltanto sulla forma in cui esse si esprimono.[98] In questo senso poiché "le forme di espressione sono infinite, il diritto esclusivo su di essa non è paragonabile a un monopolio, poiché non impedisce che altri si approprino delle idee ed, eventualmente, le esprimano, uguali o modificate, purché in forma diversa".[99]

Strutturalmente, almeno nei sistemi di *civil law*, tale diritto si biforca in due direzioni: da un lato il diritto allo sfruttamento economico, trasferibile

---

[94] Andrea Bottani, Richard Davies (a cura di), L'Ontologia della Proprietà Intellettuale, cit. p. 10; Gustavo Ghidini, Profili Evolutivi del Diritto Industriale, Milano, 2008, p. 59 e ss; Lionel Bentley, Brad Sherman, Intellectual Property Law, Oxford, 3d ed. 2009, p. 335 e ss.

[95] Andrea Bottani, Richard Davies (a cura di), L'Ontologia della Proprietà Intellettuale, cit. p. 10.

[96] Per una critica alla teoria del sapere come capitale si veda il vivace pamphlet di Vandana Shiva, Il Mondo sotto Brevetto, Milano, 2002, p. 23 e ss.

[97] Vedi per tutti Gustavo Ghidini, Profili Evolutivi del Diritto Industriale, cit. p. 152. Tale principio risulta peraltro confermato dallo stesso accordo TRIPs nell'art. 9.2 dove si legge che "La protezione del diritto d'autore copre le espressioni e non le idee, i procedimenti, i metodi di funzionamento o i concetti matematici in quanto tali". Agreement on Trade-Related Aspects of Intellectual Property Rights, Apr. 15, 1994, Marrakech Agreement Establishing the World Trade Organization, Annex 1C, Legal Instruments-Results of the Uruguay Round vol. 31, art. 3.1, 33 I.L.M 81, 86 (1994) (in seguito: Accordo TRIPS). Per tale traduzione dell'art. 9 si veda Ministero del Commercio con l'Estero, L'Uruguay Round. Documentazione: Trattato di Marrakech, Roma, 2004, p. 319 e ss.

[98] Così Maurizio Borghi, Il Diritto d'Autore tra Regime Proprietrario e "Interesse Pubblico", in Maria Lillà Montagnani e Maurizio Borghi (a cura di), Proprietà Digitale: Diritti d'Autore, nuove Tecnologie e Digital Rights Management, Milano, 2006, p. 14.

[99] Ibidem.

a terzi e limitato nel tempo, del frutto della creazione (*diritto di utilizzazione economica*). Dall'altro lato, il diritto al riconoscimento della paternità ed integrità dell'opera, inalienabile e perpetuo (*diritto morale*).[100]

L'esistenza del diritto d'autore come strumento di protezione di una particolare opera intellettuale ha come effetto quello di restringere gli utilizzi di quell'opera. Così, per esempio, chi acquista un libro protetto da tale diritto non potrà, se non illegittimamente, farne una fotocopia. Allo stesso modo, chi acquista un cd musicale protetto da diritto d'autore non può legalmente estrarre le tracce musicali per poi cederle a terzi per essere utilizzate su un riproduttore mp3.[101] Poiché tali norme sono in grado di inibire il modo in cui le persone interagiscono con i beni culturali, le informazioni e le loro utilizzazioni, è dunque estremamente importante rivalutare costantemente la legittimità di tali disposizioni.[102] In particolare il diritto d'autore, se accostato alle potenzialità offerte da internet e dalle moderne tecnologie, sembra veramente soffocare senza motivo le opportunità di crescita e condivisione dei saperi e delle informazioni.[103]

Generalmente, la protezione e l'estensione del diritto d'autore trovano almeno tre giustificazioni che ne supportano il riconoscimento ed il ruolo: la teoria della legge naturale, la teoria della ricompensa e la teoria dell'incentivo.[104] Il primo argomento, fortemente criticato dalla moderna dottrina, parte dal presupposto che ogni uomo sia dotato di un naturale diritto di proprietà sulle opere che provengono dal suo lavoro intellettuale (*natural rights theory*).[105] Pertanto l'indebita appropriazione o la copia da parte di altri è assimilabile ad un furto. In altre parole, non considerare tale opera come proprietà del suo creatore sarebbe una violazione dei diritti naturali. Il secondo argomento, la teoria della ricompensa, si basa sul principio che ogni autore abbia un diritto a ricevere una forma di risarcimento di carattere economico per le creazioni in cui ha investito e faticato, anche in proporzione all'utilità che esse abbiano per la società (*reward theory*). Sarebbe dunque immorale utilizzare l'opera altrui senza alcun vincolo e senza un riconoscimento di carattere economico.[106] Infine, la teoria dell'incentivo afferma che la produzione e la diffusione di contenuti culturali o artistici è un'attività estremamente importante per il progresso di una società (*incentive based theory*). Tuttavia per mantenere un livello ottimale

---

[100] Cfr. Gustavo Ghidini, Profili Evolutivi del Diritto Industriale, cit. p. 155.

[101] Cfr Lionel Bentley, Brad Sherman, Intellectual Property Law, cit., p. 34.

[102] Ibidem, p. 35.

[103] Sul punto si veda Jon M. Garon, Normative Copyright: A Conceptual Framework for Copyright Philosophy and Ethics, 88 Cornell L. Rev. 1278, 1284-85 (2003);

[104] Cfr. Bentley, Sherman, Intellectual Property Law, cit. p.36 e ss.

[105] Ibidem, p.36.

[106] Ibidem.

di creazione di tali beni è necessaria una qualche forma di protezione: infatti, senza taluna forma di recupero dei costi dell'investimento iniziale da parte dall'autore, verrebbe meno l'incentivo a produrre nuove opere che sarebbero inoltre facilmente ed indiscriminatamente riproducibili da parte di chiunque. La tutela giuridica offerta dal diritto d'autore è pertanto destinata a correggere questa sorta di fallimento del mercato, fornendo incentivi che incoraggino la produzione e la diffusione delle opere. In altre parole, il diritto d'autore fornisce lo strumento attraverso il quale coloro che investono tempo e lavoro nella produzione di beni culturali e informativi possano essere sicuri che saranno in grado non solo di recuperare l'investimento, ma anche di ottenere un profitto proporzionale alla popolarità della loro opera.[107]

Infine l'ultima categoria di proprietà intellettuale, anche in ordine storico, è quella del marchio. Una delle prime forme di tale istituto risale al Rinascimento italiano dove era utilizzato a garanzia e protezione della fama delle denominazioni di origine cittadina dei vari prodotti.[108] In tale maniera si difendeva l'avviamento collettivo dell'arte o del comune. Il contrassegno veniva, infatti, posto a forma di garanzia dell'adeguatezza del manufatto dell'artigiano alle prescrizioni dell'arte o del mestiere, a mo' di controllo della qualità ed era di competenza della corporazione.[109]

L'attuale funzione è quella di segno distintivo che contraddistingue prodotti o servizi realizzati o messi in commercio da un'impresa spesso in relazione alle peculiarità, alle qualità o alla proprietà del prodotto. Per garantire l'esclusiva sul suo uso, può essere registrato attraverso un processo di registrazione dinanzi ad appositi uffici. La sua funzione principale è perciò quella distintiva, in altre parole esso differenzia il prodotto sul quale è apposto dagli altri prodotti simili.[110] Il titolare di un marchio registrato ha il diritto esclusivo di vietare ai terzi, salvo proprio consenso, di usare commercialmente segni identici o simili a quelli per i quali il marchio è stato registrato, qualora tale uso possa comportare un rischio di confusione.[111]

Da un punto di vista economico, il marchio trova giustificazione nella necessità di favorire la ricerca del prodotto da parte del consumatore. Indi-

---

[107] Cfr. William M. Landes, Richard A. Posner, An Economic Analysis of Copyright Law, 18 J. Legal Stud. 325 (1989); William W. Fisher III, Reconstructing the Fair Use Doctrine, 101 Harv. L. Rev. 1659, 1698 (1988).

[108] Cfr. Remo Franceschelli, Trattato di Diritto Industriale, Vol. I, Milano, 1960, p. 205.

[109] Ibidem, p. 178, 204.

[110] Nella dottrina italiana si veda Adriano Vanzetti, Funzione e Natura Giuridica del Marchio, in Riv. dir. comm., 1961, I, 16 ss.; Id., Equilibrio d'Interessi e Diritto al Marchio, in Riv. dir. comm., 1960, I, 254 ss.; Giuseppe Sena, Brevi Note sulla Funzione del Marchio, in Riv. dir. ind., 1989, 5 ss.

[111] Il principio è altresì ribadito dall'art. 16(1) dell'Accordo TRIPS.

rettamente, attribuendo un *plus* qualitativo sulla percezione della bontà del prodotto, può contribuire ad innalzarne anche il livello di qualità.[112]

1.5.1 Dal sistema dei privilegi alla nascita di un diritto

La culla del sistema dei diritti di proprietà intellettuale è storicamente considerato il Rinascimento nell'Italia settentrionale. Una legge veneziana del 1474 (c.d. Parte Veneziana) costituisce il primo tentativo sistematico di protezione delle invenzioni per mezzo di una sorta di brevetto, che per la prima volta garantiva un diritto esclusivo all'autore.[113] Nello stesso secolo, l'invenzione della stampa a caratteri mobili ad opera di Johannes Gutenberg, attorno al 1450, contribuì alla nascita del primo sistema di diritto d'autore al mondo.

Volendo ricostruire brevemente le linee essenziali e le radici storiche del diritto d'autore, possiamo osservare che il problema della tutela delle opere dell'ingegno si poneva già nell'antica Grecia e nell'antica Roma.[114] Tuttavia l'individuazione di un vero e proprio diritto sulle proprie opere posto in capo agli autori costituisce un momento alquanto recente nella storia del diritto. In questo scenario, l'evoluzione del diritto d'autore può essere schematizzata in epoche successive a partire dall'invenzione della stampa che, come oggi accade per il digitale, ebbe un effetto destabilizzante sul tradizionale commercio delle opere.[115]

---

[112] William M. Landes, Richard A. Posner, Trademark Law: An Economic Perspective, 30 J.L. & Econ. 265.

[113] Venezia è stata considerata la prima città in Europa in cui l'attività di stampa e di pubblicazione divennero di una qualche rilevanza, ed è stato il precursore, in qualche modo, il sistema del diritto d'autore. Sul punto di veda Paul F. Grendler, The Roman Inquisition and the Venetian Press 1540-1605 (1977); George Putnam, Books and Their Makers During the Middle Ages; A Study of the Conditions of the Production and Distribution of Literature from the Fall of the Roman Empire to the Close of the Seventeenth Century 404-05 (1962). Si veda anche Edward C. Walterscheid, To Promote the Progress of Useful Arts: American Patent Law and Administration, 1798-1836 142 n.110 (1998) (l'a. osserva come proprio l'Italia abbia fornito agli inventori diritti esclusivi per le loro invenzioni attraverso la legge veneziana del 1474). L'Inghilterra seguì queste prime forme di protezione giuridica delle opera nel 1623 attraverso il Statute of Monopolies. Cfr. id. Sul punto anche Adriano Vanzetti, Vicencenzo Di Cataldo, Manuale di Diritto Industriale, p. 265 (2000); Richard Crosby De-Wolf, An Outline of Copyright Law , p. 2 (1986) (1925).

[114] Sul punto si veda nel dettaglio Nicola Stolfi, La Proprietà Intellettuale, II ed., vol. I, Torino, 1915, p. 1 e ss.; Tullio Ascarelli, Teoria della Concorrenza e dei Beni Immateriali, III ed., Milano, 1960, p.683 e ss..

[115] Così Luigi Carlo Ubertazzi, voce Diritto d'Autore, in Digesto, IV edizione, Torino, 1989, 366. Per una breve ricostruzione storica si veda anche Gille, La Protezione della Proprietà Intellettuale, Fattore della Divisione Internazionale della Conoscenza, cit. p. 323.

Sebbene nel passato gli artisti non siano mai stati immuni dal desiderio di rivendicare la paternità dei propri lavori, rendendosi perfettamente conto sia del loro valore morale che di quello economico, il diritto d'autore, almeno come lo intendiamo attualmente, è da considerarsi un istituto giuridico relativamente recente. Come già rilevato, oggi come allora, le prime norme trovarono l'occasione di formarsi proprio in coincidenza con una rivoluzionaria innovazione tecnologica – la stampa a caratteri mobili appunto – la quale diede inizio a problemi di protezione prima di allora sconosciuti. Nacquero così i privilegi accordati dal sovrano su singole opere, ovvero concessioni discrezionali riconosciute a stampatori ed autori per un determinato periodo di tempo. Tali prodromiche figure di "licenza" non avevano una loro costante e specifica forma di manifestazione. Nella pratica si presentavano nella forma del *brevetto*, o della *lettera patente,* ovvero singoli e specifici atti "con cui, in via di grazia o di favore, ad istanza o supplica dell'interessato, o *motu proprio,* il Monarca, il Principe, il Pontefice, il Signore, la Signoria, e insomma la suprema autorità politica, amministrativa, legislativa, concedevano titoli nobiliari o onorifici, cariche, gradi militari, uffici, dignità, distinzioni, regalie, banalità, monopoli."[116] In questa forma cominciarono perciò ad essere concessi, in modo sempre più frequente, privilegi in materia di invenzioni o di opere letterarie. È interessante notare che attraverso il privilegio, la protezione dell'opera letteraria, avveniva non nella persona del suo autore, bensì nella persona dello stampatore o dell'editore e non allo scopo principale di tutelare la creazione dell'ingegno.[117]

Il primo privilegio concesso ad uno stampatore risale al 1469 quando la Repubblica di Venezia accordò a Giovanni da Spira un'esclusiva di stampa per una durata di cinque anni.[118]

Lo sviluppo del commercio e della finanza internazionali, nonché di una giurisprudenza più sensibile ai bisogni dei cittadini intesi come individui, portano alla formazione di una "nozione di diritto individuale basato sul

---

[116] Remo Franceschelli, Brevetti e Patenti Industriali e d'Autore nel Periodo delle Origini, in Studi in onore di Alfredo De Gregorio, vol. I, Città di Castello, 1955, p. 565-566.

[117] Ibidem. Enrico Rosmini, osservava come tali privilegi "contenevano non già il riconoscimento ma sì piuttosto la violazione del vero diritto di proprietà letteraria, favorendo il lavoro materiale della stampa a danno del lavoro intellettuale degli autori. E in realtà, erano questi null'altro che privilegi industriali, i quali poteano valere ad incoraggiamento dell'arte tipografica, ma senza alcun riguardo ed anzi a pregiudizio dei diritti degli autori". Cfr. Enrico Rosmini, Legislazione e Giurisprudenza sui Diritti d'Autore, Milano, 1890, p. 12.

[118] Remo Franceschelli, Brevetti e Patenti Industriali e d'Autore nel Periodo delle Origini, cit., p. 574; Eduardo Piola Caselli, Trattato del Diritto di Autore e del Contratto di Edizione nel Diritto Interno Italiano Comparato col Diritto Straniero, Torino, 1927, p. 4.

contratto, anziché sul privilegio derivante dal sovrano".[119] Così, a partire dal XVIII secolo, in un clima più favorevole al riconoscimento del valore anche economico delle innovazioni, cominciò ad affiorare un bisogno più strutturato di tutela delle novità creative.[120] Iniziarono dunque a definirsi i primi veri provvedimenti normativi a protezione dei diritti degli autori, nel senso di norme generali ed astratte che prevedevano il diritto esclusivo dell'autore sulle proprie creazioni. Tuttavia, tale processo di sistematizzazione di un diritto del tutto nuovo si realizza in maniera differenziata da Stato a Stato. Il Paese europeo che dimostrò la maggiore sensibilità nell'elaborazione di un sistema di tutela degli autori fu l'Inghilterra. La scelta si indirizzò verso una protezione incentrata sulla regolamentazione della riproduzione delle opere. A questo modello si contrappone tradizionalmente quello francese che in un primo momento riconobbe agli autori una serie di privilegi simili a quelli un tempo riconosciuti agli stampatori, per poi arrivare ad attribuire agli autori un vero e proprio diritto.

Tra le prime e più compiute normazioni in materia di *copyright* va certamente annoverato, *in primis*, lo Statuto della Regina Anna d'Inghilterra approvato il 24 aprile del 1710.[121] Lo *Statute of Anne* aboliva il privilegio reale e stabiliva espressamente per la prima volta che ogni autore o suo avente causa, dopo la prima pubblicazione di un lavoro, fosse titolare di un diritto di copia sull'opera (*copyright*) per un periodo di quattordici anni, a condizione che il libro venisse iscritto nel registro della *Stationer's Company*, ovvero la corporazione dei librai. Tale periodo era eventualmente rinnovabile alla scadenza nel caso l'autore fosse ancora in vita, dopodiché l'opera sarebbe caduta nel pubblico dominio.[122] Ventuno erano invece gli anni relativi alla proprietà delle opere già stampate. La previsione normativa considerava unicamente "the sole liberty of printings and reprinting

---

[119] Andrea Bottani, Richard Davies (a cura di), L'Ontologia della Proprietà Intellettuale, Milano, 2005, p. 8.

[120] Ibidem, p. 7

[121] An Act for the Encouragement of Learning, by Vesting the Copies of Printed Books in the Authors or Purchasers of such Copies, During the Times therein mentioned, 1710, 8 Annae, c.19 (Statute of Anne, 1710, 8 Annae, c.19, in L. Bently, M. Kretschmer (a cura di), Primary Sources on Copyright (1450-1900), alla URL <http://www.copyrighthistory.org>. Per una ricostruzione storica del provvedimento si vedano Ronan. Deazley,: Charting the Movement of Copyright Law in Eighteenth Century Britain, 1695-1775 (Oxford: Hart Publishing, 2004); John Feather, Publishing, Piracy and Politics: an historical study of copyright in Britain (London: Mansell, 1994); Lyman Ray Patterson, Copyright in Historical Perspective (Nashville: Vanderbilt University, 1968); Mark Rose, Authors and Owners: The Invention of Copyright (London: Harvard University Press, 1993); Laura Moscati, Lo Statuto di Anna e le origini del copyright, in Fides Humanitas Ius. Studi in onore di Luigi Labruna, VI, Napoli, 2007, p. 3671 e ss.

[122] Cfr. Nicola Stolfi, La Proprietà Intellettuale, 2 ed., vol. I, Torino, 1915, p. 74; Tullio Ascarelli, Teoria della Concorrenza e dei Beni Immateriali, 3 ed., Milano, 1960, p.686.

such book or books".[123] Essa, dunque, poneva essenzialmente in primo piano l'aspetto economico dell'opera senza far emergere alcun riferimento al lato morale del diritto o alla tutela dell'autore, tracciando da subito i contorni e le caratteristiche di quello che sarebbe stato il futuro sistema di tutela anglosassone.[124] In questo senso è stato osservato come lo Statuto, concedendo anche agli editori la proprietà delle opere, finisse per accomunare il prodotto intellettuale ad una merce di cui l'autore veniva di fatto privato nel momento stesso della cessione.[125]

I precetti dello Statuto inglese furono poi estesi alle colonie britanniche d'oltreoceano almeno sino a quando, dopo la guerra di indipendenza (1775-1783) e la nascita degli Stati Uniti d'America, il nuovo Stato sentì l'esigenza di elaborare un proprio diritto di esclusiva in favore degli autori anch'esso limitato nel tempo. Così, la Costituzione statunitense del 1787 autorizzò il Congresso americano a legiferare in materia di *copyright* per "promuovere il progresso delle scienze e delle arti, assicurando agli autori ed inventori un diritto esclusivo sui loro scritti e sulle loro scoperte per un limitato periodo di tempo".[126] Il 31 maggio 1790 il Congresso approvò la prima legislazione statunitense in materia di diritto d'autore, il *Copyright Act*. Anche qui il termine iniziale era di quattordici anni, con la possibilità di rinnovare il diritto per ulteriori quattordici anni.

Lo Statuto della Regina Anna fu poi seguito nel continente dai decreti rivoluzionari francesi del 1791[127] e del 1793 che abolivano l'ordine dei

---

[123] Statute of Anne, 1710, 8 Annae, c.19, cit. "[…] from and after the tenth day of April, one thousand seven hundred and ten, the author of any book or books already printed, who hath not transferred to any other the copy or copies of such book or books, share or shares thereof, or the bookseller or booksellers, printer or printers, or other person or persons, who hath or have purchased or acquired the copy or copies of any book or books, in order to print or reprint the same, shall have the sole right and liberty of printing such book and books for the term of one and twenty years, to commence from the said tenth day of April, and no longer; and that the author of any book or books already composed, and not printed and published, or that shall hereafter be composed, and his assignee or assigns, shall have the sole liberty of printing and reprinting such book and books for the term of fourteen years, to commence from the day of the first publishing the same, and no longer".

[124] Moscati, Lo Statuto di Anna e le origini del copyright, cit. p. 3683. Remo Franceschelli, Trattato di Diritto industriale, vol.I, Milano, 1960, p. 373, 374.

[125] Alain Strowel, (a cura di), Droit d'Auteur et Copyright: Divergences et Convergences: Étude de Droit Compare, Bruxelles, 1993, p. 2. L'A. cita al riguardo un articolo tratto da Le Monde dove si afferma appunto che il sistema continentale "assimile l'oevre à une merchandise don't le créateur est dépossédé lorsqu'il la cede".

[126] The Congress shall have Power "To promote the Progress of Science and useful Arts, by securing for limited Times to Authors and Inventors the exclusive Right to their respective Writings and Discoveries" (United States Constitution, Art. I, Sec. 8, cl. 8). (ns. traduzione).

[127] Décret des 13-19 janvier 1791 relatif aux spectacles.

privilegi ed il sistema censorio,[128] riconoscendo i diritti esclusivi di rappresentazione, riproduzione e distribuzione in favore degli autori delle relative opere.[129] In particolare, il decreto del 1793 riconosceva per la prima volta un vero e proprio *droit d'auteur* che garantiva la facoltà esclusiva di pubblicazione, riproduzione e vendita per un tempo di durata limitata contemplando anche sanzioni a carico dei contraffattori. Tale provvedimento affermava soprattutto la centralità della figura dell'autore proprietario indiscusso della sua opera. È proprio dall'impianto dei decreti rivoluzionari francesi che in qualche modo nasce la concezione moderna di una tutela propria dell'autore distinta da quella riconosciuta al mero utilizzatore. Anche il moderno diritto d'autore italiano ha subìto l'influenza delle leggi rivoluzionarie francesi collocandosi perciò nella tradizione dei sistemi europeo-continentali, ovvero basati sul sistema *à droit d'auteur* con al centro la figura dell'autore, titolare anzitutto di diritti morali alla paternità ed integrità dell'opera.[130] Lasciando da parte le normative degli Stati preunitari, la prima legge italiana in materia venne adottata con il Regio Decreto del 25 giugno 1865, n. 2358 all. G, esteso nel 1867 al Veneto e a Roma nel 1871. A tale provvedimento seguirono alcune marginali modifiche sino all'emanazione del Testo Unico del 19 settembre 1882, n. 1012 e di un'altra legge sul diritto d'autore adottata con il Regio Decreto del 7 novembre del 1925 n. 1950, in seguito convertito nella legge del 18 marzo 1926 n. 562. Infine, la legge del 1925 fu avvicendata dalla legge del 22 aprile del 1941 n. 633 che, con modifiche via via succedutesi nel tempo, è ancora oggi in vigore.[131]

1.5.2 Droit d'auteur e copyright

Come risulta evidente dalla breve ricostruzione storica appena tracciata, due sono i grandi sistemi di protezione dei diritti dell'autore: quello europeo-continentale (sistema a *droit d'auteur*), sviluppatosi essenzialmente nei paesi di *civil law* come conseguenza della rivoluzione francese e con

---

[128] Décret de la Convention Nationale du 19 juillet 1793 relatif aux droits de propriété des Auteurs d'écrits en tout genre, des Compositeurs de musique, des Peintres et des Dessinateurs.

[129] Il decreto dell'Assemblea nazionale francese del 1791 era relativo agli spettacoli e sanciva la libertà dei teatri pubblici di rappresentare opere di ogni specie, proibendo la rappresentazione di opere di autori viventi senza il loro consenso e gli eredi o i cessionari degli autori sarebbero stati "proprietari" delle loro opere per cinque anni dalla morte dell'autore. Cfr. Ferruccio Foà, voce Autore, in Enciclopedia Treccani, vol. V, Roma, 1949, 585-586.

[130] Ubertazzi, voce Diritto d'Autore, cit, p. 369 e ss.

[131] Ibidem.

una base culturale latino-germanica, e quello anglo-americano (*copyright*) sorto nei sistemi di *common law* in Inghilterra ed in seguito esportato nei territori delle relative ex colonie.[132] Sebbene tali sistemi siano sempre stati considerati molto diversi tanto da imporsi l'uno sull'altro,[133] sia nei sistemi di *common law* che in quelli di *civil law*, per protezione della proprietà intellettuale si intende un complesso di azioni regolate da leggi rivolte a garantire la paternità ed i diritti di sfruttamento delle creazioni dell'ingegno. In particolare, il diritto d'autore è un diritto concesso all'autore di un'opera per garantirgli un interesse economico, ma anche per tutelare il lavoro da quegli usi che potrebbero essere pregiudizievoli al suo interesse generale.

Forse anche per merito del carattere universale dei principi che ne costituiscono il fondamento, i contrasti si sono nel tempo sfumati lasciando sempre più spazio ai punti di contatto.[134]

Nel diritto continentale, costruito sul modello francese, il diritto d'autore si sostanzia in una legislazione a tutto vantaggio dell'autore ed in cui "viene celebrato il suo talento dandogli il diritto morale ed economico di proteggerlo".[135] In altre parole, la tradizione europea valorizza maggiormente il rapporto personale ed esclusivo tra l'autore, l'opera ed i diritti, "curando e garantendo questo rapporto, con affinità di disciplina con i diritti della personalità".[136] Il sistema anglo-americano, invece, ruota attorno al diritto di riproduzione della copia avendo come obiettivo la massima circolazione e diffusione delle opere tra il pubblico,[137] connotando tale diritto con elementi affini ai diritti di proprietà. Tuttavia, malgrado i due sistemi nascano con finalità ed obiettivi apparentemente lontani, è stato osservato come negli ultimi cinquant'anni, anche in seguito all'adesione nel 1989 degli Stati Uniti alla Convenzione di Berna[138], vi sia stata una pro-

---

[132]   Cfr. Moscati, Lo Statuto di Anna e le Origini del Copyright, cit.

[133]   Così Laura Moscati, Alle radici del Droit d'auteur, in Studi di Storia del Diritto (a cura di F. Liotta), Bologna, 2007, p. 261.

[134]   Cfr. Strowel, (a cura di), Droit d'auteur et copyright, cit.; Jane Ginsburg, A Tale of Two Copyrights: Property in Revolutionary France and America, in Of Authors and Origins: Essays on Copyright Law 134 (Brad Sherman, Alain Strowel eds. 1994); David Vaver, The Copyright Mixture in a Mixed Legal System: Fit for Human Consumption?, 5.2 Electronic J. of Comp. Law, (May 2001), alla URL <http://www.ejcl.org/52/art52-3.html>.

[135]   Moscati, Alle radici del Droit d'auteur, cit., p. 262

[136]   Così Francesca Maschio, Proprietà Intellettuale: Principi Costituzionali e Fattispecie di Conflitto, Roma, 2006, p.8.

[137]   Ibidem.

[138]   Berne Convention Implementation Act, 31 October 1988, Pub. L. 100-568, 102 Stat. 2853. Per una discussione sull'argomento si veda Jon A. Baumgarten and Christopher A. Meyer, Effects of U.S. Adherence to the Berne Convention, 10 Ent.. L. Rep., No. 11 (1989). La ratifica da parte degli Stati Uniti della Convenzione ha di fatto sancito la fine di un'epoca permettendo a tale influente paese di adeguarsi ai principi che, in tema di acquisto dei diritti

gressiva convergenza ed armonizzazione. In particolare il sistema americano si è lentamente conformato alle legislazioni europee e persino la giurisprudenza statunitense ha cominciato a riconoscere il diritto morale e quello alla paternità ed integrità dell'opera.[139] Sembra dunque che, almeno per alcuni aspetti, il sistema europeo sia prevalso su quello americano. L'alto grado di protezione verso l'autore infatti, tende ad arricchire l'editore e l'imprenditore rendendo questo modello commercialmente più attraente.[140]

1.5.3 *Il quadro normativo globale: la Convenzione di Berna*

L'esigenza di una protezione internazionale dei diritti di proprietà intellettuale si manifestò in tutta la sua evidenza in occasione dell'Esposizione Internazionale delle Invenzioni di Vienna del 1873. In quell'occasione molti espositori si rifiutarono di partecipare per timore che le loro opere fossero in qualche modo impropriamente sottratte ai legittimi creatori o commercialmente sfruttate in altri paesi.[141]

La necessità di una regolamentazione sopranazionale nasce pertanto dal limite di carattere territoriale delle norme inizialmente esistenti, nonché dall'intrinseca natura del diritto d'autore che lo obbliga a confrontarsi con fattispecie di rilievo globale.[142] Il diritto d'autore è, come brevemente osservato, un diritto tradizionalmente territoriale nel senso che la legge che lo governa non è generalmente quella del territorio dove l'autore ha svolto la sua attività creativa o quella del luogo in cui l'opera è uscita la prima volta dall'inedito, bensì quella del paese dove l'autore richiede che essa sia tutelata.[143] In altre parole, il diritto viene accordato per il territorio di un paese e si estende ad altri paesi a condizione che questi abbiano sottoscritto un Trattato di reciprocità Pertanto limitare la tutela di un autore ad un

---

d'autore, sono prevalenti nei paesi occidentali. Cfr. Vittorio M. de Sanctis, I soggetti del diritto d'autore, Milano, 2000, p. 41.

[139] Maschio, Proprietà Intellettuale, cit. p. 8.

[140] Moscati, Alle radici del Droit d'auteur, cit., p. 263.

[141] Cfr. Giustino Fumagalli, La Tutela del Software nell'Unione Europea. Brevetto e Diritto d'Autore, Milano, 2005, p. 23; Roberto Mastroianni, Diritto Internazionale e Diritto d'Autore, Milano, 1997, p. 3-4 (l'A. osserva come proprio la prassi diffusa della contraffazione all'estero sia stata la motivazione originale e principale che ha spinto gli Stati a stringere vincoli internazionali in materia).

[142] Così Mastroianni, Diritto Internazionale e Diritto d'Autore, cit. p. 2.

[143] Così de Sanctis, I Soggetti del Diritto d'Autore, cit., p. 29; sul principio di territorialità e l'accordo TRIPs si veda Stefania Ercolani, La Tutela dei Diritti d'Autore in Italia e l'Accordo TRIPs, in Dir. aut., 1996, p. 50 e ss.

singolo Stato significa permettere che gli abusi nei suoi confronti possano essere comunque commessi al di fuori di quel territorio. Da qui l'esigenza di trovare delle forme di protezione che andassero oltre i confini delle singole nazioni. I problemi di territorialità della protezione e l'evoluzione delle tecniche di stampa hanno fatto sì che il panorama generale sul diritto d'autore sia profondamente mutato dal 1700 ai giorni nostri. Da una parte la tutela degli interessi degli autori è sensibilmente maturata, dall'altra le normative nazionali, divenute sempre più articolate, sono nel tempo state arricchite da numerose convenzioni internazionali. Infatti in un primo tempo la soluzione al limite territoriale della protezione fu trovata in Trattati pattuiti tra singoli Stati, poi nel 1886 si arrivò a stipulare a Berna la Convenzione per la protezione delle opere letterarie e artistiche, alla quale seguì l'Atto addizionale di Parigi del 1896, l'Atto di Berlino del 1908, il Protocollo addizionale di Berna del 1914, l'Atto di Stoccolma del 1967, l'Atto di Parigi del 1971 ed infine emendata nel 1979.[144] Tale provvedimento, comunemente conosciuto come Convenzione di Berna, ha per la prima volta sancito un riconoscimento reciproco del diritto d'autore tra le nazioni che sottoscrivono e ratificano l'atto.[145]

L'attuale sistema delle fonti internazionali sul diritto d'autore è alquanto complesso e non è questa la sede per approfondire l'argomento. È tuttavia utile richiamare i punti essenziali dei trattati internazionali delineandone il contenuto e la portata. Oltre alla Convenzione di Berna nella sua ultima revisione del 1971, esistono una serie di altri Accordi internazionali, a cominciare dall'Accordo sugli aspetti dei diritti di proprietà intellettuale attinenti al commercio (Accordo TRIPs)[146] sino ai trattati dell'Organizzazione Mondiale per la Proprietà Intellettuale (OMPI) del 1996 (*WIPO Copyright Treaty* ed il *WIPO Performances And Phonograms Treaty*). Va inoltre rilevato che, come vedremo meglio in seguito, anche in ambito europeo si è registrato un certo attivismo per tentare di armonizzare la materia e sostenere la circolazione dei beni e la creazione del mercato comune.

---

[144] Sul punto si veda Luigi Carlo Ubertazzi e Maurizio Ammendola, Il Diritto d'Autore, Torino, 1993, p. 93. Sull'emendamento del 1979 si veda WIPO, Berne Convention for the Protection of Literary and Artistic Works alla URL < http://www.wipo.int/treaties/en/ip/berne/trtdocs_wo001.html>.

[145] Per un testo ufficiale in lingua italiana della Convenzione di Berna si veda: Convenzione di Berna per la protezione delle opere letterarie e artistiche riveduta a Parigi il 24 luglio 1971, alla URL <http://www.admin.ch/ch/i/rs/0_231_15/index.html> (in seguito: Convenzione di Berna). Per un commento ed un'illustrazione degli aspetti generali della Convenzione si veda Mastroianni, Diritto Internazionale e Diritto d'Autore, cit., p. 73 e ss.

[146] Agreement on Trade-Related Aspects of Intellectual Property Rights, Apr. 15, 1994, Marrakech Agreement Establishing the World Trade Organization, Annex 1C, Legal Instruments-Results of the Uruguay Round vol. 31, 33 I.L.M. 81 (1994) [in seguito Accordo TRIPs].

La Convenzione di Berna, la più importante convenzione internazionale in materia di diritti d'autore, ha come oggetto di tutela le "opere letterarie e artistiche". Tale espressione, come indicato nell'articolo 2, comprende ogni produzione del dominio letterario, scientifico o artistico, qualunque sia il modo o la forma d'espressione.[147] Nella sua prima forma, la Convenzione introduceva due principi fondamentali. Il principio del trattamento nazionale (o principio di assimilazione) e quello di protezione automatica delle opere. Il primo prescrive che ogni paese aderente deve riconoscere come soggetto a diritto d'autore l'opera creata da cittadini degli altri Stati contraenti fornendo agli autori stranieri la stessa tutela accordata agli autori nazionali oltre ai diritti minimi previsti dalla Convenzione (i.e. diritti *jure conventionis*).[148] Il secondo, invece, prevede che la protezione delle opere non debba essere soggetta ad alcuna preventiva registrazione.[149] Il godimento e l'esercizio dei diritti non sono pertanto subordinati ad alcuna formalità e sono indipendenti dall'esistenza della protezione nel Paese d'origine dell'opera (art. 5.2). La Convenzione stabilisce un termine minimo di tutela per tutta la durata della vita dell'autore più 50 anni, ma le parti contraenti sono libere di estendere tale periodo.[150] In effetti, sia l'Unione europea con la direttiva 93/98/CEE del Consiglio del 29 ottobre 1993 concernente l'armonizzazione della durata di protezione del diritto d'autore e di alcuni diritti connessi,[151] che gli Stati Uniti con il *Sonny Bono Copyright Term Extension Act* del 1998,[152] hanno provveduto a modificare tale termine minimo. A seguito di tali provvedimenti, l'attuale durata generale della protezione è di 70 anni *post mortem auctoris* o dell'ultimo autore sopravvissuto se ne esiste più di uno. Nel corso del tempo la Convenzione ha imposto agli Stati ratificanti di fornire alcune norme minime di protezione per gli autori ed i titolari dei diritti destinate alla creazione di uno

---

[147] Cfr. Art. 2, Convenzione di Berna. Come specificato dall'art. 2, tra le opere tutelate rientrano: "libri, opuscoli e altri scritti; conferenze, allocuzioni, sermoni e altre opere della stessa natura; le opere drammatiche o drammatico-musicali, le opere coreografiche e le pantomime, la cui messa in scena sia fissata per iscritto o altrimenti; le composizioni musicali, con o senza parole; le opere cinematografiche e quelle ottenute mediante un processo analogo alla cinematografia; le opere di disegno, pittura, architettura, scultura, incisione e litografia; le opere fotografiche e quelle ottenute mediante un processo analogo alla fotografia; le opere delle arti applicate; le illustrazioni, le carte geografiche; i piani, schizzi e lavori plastici relativi alla geografia, alla topografia, all'architettura o alle scienze".

[148] Art. 5(1), Convenzione di Berna.

[149] Art. 5(2), Convenzione di Berna.

[150] Art. 7, Convenzione di Berna.

[151] Direttiva 93/98/CEE del Consiglio del 29 ottobre 1993 corncernente l'armonizzaione della durata di protezione del diritto d'autore e di alcuni diritti connessi, 1993 G.U. (L 290) 9.

[152] Sonny Bono Copyright Term Extension Act, Pub. L. No. 105-298, 112 Stat. 2827, 2827-28 (1998).

standard comune di trattamento (c.d. *minimo convenzionale*).[153] Attualmente, i principali diritti minimi convenzionali previsti dalla Convenzione sono: il diritto morale di rivendicare la paternità e di opporsi ad ogni deformazione riconosciuto all'autore dell'opera (art. 6 bis);[154] il diritto di traduzione (art. 8, 11.2, 12 e 11*ter*.2);[155] il diritto di riproduzione (art. 9);[156] il diritto di rappresentazione in pubblico (art. 11);[157] il diritto di radiodiffusione e di comunicazione al pubblico (art. 11bis);[158] il diritto di adattare l'opera (art. 12);[159] il diritto di adattamento cinematografico dell'opera (art. 14).[160]

Il riconoscimento dei diritti esclusivi degli autori è tuttavia sfumato dall'interesse del pubblico ad accedere senza impedimenti, in talune e determinate circostanze, ai prodotti culturali. A ciò provvede il sistema delle eccezioni e limitazioni. Tali strumenti rappresentano un fondamentale isti-

---

[153] Cfr. Bentley, Sherman, Intellectual Property Law, cit. p. 40; Mastroianni, Diritto Internazionale e Diritto d'Autore, cit. p. 7. Mastroianni sottolinea come il principio di assimilazione e lo *jus conventionis* siano oggi i pilastri che reggono la protezione internazionale del diritto d'autore.

[154] Art. 6, Convenzione di Berna (Indipendentemente dai diritti patrimoniali d'autore, ed anche dopo la cessione di detti diritti, l'autore conserva il diritto di rivendicare la paternità dell'opera e di opporsi ad ogni deformazione, mutilazione od altra modificazione, come anche ad ogni altro atto a danno dell'opera stessa, che rechi pregiudizio al suo onore od alla sua reputazione).

[155] Art. 8, Convenzione di Berna (Gli autori di opere letterarie ed artistiche protette dalla presente Convenzione hanno, per tutta la durata dei loro diritti sull'opera originale, il diritto esclusivo di fare od autorizzare la traduzione delle loro opere).

[156] Art. 9, Convenzione di Berna (Gli autori di opere letterarie ed artistiche protette dalla presente Convenzione hanno il diritto esclusivo di autorizzare la riproduzione delle loro opere in qualsiasi maniera e forma).

[157] Art 11, Convenzione di Berna (Gli autori di opere drammatiche, drammatico-musicali e musicali hanno il diritto esclusivo di autorizzare: a) la rappresentazione e l'esecuzione pubbliche delle loro opere, comprese la rappresentazione e l'esecuzione pubbliche con qualsiasi mezzo o procedimento; b) la trasmissione pubblica, con qualsiasi mezzo, della rappresentazione e dell'esecuzione delle loro opere.

[158] Art. 11bis, Convenzione di Berna (Gli autori di opere letterarie ed artistiche hanno il diritto esclusivo di autorizzare: a) la radiodiffusione delle loro opere o la comunicazione al pubblico di esse mediante qualsiasi altro mezzo atto a diffondere senza filo segni, suoni od immagini; b) ogni comunicazione al pubblico, con o senza filo, dell'opera radiodiffusa, quando tale comunicazione sia eseguita da un ente diverso da quello originario; c) la comunicazione al pubblico, mediante altoparlante o qualsiasi altro analogo strumento trasmettitore di segni, suoni od immagini dell'opera radiodiffusa).

[159] Art. 12, Convenzione di Berna (Gli autori di opere letterarie ed artistiche hanno il diritto esclusivo di autorizzare adattamenti, variazioni e altre trasformazioni delle loro opere).

[160] Art. 14, Convenzione di Berna (Gli autori di opere letterarie od artistiche hanno il diritto esclusivo di autorizzare: a) l'adattamento e la riproduzione cinematografica di dette opere e la messa in circolazione delle opere in tal modo adattate o riprodotte; b) la rappresentazione pubblica, l'esecuzione pubblica e la trasmissione per filo al pubblico delle opere in tal modo adattate o riprodotte).

tuto giuridico per far coesistere l'esclusiva concessa dal diritto d'autore con gli interessi individuali e collettivi del pubblico. In virtù di tale principio, la Convenzione introduce una circoscritta possibilità per gli Stati aderenti di creare eccezioni o limitazioni ai diritti esclusivi degli autori.[161] In particolare, con riferimento al diritto di riproduzione, tali eccezioni devono soddisfare il cosiddetto test a tre fasi (*three-step test*).[162] Tale strumento,che si manifesta peraltro anche nella direttiva InfoSoc all'art. 5(5),[163] richiede che tutte le eccezioni e limitazioni siano sottoposte ad un giudizio di conformità basato su tre requisiti: a) devono essere limitate a determinati casi speciali; b) non devono contrastare con il normale sfruttamento dell'opera, c) non devono arrecare ingiustificato pregiudizio ai titolari dei diritti.

La Convenzione prevede inoltre, in una sorta di lista di *utilizzazioni consentite*, altre deroghe ai diritti esclusivi degli autori stabilendo le condizioni di utilizzazione delle citazioni tratte da opere già rese accessibili al pubblico,[164] nonché i casi di utilizzo lecito, di opere letterarie ed artistiche a fini di insegnamento e la riproduzione di articoli di attualità su argomenti economici, politici o religiosi, pubblicati in giornali o riviste periodiche, così come quella di avvenimenti di attualità (artt. 10 e 10-bis). Anche in questo caso l'attuazione è affidata alle legislazioni nazionali.

È infine interessante notare come la globale esigenza di uniformità abbia fatto sì che la Convenzione costituisca comunque un punto di riferimento anche per gli Stati che non ne fanno parte.[165]

Dal 1967, in seguito ad apposita Convenzione firmata a Stoccolma il 14 luglio di quell'anno dai Paesi aderenti alla Convenzione di Berna, è stata inoltre creata l'Organizzazione Mondiale per la Proprietà Intellettuale

---

[161] Cfr. Bentley, Sherman, Intellectual Property Law, cit. p. 41. Tale strumento è stato introdotto anche in altri provvedimenti normativi internazionali tra cui: l'Accordo TRIPs (artt. 13, 17, 26 e 30); il WIPO Copyright Treaty (art. 6); il WIPO Performance and Phonogram Treaty (art. 16) e la Direttiva 2001/29/CE (art. 5.5).

[162] Art. 9.2, Convenzione di Berna (È riservata alle legislazioni dei Paesi dell'Unione la facoltà di permettere la riproduzione delle predette opere in taluni casi speciali, purché una tale riproduzione non rechi danno allo sfruttamento normale dell'opera e non causi un pregiudizio ingiustificato ai legittimi interessi dell'autore).

[163] Direttiva 2001/29/CE, art. 5 (5): "Le eccezioni e limitazioni di cui ai paragrafi 1, 2, 3 e 4 sono applicate esclusivamente in determinati casi speciali che non siano in contrasto con lo sfruttamento normale dell'opera o degli altri materiali e non arrechino ingiustificato pregiudizio agli interessi legittimi del titolare". Sui profili di applicabilità si veda Paul Torremans, Intellectual Property Law, Oxford, 2005, p. 266.

[164] In questo caso le citazioni e utilizzazioni devono menzionare la fonte e, se vi compare, il nome dell'autore (art. 10.3).

[165] Cfr. Annalisa Anchisi Passerin d'Entreves, Diritto d'Autore in Diritto Comparato, in Dig. disc. priv., Sez. comm., IV, Torino 1989, p.462. La stessa ratifica della Convenzione da parte degli Stati Uniti ha in qualche modo segnato la supremazione dei principi occidentali. Cfr. de Sanctis, I Soggetti del Diritto d'Autore, Milano, 2000, p. 41.

(OMPI o World Intellectual Property Organization, WIPO, nella dizione anglosassone) con la missione di creare una struttura generale ed unitaria nell'ambito della proprietà intellettuale attraverso la cooperazione tra gli Stati e in collaborazione con altre organizzazioni internazionali.[166] Tra i compiti dell'Organizzazione vi è anche quello di amministrare la Convenzione di Berna[167] e promuovere la protezione della proprietà intellettuale nel mondo mediante l'avviamento e la negoziazione di nuovi trattati in materia.[168]

1.5.4 Il quadro normativo globale: l'accordo TRIPs

Come precedentemente accennato, l'Organizzazione Mondiale per la Proprietà Intellettuale è l'istituzione globale che si occupa di fissare gli standard che regolano la produzione, la distribuzione e l'uso della conoscenza. La Convenzione d'istituzione del 1967[169] le assegna il compito di promuovere la protezione della proprietà intellettuale. Tale missione è stata poi potenziata nel 1974, quando l'Organizzazione è divenuta parte delle Nazioni Unite sulla base di un accordo che le attribuisce espressamente l'incarico di "intraprendere le azioni appropriate per promuovere l'attività intellettuale creativa" e di agevolare "il trasferimento di tecnologia ai Paesi in via di sviluppo, al fine di accelerare lo sviluppo economico, sociale e culturale".[170]

L'attuale assetto del commercio mondiale vede le sue remote radici negli Accordi di Bretton Woods del 1944, momento dal quale si cominciò a sostenere che per risolvere i problemi di stabilità economica e politica, ed offrire uniformità internazionale nei commerci, fossero necessari degli or-

---

[166] La convenzione che istituisce l'Organizzazione mondiale per la proprietà intellettuale è stata firmata a Stoccolma il 14 luglio 1967, ed è entrata in vigore nel 1970. Convention Establishing the World Intellectual Property Organization, July 14, 1967, alla URL <http://www.wipo.int/treaties/en/convention/trtdocs_wo029.html>.

[167] Art. 4(ii), Convention Establishing the World Intellectual Property Organization, cit.

[168] Art. 4.

[169] Convention Establishing the World Intellectual Property Organization, Stockholm, July 14, 1967, 828 U.N.T.S. 3 alla URL <http://www.wipo.int/treaties/en/convention/trtdocs_wo029.29.html>.

[170] Geneva declaration on the future of the World Intellectual Property Organization, alla URL <http://www.cptech.org/ip/wipo/futureofwipodeclaration.doc>, Ottobre, 2004. Sul punto si veda James Boyle, A Manifesto on WIPO and the Future of Intellectual Property, Duke L. & Tech. Rev. 9 (2004).

ganismi internazionali intergovernativi.[171]

In seguito a tali Accordi, nel 1946 ventitré paesi si riunirono per il primo negoziato multilaterale (*round*), durante il quale furono approvate, su base di reciprocità, quarantacinquemila concessioni tariffarie riguardanti un quinto del commercio mondiale.[172] L'insieme di tali accordi tariffari e delle norme commerciali prese il nome di *General Agreement on Tariffs and Trade* (GATT) ed entrò in vigore nel gennaio del 1948.

Tali accordi commerciali internazionali segnarono una vera e propria rivoluzione in un periodo caratterizzato da un marcato nazionalismo economico. Nel corso degli anni, tale sistema multilaterale del commercio si è rafforzato attraverso una serie di negoziati commerciali, definiti *round*, grazie ai quali il GATT, oltre all'originario obiettivo della modifica delle barriere di natura tariffaria, si è esteso verso altri aspetti del commercio mondiale.[173] Mentre i primi sei *round* furono essenzialmente caratterizzati da riduzioni tariffarie, il settimo (Tokyo Round) e soprattutto l'ottavo (Uruguay Round) segnarono l'inizio di un complessivo ripensamento dell'intera disciplina.[174] Con l'Uruguay Round, iniziato nel 1986 e conclusosi dopo sette anni e mezzo nel 1994, con la firma dell'atto finale a Marrakech, si è segnata una svolta nella struttura complessiva del più articolato insieme di trattati multilateriali sul commercio mondiale, con un rafforzamento ed un ampliamento del sistema che ha visto il suo punto fondamentale nell'accordo istitutivo dell'Organizzazione Mondiale del Commercio (OMC).[175] Tale passaggio ha segnato il momento conclusivo del GATT e l'inizio della *World Trade Organization* (WTO), dove si ritrovano, seppur ampliate ed arricchite con ulteriori vastissime tematiche regolatorie, le clausole originarie del Trattato GATT e le successive principali modifiche.[176] Inoltre, mentre il GATT rappresentava un semplice trattato dotato di

---

[171] Cfr. Paolo Borghi, L'Agricoltura nel Trattato di Marrakech, Milano, 2004, p. 11; Andrea Comba, Il Neo Liberismo Internazionale. Strutture Giuridiche a Dimensione Mondiale dagli Accordi di Bretton Woods all'Organizzazione Mondiale del Commercio, Milano, 1995.

[172] Borghi, L'Agricoltura nel Trattato di Marrakech, cit., p. 15.

[173] Otto sono stati i successivi negoziati multilaterali: Ginevra (1947); Annecy, Francia (1949); Torquay, Inghilterra (1951); Ginevra (1956); Dillon Round (1960-61); Kennedy Round (1964-67); Tokyo Round (1973-79); Uruguay Round (1986-1994). Cfr. G. Venturini (a cura di), L'organizzazione Mondiale del Commercio, Milano, 2004.

[174] Borghi, L'Agricoltura nel Trattato di Marrakech, op. cit., p.25.

[175] Marrakech Agreement Establishing the World Trade Organization, April 15, 1994, Final Act Embodying the Results of the Uruguay Round of Multilateral Trade Negotiations, Legal Instruments - Results of the Uruguay Round, 33 I.L.M. 1140, (1994).

[176] Tra le nuove materie vanno annoverate le politiche anti-dumping, volte a sanzionare la concorrenza sleale dei Paesi che vendono all'estero beni a prezzi inferiore rispetto a quelli praticati all'interno; gli accordi, riguardanti il settore dei servizi (General Agreement on Trade in Services), della proprietà intellettuale (Agreement on Trade-Related Aspects of Intellectual Property Rights), gli investimenti (Trade-Related Investment Measures), el'agricoltura (A-

un segretariato, l'OMC si è trasformata in una vera e propria organizzazione internazionale, dotata di poteri molto maggiori.

Questo nuovo assetto ha provocato diversi mutamenti poiché la regolazione di alcune materie ricadeva tradizionalmente nelle facoltà dei singoli Stati. In questo quadro, l'Accordo sui Diritti di Proprietà Intellettuale Relativi al Commercio (Agreement on Trade Related Aspects of Intellectual Property Rights – TRIPs),[177] allegato finale relativo agli esiti dell'Uruguay Round, rappresenta una delle novità più significative del negoziato al sistema multilaterale degli scambi, soprattutto per quanto riguarda l'individuazione di uno standard per la tutela dei diritti di proprietà intellettuale, nel tentativo di colmare le differenze esistenti tra i vari paesi. In particolare, l'entrata in vigore dell'Accordo TRIPs ha permesso di ampliare ulteriormente la portata soggettiva della protezione sostanziale offerta dalla Convenzione di Berna.[178]

L'Accordo stabilisce i requisiti che le normative dei paesi aderenti devono rispettare per tutelare la proprietà intellettuale nell'ambito del diritto d'autore, delle indicazioni geografiche, dell'*industrial design*, dei brevetti e dei marchi di fabbrica registrati. Vengono inoltre individuate le *best practices* per la corretta interpretazione e attuazione delle norme in materia di protezione della proprietà intellettuale, per i ricorsi e per le procedure di risoluzione delle controversie.

L'Accordo TRIPs recepisce, di fatto, i fondamentali principi giuridici già visti nella Convenzione di Berna, ovvero il nucleo minimo di diritti da attribuire agli autori sì da formare una soglia minima di protezione (il c.d. *jus conventionis*) e la regola del trattamento nazionale.[179] Viene inoltre introdotto il principio della nazione più favorita.[180] Tale regola vuole impedire agli Stati trattamenti preferenziali che possano produrre discriminazioni tra prodotti stranieri. Il principio prevede infatti che, in materia di proprietà intellettuale, tutte le nazioni aderenti all'accordo debbano accordare ai cittadini degli altri Stati membri un trattamento non meno favorevole di quello da essi accordato ai propri cittadini.

---

greement on Agricolture). Sul punto si veda diffusamente Gabriella Venturini (a cura di), L'Organizzazione Mondiale del Commercio, Milano, 2004.

[177] Agreement on Trade-Related Aspects of Intellectual Property Rights, Apr. 15, 1994, Marrakech Agreement Establishing the World Trade Organization, Annex 1C, Legal Instruments-Results of the Uruguay Round vol. 31, 33 I.L.M. 81 (1994) [in seguito Accordo TRIPs].

[178] Così Mastroianni, Diritto Internazionale e Diritto d'Autore, cit. p. 22.

[179] Agreement on Trade-Related Aspects of Intellectual Property Rights, art. 3, Apr. 15, 1994, Marrakech Agreement Establishing the World Trade Organization, Annex 1C, Legal Instruments - Results of the Uruguay Round, 33 I.L.M. 1125, 1197 (1994).

[180] Agreement on Trade-Related Aspects of Intellectual Property Rights, Apr. 15, 1994, Marrakech Agreement Establishing the World Trade Organization, Annex 1C, Legal Instruments-Results of the Uruguay Round vol. 31, art. 4, 33 I.L.M 81, 86 (1994).

Nell'Accordo TRIPS sono inoltre rinvenibili disposizioni specifiche nell'ambito del diritto d'autore. La più importante si riferisce all'obbligo per gli Stati membri di conformarsi agli articoli da 1 a 21 della Convenzione di Berna, ad esclusione dell'articolo *6bis* che si occupa di diritti morali (art. 9.1)[181]. Una delle conseguenze principali di tali disposizioni comporta che le questioni relative al rispetto della Convenzione di Berna possano essere stabilite sulla base della procedura di risoluzione delle controversie, specificamente prevista nell'ambito dell'Organizzazione Mondiale del Commercio (OMC).[182]

Inoltre l'Accordo TRIPs prevede, in materia di diritto d'autore, distinti elementi aggiuntivi rispetto alla Convenzione di Berna, alcuni dei quali costituiscono una risposta alle innovazioni tecnologiche, ovvero a nuove tipologie di prodotti e a nuovi modelli distributivi. In questa direzione vengono introdotte due nuove categorie di opere tutelate dal diritto d'autore: le banche dati poiché la selezione o disposizione del loro contenuto costituisce una creazione intellettuale (art. 10.2)[183] ed i programmi per elaboratore, in quanto opere letterarie (art. 10.1).[184] Per far fronte a nuove forme di distribuzione viene inoltre introdotto, in relazione ai programmi per elaboratore ed alle opere cinematografiche, il diritto di noleggio (art. 11). Relativamente al diritto d'autore, l'articolo 9.2 specifica che la protezione accordata a tale diritto protegge solo la forma rappresentativa e non il contenuto concettuale dell'opera; in altre parole esso tutela le espressioni, ma

---

[181]   Art. 9(1), Accordo TRIPs.

[182]   Cfr. Bentley, Sherman, Intellectual Property Law, cit. p. 43. La procedura per la risoluzione delle controversie è disciplinata all'articolo 4, Understanding on Rules and Procedures Governing the Settlement of Disputes, Apr. 15, 1994, Marrakech Agreement Establishing the World Trade Organization, Annex 2, Legal Instruments - results of the Uruguay Round, vol. 31. 33 I.L.M. 1226; all'articolo 64 dell'Agreement on Trade-Related Aspects of Intellectual Property Rights, Apr. 15, 1994, Marrakech Agreement Establishing the World Trade Organization, Annex 1C, Legal Instruments - Results of the Uruguay Round, 33 I.L.M. 81 (1994); all'articolo XXII del General Agreement on Tariffs and Trade: Multilateral Trade Negotiations Final Act Embodying the Results of the Uruguay Round of Trade Negotiations, Apr. 15, 1994, 33 I.L.M. 1125 (GATT 1994). Il sistema di risoluzione delle controversie permette a ciascun membro dell'OMC di poter reclamare, davanti ad un organo appositamente istituito, la regolare applicazione degli accordi, ovvero il rispetto dei diritti e degli obblighi da essi derivanti. Sul tema vedi Aldo Lingustro, La Soluzione delle Controversie nel Sistema dell'Organizzazione Mondiale del Commercio: Problemi Interpretativi e Prassi Applicative, in Riv. dir. int., 1997, p. 1003; Marcella Distefano, Soluzione delle Controversie nell'OMC e Diritto Internazionale, Padova, 2001.

[183]   Art. 10(2), Accordo TRIPs (Le compilazioni di dati o altro materiale, in forma leggibile da una macchina o in altra forma, che a causa della selezione o della disposizione del loro contenuto costituiscono creazioni intellettuali sono protette come tali. La protezione, che non copre i dati o il materiale stesso, non pregiudica diritti d'autore eventualmente esistenti sui dati o sul materiale).

[184]   Art. 10(1), Accordo TRIPs (I programmi per elaboratore, in codice sorgente o in codice oggetto, sono protetti come opere letterarie ai sensi della Convenzione di Berna (1971)).

non le idee. L'Accordo si occupa inoltre di eccezioni e limitazioni (art. 13), stabilendo che tutte le eccezioni e limitazioni (non soltanto quelle relative al diritto di riproduzione come prescriveva la Convenzione di Berna) devono soddisfare il *three-step test*.[185]

1.5.5 Il quadro normativo globale: i trattati OMPI del 1996

Nel 1996 l'Organizzazione Mondiale per la Proprietà Intellettuale (OMPI), nell'impossibilità materiale di produrre una revisione della Convenzione di Berna e di fronte alla necessità di integrare gli Accordi esistenti per via delle pervasive innovazioni tecnologiche digitali, ha adottato il Trattato sul *Copyright* (*WIPO Copyright Treaty*) [186] ed il Trattato sulle Interpretazioni ed Esecuzioni e sui Fonogrammi (*WIPO Performances and Phonograms Treaty*).[187]

Il Trattato sul *Copyright* (WCT), per la maggior parte, ripete molte delle previsioni e delle estensioni già disposte dall'accordo TRIPs.[188] Il WCT include inoltre tre disposizioni che riflettono la cosiddetta *digital agenda*, ovvero soluzioni alle questioni sollevate dai titolari dei diritti d'autore di fronte alle nuove tecnologie di comunicazione digitale. La prima di queste tre disposizioni prevede che, come parte del diritto di comunicazione al pubblico, le parti contraenti debbano provvedere affinché gli autori di opere letterarie e artistiche abbiano il diritto esclusivo di autorizzare ogni comunicazione al pubblico, su filo o via etere, delle loro opere nonché la messa a disposizione del pubblico delle stesse, in modo che chiunque possa liberamente accedervi da un luogo o in un momento di sua scelta (art. 8). La seconda dispone che le parti contraenti prevedano un'adeguata tutela giuridica contro l'elusione di misure tecnologiche utilizzate dagli autori per proteggere i loro diritti (art. 11). La terza ed ultima disposizione prescrive che le parti contraenti predispongano un'adeguata tutela giuridica contro coloro che rimuovano, alterino o manomettano qualunque informazione elettronica sulla gestione dei diritti, ovvero le informazioni utilizzate

---

[185]   Art. 13, Accordo TRIPs (I Membri possono imporre limitazioni o eccezioni ai diritti esclusivi soltanto in alcuni casi speciali che non siano in conflitto con un normale sfruttamento dell'opera e non comportino un ingiustificato pregiudizio ai legittimi interessi del titolare).

[186]   World Intellectual Property Organization: Copyright Treaty, Dec. 20, 1996, 36 I.L.M. 65 (1997) [in seguito WIPO Copyright Treaty].

[187]   World Intellectual Property Organization: Performances and Phonograms Treaty, Dec. 20, 1996, 36 I.L.M. 76 (1997) [in seguito WIPO Performances and Phonograms Treaty].

[188]   Così l'art. 2 del WCT fa il paio con l'art. 9.2 TRIPs; l'art. 4 WCT con l'art. 10.1 TRIPs; l'art. 5 WCT con l'art. 10.2 TRIPs; l'art. 10 WCT con l'art. 13 TRIPs e l'art. 14 WCT con l'art. 41 TRIPs.

per facilitare l'identificazione o l'utilizzazione commerciale delle opere protette (art. 12).

Vale qui giusto la pena notare come la protezione accordata dai trattati OMPI alle misure tecnologiche sia genericamente definita come "adeguata ed effettiva", lasciando pertanto ai singoli Stati contraenti un ampio margine circa l'effettivo strumento da predisporre, assoggettandoli soltanto al risultato finale che la norma si prefigge.[189] La tutela inoltre sembra riferirsi solo alle misure tecnologiche identificate dalla norma stessa come *efficaci*. Non essendo tale caratteristica specificata, è evidente come essa finisca per essere arbitrariamente determinata di volta in volta nelle singole legislazioni nazionali.

Il Trattato sulle Interpretazioni ed Esecuzioni e sui Fonogrammi invece (WPPT) era indirizzato a completare la Convenzione di Roma del 26 ottobre 1961 per la protezione degli Artisti Interpreti, Produttori di Fonogrammi ed Emittenti radiofoniche.[190] Esso contiene per lo più disposizioni concernenti i diritti degli artisti interpreti o esecutori e produttori di fonogrammi. In particolare il Trattato rivaluta la posizione degli artisti interpreti o esecutori le cui prestazioni sono incorporate in fonogrammi. Tuttavia, in gran parte a causa della resistenza dell'industria cinematografica americana, è stato osservato come il Trattato non tuteli molto gli attori.[191]

Ai sensi del WPPT, le parti contraenti devono conferire a tutti gli esecutori diritti contro ogni tipo di attività illegale equivalenti a quelli previsti dalla Convenzione di Roma. Relativamente ai diritti patrimoniali sulle esecuzioni non fissate, il Trattato trasforma la possibilità di prevenire la comunicazione al pubblico in un diritto esclusivo spettante agli artisti interpreti o esecutori (art. 6). Agli artisti ed esecutori del settore musicale sono inoltre riconosciuti tre ulteriori diritti. In primo luogo essi hanno il diritto esclusivo di autorizzare la riproduzione diretta o indiretta delle loro esecuzioni fissate in fonogrammi, in qualsiasi maniera e forma (art. 7); il diritto esclusivo di autorizzare la messa a disposizione del pubblico dell'originale delle loro esecuzioni, fissate in fonogrammi o di esemplari dello stesso, mediante vendita o altra cessione dei diritti di proprietà (art. 8); hanno il diritto esclusivo di autorizzare il noleggio a scopo di lucro dell'originale delle loro esecuzioni (art. 9) e, ancora, hanno altresì il diritto esclusivo di autorizzare la messa a disposizione del pubblico, su cavo o via etere, delle loro esecuzioni fissate in fonogrammi (art. 10). In secondo luogo viene in-

---

[189] Sul punto Giorgio Spedicato, Le Misure Tecnologiche di Protezione nel Diritto d'Autore, in Silvia Bisi e Claudio di Cocco (a cura di), La Gestione e la Negoziazione Automatica dei Diritti sulle Opere d'Ingegno Digitali: Aspetti Giuridici e Informatici, Bologna 2006, pag. 180.

[190] Rome Convention for the Protection of Performers, Producers of Phonograms and Broadcasting Organisations, Oct. 26, 1961, 496 U.N.T.S. 43.

[191] Così Bentley, Sherman, Intellectual Property Law, cit. p. 44.

trodotto il concetto di diritto ad un equo compenso per la radiodiffusione e la comunicazione al pubblico. Tale compenso deve essere riconosciuto ogni qual volta un fonogramma pubblicato a fini di commercio sia utilizzato direttamente o indirettamente per la radiodiffusione o per una qualunque comunicazione al pubblico (art. 15). Infine, riguardo le esecuzioni dal vivo e le esecuzioni fissate in fonogrammi, le parti contraenti devono riconoscere all'artista interprete o esecutore il diritto di rivendicare la paternità dell'esecuzione e il diritto di opporsi a ogni deformazione o modifica che rechi pregiudizio alla sua reputazione (art. 5).

Il WPPT, inoltre, replica le tre disposizioni del WCT relative alla cosiddetta *digital agenda*, ovvero il diritto esclusivo di autorizzare ogni comunicazione al pubblico, i requisiti relativi alle misure tecnologiche di protezione e le disposizioni in materia di informazioni sulla gestione dei diritti.

Come vedremo nelle pagine che seguono, l'evoluzione del diritto d'autore non è affatto esaurita, anzi l'attuale fase storica che sta attraversando evidenzia le intense relazioni tra il diritto d'autore, lo sviluppo tecnologico e le trasformazioni in atto nel mercato globale. È in questo contesto che il diritto d'autore deve affrontare l'ennesima trasformazione, dimostrando di poter vincere la sfida di un adattamento non traumatico alle mutate condizioni di accoglimento nella società. In tale percorso documenteremo come la nuova tutela degli interessi degli autori, intimoriti dal costante progresso tecnologico, deve prima di tutto essere cercata in una soluzione normativa adeguata e proporzionata.

1.6 Diritti di proprietà intellettuale: interesse pubblico o vantaggio privato?

Come brevemente illustrato, la normativa internazionale sulla proprietà intellettuale è assicurata su base globale attraverso un meccanismo di intersezione fra accordi multilaterali e bilaterali e la conseguente loro armonizzazione a livello di leggi nazionali.[192] Come osservato, i cambiamenti nella normativa internazionale sulla proprietà intellettuale sono spesso correlati ai cambiamenti nel sistema dei media o delle tecnologie di riproduzione e fruizione delle opere.[193] Stiamo così assistendo a trasformazioni significa-

---

[192] Cfr. Jonathan Franklin, International Intellectual Property Law, ASIL Guide to Electronic Resources for International Law, alla URL <http://www.asil.org/resource/ip1.htm>. Si veda anche Frederick M. Abbott and David J. Gerber, Public Policy and Global Technological Integration (1997).

[193] Si veda, e.g., Paul Edward Geller, New Dynamics in International Copyright, 16 Colum.-VLA J.L. & Arts 461 (1992).

tive determinate dalla diffusione su larga scala delle nuove tecnologie dell'informazione:[194] in tale contesto, per esempio, i nuovi media stanno rendendo elastica la dislocazione geografica di alcuni diritti esclusivi.[195] In base alla tradizione giuridica, lo scopo e l'uso dei diritti di proprietà intellettuale è giustificato dall'impulso che essi possono avere sui principi democratici, promuovendo la diffusione delle opere espressive individuali, prevenendo una sorta di monopolio e offrendo una difesa contro la pirateria.[196] In altre parole, il regime internazionale delle norme sulla proprietà intellettuale si preoccupa della creazione e della salvaguardia dei diritti e degli incentivi ad essi associati.[197]

Come abbiamo visto, il diritto d'autore è una forma di diritto di proprietà intellettuale sviluppato in risposta all'avvento ed alla rapida evoluzione delle tecnologie di stampa.[198] È uno strumento che al contempo controlla la qualità del materiale reso pubblico e ne regola il commercio, prevenendo l'opera dalla pirateria.[199] L'esperienza passata e presente dimostra che la conoscenza e le invenzioni hanno giocato un ruolo essenziale nella crescita economica[200]; allo stesso tempo gli Stati hanno avuto un ruolo fondamenta-

---

[194] Sony Corp. of Am. v. Universal City Studios, Inc., 464 U.S. 417, 430 (1984). In questo famoso caso la Corte ha osservato che: "copyright protection became necessary with the invention of the printing press and had its early beginnings in the British censorship laws. The fortunes of the law of copyright have always been closely connected with freedom of expression, on the one hand, and with technological improvements in means of dissemination, on the other."Cfr. Id. (citando Benjamin Kaplan, An Unhurried View of Copyright vii-viii (1967).

[195] Geller, New Dynamics in International Copyright, p. 466.

[196] Lyman Ray Patterson, Copyright in Historical Perspective 14 (1968).

[197] David J. Gerber, Global Technological Integration, Intellectual Property Rights and Competition Law: Some Introductory Comments, in Public policy and global technological integration 15 (Frederick M. Abbott, David J. Gerber eds., 1997).

[198] Cfr. Elizabeth Eisenstein, The Printing Press as an Agent of Change: Communications and Cultural Transformations in Early-Modern Europe 27-29, 36 (1979); Gillian Davies, Copyright and the Public Interest 14 (2d ed. 2002).

[199] Cfr. Simon Stokes, Digital Copyright: Law and Practice 1 (2002). Per una trattazione sulla storia del diritto d'autore, si veda in generale Office of Technology Assessment, U.S. Congress, Intellectual Property Rights in an Age of Electronics and Information (1986); Lyman Ray Patterson, Copyright in Historical Perspective (1968); Brad Sherman, Lionel Bently, The Making of Modern Intellectual Property Law (1999); Daniel Burkitt, Copyrighting Culture: The History and Cultural Specificity of the Western Model of Copyright, 2 Intell. Prop. Q. 146 (2001); Christopher May, The Venetian Moment: New Technologies, Legal Innovation and the Institutional Origins of Intellectual Property, 20 Prometheus 159 (2002), alla URL <http://taylorandfrancis.metapress.com/index/QA AXAY 05786CLA16.pdf>.

[200] Cfr. Kamil Idris, International Intellectual Property: Introduction, 26 Fordham Int'l L.J. 209, 210 (2003); WIPO, Intellectual Property: A Power Tool for Economic Growth, alla URL <http://www.wipo.int/about-wipo/en/dgo/wipo_pub_888/wipo_ p ub_888_1.htm>. La rapida creazione di conoscenza, compreso l'emergere delle nuove tecnologie, ha portato cambiamenti nella politica in materia di proprietà intellettuale e l'adozione di nuove conoscenze nella gestione patrimoniale. Una delle conseguenze legate all'emergente rilevanza dei diritti

le nel riconoscere, conferire e proteggere i diritti di proprietà intellettuale.[201] Gli economisti suggeriscono, nello specifico, che l'accumulo di conoscenza è alla base della crescita economica.[202]

Ciononostante, malgrado il compiersi delle finalità di tipo economico, una volta introdotti i diritti di proprietà intellettuale (ed il diritto d'autore in particolare), il maggior problema per i legislatori, sia nei sistemi di *common law* sia in quelli di *civil law*,[203] è stato quello di incoraggiare creatività, scienza e democrazia.[204] Così l'attenzione dei legislatori è stata primariamente indirizzata agli interessi ed alla tutela degli utenti, accordando allo stesso tempo agli autori ed agli editori un livello di protezione tale da incoraggiarli a produrre, garantendo il libero flusso della cultura e dell'informazione.[205] Proprio per questo motivo nelle vigenti legislazioni in

---

di proprietà intellettuale ed al nuovo modello di commercio mondiale, avviatosi all'inizio del 1990, è stata la creazione di una intenzionale connessione tra i due aspetti. Alcuni paesi sviluppati hanno iniziato ad utilizzare le misure commerciali per ridurre la pirateria e la contraffazione dei diritti di proprietà intellettuale. Ciò ha portato, tra gli altri effetti, all'inclusione dell'accordo TRIPs fra gli accordi del WTO derivanti dai negoziati commerciali multilaterali nel quadro dell'Uruguay Round. Cfr. Ibidem.

[201] Ronald V. Bettig, Copyright Culture: The Political Economy of Intellectual Property 3 (1996).

[202] Cfr. Paul Romer, Increasing Returns and Long-Run Growth, 94 J. Pol. Econ. 1002 (1986). In questo articolo l'autore propone un modello, molto diverso da quello della teoria economica neo-classica, in cui la crescita economica è trainata dall'accumulo della conoscenza. Come sottolineato dall'autore, questa teoria è basata su un modello di crescita a lungo termine in cui la conoscenza "is assumed to be an input in production that has increasing marginal productivity. It is essentially a competitive equilibrium model with endogenous technological change". Cfr. Ibidem, p. 1002.

[203] Nella tradizione di *common law* si sottolinea il ruolo economico del diritto d'autore, nonché il ruolo svolto dal concetto di "sfera pubblica" espressamente inteso come promozione del progresso della scienza e delle arti utili ("promote the Progress of Science and useful Arts", come riconosciuto dalla Costituzione Americana, Art. I, § 8, cl. 8) quindi rappresentando l'essenziale incentivo per incoraggiare ogni artista a produrre di più. Nella tradizione di *civil law*, le opere sono state considerate una conseguenza della personalità dell'autore e quindi il diritto d'autore è stato essenzialmente considerato come un modo per premiare gli artisti per il loro contributo alla cultura. Questa diversa percezione si riflette nella stessa denominazione assegnata al diritto (droit d'auteur) da diversi sistemi continentali. Cfr. Copyright and the Internet, in Law and the Internet-Regulating cyberspace 68-69 (Lilian Edwards, Charlotte Waelde eds., 1997); MacQueen, Copyright and the Internet, cit., p. 182.

[204] Cfr. Siva Vaidhyanathan, Copyrights and Copywrongs - The Rise of Intellectual Property and How It Threatens Creativity, p. 4 (2001).

[205] Ibidem, p. 5. Per un'analisi completa sull'origine democratica del diritto d'autore e sulla sua importanza nel mantenere e promuovere una società civile democratica si vedano, Julie E. Cohen, Lochner in Cyberspace: The New Economic Orthodoxy of Rights Management, 97 Mich. L. Rev. 462 (1998); Mark Lemley, The Economics of Improvement in Intellectual Property Law, 75 Tex. L. Rev. 989 (1997); Neil Weinstock Netanel, Copyright and Democratic Civil Society, 106 Yale L.J. 283 (1996); Pamela Samuelson, Information as Property: Do Ruckelshaus and Carpenter Signal a Changing Direction in Intellectual Property Law?, 38 Cath. U. L. Rev. 365 (1989).

tema di diritto d'autore si è sempre cercato di contemperare due esigenze. Da un lato, assicurare una remunerazione per le opere e per gli investimenti già effettuati e, dall'altro, rendere possibile la successiva diffusione di prodotti della conoscenza introducendo a tal scopo una serie di eccezioni e limitazioni che consentono determinate attività collegate alla ricerca scientifica, all'attività delle biblioteche, all'insegnamento etc.[206]

In questo senso, nella tradizione americana si offriva agli autori un diritto limitato ed esclusivo in cambio dell'immediata diffusione generale del lavoro.[207] Quando però gli autori hanno intuito che avrebbero potuto vivere soltanto con i proventi derivanti dai diritti d'autore e le *publishing corporations* hanno sfruttato il diritto in questione, l'obiettivo originale delle norme sul diritto d'autore si è via via smarrito.[208] Gli argomenti relativi alla *policy* hanno perso terreno, lentamente ma inesorabilmente sostituiti da argomenti connessi alla proprietà. Il diritto d'autore ha cominciato a smettere di essere "principalmente una forma di protezione giuridica di artisti ed interpreti ed è diventato, in maniera crescente, un privilegio di alcune imprese, comunemente definite industrie culturali".[209]

Un primo passo importante in questa direzione è stato compiuto nel 1886 con l'adozione della Convenzione di Berna per la protezione delle

---

[206] Così Commissione delle Comunità Europee, Libro Verde – Il Diritto d'Autore nell'Economia della Conoscenza, COM(2008) 466 definitivo del 16 luglio 2008 alla URL <http://eur-lex.europa.eu/LexUriServ/LexUriSer v.do?uri=COM:2008:0466:FIN:IT:PDF>.

[207] Cfr. Jessica Litman, Digital Copyright, Amherst, 2001, p. 78.

[208] Cfr. Vaidhyanathan, Copyrights and Copywrongs, cit., p. 38-41. Questo sconvolgimento raggiunse un momento importante in Inghilterra nel 1709, con l'entrata in vigore dello Statuto della Regina Anna che riconosceva agli editori un esteso monopolio per ulteriori venti anni mentre agli autori era riconosciuta una protezione per le loro opere pari a quattordici anni rinnovabile di altri quattordici. Sebbene entrambe le posizioni, quelle degli autori e quelle degli editori, si rafforzavano, lo Statuto non intendeva sminuire il valore e la centralità dell'interesse pubblico e operò a sostegno della diffusione della cultura. Prima dello Statuto di Anna, l'Inghilterra aveva conosciuto soltanto la Stationers' Company Charter del 1557, la quale garantiva agli editori la concessione di un monopolio sulla distribuzione di opere scritte, ma non un diritto di proprietà su di esse. Con Millar v. Taylor (1769), gli stampatori ottennero il riconoscimento di un diritto naturale di proprietà sulle loro produzioni, compromettendo di fatto le disposizione anti-monopolio previste dallo Statuto di Anna. Di fatto il precedente finiva per riconoscere un diritto di copia di fatto perpetuo. Tale situazione durò sino al caso Donaldson v. Beckett (1774), che riassegnò al copyright un periodo di tempo determinato, scaduto il quale l'opera tutelata dal copyright diveniva di pubblico dominio. Per una dettagliata illustrazione delle controversie nei casi Millar v. Taylor (1769) e Donaldson v. Beckett (1774) si veda Mark Rose, The Author as Proprietor: Donaldson v. Beckett and the Genealogy of Modern Authorship, in Of Authors and Origins: Essays on Copyright Law 23 (Brad Sherman, Alain Strowel eds. 1994); Mark Rose, Authors and Owners: The Invention of Copyright (1993); Giovanni Pascuzzi, Roberto Caso, I Diritti sulle Opere Digitali: Copyright Statunitense e Diritto d'Autore Italiano p. 79-103 (2002).

[209] Così Zencovich, Diritto d'Autore e Libertà di Espressione: Una Relazione Ambigua, cit., p. 151.

opere letterarie e artistiche.[210] Tale Convenzione, come illustrato in precedenza, sottolinea il riconoscimento internazionale della necessità di una
cooperazione globale al fine di stabilire e armonizzare le normative nazionali sulle leggi di protezione del diritto d'autore.[211] Un secondo e determinante passo verso questa deriva è avvenuto nel 1967, in occasione del
meeting dell'Organizzazione Mondiale per la Proprietà Intellettuale
(OMPI)[212]. In quell'occasione le creazioni intellettuali furono trattate per la
prima volta in termini di proprietà intellettuale e l'accento venne posto per
la prima volta sullo sfruttamento commerciale.[213] Mentre l'uso di tale nuova espressione può essere inquadrato in un semplice dibattito terminologi-
co, lo spostamento in termini dalla proprietà al potenziale economico ha
degradato le opere dal loro *status* di motore dello sviluppo a meri beni di
consumo.[214] Il valore sociale delle opere frutto dell'ingegno viene ridotto,
mentre le libere utilizzazioni e l'accesso alla cultura hanno perso la loro o-
riginale accezione di diritto, diventando così un mero concetto.[215] Da quel
momento in poi la protezione della proprietà intellettuale - malgrado
l'originale obiettivo di strumento atto a garantire anche il pubblico interesse incoraggiando il libero flusso dell'informazione - ha finito per avvantaggiare solo il guadagno privato, aumentando in modo esponenziale lo
scopo e l'ampiezza della protezione.[216] La regolamentazione della protezione della proprietà intellettuale e dei diritti dei consumatori e degli utenti, sono stati sempre più dettati dagli interessi privati che non dai gover-

---

[210] Cfr. Vaidhyanathan, Copyrights and Copywrongs, cit., p. 46-47. Tale disputa, come già sottolineato, si concluse in Inghilterra nel 1709, con l'entrata in vigore dello Statuto della Regina Anna. Sul punto si veda William F. Patry, 1 Copyright Law and Practice 11-12 (1994).
Per un spiegazione delle ragioni per cui l'informazione non è generalmente caratterizzata
come proprietà, vedi Samuelson, Information as Property: Do Ruckelshaus and Carpenter
Signal a Changing Direction in Intellectual Property Law?, cit., p. 369.

[211] Cfr. Dmytrenk, Dempsey, Copyright and the Internet, cit.

[212] Cfr. Convention Establishing the World Intellectual Property Organization (Stockholm, July
14, 1967).

[213] Cfr. Vaidhyanathan, Copyrights and Copywrongs, cit., p. 160.

[214] Per un'analisi del problema si veda Debora J. Halbert, Intellectual Property in the Information Age: The Politics of Expanding Ownership Rights (1999).

[215] Cfr. Wendy J. Gordon, Excuse and Justification in the Law of Fair Use: Commodification
and Market Perspectives, in The Commodification of Information 149, 171-72 (Niva Elkin-
Koren, Neil Weinstock Netanel eds., 2002). Un impulso significativo verso l'adozione di misure atte a potenziare il monopolio è sorto a metà degli anni Ottanta negli Stati Uniti. A
quell'epoca il paese stava vivendo un'importante trasformazione dalla società industriale a
quella dell'informazione e - con il timore di perdere la supremazia economica internazionale
- portò le questioni inerenti il copyright in cima ai propri programmi stimolando l'attenzione
di tutta la comunità internazionale sull'argomento. Cfr. Halbert, Intellectual Property in the
Information age, cit., pp. 77-81 (1999).

[216] Cfr. Marci A. Hamilton, The TRIPS Agreement: Imperialistic, Outdated, and Overprotective, 29 Vand. J. Transnat'l L. 613 (1996).

ni.[217] I testi dei trattati amministrati dall'OMPI infatti si presentano come un'opera di compromesso tra i dettami delle moderne corporazioni (ovvero le grandi industrie dei contenuti) e quelli dei paesi più influenti, come Europa e Stati Uniti.[218]

Le raccomandazioni dell'OMPI dimostrano attenzione nei riguardi della globalizzazione dei diritti a protezione della proprietà intellettuale,[219] eliminando gli ostacoli al commercio internazionale e rispondendo ai cambiamenti del capitalismo globale e della tecnologia. Nel passato i diritti di proprietà intellettuale sono stati considerati come concessioni di privilegi, espressamente riconosciuti come eccezioni alle regole contro i monopoli.[220] Questo concetto ha permesso di elaborare la nozione di diritti di proprietà anche all'interno dei beni intellettuali.[221]

In realtà le creazioni intellettuali sono beni culturali ed il loro valore principale risiede nel loro potere di supporto al progresso della società.[222] Possono tuttavia diventare beni commerciali, protetti allo stesso modo della proprietà materiale e modellati in termini di diritti d'uso.[223] Come abbiamo rilevato in precedenza, la tradizionale regolazione prevede eccezioni e limitazioni ai diritti di privativa, assicurando adeguato accesso all'informazione senza per questo erodere la protezione giuridica.[224] Tali eccezioni, come osservato nell'*excursus* sulla normativa internazionale, possono essere differenti da paese a paese. Nella maggior parte delle na-

---

[217] Sul punto vedi Susan K. Sell, Private Power, Public Law: The Globalization of Intellectual Property Rights (2003).

[218] Ibidem.

[219] Cfr. Frederick M. Abbott, Public Policy and Global Technological integration: an introduction, in Public policy and global technological integration 5 (Frederick M. Abbott, David J. Gerber eds., 1997).

[220] Susan K. Sell, Christopher May, Moments in Law: Contestation and Settlement in the History of Intellectual Property, 8 Rev. Int'l Pol. Econ. 467, (2001).

[221] Così Susan K. Sell, TRIPs and the Access to Medicines Campaign, 20 Wis. Int'l L.J. 481, 490 (2002).

[222] Cfr. William M. Landes, Richard A. Posner, An Economic Analysis of Copyright Law, 18 J. Legal Stud. 325 (1989) [in seguito "Landes & Posner, Economic Analysis"].

[223] Cfr. Jan van Dijk, The Network Society: Social Aspects of New Media 133 (Leontine Spoorenberg trans., 1999) (1991). Sul rapporto tra copyright e proprietà si vedano Wendy J. Gordon, An Inquiry into the Merits of Copyright: The Challenges of Consistency, Consent, and Encouragement Theory, 41 Stan. L. Rev. 1343 (1989) (con riferimento a Stephen Breyer, Copyright: A Rejoinder, 20 UCLA L. Rev. 75 (1972)); Stephen Breyer, The Uneasy Case of Copyright: A Study of Copyright in Books, Photocopies, and Computer Programs, 84 Harv. L. Rev. 281 (1970); William W. Fisher III, Reconstructing the Fair Use Doctrine, 101 Harv. L. Rev. 1659 (1988); Tom G. Palmer, Intellectual Property: A Non-Posnerian Law and Economics Approach, 12 Hamline L. Rev. 261 (1989); Timothy P. Terrell, Jane S. Smith, Publicity, Liberty, and Intellectual Property: A Conceptual and Economic Analysis of the Inheritability Issue, 34 Emory L.J. 1 (1985).

[224] Cfr. Robert Burrell, Allison Coleman, Copyright Exceptions: The Digital Impact, Cambridge, 2005, p. 4.

zioni continentali le eccezioni ai diritti della proprietà intellettuale sono espressamente previste dalla legge in elenchi specifici e quindi in forma rigida. Al contrario, nel sistema di *copyright* statunitense la più importante eccezione ai diritti del titolare è rappresentata dal concetto di *fair use*, ovvero dall'uso consentito, che può essere garantito dalle Corti caso per caso.[225] Il *fair use* è infatti una difesa riconosciuta per certi atti che altrimenti rappresenterebbero violazioni del diritto d'autore.[226] Tale principio fu in-

---

[225] Nel sistema statunitense, le eccezioni legate al *fair use* rappresentano la più importante deroga concessa agli utilizzatori di beni sottoposti alla privativa del diritto d'autore. In altre legislazioni di tradizione anglosassone è invece si parla di *fair dealing*, più orientato agli usi didattici. In particolare, il *fair use* gioca talvolta un'intricato ruolo in relazione al rapporto tra *copyright* e libertà di espressione. Sul rapporto tra *copyright* e *freedom of expression*, si veda Floyd Abrams, First Amendment and Copyright, 35 J. Copyright Soc'y U.S.A. 1 (1987); Robert C. Denicola, Copyright and Free Speech: Constitutional Limitations on the Protection of Expression, 67 Cal. L. Rev. 283 (1979); Paul Goldstein, Copyright and the First Amendment, 70 Colum. L. Rev. 983, 1011-15 (1970); Lionel Sobel, Copyright and the First Amendment: A Gathering Storm?, 19 Copyright L. Symp. (ASCAP) 43 (1971), quoted in Harper & Row, Publishers v. Nation Enters., 471 U.S. 539, 559 (1985). Per una prospettiva europea si veda P. Bernt Hugenholtz, Copyright and Freedom of Expression in Europe, in Expanding the Boundaries of Intellectual Propery, cit., p. 343. L'eccezione di *fair use* è codificata al titolo 17 U.S.C. § 107 (2000). In Europa, dove le funzioni del diritto d'autore sembrano essere sempre più vicine al concetto di ricompensa per il proprio lavoro piuttosto che ad un vera e propria operazione commerciale, la Convenzione di Berna del 1886 rappresenta una sorta di pietra miliare del moderno assetto della proprietà intellettuale. Rendendo automatico il diritto d'autore e riconoscendo l'esistenza di diritti morali, la Convenzione ha aperto la strada per la concessione ai titolari dei diritti di un servizio di gran lunga migliore rispetto a quello offerto al pubblico degli utenti. All'interno della tradizione di common law, che era in quei tempi ancora riluttante a criticare la "sfera pubblica", l'esempio più eclatante di questa nuova tendenza è stato offerto dallo scrittore americano Mark Twain, il quale si rivelò come uno dei più feroci sostenitori della tutela di un diritto d'autore più forte possibile. Spinto dall'indebita appropriazione subita all'estero dalle sue opere, e sprezzante degli interessi degli altri soggetti, Twain lottò tenacemente per il riconoscimento della protezione perpetua del diritto d'autore, diventando uno dei più inquieti sostenitori degli argomenti proprietari. Cfr Paul Marret, Information Law in Practice, 146-50 (2d ed. 2002); Vaidhyanathan, Copyrights and Copywrongs, cit., pp. 57 e 71.

[226] Il *fair use* non è considerabile come un vero e proprio diritto bensì una sorta di difesa. È essenzialmente una valvola di sicurezza di fronte ai limiti imposti dal copyright ed è riconosciuta, in un modo o nell'altro, da tutti i più moderni sistemi di diritto d'autore. Cfr. Campbell v. Acuff-Rose Music, Inc., 510 U.S. 569, 590 (1994); 3 Melville B. Nimmer & David Nimmer, Nimmer on Copyright 13-155 to 13-156 (2003). Mentre i paesi di *common law* normalmente riconoscono una difesa generale dai limiti imposti dal copyright, i sistemi di *civil law* forniscono in genere un rigoroso elenco di eccezioni, anche se al momento non ci sono sistemi puri, ovvero che aderiscono strettamente ad uno dei due modelli. Sul punto vedi Lucie M.C.R. Guibault, Copyright Limitations and Contracts: an Analysis of the Contractual Overridability of Limitations on Copyright 19 (2002). Nel sistema statunitense esiste una stretta relazione tra il *fair use* ed il principio costituzionale di *free speech*. Sull'argomento di veda Netanel, Locating Copyright within the First Amendment Skein, cit.; L. Ray Patterson, Free Speech, Copyright, and Fair Use, 40 Vand. L. Rev. 1 (1987); Harry N. Rosenfield, The Constitutional Dimensions of "Fair Use" in Copyright Law, 50 Notre Dame L. Rev. 790

trodotto negli Stati Uniti dalla normativa sul *copyright*, per offrire ai consumatori il diritto di effettuare utilizzi consentiti delle opere protette da diritto d'autore. Più precisamente il *fair use* è una sorta di immunità dalla responsabilità per violazione del diritto d'autore, prevista per certi atti e usata per bilanciare gli interessi delle parti contrapposte, ovvero per consentire un limitato uso delle opere intellettuali senza dover prima chiederne il permesso.[227] Pertanto la dottrina del *fair use*, conformemente alla normativa americana sul *copyright*, permette in casi limitati l'uso di porzioni di un'opera protetta senza il permesso del titolare. In questo senso, il *fair use* è una difesa che può limitare qualunque diritto del titolare del *copyright*.[228] Al fine di valutare se un particolare uso di un'opera sia o meno *fair use*, la sezione 107 dell'U.S. Code richiede la stima ed il bilanciamento di quattro fattori, obbligatori ma non esclusivi, da valutare comunque caso per caso:[229] a) l'oggetto e la natura dell'uso, in particolare se la natura sia di carattere commerciale oppure didattica o comunque senza scopo di lucro; b) la natura dell'opera protetta; c) la quantità e l'importanza della parte utilizzata in rapporto all'insieme dell'opera protetta; d) le possibili conseguenze derivanti da tale utilizzazione sul mercato potenziale o sul valore dell'opera protetta.[230]

(1975). Per una prospettiva europea, cfr. Hugenholtz, Copyright and Freedom of Expression in Europe, cit., p. 343.

[227] Per un'interpretazione ed una critica alla dottrina del *fair use*, si vedano Fisher, Reconstructing the Fair Use Doctrine, cit. e Rosenfield, The Constitutional Dimensions of "Fair Use" in Copyright Law, cit. Per una panoramica sul rapporto tra DRM e *fair use,* si veda Dan L. Burk, Julie E. Cohen, Fair Use Infrastructure for Rights Management Systems, 15 Harv. J. L. & Tec. 41, 48 (2001).

[228] Un altro limite posto dal legislatore statunitense all'esclusività del diritto di *copyright* è rappresentato dall'eccezione di cui sono oggetto le biblioteche e gli archivi. La sezione 108 del Copyright Act consente in questi casi la riproduzione di una copia dell'opera e la sua distribuzione al pubblico nel caso ricorrano tre condizioni: (i) non siano perseguiti fini commerciali; (ii) la raccolta della biblioteca o dell'archivio sia aperta anche al pubblico o a ricercatori esterni; (iii) la copia includa una nota connessa direttamente alla specifica sezione del Copyright Act che ne permette la duplicazione. È inoltre consentita la produzione e conservazione di tre altre copie al solo scopo di conservarle in archivio o utilizzarle in un'altra biblioteca collegata. Cfr. 17 U.S.C. § 108 (2000), amended by Pub. L. No. 109-9, § 402, 119 Stat. 218, 227 (2005).

[229] In realtà il *fair use* ed i suoi quattro fattori di valutazione nascono come elaborazione giurisprudenziale nel caso Folsom v. Marsh, 9 F. Cas. 342 (1841); solo succesivamente vengono codificati nel 1976 Copyright Act, 17 U.S.C. §107 (2006).

[230] Cfr. 17 U.S.C. §107: "In determining whether the use made of a work in any particular case is a fair use the factors to be considered shall include:
(1) the purpose and character of the use, including whether such use is of a commercial nature or is for nonprofit educational purposes;
(2) the nature of the copyrighted work;
(3) the amount and substantiality of the portion used in relation to the copyrighted work as a whole; and

L'attuale sistema delle libere utilizzazioni ha le sue origini negli spazi che sono stati lasciati privi di regolamentazione dopo l'estensione della normativa sul diritto d'autore oltre il suo ruolo quale sistema di regolazione del commercio dei libri.[231] Per questa ragione, con l'introduzione di tali eccezioni, il libero godimento delle opere legittimamente acquistate si è comunque in qualche modo ridotto affievolendosi rispetto all'originario equilibrio.

In dottrina generalmente si sostiene la tesi per cui i diritti di proprietà intellettuale operano come incentivo a creare e diffondere nuove invenzioni e idee.[232] Dall'altro lato, anche se questa teoria può essere applicabile ad un ampio spettro di casi, risulta essenzialmente di scarso successo se si considera l'insieme degli effetti derivanti dai nuovi istituti giuridici e dall'attuale struttura tecnologica.[233]

Una conseguenza di tale nuova condizione è l'effetto dinamico che i diritti di proprietà intellettuale hanno avuto sulla struttura del mercato dei settori coinvolti. Essi hanno significativamente modificato o sono addirittura venuti in conflitto con l'originale processo competitivo.[234] In altre parole essi hanno assunto le caratteristiche del mercato. In questo modo, se lo scopo di questi diritti è di remunerare un'idea vantaggiosa o un'invenzione con potenzialità di sfruttamento economico, portando quindi ad una sorta di monopolio, possiamo concludere che alcuni di tali diritti, come il diritto d'autore, non sono in grado di risolvere il conflitto tra interesse privato e benessere sociale. Al contrario essi spesso amplificano l'inefficienza nei sistemi economici.[235] In aggiunta a ciò, il livello di efficienza economica della protezione offerta dal diritto d'autore non è di facile definizione, specie nel dibattito sulla proprietà intellettuale digitale, poiché alcuni diritti di

---

(4) the effect of the use upon the potential market for or value of the copyrighted work. U.S." Sul punto si veda anche Copyright Office, DMCA Section 104 Report, p. xxxiv-v (2001) nonché una delle più recenti sentenze della Corte Suprema in materia di *fair use*: Campbell v. Acuff-Rose Music, 510 U.S. 569, 576-77 (1994).

[231] Cfr. Burrell and Coleman, Copyright Exceptions, cit., p. 10.

[232] Cfr. e.g., Kenneth J. Arrow, Economic Welfare and the Allocation of Resources for Invention, in The Rate and Direction of Inventive Activity: Economic and Social Factors 609 (Richard R. Nelson ed., 1962); Gillian K. Hadfield, The Economics of Copyright: An Historical Perspective, 38 Copyright L. Symp. (ASCAP) 1 (1992); Landes & Posner, Economic Analysis, cit.. Per un'illustrazione comparative dei vari approcci, si veda William Fisher, Theories of Intellectual Property, in New Essays in the Legal and Political Theory of Property 168 (Stephen R. Munzer ed., 2001).

[233] Giovanni B. Ramello, Intellectual Property and the Markets of Ideas, in The Elgar Companion to Law and Economics, (Jürgen G. Backhaus ed., 2005), alla URL <http://ssrn.com/abstract=597482>.

[234] Ibidem.

[235] Cfr. Giovanni B. Ramello, Il Diritto d'Autore tra Creatività e Mercato, 1 Economia Pubblica, pp. 37-66 (2001).

proprietà intellettuale, proprio come il diritto d'autore, si riferiscono a opere creative estremamente differenti, con grandi variabili di espressione creativa e artistica.[236] Di conseguenza un singolo regime di proprietà potrebbe non essere efficiente per differenti prodotti in diversi mercati.[237]

Negli ultimi anni il patto tacito tra pubblico ed autori ha lasciato il passo ad un modello economico standard a tutela del diritto dell'autore finalizzato a stimolare la produzione[238], nonché ad ampliare gli strumenti di controllo dell'accesso[239] e d'uso di contenuti protetti.[240] Questa trasformazione è stata accelerata dall'industria della stampa, dell'editoria e dell'audiovisivo che, nella società pre-digitale, aveva le risorse necessarie per rendere possibile la riproduzione e la distribuzione delle opere su larga scala.[241] Tale fattore ha giocato un ruolo chiave nell'intero processo di diffusione della cultura[242] e tale settore dell'industria è stato uno dei primi a riconoscere l'importanza dei media e dei contenuti digitali.[243] Con il pretesto di garantire ai propri clienti ricompense adeguate per il servizio svolto verso la comunità, l'industria dell'editoria ha così salvaguardato le proprie aspirazioni monopolistiche. Grazie all'importanza del ruolo svolto all'interno della società, essa ha continuato ad influire profondamente allo scopo di ottenere ulteriori norme e regole sulle opere creative in grado di rimuovere dal mercato competitori sgraditi.[244]

---

[236] Congressional Budget Office, U.S. Congress, Copyright Issues in Digital Media, viii (Aug. 2004), alla URL <http://www.cbo.gov/showdoc.cfm?index=5738&sequence=0>.

[237] Ibidem.

[238] Cfr. Paul Goldstein, Derivative Rights and Derivative Works in Copyright, 30 J. Copyright Soc'y U.S.A. 209, 210 (1983); Wendy J. Gordon, Fair Use as Market Failure: A Structural and Economic Analysis of the Betamax Case and its Predecessors, 82 Colum. L. Rev. 1600 (1982); Landes, Posner, Economic Analysis, cit., p. 335.

[239] Sul punto si veda in generale Niva Elkin-Koren, It's All About Control: Rethinking Copyright in the New Information Landscape, in The Commodification of Information 79 (Niva Elkin-Koren, Neil Weinstock Netanel eds., 2002); Litman, Digital Copyright, cit., p. 80.

[240] Cfr. William M. Landes, Richard A. Posner, Indefinitely Renewable Copyright, 70 U. Chi. L. Rev. 471, 475 (2003) (Gli AA. spiegano come un termine infinito al diritto d'autore, alternato da rinnovi, potrebbe addirittura essere efficace); vedi anche William M. Landes, Richard A. Posner, The Economic Structure of intellectual Property Law 210-49 (2003).

[241] Vedi Eisenstein, The Printing Press a san Agent of Change, cit., p. 17.

[242] Cfr. 1 John Tebbel, A History of Book Publishing in the United States, 245, 220-221 (1972); cf. Edward C. Walterscheid, To Promote the Progress of Science and Useful Arts: The Anatomy of a Congressional Power, 43 IDEA 1 (2003).

[243] Vedi Alan Williams et al., Digital Media: Contracts Rights and Licensing, cit., p. 5 (Gli AA. osservano come gli editori hanno riconosciuto che il loro ruolo potrebbe essere potenzialmente disintermediato dai nuovi mezzi di comunicazione come Internet).

[244] Nel 1995, l'Information Infrastructure Task Force voluta dall'amministrazione Clinton ha pubblicato un white paper sul rapporto tra proprietà intellettuale e la National Information Infrastructure. In tale documento viene espressamente indicato che una protezione ulteriore degli interessi dei titolari dei diritti è necessaria per garantire lo sviluppo della National Information Infrastructure. Il rischio paventato è che, in mancanza di adeguato controllo sulle

Anche nelle vigenti legislazioni in tema di diritto d'autore si è sempre cercato di conformare due contrapposte esigenze: da un lato la salvaguardia della remunerazione per le opere e per gli investimenti effettuati dagli autori; dall'altro la successiva diffusione dei prodotti frutto della conoscenza, introducendo eccezioni e limitazioni per facilitare la ricerca scientifica, l'attività delle biblioteche ed i disabili.

La rivoluzione digitale e la dematerializzazione dell'opera (come risultato della trasposizione su supporto digitale) hanno tuttavia dimostrato che il prodotto dell'informazione ed il relativo metodo di diffusione sono separabili.[245] Allo stesso tempo, tali caratteristiche hanno portato ad una rivoluzione copernicana nel sistema del diritto d'autore tradizionale, dimostrandone l'assoluta incapacità di controllo di fronte ai più recenti sviluppi tecnologici.[246]

1.7 Dalle licenze ai contratti d'accesso

La questione che ci accingiamo a trattare attiene alle possibili modalità di protezione della proprietà intellettuale su opere digitalizzate. Come già visto, la rivoluzione introdotta dalle tecnologie dell'informazione e la digitalizzazione dei contenuti hanno prodotto nuove opportunità e nuovi rischi.[247] Tali fattori hanno determinato l'indipendenza del contenuto dal relativo mezzo di comunicazione e trasmissione: i dati viaggiano digitalmente, e non vi è più necessità di aggregarli su un supporto fisico.[248] I sistemi di distribuzione digitale cioè non coinvolgono più copie tangibili.

---

loro opere, gli autori potrebbero smettere o ridurre sensibilmente sia la produzione di beni che la distribuzione pubblica di quelli già creati. Cfr. Info. Infrastructure Task Force, Intellectual Property and the National Information Infrastructure: The Report of the Working Group on Intellectual Property Rights 10 (1995) alla URL <http://www.cerebalaw.com/ipnii. txt>. Per un'analisi critica del documento, si veda Pamela Samuelson, The Copyright Grab, Wired, Jan. 1996, pp. 134, 135.

[245] Cfr. e.g., Stan Davis, Christopher Meyer, Blur: The Speed of Change in the Connected Economy 22 (1998). Vedi anche Raymond T. Nimmer, Breaking Barriers: The Relation Between Contract And Intellectual Property Law, 13 Berkeley Tech. L.J. 827, 841-42 (1998).

[246] P. Bernt Hugenholtz, Commentary: Copyright, Contract, and Code: What Will Remain of the Public Domain?, 26 Brook. J. Int'l L. 77, 78 (2000) (L'A. evidenzia la preoccupazione per il fatto che il tradizionale sistema di diritto d'autore non ha potuto garantire una protezione adeguata nel contesto digitale).

[247] Sul potere regolatorio esercitato dalla tecnologia, si veda in generale Lawrence Lessig, Code and Other Laws of Cyberspace (1999); Joel R. Reidenberg, Lex informatica: The Formulation of Information Policy Rules Through Technology, 76 Tex. L. Rev. 553 (1998).

[248] Cfr. Digital Dilemma, cit., p. 32.

Allo stesso tempo, i contratti di accesso sono divenuti la via ordinaria di distribuzione dei contenuti.[249] Ciò ha causato una trasformazione sostanziale sia nel modo in cui gli utenti possono utilizzare e consumare l'informazione sia nel modo in cui essa è trasmessa.[250] Infatti, senza la mediazione di un supporto materiale, le restrizioni poste dal contesto tecnologico potrebbero avere l'effetto di conferire sostanza al prodotto offerto; poiché queste restrizioni sono governate da accordi contrattuali, il risultato è un'equazione in cui il contratto è il prodotto, o parte del prodotto.[251]

La rete Internet permette inoltre all'informazione di essere rapidamente diffusa e prontamente accessibile ad una velocità incredibile, con costi estremamente ridotti, connettendo direttamente la fonte e l'utilizzatore finale senza intermediazione.[252]

La flessibilità dei contenuti e dei media digitali consente facilmente agli utilizzatori di copiare, modificare e spostare i contenuti nel tempo e nello spazio.[253] L'indipendenza dal supporto fisico, assicurata dalla digitalizzazione, permette agli utenti di manipolare l'informazione rischiando la perdita di originalità di un lavoro. Pertanto qualsiasi certezza circa la misura dell'opera originale rimanente decade. Le tecnologie digitali hanno trasformato il contesto del diritto d'autore e hanno dato origine ad un immenso e potenziale mercato per i contenuti.[254] L'avvento delle reti a banda lar-

---

[249] Nimmer, Breaking Barriers: The Relation Between Contract and Intellectual Property Law, cit., p. 884.

[250] Cfr. Digital Dilemma, cit., p. 39.

[251] Vedi Alessandro Palmieri, Roberto Pardolesi, Gli Access Contracts: Una Nuova Categoria per il Diritto dell'Età Digitale, 7(2) Riv. Dir. Priv., 265, 270 (2002). Secondo l'opinione degli autori: "Venuta meno la mediazione del supporto materiale le restrizioni di indole tecnologica - che si accompagnano, a seconda di come è disegnato il rapporto, all'entrata nel sistema automatizzato, alle attività eseguibili al suo interno, all'estrazione del materiale ivi dislocato e ai suoi eventuali impieghi in determinati contesti, digitalizzati e non, per il perseguimento di determinati obiettivi - finiscono per "sostanziare" il prodotto offerto; e, posto che restrizioni di tal fatta si prestano ad essere governate dalle clausole contrattuali, non è azzardato sostenere che, mai come nel campo dell'accesso, acquista pregnanza l'assimilazione veicolata dalla locuzione "the contract is the product"". Ibidem, p. 270.; si veda anche Margaret J. Radin, Online Standardization and the Integration of Text and Machine, 70 Fordham L. Rev. 1125, 1139 (2002).

[252] Cfr. Castells, The Internet Galaxy, cit.; Chircu, Kauffman, Strategies for Internet Middlemen in the Intermediation/Disintermediation/Reintermediation Cycle, cit.

[253] I media digitali sono strumenti per lo sviluppo di innovative prospettive sia nel settore dei mezzi di comunicazione che in quello della cultura. Essi possono contribuire alla comprensione dei cambiamenti sociali e culturali. Per una dettagliata analisi dei media digitali e le loro implicazioni di carattere sociali, si veda Digital Media Revisited: Theoretical and Conceptual Innovation in Digital Domains (Gunnar Liestøl et al. eds., 2003). Recording Industry Ass'n of America v. Diamond Multimedia Systems, Inc., 180 F.3d 1072 (9th Cir. 1999).

[254] Cfr. Commission of the European Communities, eEurope 2005 Action Plan: An Update (2004), alla URL <http://europa.eu.int/information_society/eeurope/2005/doc/ all_about/com _eeurope_en.doc>.

ga e la loro capacità di trasmettere grandi quantità di contenuti multimediali a velocità elevate ed a costi moderati, impone la regolamentazione della disponibilità dei contenuti digitali per incontrare gli interessi di tutti i soggetti interessati.[255] Riguardo a ciò, le tecnologie sono in grado di stabilire i corretti incentivi a tale sviluppo. Tali incentivi possono includere: un ambiente sicuro per tutelare la remunerazione dei titolari dei diritti nel contesto della copia privata, sistemi di pagamento per l'accesso ai contenuti *on-line*, nonché sistemi che prevengano copie illegali.[256]

Come risultato, molte delle regole sulla proprietà intellettuale e delle pratiche sviluppate nel mondo fisico non sono sfruttabili per l'ambiente digitale. Inoltre le problematiche connesse alla digitalizzazione dei contenuti sono dilatate dalla pervasività totale delle nuove infrastrutture dell'informazione. Con riferimento al diritto d'autore, le prerogative degli autori, quanto quelle dell'industria, si trovano in una situazione piuttosto complessa. Fino all'avvento dell'era digitale, sarebbe stato possibile assicurare un controllo totale sulla copia e sulla distribuzione dei beni tangibili che erano, per loro stessa natura, suscettibili di essere numerati ed identificati singolarmente. La funzione del diritto d'autore è stata sconvolta proprio dalla stessa struttura della nuova architettura tecnologica, che ha confuso la distinzione tra accesso e copia, condizionando fortemente il primo alla seconda.[257] L'intero processo è completamente diverso da quello caratteristico dei beni fisici. I tentativi di attuare lo stesso livello di controllo sulla copia esercitato sui beni materiali implica necessariamente il mantenimento di un controllo totale sull'accesso, con possibili ripercussioni negative sulla libera circolazione dell'informazione e sui diritti dei consumatori-utenti.[258]

Proprio per questo, le norme che regolano le contrattazioni *on-line* si stanno concentrando dal diritto d'autore al diritto d'accesso,[259] con proposte di legge che mirano essenzialmente alla semplificazione delle regole

---

[255] Cfr. Ibidem.

[256] Così Stefan Bechtold, The Present and Future of Digital Rights Management: Musings on Emerging Legal Problems, in Digital Rights Management: Technological, Economic, Legal and Political Aspects 597 (Eberhard Becker et al. eds., 2003) (L'A. illustra sia gli aspetti positivi che quelli problematici relativi all'uso di tecnologie di DRM).

[257] Cfr. Neil Weinstock Netanel, Locating Copyright Within the First Amendment Skein, 54 Stan. L. Rev. 1, 24 (2001); Samuelson, Intellectual Property and the Digital Economy, cit..

[258] Vaidhyanathan, Copyrights and Copywrongs, cit., p. 152.

[259] Cfr. de Werra, Access Control or Freedom of Access?, cit., p. 112; Thomas Heide, Copyright in the EU and U.S.: What "Access-Right", 48 J. Copyright Soc'y U.S.A. 363 (2001) ; Jane Ginsburg, From Having Copies to Experiencing Works: The Development of an Access Right in U.S. Copyright Law, 50 J. Copyright Soc'y U.S.A. 113 (2003).

sul diritto d'autore, conformandole alle pratiche commerciali correnti.[260] Tuttavia, nelle transazioni digitali i contratti di accesso e le licenze d'uso costituiscono ormai le più comuni tipologie di pratiche commerciali.[261] Le

---

[260] Rob Hassett, Online contracting, alla URL <http://www.internetlegal.com/arti cles/online.ht m>.

[261] Le cosiddette *mass-market license* e gli *access contracts* sono una creazione dello *Uniform Computer Information Transaction Act* (UCITA). Si tratta della controversa ed ora in gran parte defunta proposta di legge denominate appunto *Uniform Computer Information Transactions Act* (UCITA), redatta dalla National Conference of Commissioners on Uniform State Laws (NCCUSL) ed avente come scopo quello di costituire un atto uniforme volto a disciplinare le vendite e le licenze di software e di servizi *on-line*. Il provvedimento rappresentava una forma di "contract law statute" applicabile ad ogni "computer information transactions" inclusi i "commercial agreements to create, modify, transfer, or distribute: computer software, multimedia interactive products computer data and databases and Internet and online information.". Si sarebbe pertanto dovuto applicare "to many of the most significant transactions in the information age that are for the most part intangibles." Originariamente fu redatto come *Draft Article 2B* allo *Uniform Commercial Code*. Le intenzioni del provvedimento erano di governare questa tipologia di contratti attraverso regole speciali in materia di diritti di accesso di cui alla sezione 209 e 611. L'UCITA avrebbe pertanto avuto la possibilità di creare una chiara ed uniforme disciplina per quei settori come le licenze software, l'accesso *on-line*, ed altre tipologie di transazioni elettroniche. Lo scopo era pertanto quello di portare nel mondo dell'information technology la stessa uniformità e certezza di regole che lo Uniform Commercial Code garantisce nella la compravendita di beni materiali. In particolare, l'UCITA ha tentato di chiarire e codificare una serie di regole concernenti attività come il *fair use*, il *reverse engineering*, la protezione dei consumatori e le garanzie, le shrink-wrap licenses, etc. Sino ad ora, l' UCITA è stato adottato solo in Maryland e Virginia e non ha riscosso un grande successo non solo da parte dagli Stati, ma anche all'interno del mondo accademico dove è stato fortemente criticato. Malgrado ciò, esso viene utilizzato come fonte di analisi e come fonte di terminologia giuridica. Al riguardo si veda Raymond T. Nimmer, UCITA and the Continuing Evolution of Digital Licensing Law, Computer & Internet Law, Feb. 2004, p. 10, 10-11. Si veda inoltre National Conference of Commissioners on Uniform State Laws Legislative FactSheet, alla URL <http://www.nccus l.org/nccusl/uniformact_factsheets/uniformacts-fs-ucita.asp>; Raymond T. Nimmer, Contract Law in Electronic Commerce, 587 Prac. L. Inst. 1127, 1133-35 (2000); Uniform Computer Information Transactions Act, Wikipedia: The Free Encyclopedia, alla URL <http://en.wikipedia.org/w iki/UCITA. Per informazioni e discussioni critiche sull'UCITA, vedi e.g. Michael L. Rustad, Making UCITA More Consumer-Friendly, 18 J. Marshall J. Computer & Info. L. 547 (1999); David A.P. Neboyskey, A Leap Forward: Why States Should Ratify the Uniform Computer Information Transactions Act, 52 Fed. Comm. L.J. 793 (2000); Raymond T. Nimmer, UCITA: A Commercial Contract Code, 17 Computer Law. 3 (2000); Patrik A. Shah, The Uniform Computer Information Transactions Act, 15 Berkeley Tech. L.J. 85 (2000); Jean Braucher, The Failed Promise of the UCITA Mass-Market Concept and Its Lessons for Policing of Standard Form Contracts, 7 J. Small & Emerging Bus. L. 393(2003); Roger C. Bern, "Terms Later" Contracting: Bad Economics, Bad Morals, and a Bad Idea for a Uniform Law, Judge Easterbrook Notwithstanding, 12 J.L. & Pol'y 641, 773 (2004); Rochelle Cooper Dreyfuss, UCITA in the International Marketplace: Are We About To Export Bad Innovation Policy?, 26 Brook. J. Int'l L. 49 (2000). Si veda anche in generale Symposium, Intellectual Property and Contract Law in the Information Age: The Impact of Article 2B of the Uniform Commercial Code on the Future of Transactions in Information and Electronic Commerce, 13 Berkeley Tech. L.J. 809 (1998); Symposium, Intellectual Property and Contract Law for the Information Age: The Impact of Article 2B of the Uni-

cosidette licenze per il mercato di massa (*mass market licenses*) non sono altro che una forma elettronica di contratto, standardizzato e non negoziabile, usato dai fornitori di software e di contenuti nel mercato globale delle transazioni.[262] Si tratta perciò di una forma di contratto utilizzata dalle grandi *corporations* per evitare la negoziazione di contratti separati per ogni acquirente. Dall'altro lato, un contratto di accesso (*access contract*) è un contratto che permette di entrare in un sistema d'informazione altrui per ottenere notizie, dati o utilizzare quel sistema informativo per specifiche esigenze.[263] La peculiarità dei contratti d'accesso è che essi non dipendono dai diritti di proprietà intellettuale: infatti, il proprietario di un sistema informativo elettronico ha un diritto, generalmente riconosciuto nella disciplina sui contratti e da norme penali,[264] di escludere altri soggetti dall'accesso al suo sistema.[265]

Inoltre, il fatto che l'accesso all'informazione sia soggetto ad un contratto non crea di per sé alcun diritto di informazione; piuttosto, i diritti stabiliti per imporre condizioni all'accesso alle informazioni rendono giuridicamente vincolanti i contratti d'accesso stessi.[266]

La generale applicazione dei contratti d'accesso implica che tutti i diritti o le autorizzazioni (oltre a quelle incluse nella norme sul diritto d'autore) siano regolamentate da un contratto o da una licenza. In questo caso i titolari dei diritti possono espandere i diritti di copia e di distribuzione me-

---

form Commercial Code on the Future of Information and Commerce, 87 Cal. L. Rev. 1 (1999).

[262] La Section 102(a)(43) dell' UCITA definisce la "mass-market license" come "a standard form used in a mass-market transaction." In accordo con la Section 102(a)(44), una *mass-market transaction* è un " consumer contract" o qualsiasi altra transazione con un utente finale o licenziatario se: "the transaction is [...] directed to the general public as a whole, including consumers, under substantially the same terms [...]; the licensee acquires the [...] rights in a retail transaction under terms and in a quantity consistent with an ordinary transaction in a retail market; and the transaction is not: (I) a contract for redistribution or for public performance or public display of a copyrighted work; (II) a transaction in which the information is customized or otherwise specially prepared [...] ; (III) a site license; or (IV) an access contract".

[263] A "contract to obtain by electronic means access to, or information from, an information processing system of another person, or the equivalent of such access." Così UCITA 102(a)(1).

[264] Per esempio le norme sull'accesso abusivo ad un sistema informatico o telematico, ovvero tutte quelle attività poste in essere da un soggetto che si introduce senza autorizzazione in un computer o in un sistema di computer.

[265] Jessica Litman, The Tales that Article 2B Tells, 13 Berkeley Tech. L.J. 931, 937 (1998) (con riferimento a U.C.C. § 2b-102, Reporter's Note 1. (Aug. 1, 1998 Draft)).

[266] Ibidem.

diante il meccanismo dei contratti e delle licenze, a prescindere da quanto stabiliscano le norme in materia di diritti d'autore.[267]

In questa nuova fase dell'economia basata sulle reti digitali, il principio cardine non è più la titolarità della proprietà acquistata e venduta sul mercato ma piuttosto l'accesso ai servizi concessi mediante le reti di fornitori ed utilizzatori.[268] Nell'ambiente digitale il diritto esclusivo assicurato agli autori sta incorporando una nuova caratteristica chiamata appunto diritto d'accesso.[269] Un numero sempre maggiore di servizi viene ora veicolato tramite rete elettronica e questo nuovo fenomeno non è limitato ai contenuti digitali *on-line*. Come evidenziato da Jeremy Rifkin, persino i beni tangibili - automobili, computer, edifici etc. - si stanno dematerializzando in servizi.[270] La proprietà di questa tipologia di beni sta diventando una passività, qualcosa da esternalizzare anche in considerazione della diminuzione del volume dei profitti realizzabili sulle merci materiali. L'attuale orientamento dell'industria, non solo quella dei contenuti, è ormai quello di non vendere più i prodotti bensì di concederli al pubblico dei possibili acquirenti in una sorta di locazione, dunque a trasformare gli acquirenti in utenti.[271] L'impresa smette così di essere principalmente un produttore di beni tangibili per trasformarsi in un fornitore di servizi.

Nel nuovo ambiente i mercati stanno pertanto aprendosi alle reti e la proprietà viene mano a mano rimpiazzata dall'accesso. Rifkin ci illustra limpidamente come l'età in cui stiamo vivendo sia caratterizzata da nuovi media digitali in grado di costituire un fenomeno culturale ed economico di primaria importanza. Imprese e consumatori, infatti, stanno iniziando ad abbandonare quello che è il fulcro della vita economica moderna, ovvero lo scambio su un mercato di titoli di proprietà fra venditori e compratori.[272] Al contrario egli afferma che nella *new economy* "il fornitore mantiene la proprietà di un bene, che noleggia o affitta o è disposto a cedere in uso temporaneo a fronte del pagamento di una tariffa, di un abbonamento, di

---

[267] Cfr, Karen Coyle, Rights Expression Languages: A Report for the Library of Congress 12 (Feb. 2004), alla URL <http://www.loc.gov/standards/Coylerepo rt_final1single.pdf>.

[268] I sistemi di distribuzione digitale non comportano copie tangibili ed in questo settore gli *access contracts* e le *mass market licenses* rappresentano metodi di distribuzione standard. Per uno studio comparativo di questo aspetto all'interno del panorama italiano, vedi Palmieri, Pardolesi, Gli Access Contracts: Una Nuova Categoria per il Diritto dell'Età Digitale, cit., p. 265.

[269] Cfr. Ginsburg, From Having Copies to Experiencing Works, cit., p. 113. Secondo l'A. "access right is an integral part of copyright, and therefore should be subject to exceptions and limitations analogous to those that constrain copy-right".

[270] Jeremy Rifkin, The Age of Access: The New Culture of Hypercapitalism, Where All of Life is a Paid-for Experience 74 (2000); vedi anche sull'argomento Digital Dilemma, cit., p. 6-7.

[271] Cfr. Andrè Gorz, L'immateriale: conoscenza, valore e capitale, p. 43.

[272] Rifkin, The Age of Access, cit., p. 4.

una tassa di iscrizione. Lo scambio di proprietà fra compratori e venditori - l'aspetto più importante del moderno sistema di mercato - cede il passo ad un accesso temporaneo che viene negoziato fra client e server operanti in una relazione di rete".[273]

Rifkin si sofferma inoltre a rappresentare il cambiamento di sistema che le tecnologie digitali hanno apportato nel processo di protezione dei diritti di proprietà intellettuale. In questo nuovo ambiente, infatti, la barriera non è più costituita dal possesso del supporto fisico che include l'opera ma, al contrario, dall'accesso al contenuto. Nella nuova economia della rete, tanto la proprietà materiale, quanto quella intellettuale, divengono preferibilmente oggetto di accesso piuttosto che di scambio.[274]

Nell'ambiente digitale i fornitori più capaci ad accumulare capitale intellettuale hanno più forza nell'esercitare un controllo sulle condizioni e sui termini che vincolano l'accesso a conoscenze, idee ed esperienze fondamentali.[275] Di conseguenza, la crescita economica e lo sviluppo della società dell'informazione sembra portare ad una crescente privatizzazione dell'informazione e una successiva restrizione del dominio pubblico. Questa tendenza alla privatizzazione ed alla proprietarizzazione vorrebbe trasformre Internet ed altre reti di dati, in semplici media per la distribuzione di contenuti verso consumatori passivi.[276] Sul fronte accademico, molti ricercatori hanno osservato gli effetti negativi causati dalla teoria secondo la quale l'informazione sarebbe proprietà nel senso tradizionale del termine.[277] La teoria è quella della conoscenza e dell'informazione come bene pubblico, la pratica diventa invece quella della "proprietarizzazione".

---

[273] Ibidem, p. 4-5.

[274] Ibidem, p. 5. Rifkin osserva come nell'economia delle Reti "è più facile che sia negoziato l'accesso ad una proprietà fisica o intellettuale, piuttosto che venga scambiata la proprietà stessa".

[275] Ibidem.

[276] Cfr. Matt Jackson, Using Technology to Circumvent the Law: The DMCA's Push to Privatize Copyright, 23 Hastings Comm. & Ent. L.J. 607, 608 (2001).

[277] Cfr. Pamela Samuelson, Information as Property: Do Ruckelshaus and Carpenter Signal a Changing Direction in Intellectual Property Law?, 38 Cath. U. L. Rev. 365, 396-97 (1989); Rochelle Cooper Dreyfuss, We Are Symbols and Inhabit Symbols, So Should We Be Paying Rent? Deconstructing the Lanham Act and Rights of Publicity, 20 Colum.-Vla. J.L. & Arts 123, 140 (1996); I. Trotter Hardy, Property (and Copyright) in Cyberspace, 1996 U. Chi. Legal F. 217 (1996); Mark A. Lemley, Romantic Authorship and the Rhetoric of Property (reviewing James Boyle's Shamans, Software, and Spleens: Law and the Construction of the Information Society), 75 Texas L. Rev. 873, 895-903 (1997); Dan Hunter, Cyberspace as a Place and the Tragedy of the Digital Anticommons, 91 Cal. L. Rev. 439 (2003); Mark A. Lemley, Place and Cyberspace, 91 Cal. L. Rev. 521 (2003); Richard A. Epstein, Liberty Versus Property? Cracks in the Foundations of Copyright Law, 42 San Diego L. Rev. 1 (2005).

Tale nuova questione avrà probabilmente forti implicazioni, in particolare sui diritti degli utenti, con speciale riferimento al *fair use* ed al sistema delle eccezioni e limitazioni ai diritti di privativa.

Nell'ambiente digitale stiamo assistendo ad un'erosione di tali forme di libere utilizzazioni, nonché delle altre eccezioni alle norme sulla proprietà intellettuale create proprio per far fronte ai tradizionali scopi delle disposizioni poste a tutela del diritto d'autore. Tale erosione è causata dallo sviluppo del regime delle licenze creato dalla rivoluzione digitale, che riduce i costi di transazione, diminuendo così anche i fallimenti del mercato ma anche alcuni dei fondamenti logici dei *fair uses*.[278]

Tuttavia, anche se lo sviluppo delle infrastrutture dell'informazione modifica i processi con cui il *fair use* e le altre eccezioni vengono raggiunti, tale andamento non contrasta con le sottostanti politiche pubbliche.[279] Al contrario, *fair use* e le altre eccezioni e limitazioni dovrebbero continuare ad avere un importante ruolo nell'ambiente digitale; il mondo politico dovrebbe considerare questi fattori essenziali prima di implementare tecnologie in un sistema giuridico globalizzato.[280]

Ciò che intendiamo dire è che il potere economico sta cambiando, spostandosi da un regime proprietario - fondato sull'idea di distribuzione capillare della titolarità dei beni - ad un regime dell'accesso "basato sulla garanzia di disponibilità temporanea di beni controllati da reti di fornitori".[281] Allo stesso tempo, l'ordinamento giuridico sarà obbligato a spostarsi dalla proprietà al modello basato sull'accesso.[282]

I *content providers* stanno affrontando questi nuovi problemi utilizzando e integrando modelli incentrati su misure tecnologiche di protezione[283] in grado di assicurare elevatissimi livelli di difesa dei contenuti digitali, creando un ambiente sicuro per la produzione, la gestione e la distribuzione dei contenuti, ma con l'indebolimento di una serie di diritti tradizional-

---

[278] Così Digital Dilemma, cit., p. 213-215.

[279] Ibidem.

[280] Ibidem. In particolare, le ricerche, nelle diverse declinazioni politiche, economiche e giuridiche, dovrebbero essere impegnate a contribuire a determinare la misura in cui il *fair use* e le altre eccezioni e limitazioni al diritto d'autore possano essere meglio utilizzate nell'ambiente digitale. La commissione, inoltre, raccomanda una notevole cautela nelle modifiche normative. Cfr. Ibidem, p 215.

[281] Rifkin, The Age of Access, cit., p. 6.

[282] Cfr. Ibidem, p. 6-7.

[283] Il termine *misura tecnologica di protezione* è stato definito come "any process, treatment, mechanism or system that prevents or inhibits any of the acts covered by the rights under this Treaty." Così World Intellectual Property Organization, Basic Proposal for the Substantive Provisions of the Treaty on Certain Questions Concerning the Protection of Literary and Artistic Works to be Considered by the Diplomatic Conference, Art. 13(3), (1996), alla URL <http://www.wipo.int/documents/en/diplconf/pdf/4dc_e.pdf>.

mente riconosciuti ai consumatori-utenti.[284] Come ha argomentato Jane Ginsburg, poiché - nella distribuzione delle opere protette - ci stiamo inesorabilmente muovendo verso un sistema basato sull'accesso, un diritto d'autore che trascurasse di controllare l'accesso porterebbe ad un diritto d'autore illusorio e, nel lungo termine, finirebbe per danneggiare i consumatori.[285] In altre parole, dobbiamo accettare che un moderno e pragmatico regime di proprietà intellettuale richieda la regolazione dell' accesso. Il vero problema è individuare le modalità per rafforzare le restrizioni assicurando al contempo il mantenimento dei diritti degli utenti, così come tradizionalmente previsto.

L'attuale stallo è pertanto dovuto al fatto che l'ambito delle misure tecnologiche di protezione è, al momento attuale, una sorta di *wild west*. Nonostante la tecnologia stia diventando sempre più sofisticata, l'espansione e la diffusione nel mercato di questi sistemi è ancora confusa ed in divenire.[286] Mentre gli standard continuano a raggiungere livelli sempre più alti di maturità e adattamento, le industrie dei contenuti continuano ad utilizzare misure tecnologiche di protezione senza tener conto del problema dell'interoperabilità e delle aspettative degli utenti.[287] Gli standard, infatti, sono importanti per assicurare la qualità e la compatibilità delle piattaforme e dei formati che devono essere standardizzati per consentire piena interoperabilità.[288] Allo stesso tempo, le misure tecnologiche di protezione assomigliano eccessivamente ad uno strumento che tenta di surrogare alla legge del diritto quella offerta dal potere tecnologico.[289]

L'odierna sfida è quella di realizzare e mantenere un bilanciamento, offrendo un controllo tale da motivare autori, inventori ed editori, ma pro-

---

[284] Cfr. Burk, Cohen, Fair Use Infrastructure for Rights Management Systems, cit., p 48; Fred von Lohmann, Fair Use and Digital Rights Management: Preliminary Thoughts on the (Irreconcilable?) Tension Between Them 3 (2002), alla URL <http://www.eff.org/IP/DRM/cfp _fair_use_an d_drm.pdf>. Vedi anche Dan L. Burk, Anticircumvention Misuse, 50 UCLA L. Rev. 1095, 1097 (2002) (L'A. osserva che "the new anti-circumvention right created by the statute constitutes a type of exclusive right quite separate from [...] the legal protection provided by copyright.").

[285] Si veda Ginsburg, From Having Copie sto Experiencing Works, cit., p. 123.

[286] Comm'n of the European Communities, European Union High Level Group on Digital Rights Mgmts: Final Report 6 (2004), alla URL <http://europa.eu.int/information_society/e europe/2005/all_about/digital_rights_man/doc/040709_hlg_drm_2nd_meeting_final_report. pdf> [in seguito: EU Group on Digital Rights Mg-mts., Final Report]. Sul punto si veda anche in generale Eberhard Becker et al. (a cura di), Digital Rights Management: Technological, Economic, Legal and Political Aspects, Berlin, 2003.

[287] Cfr. Bechtold, The Present and Future of Digital Rights Management, cit., pp. 609, 630.

[288] Cfr. Williams et al., Digital Media: Contracts, Rights and Licensing, cit., p. 11.

[289] Su questo punto di vista, si veda Lessig, Code and Other Laws of Cyberspace, cit.; Reidenberg, Lex Informatica, cit.; Andrew L. Shapiro, The Control Revolution: How the Internet is Putting Individuals in Charge and Changing the World We Know (1999).

muovendo allo stesso tempo il raggiungimento di importanti obiettivi di politica pubblica.[290]

---

[290] Digital Dilemma, cit., p. 2.

2
La tutela giuridica dei contenuti digitali

2.1 Le misure antiaggiramento delle tecnologie di protezione

Nonostante le perplessità riportate sull'idoneità delle attuali regole, ancora legate a principi consolidatisi in un contesto pre-tecnologico, i detentori dei diritti ed i fornitori di contenuti non sono pronti a rivedere, nel mondo virtuale, l'ordine che nel mondo reale è stato plasmato a loro immagine per lungo tempo.[1] L'industria dei contenuti si è comportata come qualsiasi operatore economico al quale è concesso un privilegio predisponendosi a mantenere ed estendere il proprio *status* attraverso tenaci ed incisive azioni di condizionamento nei confronti delle Corti e dei legislatori.[2]

Quando si tratta di diritti di proprietà intellettuale, rigorose tutele giurisdizionali e strumenti di protezione tecnologica sono subito invocati, e prontamente accordati, come strumenti indispensabili ed improcrastinabili.[3] Le prime sono state introdotte per affrontare i nuovi problemi connessi con il mondo virtuale e la digitalizzazione dei contenuti. Gli strumenti tecnologici di protezione, invece, sono capaci di operare autonomamente anche a prescindere da norme giuridicamente vincolanti. Tuttavia tali strumenti sono spesso eludibili utilizzando tecniche di aggiramento (o la forza bruta). Per queste ragioni le nuove regole sulla proprietà intellettuale hanno incluso una straordinaria protezione giuridica anche a protezione delle tecnologie di difesa e controllo dei diritti, con il risultato di realizzare una duplice forma di protezione: una per il contenuto protetto da *copyright*, ed una per la misura tecnologica che lo protegge.[4] Infatti le misure tecnologi-

---

[1]   Cfr. John Perry Barlow, Intellectual Property, Information Age, in Copy Fights: The Future of Intellectual Property in the Information Age 37, 39 (Adam Thierer, Wayne Crews eds., 2002).

[2]   Così Zencovich, Diritto d'Autore e Libertà di Espressione: Una Relazione Ambigua, cit. p. 151.

[3]   Ibidem, p. 152.

[4]   Alcuni autori descrivono questa situazione con il termine "paracopyright." Sul punto H.R. Rep. No. 105-551, pt. 2, p. 24-25 (1998); Netanel, Locating Copyright Within the First Amendment, cit., p. 24; David Nimmer, A Riff on Fair Use in the Digital Millennium Copyright Act, 148 U. Pa. L. Rev. p. 673, 686 (2000); Melville B. Nimmer, David Nimmer, 3 Nimmer on Copyright 12A.18[B] n.15 (2003); Si veda anche Severine Dusollier, Some Re-

che di protezione richiedono appropriati supporti normativi per assicurare il loro rispetto, ovvero per prevenirne l'elusione.[5]

La conseguenza è un nuovo, completo e strutturato strumento giuridico idoneo a prevenire, controllare e reprimere eventuali indebite fruizioni di contenuti sottoposti a diritti di proprietà intellettuale. La più importante decisione in questa direzione è stata presa attraverso i trattati OMPI del 1996,[6] seguiti da iniziative legislative di carattere nazionale.[7] Lo scopo ufficiale di questi due trattati era quello di individuare una nuova e più adeguata protezione normativa associata ad effettivi rimedi giuridici contro l'elusione di efficaci misure tecnologiche, specialmente dopo l'avvento del digitale.[8]

Nel 1996 l'Organizzazione Mondiale per la Proprietà Intellettuale ha pertanto adottato il *WIPO Copyright Treaty*.[9] All'articolo 11 vengono previsti degli specifici obblighi in materia di misure tecnologiche:

> Contracting Parties shall provide adequate legal protection and effective legal remedies against the circumvention of effective technological measures that are used by authors in connection with the exercise of their rights under this Treaty or the Berne Convention and that restrict acts, in respect

---

flections on Copyright Management Information and Moral Rights, 25 Colum. J.L. & Arts p. 377, 382 (2001-2002).

[5]   Cfr. Marks, Turnbull, Technical Protection Measures:The Intersection of Technology, Law and Commercial Licenses, cit., p. 200.

[6]   Sulla Convenzione di Berna e l'Accordo TRIPs si rimanda ai §§ 1.5.3 e 1.5.4. Per alcuni commenti positivi sui trattati OMPI definiti "a measured and balanced response to the digital age," si veda Thomas C. Vinje, The new WIPO Copyright Treaty: a happy result in Geneva, 5 Eur. Intell. Prop. Rev. 230, 230 (1997). Per altri autori i trattati rappresentano invece un altro passo verso l'americanizzazione del diritto d'autore. Per una discussione generale sul punto, si veda Pamela Samuelson, Challenges for the World Intellectual Property Organization and the Trade-related Aspects of Intellectual Property Rights Council in Regulating Intellectual Property Rights in the Information Age, 21 Eur. Intell. Prop. Rev. p. 578 (1999); David Vaver, Internationalizing Copyright Law: Implementing the WIPO Treaties, OIPRC Elec. J. Intell. Prop. Rights (1998), http://www.oiprc. ox.ac.uk/EJWP0199.html. Per un commento generale, cfr. Howard P. Goldberg, Note, A Proposal for an International Licensing Body to Combat File Sharing and Digital Copyright Infringement, 8 B.U. J. Sci. & Tech. L. 272 (2002); Silke von Lewinski, WIPO Diplomatic Conference Results in Two New Treaties, 28 Int'l Rev. of Indus. Prop. & Copyright L. 203 (1997).

[7]   Sulla conformità del diritto statunitense ai trattati OMPI, cfr. Pamela Samuelson, The U.S. Digital Agenda at WIPO, 37 Va. J. Int'l L. 369 (1997).

[8]   Per un'analisi dettagliata, articolo per articolo, dei due trattati si rimanda a Mihaly Ficsor, The Law of Copyright and the Internet (2002). Sulle origini della globalizzazione dei diritti di proprietà intellettuale attraverso l'accordo TRIPs si veda in generale Duncan Metthews, Globalising Intellectual Property Rights: The TRIPs Agreement (2002).

[9]   World Intellectual Property Organization: Copyright Treaty, Dec. 20, 1996, 36 I.L.M. 65 (1997) [in seguito WIPO Copyright Treaty]. L'elenco dei paesi firmatari del WIPO Copyright Treaty è disponibile alla URL <http://www.wipo.int/edocs/notdo cs/en/wct/treatywct2. html>.

of their works, which are not authorized by the authors concerned or permitted by law.[10]

Parallelamente il WIPO Performances and Phonograms Treaty impone un obbligo del tutto simile. All'articolo 18 si legge:

Contracting Parties shall provide adequate legal protection and effective legal remedies against the circumvention of effective technological measures that are used by performers or producers of phonograms in connection with the exercise of their rights under this Treaty and that restrict acts, in respect of their performances or phonograms, which are not authorized by the performers or the producers of phonograms concerned or permitted by law. [11]

La norma prevede dunque l'adozione di un quadro giuridico *ad hoc* per la protezione di mezzi tecnologici in grado di monitorare l'uso di un'opera come, ad esempio, i sistemi crittografici.

Nel recepire i trattati WIPO, Europa e Stati Uniti hanno adottato disposizioni anti-elusione molto simili.[12] I nuovi trattati hanno fornito agli Stati Uniti e alla Comunità europea la necessaria condizione per poter porre rimedio alle problematiche dei diritti di proprietà intellettuale nell'era digitale. Difatti, nel 1998 gli Stati Uniti hanno emanato il *Digital Millennium Copyright Act* (in seguito DMCA),[13] introducendo nuove norme a tutela dell'aggiramento di misure tecnologiche di protezione, ovvero norme che ne sanzionano la possibile elusione.

---

[10] Cfr.WIPO Copyright Treaty, art. 11 ("Le Parti contraenti prevedono un'adeguata tutela giuridica e precostituiscono mezzi di ricorso efficaci contro l'elusione delle misure tecnologiche utilizzate dagli autori nell'esercizio dei diritti contemplati dal presente Trattato o dalla Convenzione di Berna, allo scopo di impedire che vengano commessi, nei confronti delle loro opere, atti non autorizzati dagli autori stessi o vietate dalla legge"). Per il testo in italiano: Trattato OMPI sul diritto d'autore, in G.U. del 11/04/2000.

[11] Cfr. World Intellectual Property Organization: Performances and Phonograms Treaty, art. 18, Dec. 20, 1996, 36 I.L.M. 76 (1997) [in seguito WIPO Performances and Phonograms Treaty]. ("Le Parti contraenti prevedono un'adeguata tutela giuridica e precostituiscono mezzi di ricorso efficaci contro l'elusione delle misure tecnologiche impiegate dagli artisti interpreti o esecutori e dai produttori di fonogrammi ai fini dell'esercizio dei diritti contemplati dal presente Trattato e dalla Convenzione di Berna e aventi lo scopo di impedire che vengano commessi, nei confronti delle loro esecuzioni e fonogrammi, atti non autorizzati dai suddetti artisti e produttori o vietati per legge").

[12] Diversi commentatori hanno notato come l'adozione di entrambi provvedimenti sia stata il frutto dell'attività di lobbying dei grandi fornitori di contenuti. Si veda, e.g., Rick Boucher, The Future of Intellectual Property in the Information Age, in Copy Fights, cit., p. 95, 97; MacQueen, Copyright and the Internet, cit., p. 213; Burk e Cohen, Fair Use Infrastructure for Rights Management Systems, cit..

[13] 17 U.S.C. § 1201 (2000).

Alcuni anni dopo l'Europa ha emanato la direttiva 2001/29/CE sull'armonizzazione di alcuni aspetti del diritto d'autore e dei diritti connessi nella società dell'informazione (in seguito: direttiva Infosoc) contenente analoghe previsioni.[14]

2.2 La tutela dei contenuti digitali negli Stati Uniti d'America

Come abbiamo visto, sin dalle origini la normativa statunitense sul diritto d'autore ha cercato di equilibrare l'esigenza della libertà d'espressione con il desiderio di incoraggiare i miglioramenti tecnologici.[15] Attualmente la legge statunitense sul diritto d'autore[16] (*Copyright Act*) sancisce che "copyright protection subsists [...] in original works of authorship fixed in any tangible medium of expression, now known or later developed".[17]

Generalmente i diritti d'autore sulle pellicole e sui brani musicali sono ripartiti fra gli autori ed i produttori. Gli artisti ed i membri della RIAA[18] (l'associazione delle case discografiche americane) sono compensati per il loro lavoro creativo dalla vendita delle registrazioni e dalle tasse di concessione (*license fees*).[19] Nel caso degli attori e della *Motion Picture Association of America* (MPAA),[20] la compensazione viene dalla vendita e dal

---

[14] Dir. 2001/29, 2001 G.U. (L 167) 10 (CE).

[15] Si veda in tal senso quanto riportato in Sony Corp. of Am. v. Universal City Studios, Inc., 464 U.S. 417, 430 (1984) ("From its beginning, the law of copyright has developed in response to significant changes in technology. Indeed, it was the invention of a new form of copying equipment - the printing press - that gave rise to the original need for copyright protection. Repeatedly, as new developments have occurred in this country, it has been the Congress that has fashioned the new rules that new technology made necessary. Thus, long before the enactment of the Copyright Act of 1909, 35 Stat. 1075, it was settled that the protection given to copyrights is wholly statutory").

[16] Il Copyright Act of 1976 fu promulgato il 19 ottobre del 1976, Public law number 94-553, 90 Stat.2541 (titolo 17 del United States Code § 101).

[17] Cfr. 17 USC § 102 (a).

[18] Acronimo per Recording Industry Association of America.

[19] Cfr. Ariel Berschadsky, RIAA v. Napster: A Window Onto the Future of Copyright Law in the Internet Age, 18 J. Marshall J. Computer & Info. L. 755, 762 (2000).

[20] Le aziende che fanno parte del Motion Picture Association of America (www.mpaa.org) includono: Universal City Studios, Inc., Paramount Pictures Corporation, Metro-Goldwyn-Mayer Studios, Inc., Tristar Pictures, Inc., Colombia Pictures Industries, Inc., Time Warner Entertainment Co., L.p., Disney Enterprises, Inc. e ventesimo Century Fox Film Corporation.

noleggio dei filmati, dalle vendite dei biglietti nelle sale cinematografiche e dalle tasse di concessione.[21]

Inoltre, a norma del *Copyright Act*, ai titolari di diritto d'autore sono riconosciuti diritti esclusivi: il diritto di riprodurre l'opera protetta, il diritto di distribuire copie dell'opera al pubblico e il diritto di rendere pubblica l'opera protetta.[22] In qualsiasi caso questi diritti esclusivi non siano rispettati, si incorre in uno dei casi di violazione del diritto d'autore.

Il diritto statunitense infatti riconosce in astratto tre tipi diversi di responsabilità, nelle ipotesi di violazione del *copyright*: il primo tipo di responsabilità, codificata nel *Copyright Act* del 1976 all'articolo 501(a),[23] è quella attribuita al soggetto che ha direttamente compiuto la violazione (*direct liability for direct infringement*)[24] e corrisponde alla nostra responsabilità diretta.[25] Tale forma di responsabilità è ravvisabile, per esempio, nella condotta di quegli utenti di Internet che, senza il consenso del titolare del diritto di privativa, diffondano tramite reti telematiche o servizi *on-line* contenuti protetti da diritto d'autore.[26] La responsabilità per fatti causati da terzi è invece distinta in due differenti tipologie non codificate nel *Copyright Act* bensì frutto dell'elaborazione giurisprudenziale. La prima è la responsabilità da concorso colposo[27] (*contributory liability*)[28], che si ha quando il soggetto responsabile, pur non essendo il diretto esecutore della violazione, contribuisce o induce, in un qualche modo, alla sua realizzazione e ne è a conoscenza (*actual knowledge*) o comunque ha motivo di

---

[21]   Per una semplice analisi sul sistema dell'industria dell'intrattenimento si veda John Jackson, Royalty Securitization: Taking Cabs to Bankruptcy Court, 21 T. Jefferson L. Rev. 209, 212 (2000)

[22]   17 USCS § 106.

[23]   17 U.S.C. § 501(a).

[24]   Per la direct liabilty il titolare del diritto deve provare: "(1) valid copyright ownership of a work; (2) the work was, in fact, copied; and (3) the copying of work was illegal under copyright laws." Vedi Marshall Leaffer, Understanding Copyright Law, 2 ed., N.Y., 1995.

[25]   Cfr. Jane Ginsburg, Diritto di Autore e Trasmissione Digitale e Diritti Protetti negli Stati Uniti: Uno Sguardo d'Insieme, in Riv. Dir. Comm., 1996, p. 1147; Paolo Marzano, Sistemi Anticopiaggio, Tatuaggi Elettronici e Responsabilità On-line: Il Diritto d'Autore Risponde alle Sfide di Internet, in Riv. Dir. Aut., 1998, p. 152.

[26]   Cfr. Marzano, Sistemi Anticopiaggio, Tatuaggi Elettronici e Responsabilità On-line: Il Diritto d'Autore Risponde alle Sfide di Internet, cit., p. 153. Il leading case al riguardo è Playboy Enterprises v. Frena, 839 F. Supp. 1552 (M.D. Fla. 1993).

[27]   Così Ginsburg, Diritto di Autore e Trasmissione Digitale e Diritti Protetti negli Stati Uniti: Uno Sguardo d'Insieme, cit., p. 1148-49.

[28]   Per la contributory liability il titolare del diritto dovrà provare "(1) a direct infringement occurred[;] (2) the defendant knew or had reason to know of the infringing activity[;] and (3) the defendant substantially participated in the infringement by inducing, causing, or materially contributing to its occurrence." Vd. Pollack Wendy M., Tuning in: The future of Copyright Protection for Online Music in the Digital Millenium, vol.78, Fordham L. Rev., n. 6, 2000, p. 2456.

esserlo (*reason to know*).[29] La seconda è la responsabilità indiretta[30] (*vicarious liability*)[31], che si verifica quando il soggetto responsabile ha il compito e la possibilità di controllare (*the right and ability to supervise*) l'attività svolta dal terzo che ha direttamente commesso la violazione e quando, a seguito di questa, tragga un vantaggio economico.[32] In quest'ultimo caso nessun valore è dato al fatto che il responsabile indiretto conoscesse o meno il comportamento illecito del terzo.

È in tale contesto che si inseriscono le norme del *Digital Millenium Copyright Act* che, recependo i trattati OMPI del 1996,[33] si occupa, tra le altre cose, di fornire una protezione giuridica efficace per gli autori di materiale protetto da diritto d'autore contro atti di pirateria digitale commessi attraverso Internet.[34]

L'adozione del DMCA ha aggiunto il capitolo 12, al titolo 17 dell'U.S. Code.[35]

Il DMCA è diviso in cinque titoli:[36]

---

[29] Tale tipo di responsabilità è stata sviluppata all'interno del caso Gershwin Publ'g Corp v. Columbia Artists Mgmt., Inc., 443 F.2d 1159, 1162 (2d Cir. 1971); l'applicabilità al mondo di Internet è stata valutata in Religious Tech Ctr., 907 F. Supp. p. 1373.

[30] Così Ginsburg, Diritto di Autore e Trasmissione Digitale e Diritti Protetti negli Stati Uniti: Uno Sguardo d'Insieme, cit., p. 1148.

[31] Per la *vicarious liability*, l'attore dovrà provare che il convenuto aveva "the right and ability to supervise the infringing activity and also has a direct financial interest in such activities" Vd. Ibidem.

[32] Tale tipo di responsabilità è stata sviluppata all'interno del caso In re Shulman Transp. Enter. Inc., 744 F.2d 293 (2d Cir. 1984); Dorkin v. American Express Co., 345 N.Y.S.2d 891 (Sup. Ct. 1973); l'applicabilità ai casi di illeciti *on-line* è stata valutata in Cubby v. Compuserve Inc., 776 F. Supp. 135 (S.D.N.Y. 1991).

[33] World Intellectual Property Organization Copyright Treaty, Dec. 20, 1996 ed il World Intellectual Property Organization Performances and Phonograms Treaty, Dec. 20, 1996 (vedi Infra § 1.5.5).

[34] Pub. L. No. 105-304, 112 Stat. 2860 (Oct. 28, 1998). Il DMCA si pone non solo come mera disposizione di attuazione dei sopraccitati trattati internazionali, ma come vera e propria miglioria degli stessi. In particolare esso mira ad una articolata disciplina della fruizione del materiale protetto da *copyright* all'interno degli Stati Uniti e disponibile esclusivamente nel formato digitale. La norma si compone di cinque titoli: Titolo I: Implementazioni al vigente WIPO "Copyright and Performances and Phonograms Treaties"; Titolo II: "Online Copyright Infringement Liability Limitation Act"; Titolo III: "Computer Maintenance Competition Assurance"; Titolo IV: Una serie di previsioni varie, riguardanti in particolar modo l'Ufficio del *copyright*, l'educazione a distanza e le esenzioni dalle disposizioni di questa legge; Titolo V: "Vessel Hull Design Protection Act".

[35] Il DMCA è ora codificato nel nuovo capitolo 12 al Title 17 dello U.S.C. §§ 1201-1205 (2000).

[36] Per questa schematizzazione si veda U.S. Copyright Office, The Digital Millennium Copyright Act of 1998: U.S. Copyright Office Summary 1 (Dec. 1998), alla URL <http://www.copyright.gov/legislation/dmca.pdf>. [in seguito: DMCA Summary].

- il titolo I (denominato *WIPO Copyright and Performances and Phonograms Treaties Implementation Act of 1998*), recepisce di fatto i trattati OMPI;

- il titolo II (denominato *On-line Copyright Infringement Liability Limitation Act*), introduce delle limitazioni alle responsabilità dei distributori di servizi *on-line* per la violazione del *copyright*, quando sono coinvolti in certi tipi di attività. In pratica viene aggiunto un nuovo comma alla sezione 512 del *Copyright Act* attraverso il quale si realizzano quattro nuove limitazioni alla responsabilità degli Internet Service Provider, riguardo a violazioni del *copyright* commesse dai loro utenti. Tali limitazioni interessano le condotte riguardanti le comunicazioni temporanee, il cosiddetto *system caching*, la conservazione di informazioni su sistemi o reti accessibili dagli utenti e gli strumenti per l'identificazione di utenti che violano il *copyright*.

- il titolo III (denominato *Computer Maintenance Competition Assurance Act*), introduce una serie di eccezioni al fine di consentire copie di programmi per computer al solo scopo di manutenzione e riparazione. Di fatto le eccezioni ampliano la previsione già presente nella sezione 117 del *Copyright Act* relativa ai programmi informatici. Tale nuova deroga consente di realizzare una copia di un programma informatico, lecitamente acquistato, in caso si debba procedere ad operazioni di manutenzione o di riparazione di un determinato dispositivo elettronico. La copia del software non può tuttavia essere utilizzata per altre finalità e deve essere necessariamente distrutta non appena siano terminate le operazioni di manutenzione o riparazione.

- il titolo IV contiene sei clausole differenti, riguardanti: (i) funzioni del *Copyright Office*, ovvero l'organismo della *library of Congress* che fornisce informazioni circa le disposizioni sul *copyright*, le procedure di registrazione e gestisce il Registro del *copyright*; (ii) norme sull'educazione a distanza; (iii) eccezioni dalle disposizioni del DMCA per le biblioteche, ammettendo la possibilità di realizzare tre copie digitali delle opere protette per uso interno; (iv) eccezioni per le registrazioni effimere, ovvero realizzate per agevolarne la diffusione;[37] (v) introduzione delle prime regole in materia di *webcasting* (i.e. contenuti tramessi in diretta via Internet), estendendovi l'applicabilità del *Digital Performance Right in Sound Recordings Act*; (vi) modalità di applicazione delle regole sul trasferimento delle

---

[37] In virtù di tale eccezione, ad esempio, un'emittente radiofonica può registrare una compilation di brani estraendo le tracce da diversi supporti originali e mandarla in onda dal nuovo supporto piuttosto che dai singoli originali.

obbligazioni contrattuali nel caso di trasferimento di diritti cinematografici.

- il titolo V crea una nuova forma di protezione per la progettazione degli scafi e dei vascelli.

La parte che a noi qui più interessa del DMCA è quella che integra i trattati OMPI. Tale implementazione avviene sia attraverso strumenti e definizioni tecniche, sia attraverso la creazione di due nuovi divieti. Il primo è relativo alle condotte atte ad eludere o aggirare misure tecnologiche poste a protezione di opere sottoposte a diritto d'autore (§1201). Il secondo divieto riguarda invece la manipolazione o l'alterazione di informazioni elettroniche concernenti la gestione dei diritti di prodotti protetti (§1202).[38]

In estrema sintesi,[39] il DMCA (a) introduce il reato di aggiramento di tutte le misure anti-pirateria, incorporate nella maggior parte dei software o dei contenuti in commercio;[40] (b) permette la forzatura di congegni di protezione del *copyright* nei casi di ricerche in materia crittografica, per valutare l'interoperabilità di un prodotto e per verificare l'efficacia dei sistemi informatici di sicurezza;[41] (c) prevede, in condizioni particolari, eccezioni alle norme anti-elusione per le biblioteche non profit, gli archivi, e gli istituti di istruzione;[42] (d) proibisce la produzione, vendita o distribuzione di dispositivi di *code-cracking* utilizzati per copiare illegalmente software;[43] (e) protegge gli Internet service providers dalla responsabilità sulla violazione del *copyright* per la semplice trasmissione di informazioni;[44] (f) obbliga i service providers a rimuovere dai siti web degli utenti il materiale che costituisce violazione del diritto d'autore;[45] (g) limita la responsabilità delle istituzioni non profit d'istruzione superiore – quando esse svolgono

---

[38] Si veda Digital Dilemma, cit., p. 318.

[39] Per questo schema si veda UCLA Online Institute for Cyberspace Law and Policy, The Digital Millennium Copyright Act (2001) alla URL <http://www.gsei s.ucla.edu/iclp/dmca 1.htm.

[40] 17 U.S.C. 1201(a)(1)(A).

[41] Cfr. id. 1201(d)-1201(j).

[42] 17 U.S.C. 1201(d).

[43] Cfr. id. 1201(b)(1)(A).

[44] 17 USCS 512. Titolo II del DMCA aggiunge una nuova sezione 512 del *Copyright Act*, per la creazione di quattro nuove limitazioni in materia di responsabilità per violazione del *copyright* da parte dei fornitori di servizi *on-line*. La nuova sezione 512(1) del *Copyright Act* ora afferma che "the failure of a service provider's conduct to qualify for limitation of liability under this section shall not bear adversely upon the consideration of a defense by the service provider that the service provider's conduct is not infringing under this title or any other defense."

[45] Vedi id. 512. "if the person described in paragraph (1)(A) makes that material available online without the authorization of the copyright owner of the material, the service provider responds expeditiously to remove, or disable access to, the material that is claimed to be infringing upon notification of claimed infringement." Id. (E).

funzioni di internet providers ed in particolari circostanze – per le violazioni del *copyright* da parte di membri della facoltà o da parte di studenti universitari;[46] (h) richiede che chi trasmette musica o contenuti in *webcasting* paghi i diritti di licenza alle case discografiche, prevenendo appropriazioni indebite di contenuti e determinando le royalty da pagare agli artisti per le loro opere.[47]

Per le finalità della nostra discussione, limiteremo l'attenzione sul titolo I del DMCA e, nello specifico, alla nuova sezione 1201, che recepisce l'obbligo dei trattati OMPI sulle misure tecnologiche di protezione ed i sistemi di gestione del diritto d'autore.[48]

In particolare ci concentreremo sulle tre nuove categorie di violazioni introdotte dal DMCA: la prima è riferita all'aggiramento di misure tecnologiche di protezione che controllano l'accesso ad opere protette da *copyright*;[49] la seconda è associata alla produzione, distribuzione o offerta di prodotti, servizi o dispositivi, che aggirano il controllo dell'accesso;[50] la terza ed ultima è connessa alla produzione, distribuzione o offerta di prodotti, servizi o dispositivi che aggirano misure tecnologiche che "proteggono effettivamente" i diritti degli autori.[51]

Le disposizioni sopra menzionate sono incluse nella sezione 103 del DMCA che di fatto aggiunge un nuovo capitolo, il 12°, al titolo 17 dello *United States Code*.[52] In tale paragrafo è scritto:

---

[46]   Cfr. id. 512 (e).

[47]   La Section 405 del DMCA emenda il Digital Performance Right in Sound Recording Act of 1995 (DPRSA), espandendo la licenza regolamentata (*statutory license*) per trasmissioni in abbonamento per includere il *webcasting* quale nuova categoria di "eligible nonsubscription transmissions." Sul punto si veda Jane C. Ginsburg, Copyright Legislation for the "Digital Millennium", 23 Colum.-VLA J.L. & Arts 137, 167 (1999).

[48]   Per alcune osservazioni critiche sulle misure anti-elusione introdotte dal DMCA, si veda Julie E. Cohen, Copyright and the Jurisprudence of Self Help, 13 Berkeley Tech. L.J. 1089 (1998); Neil Netanel, Recent Developments in Copyright Law, 7 Tex. Intell. Prop. L.J. 331 (1999); Jonathan Band, The Digital Millennium Copyright Act: A Balanced Result, 21 Europ. Intell. Prop. Rev. 92 (1999); Jane C. Ginsburg, Copyright Legislation for the Digital Millennium, 23 Colum.-VLA J.L. & Arts 137 (1999); June Besek, Anti-Circumvention Laws and Copyright: A Report From the Kernochan Center for Law, Media and the Arts, 27 Colum. J.L. & Arts 385 (2004); Jacques de Werra, The Legal System of Technological Protection Measures under the WIPO Treaties, the Digital Millennium Copyright Act, the European Directives and other National Laws (Japan, Australia), Adjuncts and Alternatives to Copyright, ALAI 2001 Congress 198 (2002). Per una sintesi dei fatti e delle decisioni, si veda anche Amy P. Bunk, Validity, Construction and Application of the Digital Millennium Copyright Act, 2001 A.L.R. Fed 2, 2002) (L'A. raccoglie alcuni casi discutendo della validità, dell'interpretazione e dell'applicazione del Digital Millennium Copyright Act); Jonathan Zittrain, Technological Complements to Copyright 56 (2005).

[49]   17 U.S.C. (a)(1).

[50]   17 U.S.C. (a)(2).

[51]   17 U.S.C. (b).

[52]   Digital Millennium Copyright Act, Pub. L. No. 105-304, 112 Stat. 2860 (1998).

Sec. 103. Copyright Protection Systems and Copyright Management Information. (A) In general Title 17, United States Code, is amended by adding at the end the following new chapter: Chapter 12 - Copyright Protection and Management Systems […].[53]

Il nuovo capitolo 12 inizia con la sezione 1201, intitolata "Circumvention of Copyright Protection Systems".[54] Come illustrato in precedenza, la sezione 1201 identifica tre categorie di violazioni di norme anti-aggiramento: una disposizione di base, un divieto inerente il *trafficking*,[55] e violazioni addizionali.[56] La disposizione base afferma che nessuno può aggirare una misura tecnologica di protezione che controlli efficacemente l'accesso ad un'opera protetta.[57] Una misura tecnologica controlla efficacemente l'accesso ad un contenuto se, nel corso ordinario del suo impiego, essa comporta l'applicazione di informazioni o di un processo o di un trattamento, con l'autorità del titolare del *copyright*.[58]

In tale contesto, aggirare una misura tecnologica implica decrittare un'opera crittografata o altrimenti eludere, bypassare, rimuovere, disattivare o danneggiare misure tecnologiche senza l'autorità del titolare del diritto.[59]

Queste clausole si riferiscono all'atto di aggiramento di una misura tecnologica di protezione posta in essere da un titolare del *copyright* per controllare l'accesso alla sua opera. In particolare, le violazioni riguardati l'aggiramento di sistemi tecnologici sono state definite anche come l'equivalente elettronico dell'atto di scardinamento della serratura di una stanza per ottenere la copia di un libro ivi contenuto.[60]

Il divieto di *trafficking* prevede invece le seguenti misure:

Nessun individuo può produrre, importare, offrire al pubblico, fornire, o comunque commerciare qualsiasi tecnologia, prodotto, servizio, dispositivo, componente, che, in toto o in parte:
(A) sia principalmente progettato o prodotto allo scopo di aggirare una misura tecnologica che controlli completamente l'accesso ad un'opera protet-

---

[53] Ibidem.

[54] "Aggiramento dei sistemi di protezione del copyright".

[55] Si tratta del divieto di produrre tecnologie progettate o prodotte con la prevalente finalità di eludere misure tecnologiche di protezione.

[56] Cfr. Nimmer, A Riff on Fair Use in the Digital Millenium Copyright Act, cit., p. 684.

[57] 17 U.S.C. 1201(a)(1)(A).

[58] 17 U.S.C. 1201 (a)(3)(B).

[59] 17 U.S.C. 1201 (a)(3)(A).

[60] Cfr Melville B. Nimmer, David Nimmer, 3 Nimmer on Copyright 12A.03[D][1] (2003) (citando H. Rep. (DMCA), p.17).

ta ai sensi della presente norma;
(B) abbia solo un limitato e commercialmente significativo, scopo o diverso uso di aggirare una misura tecnologica che controlli completamente l'accesso ad un'opera protetta ai sensi della presente norma; oppure
(C) sia commercializzato da un'individuo o da terzi che agiscono di concerto con tale individuo e con la consapevolezza che ciò sia fatto per l'uso nell'aggiramento di una misura tecnologica che controlli completamente l'accesso ad un'opera protetta ai sensi della presente norma.[61]

Le cosiddette violazioni aggiuntive, infine, sono similmente definite:

Nessun individuo deve produrre, importare, offrire al pubblico, fornire, o comunque commerciare qualsiasi tecnologia, prodotto, servizio, dispositivo, componente che, in toto o in parte:
(A) sia principalmente progettato o prodotto allo scopo di aggirare una protezione fornita da una misura tecnologica che controlli completamente un diritto del titolare dei diritti d'autore ai sensi della presente norma in un'opera o in una sua parte;
(B) abbia solo un limitato, commercialmente significativo, scopo o diverso uso di aggirare una protezione fornita da una misura tecnologica che controlli completamente un diritto del titolare dei diritti d'autore ai sensi della presente norma in un'opera o in una sua parte; oppure
(C) sia commercializzato da un soggetto o da terzi che agiscono di concerto con tale individuo e con la sua consapevolezza per l'uso nell'aggiramento di una protezione fornita da una misura tecnologica che controlli completamente un diritto del titolare dei diritti d'autore ai sensi della presente norma in un'opera o in una sua parte.[62]

Il divieto di *trafficking* e le violazioni aggiuntive rappresentano due tipologie differenti di disposizioni *anti-trafficking*. La prima si riferisce ai supporti e ai servizi che aggirano i sistemi di controllo dell'accesso. La seconda si riferisce invece ai supporti e ai servizi che aggirano i sistemi di controllo dei diritti.

In questo contesto, una misura tecnologica protegge efficacemente il diritto di un titolare di *copyright* se, nell'ordinario corso delle operazioni, previene, restringe o comunque limita l'esercizio di un diritto di un titolare di *copyright* in base al titolo 17 dello *U.S. Code*.[63] L'espressione "aggirare la protezione garantita da una misura tecnologica" significa quindi "elude-

---

[61]   17 U.S.C. 1201(a)(2), (ns traduzione, per il testo originale si veda in appendice).
[62]   17 U.S.C. 1201(b), (ns traduzione, per il testo originale si veda in appendice).
[63]   17 U.S.C. 1201(b)(2)(B).

re, bypassare, rimuovere, disattivare o comunque danneggiare una misura tecnologica".[64]

Ricapitolando, possiamo sostanzialmente individuare tre disposizioni fondamentali presenti nel DMCA:[65] la prima (c.d. *basic provision*) vieta a chiunque di eludere una misura tecnologica la cui funzione principale è quella di controllare l'accesso ad un'opera protetta; la seconda (c.d. *anti-trafficking provision*) vieta a chiunque di realizzare, importare, mettere in commercio apparecchi o strumenti la cui funzione principale o effettiva, sia quella di eludere una misura tecnologica che controlli l'accesso ad un'opera protetta; la terza ed ultima (c.d. *additional violations*) vieta a chiunque di realizzare, importare, mettere in commercio apparecchi o strumenti la cui funzione primaria o effettiva, sia quella di eludere una misura tecnologica posta a protezione di un diritto riservato al titolare del diritto d'autore.

La sezione 1201 distingue poi, tra misure tecnologiche che impediscono l'accesso non autorizzato ad un'opera protetta da *copyright*, da misure che impediscono la copia di opere protette.[66] Come precedentemente accennato, il controllo degli accessi è stato definito come "the electronic equivalent of breaking into a locked room in order to obtain a copy of a book".[67] Al contrario, il controllo della copia si riferisce all'atto di riproduzione, distribuzione, o di altri diritti.[68] Esemplificativo è il caso della TV via cavo o via satellite. La maggior parte delle trasmissioni delle televisioni via satellite, infatti, sono codificate utilizzando sistemi di accesso condizionato, ovvero *scramble software*. In questo caso l'accesso è rappresentato dall'attività di *descrambling* del segnale che non configura una violazione della legge sul diritto d'autore, mentre la copia è rappresentata dalla registrazione e dalla riproduzione dei contenuti trasmessi.[69]

---

[64]   17 U.S.C. 1201(b)(2)(A).

[65]   Per questa classificazione si veda Luca Nivarra, Itinerari del Diritto d'Autore, Milano, 2001, p. 110.

[66]   Si tratta della distinzione tra: "technological measure that controls access to a work" e quelle che si limitano a "protects a right of a copyright owner". Cfr. Robert C. Denicola, Access Controls, Rights Protection, and Circumvention: Interpreting the Digital Millennium Copyright Act to Preserve Noninfringing Use, 31 Colum. J.L. & Arts 209, 221 (2008); Anthony Reese, Will Merging Access Controls and Rights Controls Undermine the Structure of the Anticircumvention Law?, 18 Berkeley Tech. L.J. 619, 621 (2003). Gli Autori notano come il Congresso abbia espressamente previsto una minore tutela nel controllo dell'accesso proprio al fine di consentire ai consumatori di utilizzare le opere protette da *copyright* in modo del tutto legittimo (c.d. *non infringing uses*), così come i consumatori hanno fatto per secoli nel mondo analogico.

[67]   H.R. Rep. No. 105-551, pt. 1, p. 17 (1998).

[68]   Così come definiti nel titolo17 USC § 106.

[69]   Così Jonathan Weinberg, Digital TV, Copy Control, and Public Policy, 20 Cardozo Arts & Ent. L.J. 277 (2002).

La distinzione tra *copy control* e *right control* è funzionale ad assicurare che il pubblico possa continuare ad avere la possibilità di accedere agli utilizzi consentiti delle opere protette, così come previsto dalla dottrina del *fair use*. Poiché, in certe circostanze, la copia di un'opera può essere frutto di *fair use*, la sezione 1201 non proibisce l'atto di aggirare una misura tecnologica che impedisca, per esempio, la duplicazione. Per contro, poiché la dottrina del *fair use* non fornisce una difesa dal tentativo di ottenere accessi non autorizzati ad un contenuto, l'atto di aggirare una misura tecnologica al fine di ottenere il semplice accesso è proibito.[70]

In altre parole, il DMCA vieta la distribuzione di dispositivi volti a eludere il controllo dell'accesso o di misure di protezione dei diritti, o entrambi, ma vieta soltanto l'atto di elusione delle misure di controllo dell' accesso, lasciando impunito l'atto di elusione delle misure di protezione dei diritti.

I divieti contenuti nel DMCA sono soggetti a molte eccezioni. La sezione 1201, infatti, elenca le possibilità di aggiramento delle misure di protezione in sette circostanze:[71] (i) legittima applicazione della legge, scopi di sicurezza nazionale ed attività governativa;[72] (ii) raggiungimento di interoperabilità fra programmi (c.d. *reverse engineering*)[73]; (iii) giustificabili condizioni di ricerca in materia di crittografia;[74] (iv) test sulla sicurezza dei sistemi informatici con l'autorizzazione del proprietario;[75] (v) possibilità per biblioteche, archivi ed istituti di istruzione di scegliere in buona fede se ottenere un accesso autorizzato ad un'opera protetta da *copyright*;[76] (vi) acconsentire ai genitori di controllare l'uso di Internet dei figli;[77] (vii) protezione della privacy.[78]

È interessante notare come, non essendo previsto alcun divieto sull'aggiramento dei *rights control*, (per esempio il controllo dalla copia), non vi siano eccezioni ad esso collegate. Come giustamente osservato da alcuni commentatori, tale difetto è dovuto al fatto che il legislatore ha ritenuto che se le copie realizzate in conseguenza di violazione dei diritti di controllo fossero giustificate dalle esenzioni e dai privilegi sul *copyright*, non ci sarebbe responsabilità per la trasgressione. Se, dall'altro lato, tali

---

[70]   Cfr. DMCA Summary, cit., p. 4.
[71]   Cfr. Pamela Samuelson and Suzanne Scotchmer, The Law and Economics of Reverse Engineering, 111 Yale L.J. 1575, 1636 (2002).
[72]   17 U.S.C. 1201(e).
[73]   17 U.S.C. 1201(f).
[74]   17 U.S.C. 1201(g).
[75]   17 U.S.C. 1201(j).
[76]   17 U.S.C. 1201(d).
[77]   17 U.S.C. 1201(h).
[78]   17 U.S.C. 1201(i).

copie fossero illegali, allora il titolare del diritto potrebbe rivendicare i proprie prerogative sulla base del *copyright*.[79]

Periodicamente, (almeno fino al 28 ottobre 2006) un processo di regolamentazione supervisionato dalla biblioteca del Congresso ha la funzione di determinare se l'accesso a particolari tipologie di opere protette da una tecnologia anti-aggiramento possa tuttavia essere ammesso, per *fair uses* e ed ulteriori limitazioni al *copyright*.[80]

Altri aspetti interessanti del capitolo 12 concernono la sezione 1201(c), contenente alcune clausole di salvaguardia. La sezione 1201 (c)(1) afferma che nulla di quanto previsto dalla sezione 1201 ha effetto sui diritti, rimedi, limitazioni o difese previste in violazione del *copyright*, incluso il *fair use*. La sezione 1201 (c)(2) sostiene invece che nulla di quanto previsto dalla sezione 1201 modifica le violazioni del diritto d'autore per responsabilità indiretta o da concorso colposo. Infine, la sezione 1201 (c)(3) chiarisce che il divieto di creare apparecchiature di aggiramento non richiede che i produttori di elettronica di consumo o computer progettino i loro prodotti per essere compatibili con particolari misure tecnologiche:

> (1) Nulla in questa sezione deve applicarsi a diritti, rimedi, limitazioni, o difese dalla violazione del diritto d'autore, incluso l'uso lecito, ai sensi della presente norma.
>
> (2) Nulla in questa sezione deve ampliare o diminuire la responsabilità, vicaria o contributiva, per violazione del diritto d'autore in connessione con qualunque tecnologia, prodotto, servizio, dispositivo, componente o parte di esso.
>
> (3) Nulla in questa sezione impone l'obbligo che la progettazione, o la progettazione e la selezione di parti e componenti per dispositivi di elettronica di consumo, telecomunicazioni o prodotti informatici forniscano una risposta ad una particolare misura tecnologica, a condizione che tale parte o componente o il prodotto nel quale tale parte o componente è integrato, non rientrino nei divieti previsti dalle sottosezione a(2) o b(1).
>
> (4) Nulla in questa sezione deve aumentare o diminuire qualsiasi diritto di libertà di parola o di stampa per attività che utilizzano elettronica di consumo, telecomunicazioni, o prodotti informatici.[81]

---

[79]   Cfr. Besek, Anti-Circumention Laws and Copyright, cit., p. 398.

[80]   17 U.S.C. 1201(a)(1)(B)-(E). Cfr. Yochai Benkler, Free as the Air to Common Use: First Amendment Constraints on Enclosure of the Public Domain, 74 N.Y.U. L. Rev. 354, 427-29 (1999) (L'A. sostiene che le norme anti-elusione previste dal DMCA sono incostituzionali e che l'autorità attribuita alla biblioteca del Congresso è troppo limitata).

[81]   17 U.S.C. 1201(c) (ns traduzione, per il testo originale si veda in appendice).

Qualsiasi soggetto danneggiato da una violazione della sezione 1201 può promuovere un'azione civile presso la Corte Federale.[82] La sezione 1203 dà alle Corti il potere di concedere una gamma di rimedi equi e monetari, simili a quelli offerti dal *Copyright Act,* incluso lo *statutory damage*.[83] Se la violazione della sezione 1201 avviene deliberatamente e con l'obiettivo di un vantaggio commerciale o di un guadagno monetario privato, è considerato un illecito penale.[84]

Aspre sono state le critiche sulle norme anti-elusione introdotte dal DMCA. In particolare, è stata rimproverata la loro ampia portata e la conseguente possibilità di impedire ai consumatori di accedere agli usi consentiti delle opere soggette a *copyright*. Per reagire all'iniquità delle norme del DMCA sono state formulate diverse proposte di legge. Una delle più significative, denominata *Digital Media Consumers' Rights Act* (DMCRA),[85] ha come obiettivo quello di ristabilire il tradizionale equilibrio delle norme sul *copyright*.

In particolare, tale proposta normativa intende restituire ai consumatori i diritti legati al *fair use*, emendando il DMCA così da consentire l'aggiramento della protezione della copia per usi non illegali di materiale digitale protetto da diritto d'autore. Il principale scopo del provvedimento è di garantire che i consumatori siano pienamente consapevoli delle limitazioni e restrizioni che potrebbero disvelarsi solo dopo l'acquisto dei contenuti digitali protetti. I produttori di contenuti, infatti, non sono attualmente obbligati ad apporre alcun genere di avviso sulla confezione dei loro prodotti o all'interno dei proprio servizi di distribuzione *on-line*. In aggiunta, la proposta di legge mira ad introdurre un emendamento alla sezione 1201 del DMCA, prevedendo la possibilità di produrre, distribuire o fare uso non illegittimo di un dispositivo hardware o di un software che permetta utilizzazioni legittime di opere protette, come fare copie di *back up* di contenuti digitali legittimamente acquistati.

2.3 La tutela dei contenuti digitali in Europa

In questo paragrafo non intendiamo descrivere la direttiva InfoSoc nel dettaglio, ma restringeremo il campo di discussione alle principali disposizioni della direttiva, agli elementi connessi con l'uso legale dei contenuti digi-

---

[82]   17 U.S.C. 1203(a).

[83]   Cfr. DMCA Summary, cit., p. 7.

[84]   17 U.S.C. 1204(a)(1)-(2).

[85]   Cfr. Digital Media Consumers Rights Act of 2005, HR 1201, 109th Cong. 1st Sess., alla URL < http://thomas.loc.gov/cgi-bin/query/z?c109:H.R.1201:)>.

tali e soprattutto alle cosiddette eccezioni ai diritti degli autori dei contenuti.[86]

Come per altro specificato nel *considerando* 15, la direttiva InfoSoc è modellata e pensata per implementare i trattati OMPI del 1996:

La conferenza diplomatica, tenutasi sotto gli auspici dell'Organizzazione mondiale della proprietà intellettuale (WIPO) ha portato nel dicembre del 1996 all'adozione di due nuovi trattati, il Trattato della WIPO sul diritto d'autore e il Trattato della WIPO sulle interpretazioni, le rappresentazioni e i fonogrammi, relativi rispettivamente alla protezione degli autori e alla protezione degli interpreti o esecutori e dei produttori di riproduzioni fonografiche. Tali trattati aggiornano notevolmente la protezione internazionale

---

[86] Per una visione più approfondita ed articolata sulla direttiva 2001/29/EC e una critica degli aspetti maggiormente controversi, si veda Michael Hart, The Proposed Directive for Copyright in the Information Society: Nice Rights, Shame about Exceptions, 5 Eur. Intell. Prop. Rev. 169 (1998); Adolf Dietz, The Protection of Intellectual Property in the Information Age: the Draft EU Copyright Directive of November 1997, 4 Intell. Prop. Q. 335 (1998); Severine Dusollier, Electrifying the Fence: The Legal Protection of Technological Measures for Protecting Copyright, 21 Eur. Intell. Prop. Rev. 285 (1999); P. Bernt Hugenholtz, Why the Copyright Directive is Unimportant, and Possibly Invalid, 22 Eur. Intell. Prop. Rev. 499 (2000); Ian Brown, Implementing the European Union Copyright Directive, alla URL <http://www.fipr.org/copyright/guide/eucd-guide.pdf>; Garrote Fernández-Díez, El Derecho de Autor en Internet: La Directiva Sobre Derechos de Autor y Derechos Afines en la Sociedad de la Información, 2001; Michael Hart, The Copyright in the Information Society Directive: An Overview, 24 Eur. Intell. Prop. Rev. 58 (2002); Pierre Sirinelli, The Scope of the Prohibition on Circumvention of Technological Measures: Exceptions in Adjuncts and Alternatives to Copyright: Proceedings of the ALAI Congress June 13-17, 2001 384 (Jane C. Ginsburg, June M. Besek eds., 2002); Maria Martin-Prat, The Relationship Between Protection and Exceptions in the EU "formation Society" Directive, in Adjuncts and Alternatives to Copyright 466 (Jane C. Ginsburg, June M. Besek eds., 2002); Nora Braun, The Interface Between the Protection of Technological Measures and the Exercise of Exceptions to Copyright and Related Rights: Comparing the Situation in the United States and the European, 25 Eur. Intell. Prop. Rev. 496 (2003). Nella dottrina italiana si vedano Paola Frassi, Direttiva 2001/29/CE del Parlamento Europeo e del Consiglio del 22 maggio 2001, sull'Armonizzazione di Taluni Aspetti del Diritto d'Autore e dei Diritti Connessi nella Società dell'Informazione: Commento, Dir. ind, 83 (2001); Matteo Winkler, Brevi note Intorno alla Direttiva 2001/29/CE sull'Armonizzazione di Taluni Aspetti del Diritto d'Autore e dei Diritti Connessi nella Società dell'Informazione, Dir. comm. Int., 705. (2001); Maria Teresa Scassellati Sforzolini, La Direttiva Comunitaria del 22 maggio 2001 n. 29 sull'Armonizzazione di Taluni Aspetti del Diritto d'Autore nella Società dell'Informazione, 74 Dir. Aut. 65 (2003); Alvise Maria Casellati, Protezione Legale delle Misure Tecnologiche ed Usi Legittimi. L'articolo 6.4 della Direttiva Europea e sua Attuazione in Italia, 74 Dir. Aut. 360 (2003); Kamiel J. Koelman, Copyright Law and Economics in the EU Copyright Directive: Is the Droit d'Auteur Passe?, 35 Int'l Rev. of Indus. Prop. & Copyright L. 603 (2004); Giuseppe Mazziotti, Monopoli Elettronici e Utilizzazioni Libere nel Diritto d'Autore Comunitario, 75 Dir. Aut. 150 (2004); Spedicato Giorgio, Le Misure Tecnologiche di Protezione del Diritto d'Autore nella Normativa Italiana e Comunitaria, Ciberspazio e dir., 535 (2006); Emanuela Arezzo, Misure tecnologiche di protezione, Software e Interoperabilità nell'Era Digitale, Dir. aut., p. 340 (2008).

del diritto d'autore e dei diritti connessi anche per quanto riguarda il piano d'azione nel settore del digitale (la cosiddetta digital agenda) e perfezionano i mezzi per combattere la pirateria a livello mondiale. La Comunità e la maggior parte degli Stati membri hanno già firmato i trattati e sono già in corso le procedure per la loro ratifica. La presente direttiva serve anche ad attuare una serie dei nuovi obblighi internazionali.[87]

Lo scopo principale dichiarato dalla direttiva è di adattare la legislazione sul diritto d'autore e sui diritti connessi agli sviluppi tecnologici, e in particolare, alla società dell'informazione. L'obiettivo è di trasporre a livello comunitario i principali obblighi internazionali derivanti dai due trattati OMPI.[88]

Se non altrimenti disposto, la direttiva si applica fatte salve le disposizioni vigenti relative: alla protezione giuridica dei programmi per elaboratore; al diritto di noleggio, di prestito e a taluni diritti connessi al diritto d'autore in materia di proprietà intellettuale; al diritto d'autore e ai diritti connessi applicabili alla radiodiffusione di programmi via satellite e alla ritrasmissione via cavo; alla durata della protezione del diritto d'autore e di taluni diritti connessi; alla tutela giuridica delle banche di dati.

Da quanto si evince dai *considerando* e dai singoli articoli, la direttiva riguarda l'armonizzazione dei tre principali diritti esclusivi: diritti di riproduzione, diritto di comunicazione e diritti di distribuzione.[89] Essa include un'accurata lista di eccezioni e limitazioni alle norme sul diritto d'autore.[90] In aggiunta, la direttiva introduce il più controverso obbligo per gli Stati membri, ovvero quello di provvedere adeguate protezioni giuridiche contro la pirateria informatica o altri metodi per disabilitare dispositivi anti-copia e gli altri accorgimenti utilizzati per proteggere il diritto d'autore quando le opere sono pubblicate in formato digitale.[91]

Con riferimento ai diritti di riproduzione,[92] gli Stati membri stabiliscono, nei confronti dei soggetti sotto elencati, il diritto esclusivo di autorizzare o vietare la riproduzione diretta o indiretta, temporanea o permanente, in qualunque modo o forma, totale o parziale. Tale diritto è riconosciuto:
(a) agli autori, relativamente all'originale ed alle copie delle loro opere;

---

[87] Dir. 2001/29, Considerando 15, 2001 G.U. (L 167) 11 (CE).

[88] Cfr. Diritto d'Autore e Diritti Connessi nella Società dell'Informazione: Armonizzazione di Taluni Aspetti, alla URL <http://europa.eu/legislation_summaries/information_society/l26053_it.htm>.

[89] Dir. 2001/29, art. 2, 3 and 4 2001 G.U. (L 167) 16 (CE).

[90] Dir. 2001/29, art. 5, 2001 G.U. (L 167) 16 (CE).

[91] Dir. 2001/29, art. 6, 7 2001 G.U. (L 167) 17, 18 (CE).

[92] Dir. 2001/29, art. 2, 2001 G.U. (L 167) 16 (CE).

(b) agli artisti interpreti o esecutori, relativamente alle fissazioni delle loro prestazioni artistiche;
(c) ai produttori di fonogrammi, relativamente alle loro riproduzioni fonografiche;
(d) ai produttori delle prime fissazioni di una pellicola, relativamente all'originale ed alle copie delle loro pellicole;
(e) agli organismi di diffusione radiotelevisiva, relativamente alle fissazioni delle loro trasmissioni, siano esse effettuate su filo o via etere, comprese le trasmissioni via cavo o via satellite. [93]

Con riferimento poi ai diritti di comunicazione,[94] gli Stati membri riconoscono agli autori il diritto esclusivo di autorizzare o vietare qualsiasi comunicazione al pubblico delle loro opere (*on-line* o *off-line*) compresa la messa a disposizione del pubblico delle loro opere in maniera tale che ciascuno possa avervi accesso dal luogo e nel momento scelti individualmente (*on demand*). Il *considerando* 23 chiarisce che il diritto di comunicazione deve essere inteso "in senso lato in quanto concernente tutte le comunicazioni al pubblico non presente nel luogo in cui esse hanno origine" e dovrebbe includere "qualsiasi trasmissione o ritrasmissione di un'opera al pubblico, su filo o senza filo, inclusa la radiodiffusione, e non altri atti".[95] La previsione dell'articolo 3 vale pertanto anche per il diritto di mettere a disposizione del pubblico materiali protetti così che ciascuno possa avervi accesso dal luogo e nel momento scelti individualmente. Tale diritto è riconosciuto: agli artisti interpreti o esecutori, per le fissazioni delle loro prestazioni artistiche; ai produttori di fonogrammi, per le loro riproduzioni fonografiche; ai produttori delle prime fissazioni di una pellicola, per l'originale e le copie delle loro pellicole; agli organismi di diffusione radiotelevisiva, per le fissazioni delle loro trasmissioni, indipendentemente dalla forma di diffusione.[96] In altre parole, tali norme autorizzano il titolare dei diritti non solo a vendere un diritto di godimento della propria opera, così come accade ogni qual volta si acquisti un libro o un disco, ma anche a configurare una vendita "a distanza" di tale diritto in termini circoscritti nel tempo, nello spazio, nelle modalità di fruizione e nell'identità stessa dei fruitori. Infine, l'articolo 3, paragrafo 3, meglio chiarito nel *considerando* 29, sancisce che la comunicazione al pubblico e la messa a disposizione del pubblico *on demand* non sono soggetti al principio dell'esaurimento del diritto.

---

[93]   Ibidem.
[94]   Dir. 2001/29, art. 3, 2001 G.U. (L 167) 16 (CE).
[95]   Dir. 2001/29, considerando 23, 2001 G.U. (L 167) 11 (CE).
[96]   Cfr. Diritto d'Autore e Diritti Connessi nella Società dell'Informazione: Armonizzazione di Taluni Aspetti, alla URL <http://europa.eu/legislation_summaries/information_society/l26053_it.htm>.

Da ultimo, anche per i diritti di distribuzione (art. 4), la direttiva armonizza a favore degli autori il diritto esclusivo di autorizzare qualsiasi forma di distribuzione al pubblico dell'originale delle loro opere o di loro copie. In particolare, il concetto di distribuzione è qui riferito facendo esclusivo riferimento alla vendita di supporti fisici che incorporino opere protette.[97] A tal proposito il *considerando* 28 chiarisce appunto che si tratta di un "diritto esclusivo di controllare la distribuzione dell'opera incorporata in un supporto tangibile".[98] Anche in questo caso la direttiva specifica che il diritto di distribuzione dell'originale o di copie dell'opera si esaurisce nell'ipotesi in cui la prima vendita, o il primo altro trasferimento di proprietà nella Comunità europea di detto oggetto, sia effettuata dal titolare del diritto o con il suo consenso.[99] La questione dell'esaurimento del diritto è chiarita dal *considerando* numero 29, che così recita:

> La questione dell'esaurimento del diritto non si pone nel caso di servizi, soprattutto di servizi *on-line*. Ciò vale anche per una copia tangibile di un'opera o di altri materiali protetti realizzata da un utente di tale servizio con il consenso del titolare del diritto. Perciò lo stesso vale per il noleggio e il prestito dell'originale e delle copie di opere o altri materiali protetti che sono prestazioni in natura. Diversamente dal caso dei CD-ROM o dei CD-I, nel quale la proprietà intellettuale è incorporata in un supporto materiale, cioè in un bene, ogni servizio *on-line* è di fatto un atto che dovrà essere sottoposto ad autorizzazione se il diritto d'autore o i diritti connessi lo prevedono.

L'affievolimento operato dalla direttiva sul principio dell'esaurimento – nel contesto della distribuzione *on-line* di contenuti – è realizzato proprio in osservanza del Trattato OMPI sul diritto d'autore (*WIPO Copyright Treaty*)[100]. Pertanto per la distribuzione *on-line*, a differenza che per la di-

---

[97] Cfr. Giuseppe Mazziotti, EU Digital Copyright Law and the End-User, Berlin, 2008, p. 66.

[98] Dir. 2001/29, considerando 28, 2001 G.U. (L 167) 12 (CE).

[99] Dir. 2001/29, art. 4(2), 2001 G.U.(L 167) 16 (CE). In base al concetto continentale dell'esaurimento del diritto, ed all'equivalente dottrina statunitense della "first sale", l'esclusivo diritto di distribuzione cessa dopo che il detentore del diritto autorizza la prima cessione di una copia dell'opera. Il possessore, in buona fede, della copia dell'opera può quindi disporne senza chiedere l'autorizzazione del titolare del *copyright*. Per la dottrina della "first sale", una volta che il titolare del diritto d'autore trasferisce una copia dell'opera protetta ad un terzo, questi ha il diritto di vendere o disporre di dell'opera senza acquisire preventivamente il consenso del titolare del diritto. Cfr. Margreth Barrett, Intellectual Property – Patents, Trademarks & Copyrights 227 (2000).

[100] WIPO Copyright Treaty, cit., art. 6 e 8. In base all'articolo 6: "Gli autori di opere letterarie e artistiche hanno il diritto esclusivo di autorizzare la messa a disposizione del pubblico delle loro opere originali o di copie delle stesse, mediante vendita o altra cessione dei diritti di proprietà" In base all'article 8: "[…] gli autori di opere letterarie e artistiche hanno il diritto

stribuzione di beni tangibili, è stata introdotta una nuova concezione di "esaurimento". Tale nuova forma di distribuzione è regolata attraverso il diritto di comunicazione al pubblico ed è considerata come un servizio. Il risultato è una restrizione alla rivendita di contenuti distribuiti digitalmente, poiché l'applicazione del principio dell'esaurimento alle opere digitali è ristretta dagli accordi di licenza. Lo scopo di tali accordi è quello di caratterizzare l'acquisto di contenuti digitali come concessione di una licenza anziché di una vendita che comporta un completo trasferimento dei diritti di proprietà dal venditore all'acquirente.[101] La licenza, infatti, realizza un trasferimento limitato dei diritti d'uso di un bene secondo i termini e le condizioni pattuite.

La direttiva, con l'obiettivo di modificare e standardizzare lo scenario giuridico comunitario relativamente agli atti consentiti, stabilisce anche una serie di eccezioni al diritto di riproduzione e al diritto di comunicazione al pubblico.[102] Queste eccezioni sono tutte facoltative eccezion fatta per quella prevista dell'articolo 5 comma 1. La sola eccezione obbligatoria al diritto di riproduzione interessa alcuni atti di riproduzione temporanea, privi di rilievo economico proprio, che formano parte integrante ed essenziale di un procedimento tecnologico e sono eseguiti all'unico scopo di consentire la trasmissione in rete tra terzi, con l'intervento di un intermediario o l'utilizzo legittimo di un'opera o di altri materiali. [103]

La direttiva prevede anche altre eccezioni facoltative ai diritti di riproduzione e comunicazione. In particolare esse riguardano:[104]
(a) l'utilizzo per finalità illustrativa per uso didattico o di ricerca scientifica;
(b) l'utilizzo a favore di portatori di handicap;
(c) la riproduzione a mezzo stampa;
(d) citazioni a fini di critica o di rassegna;
(e) impieghi per fini di pubblica sicurezza o per assicurare il corretto svolgimento di un procedimento amministrativo, parlamentare o giudiziario;
(f) utilizzo di allocuzioni politiche o di estratti di conferenze aperte al pubblico;
(g) utilizzo durante cerimonie religiose;

---

esclusivo di autorizzare ogni comunicazione al pubblico, su filo o via etere, delle loro opere, nonché la messa a disposizione del pubblico delle loro opere, in modo che chiunque possa liberamente accedervi da un luogo o in un momento di sua scelta".

[101] Cfr. Gasser, iTunes: How Copyright, Cantract and Technology Shape the Business of Digital Media, cit., p. 59; Pamela Samuelson, Randall Davies, Il Dilemma Digitale. Una Prospettiva sulla Proprietà Intellettuale, in Vittorio Colomba (a cura di), I Diritti nell'Era Digitale: Libertà d'Espressione e Proprietà Intellettuale, Modena, 2004, p. 110.

[102] Dir. 2001/29, art. 5 , 2001 G.U. (L 167) 16 (CE).

[103] Dir. 2001/29, art. 5 (1), 2001 G.U. (L 167) 16 (CE).

[104] Dir. 2001/29, Art. 5(3), 2001 G.U. (L 167) 16 (CE).

(h) utilizzo di opere di architettura o di scultura, realizzate per essere collocate stabilmente in luoghi pubblici;
(i) inclusione occasionale di opere o materiali di altro tipo in altri materiali;
(j) utilizzo per pubblicizzare un'esposizione al pubblico o una vendita di opere d'arte;
(k) utilizzo a scopo di caricatura, parodia o pastiche;
(l) utilizzo collegato a dimostrazioni o riparazioni di attrezzature;
(m) utilizzo di un'opera d'arte consistente in un edificio o un disegno o il progetto di un edificio con lo scopo di ricostruire quest'ultimo;
(n) utilizzo con scopo di comunicazione o messa a disposizione, a singoli individui, a scopo di ricerca o di attività privata di studio, su terminali dedicati, di opere o altri materiali contenuti in collezione e non soggetti a vincoli di vendita o di licenza;
(m) utilizzo in taluni altri casi di scarsa rilevanza in cui la legislazione nazionale già preveda eccezioni o limitazioni, purché esse riguardino solo utilizzi analogici e non incidano sulla libera circolazione delle merci e dei servizi all'interno della Comunità.

In tutti questi casi, le eccezioni sono accordate a livello nazionale dagli Stati membri. Le eccezioni e le limitazioni concernenti il diritto di riproduzione e il diritto di comunicazione sono facoltative e riguardano in particolare l'interesse del pubblico. Riguardo a tre di queste eccezioni – reprografia, copia privata ed emissioni radiotelevisive effettuate da istituzioni sociali pubbliche – i titolari dei diritti devono ricevere un equo compenso. Con riguardo alle eccezioni o alle limitazioni ai diritti di distribuzione, esse sono accordate in funzione dell'eccezione riconosciuta relativamente alla riproduzione o alla comunicazione.

Con riferimento al diritto di riproduzione, lo schema della Comunità europea contempla la nozione di copia privata per consentire utilizzi non commerciali.[105] Tali previsioni si riferiscono principalmente ai diritti di remunerazione, ovvero al diritto assicurato dall'imposizione di speciali imposte (*levies*) su dispositivi digitali quali masterizzatori e lettori mp3 oltre che su supporti vergini.[106] Queste imposte sono generalmente riscosse

---

[105] Dir. 2001/29, Art. 5(2)(a), (b), 2001 G.U. (L 167) 16 (CE).

[106] Le norme in materia di copie per uso privato sono presenti da molti anni nella legislazione di diversi paesi. Per esempio in Italia tali norme sono state introdotte dalla Legge 5 febbraio 1992, n. 93, Norme a favore delle imprese fonografiche e compensi per le riproduzioni private senza scopo di lucro (G.U. del 15 febbraio 1992, n. 38), allineata agli standard europei attraverso il Decreto Legislativo 9 aprile 2003, n. 68 in attuazione della direttiva 2001/29/CE (G.U. del 14 aprile 2003 n. 87). Sul sistema e sul ruolo delle cosiddette *levies* si rimanda a

dalle società di gestione collettiva, le quali provvedono poi a distribuirle presso le varie categorie di detentori di diritti, in base alle disposizioni normative.

Le eccezioni al diritto d'autore legalmente previste sono differenti in ciascuno Stato membro, poiché l'articolo 5 §§2-3 della direttiva afferma che gli Stati membri sono liberi di scegliere dalla lista dettagliata quelle eccezioni che essi vogliono applicare nei loro ordinamenti nazionali. Infatti la direttiva impone che, nel caso in cui un'eccezione applicata produca un notevole pregiudizio ai titolari del diritto, deve essere loro corrisposta un'adeguata compensazione. Di conseguenza, a livello europeo, non esiste un sistema d'imposta uniforme, ma tali prelievi sul diritto d'autore variano da Stato membro a Stato membro, a seconda delle eccezioni e limitazioni previste.

Attraverso le prescrizioni sopraccitate, la direttiva punta a rimuovere gli ostacoli "alla libera circolazione dei servizi e prodotti che contengono proprietà intellettuale o su di essa si basano, determinando una nuova frammentazione del mercato interno nonché un'incoerenza normativa".[107]

Anche se la direttiva non spiega quale tipo di misura il titolare del diritto dovrebbe adottare per consentire al beneficiario dell'eccezione di iniziare o continuare a goderne, essa fa nascere l'ipotesi che la soluzione più adeguata sia l'adozione di accordi tra i titolari del diritto d'autore e i beneficiari dell'eccezione. Per questa ragione, alcuni commentatori suggeriscono che il principio generale risultante dalle disposizioni chiave della direttiva sia che la libertà contrattuale finisce per annullare le eccezioni e limitazioni al diritto d'autore.[108]

Dal punto di vista dell'armonizzazione delle eccezioni, possiamo affermare che l'obiettivo non è stato raggiunto. Infatti la direttiva offre una lista estremamente lunga, ben ventitré eccezioni, una sola delle quali, però, obbligatoria. Tutte le altre eccezioni sono soggette alla libera scelta di ciascun Stato membro.[109]

Gli Stati membri sono inoltre obbligati ad assicurare protezione giuridica contro l'elusione di efficaci misure tecnologiche volte a tutelare

---

P. Bernt Hugenholtz et al., The Future of Levies in the Digital Environment, (2003), alla URL <http://www.ivir.nl/publicati ons/other/DRM&levies-report.pdf>.

[107] Dir. 2001/29, Considerando 6, 2001 G.U. (L 167) 10 (CE).

[108] Cfr. Casellati, Protezione Legale delle Misure Tecnologiche ed Usi Legittimi. L'articolo 6.4 della Direttiva Europea e sua Attuazione in Italia, cit., p. 392.

[109] Cfr. Severine Dusollier, Exceptions and Technological Measures in the European Copyright Directive of 2001 - An Empty Promise, 34 Int'l Rev. Indus. Prop. & Copyright L. 62, 66 (2003). Secondo l'A., il regime comunitario delle eccezioni è, al contrario, in gran parte armonizzato in materia di software e banche dati.

un'opera o qualsiasi altro materiale protetto.[110] A tal fine la direttiva invita gli Stati membri a promuovere l'uso di misure volontarie di protezione del diritto d'autore, incoraggiando l'interoperabilità e la compatibilità di tali sistemi.

L'articolo 6, una delle parti più controverse della direttiva, offre una definizione in chiave funzionale di misure tecnologiche specificando che la tutela è accordata solo alle misure considerate *efficaci*:[111]

> Ai fini della presente direttiva, per misure tecnologiche s'intendono tutte le tecnologie, i dispositivi o componenti che, nel normale corso del loro funzionamento, sono destinati a impedire o limitare atti, su opere o altri materiali protetti, non autorizzati dal titolare del diritto d'autore o del diritto connesso al diritto d'autore, così come previsto dalla legge o dal diritto sui generis previsto al capitolo III della direttiva 96/9/CE. Le misure tecnologiche sono considerate efficaci nel caso in cui l'uso dell'opera o di altro materiale protetto sia controllato dai titolari tramite l'applicazione di un controllo di accesso o di un procedimento di protezione, quale la cifratura, la distorsione o qualsiasi altra trasformazione dell'opera o di altro materiale protetto, o di un meccanismo di controllo delle copie, che realizza l'obiettivo di protezione.[112]

Tale tutela giuridica riguarda anche "gli atti preparatori" come la fabbricazione, l'importazione, la distribuzione, la vendita o la prestazione di servizi relativi a materiali destinati ad uso limitato. L'aggiramento di misure tecnologiche di protezione, infatti, è proibito nei seguenti termini:

> Gli Stati membri dovranno offrire un'adeguata protezione giuridica contro la fabbricazione, l'importazione, la distribuzione, la vendita, il noleggio, la pubblicità per la vendita o il noleggio o la detenzione a scopi commerciali di attrezzature, prodotti o componenti o la prestazione di servizi, che:
> (a) siano oggetto di una promozione, di una pubblicità o di una commercializzazione, con la finalità di eludere, o
> (b) non abbiano, se non in misura limitata, altra finalità o uso commercialmente rilevante, oltre quello di eludere, o

---

[110] I *considerando* 13 e 47 affermare che lo sviluppo comune e l'uso di misure tecnologiche di protezione e di sistemi di gestione delle informazioni sono fondamentali, perché entrambe le tecnologie danno attuazione al diritto d'autore ed ai diritti connessi. Cfr. Dir. 2001/29, Considerando 13, 47, 2001 G.U. (L 167) 11, 14 (CE).

[111] Cfr. Arezzo, Misure tecnologiche di protezione, Software e Interoperabilità nell'Era Digitale, cit. p. 344.

[112] Dir. 2001/29, art. 6(3), 2001 G.U. (L 167) 17 (CE).

(c) siano principalmente progettate, prodotte, adattate o realizzate con la finalità di rendere possibile o di facilitare l'elusione di efficaci misure tecnologiche.[113]

Poiché la presenza di tecniche di protezione limita di fatto le utilizzazioni degli utenti anche quando essi siano ammessi a beneficiare di una libera utilizzazione, la direttiva cerca di bilanciare tale situazione. Qualora
un utente sia autorizzato ad usufruire di un'eccezione o limitazione al diritto d'autore, il titolare del diritto ha l'obbligo di mettere a disposizione del
consumatore i mezzi per poterne effettivamente disporre. In mancanza di
misure volontarie prese dai titolari del diritto, gli Stati membri devono garantire, attraverso *adeguati provvedimenti*, che i titolari mettano a disposizione del beneficiario i mezzi per poter concretamente fruire
dell'eccezione o della limitazione. Gli Stati membri possono adottare siffatte misure anche in relazione all'eccezione prevista per l'uso privato, a
meno che i titolari non abbiano già consentito la riproduzione.

A tal fine, la direttiva prevede il complesso sistema di regole
dell'articolo 6(4):

> In deroga alla tutela giuridica di cui al paragrafo 1, in mancanza di misure
> volontarie prese dai titolari, compresi accordi fra titolari e altre parti inte
> ressate, gli Stati membri prendono provvedimenti adeguati affinché i titola
> ri mettano a disposizione del beneficiario di un'eccezione o limitazione,
> prevista dalla normativa nazionale in conformità dell'articolo 5, paragrafo
> 2, lettere a), [114] c), [115] d), [116] e),[117] o dell'articolo 5, paragrafo 3, lettere a), [118]
> b)[119] o e),[120] i mezzi per fruire della stessa, nella misura necessaria per poter
> fruire di tale eccezione o limitazione e purché il beneficiario abbia accesso
> legale all'opera o al materiale protetto in questione.[121]

---

[113] Dir. 2001/29, art. 6(2), 2001 G.U. (L 167) 17 (CE).

[114] Eccezioni per riproduzioni su carta o supporto simile, mediante uso di qualsiasi tipo di tecnica fotografica o di altro procedimento avente effetti analoghi.

[115] Eccezioni per specifici atti effettuati da biblioteche accessibili al pubblico, istituti di istruzione, musei o archivi che non tendono ad alcun vantaggio economico o commerciale, diretto o indiretto.

[116] Eccezioni per registrazioni effimere di opere realizzate da organismi di diffusione radiotelevisiva con i loro propri mezzi e per le loro proprie emissioni.

[117] Eccezioni per riproduzioni di emissioni radiotelevisive effettuate da istituzioni sociali pubbliche che perseguano uno scopo non commerciale.

[118] Eccezioni per usi con finalità esclusivamente illustrativa a fini didattici o di ricerca scientifica.

[119] Eccezioni per utilizzi a favore di portatori di handicap.

[120] Eccezioni relative ad impieghi per fini di pubblica sicurezza.

[121] Dir. 2001/29, art. 6(4), 2001 G.U. (L 167) 17-18 (CE).

Risulta chiaro dal testo che, in prima istanza, le regole devono arrivare dal titolare del diritto d'autore e, solo in via secondaria, sono soggette all'intervento dello Stato. È evidente che tale disposizione può generare una sorta di delega di decisioni statali ad autorità non governative, con la conseguente privatizzazione del ruolo dei governi nel proteggere la proprietà intellettuale e nel fissare gli standard tecnici per l'interoperabilità e le infrastrutture digitali. Per questo, nel definire tale anomalo fenomeno, è stata coniata l'espressione *fair use by design*,[122] nel senso che le eccezioni al diritto d'autore finiscono per essere stabilite direttamente dai titolari del diritto anziché essere determinate e onorate oggettivamente. Simile indirizzo può essere desunto anche dalla scelta di un nuovo modello di mercato che permette solo alcuni spazi per l'esercizio delle eccezioni.[123] Dal sopraccitato corollario segue che, se il principio di *fair use* o gli altri privilegi legalmente garantiti agli utenti sono inseriti nel design del modello di *business,* la loro integrazione nel rapporto tra l'autore e l'utente sarà il risultato di una scelta o di un negoziato, preliminare a qualsiasi controversia. Per questa ragione, l'esercizio delle eccezioni finirà per dipendente da una decisione esplicita dell'autore, in una sorta di ordinamento privato, una decisione quindi, non presa in virtù di un processo di formazione della legge pubblico e democratico.[124] Se le eccezioni e le limitazioni al diritto d'autore diventano parte di un processo di negoziazione tra le parti, esse sono destinate a scomparire.[125]

La conseguenza è che alle eccezioni sono attribuiti significati positivi e non solo un carattere difensivo: paradossalmente, gli autori hanno richiesto di facilitare l'esercizio delle eccezioni relative ai propri diritti.[126] Gli Stati membri possono intervenire solo quando i titolari dei diritti non adottano le cosiddette misure volontarie per realizzare gli scopi delle eccezioni e limitazioni. Risulta inoltre incomprensibile quanto a lungo gli Stati membri debbano aspettare prima di prendere i cosiddetti *adeguati provvedimenti* e soprattutto in cosa essi possano materialmente tradursi.[127]

---

[122] Il termine è stato per la prima volta utilizzato da Severine Dusollier, Exceptions and Technological Measures in the European Copyright Directive of 2001 - An Empty Promise, 34 Int'l Rev. Indus. Prop. & Copyright 62, 70 (2003).

[123] Ibidem.

[124] Ibidem.

[125] Cfr. Vittorio M. de Sanctis, Misure Tecniche di Protezione e Libere Utilizzazioni, Dir. Aut., p. 1, 5 (2003). L'A. osserva come "se le misure tecnologiche sono, in pratica, efficaci e, in diritto, non possono essere rimosse, alterate o eluse senza incorrere in illeciti civili e penali, la possibilità di esercitare le utilizzazioni libere può essere drasticamente ridotta".

[126] Dusollier, Exceptions and Technological Measures in the European Copyright Directive of 2001 - An Empty Promise, cit., p. 63.

[127] Cfr. de Sanctis, Misure Tecniche di Protezione e Libere Utilizzazioni, cit., p. 10. Qui si osserva la complessità del problema in quanto non è sempre possibile rimuovere le misure di

Al fine di prevenire abusi nel comportamento dei titolari dei diritti, ogni tecnica di protezione, anche quelle applicate volontariamente dai titolari, viene corredata di protezione giuridica. Il terzo paragrafo dell'articolo 6.4 fissa questo principio, estendendo la protezione giuridica indicata nell'articolo 6.1 a tutte quelle misure adottate in accordo con l'articolo 6.4, §§ 1 e 2 ("Le misure tecnologiche applicate volontariamente dai titolari, anche in attuazione di accordi volontari e le misure tecnologiche attuate in applicazione dei provvedimenti adottati dagli Stati membri, godono della protezione giuridica di cui al paragrafo 1.").

L'articolo 6.4 conclude poi affermando che:

> Le disposizioni di cui al primo e secondo comma del presente paragrafo non si applicano a opere o altri materiali a disposizione del pubblico sulla base di clausole contrattuali conformemente alle quali i componenti del pubblico possono accedere a dette opere e materiali dal luogo e nel momento scelti individualmente.[128]

Questa parte si riferisce ai servizi interattivi *on-demand* e comporta sostanzialmente che, in caso di simili servizi, il principio della libertà contrattuale prevale sulle eccezioni e le limitazioni al diritto d'autore.[129] In altre parole, un'opera disponibile su Internet in modalità *on-demand* può essere distribuita senza che l'utente sia abilitato ad esercitare qualsiasi eccezione e quindi venire completamente limitata. In termini generali, questa disposizione significa che l'applicazione effettiva delle eccezioni al diritto d'autore è fondamentalmente indebolita, poiché questo tipo di distribuzione è uno dei più comuni sistemi di commercializzazione dei contenuti digitali.[130]

Infine, l'articolo 7 della direttiva proibisce la rimozione o l'alterazione di informazioni elettroniche sulla gestione dei diritti, così come la distribuzione, l'importazione, la trasmissione in rete o la comunicazione di ogni opera la cui informazione elettronica sulla gestione dei diritti è stata rimossa o alterata senza autorizzazione.

---

protezione e non sempre la rimozione delle protezioni è lo strumento adatto a favorire i beneficiari delle eccezioni senza abbattere, al tempo stesso, le difese dei titolari dei diritti.

[128] Dir. 2001/29, art. 6.4(4), 2001 G.U. (L 167) 18 (CE).

[129] Cfr. Casellati, Protezione Legale delle Misure Tecnologiche ed Usi Legittimi. L'articolo 6.4 della Direttiva Europea e sua Attuazione in Italia, cit., p.387.

[130] Cfr. Cfr. Arezzo, Misure tecnologiche di protezione, Software e Interoperabilità nell'Era Digitale, cit. p. 358. L'.A. osserva come tale disposizione metta decisamente a repentaglio l'equilibrio della direttiva.

In Italia, la direttiva è stata recepita con decreto legislativo 68/2003.[131] Il decreto riconosce esplicitamente un diritto esclusivo dell'autore ad autorizzare o proibire ogni tipo di comunicazione pubblica della sua opera o di copie. Inoltre, sono state armonizzate le norme sulla distribuzione delle opere. Viene riconosciuto il principio di equa compensazione agli autori, ove siano realizzate delle copie, e si rinforza la protezione del diritto di riproduzione, comunicazione e distribuzione.[132]

2.4 Il governo dei contenuti digitali: due approcci normativi a confronto

Sebbene con alcune differenze, i due provvedimenti normativi appena illustrati mettono in discussione il tradizionale bilanciamento fra opposti interessi.[133] Essi perseguono lo stesso obiettivo di creare un ambiente sicuro per la trasmissione e fruizione dell'informazione digitale,[134] anche se al contempo rivelano le stesse imperfezioni.[135]

---

[131] Decreto legislativo 9 aprile 2003, n. 68, Attuazione della direttiva 2001/29/CE sull'armonizzazione di taluni aspetti del diritto d'autore e dei diritti connessi nella società dell'informazione, in GU n. 87 del 14 aprile 2003, Suppl. ord.

[132] Sull'argomento relativo ai rapporti tra normativa comunitaria e legislazione nazionale di recepimento si vedano i più approfonditi commenti di Mario Fabiani, L'Attuazione della Direttiva CE su Diritto di Autore nella Società dell'Informazione. Una Analisi Comparativa, Dir. Aut., p. 331 (2003). Si vedano anche Paola Frassi, Armonizzazione del diritto d'Autore e dei Diritti Connessi nella società dell'Informazione, (Commento a d. lgs. 9 aprile 2003, n. 68), Riv.dir. ind., p. 27 (2003); Gabriele Galeazzi, Recenti Interventi di Armonizzazione del Diritto d'Autore (d.lg. 9 aprile 2003, n. 68), Nuove Leggi Civ. Comm., p. 827 (2003).

[133] Cfr. Gregory Hunt, In a Digital Age: The Musical Revolution Will Be Digitalized, 11 Alb. L.J. Sci. & Tech. 181, 193 (2000). Il Presidente Clinton dichiarò che il DMCA attuava "[firm] standards, carefully balancing the interests of both copyright owners and users." President's Statement on Signing the Digital Millennium Copyright Act, 2 Pub. Papers 1902 (Oct. 28, 1998). Contemporaneamente, Frits Bolkestein, allora Commissario europeo responsabile per il mercato interno, sottolineava come "Europe's creators, artists and copyright industries can now look forward for renewed confidence to the challenges posed by electronic commerce. At the same time, the Directive secures the legitimate interests of users, consumers and society at large." Press Release, European Commission, Commission Welcomes Adoption of the Directive on Copyright in the Information Society by the Council (Apr. 9, 2001), alla URL <http://europa.eu.int/rapid/pressReleases Action.do?reference=IP/0 1/528&format=PDF&aged=1&language=EN&guiLa nguage=fr>.

[134] Cfr. Alice Ritchie, Hanging in the Balance: Fair Use for Digital Works, 9 U. Balt. Intell. Prop. L.J. 29, 33 (2000). L'obiettivo della direttiva europea è di "favorire lo sviluppo della società dell'informazione in Europa." Cfr. Eur. Parl. Dir. pmbl. 2001/29, 2001 G.U. (L 167) 2 (CE).

[135] Sui mancati obiettivi del DMC, si veda in generale Nimmer, A Riff on Fair use in the Digital Millenium Copyright Act, cit., p. 739-40; Netanel, Locating Copyright Within the First Amendment Skein, cit., p. 79.

Alla base di entrambi i provvedimenti, così come al centro delle principali critiche, vi sono le disposizioni che rendono illecita l'elusione di tecnologie di protezione della copia e di tutela dell'accesso, così come ogni attività (produzione, distribuzione etc.), posta in essere con l'intento di rendere possibile o facilitare tali violazioni.[136] I fornitori di contenuti sono particolarmente preoccupati dall'appropriazione illegale delle loro opere, soprattutto quando essa è compiuta alle spalle dei titolari del diritto e impedisce a costoro di essere ricompensati.[137] Si afferma infatti che le misure tecnologiche di protezione abbiano il limitato scopo di prevenire accessi non autorizzati a materiale protetto da diritto d'autore e, presupponendo comunque la loro imperfezione, i provvedimenti normativi in questione avrebbero semplicemente l'effetto di far astenere gli utenti da pratiche illegali, con il risultato di ristabilire i diritti degli autori.[138]

Tanto il DMCA quanto la direttiva InfoSoc, nel tentativo di disciplinare soltanto l'appropriazione illegale di opere digitali, prevedono specifiche norme circa l'utilizzo di tecnologie di protezione, salvaguardando le opere coperte da diritto d'autore e consentendo agli utilizzatori "onesti" di esercitare comunque i loro diritti. È stato tuttavia rilevato come, in pratica, entrambi i provvedimenti manchino i loro obiettivi di partenza, ottenendo soltanto un estremo livello di protezione per gli autori.[139] La tecnologia, in-

---

[136] Cfr. Severine Dusollier, Tipping the Scale in Favor of the Right Holders: The European Anti-Circumvention Provisions, in Digital Rights Management, cit., p. 462, 466. Si veda anche Francesca Calovi, Nicola Lucchi, Pirateria Musicale: Tecnologia e Diritto, 7/8 Stud. Iuris 1027, 1032 (2004). Il DMCA stabilisce che: "No person shall circumvent a technological measure that effectively controls access to a work protected under this title", nor shall any person "manufacture, import, offer to the public, provide, or otherwise traffic in any technology, product, service, device, component, or part thereof, that (A) is primarily designed or produced for the purpose of circumventing [...]; (B) has only limited commercially significant purpose or use other than to circumvent [...]". Cfr.17 U.S.C. § 1201(a)(1)-(2) (2000). L'articolo 6 della direttiva InfoSoc, invece, dispone che: "(1) Gli Stati membri prevedono un'adeguata protezione giuridica contro l'elusione di efficaci misure tecnologiche, svolta da persone consapevoli, o che si possano ragionevolmente presumere consapevoli, di perseguire tale obiettivo. (2) Gli Stati membri prevedono un'adeguata protezione giuridica contro la fabbricazione, l'importazione, la distribuzione, la vendita, il noleggio, la pubblicità per la vendita o il noleggio o la detenzione a scopi commerciali di attrezzature, prodotti o componenti o la prestazione di servizi, che: (a) siano oggetto di una promozione, di una pubblicità o di una commercializzazione, con la finalità di eludere, o (b) non abbiano, se non in misura limitata, altra finalità o uso commercialmente rilevante, oltre quello di eludere, o (c) siano principalmente progettate, prodotte, adattate o realizzate con la finalità di rendere possibile o di facilitare l'elusione di efficaci misure tecnologiche. Cfr. Dir. 2001/29, art. 6, 2001 G.U. (L 167) 1, 2 (CE).

[137] Cfr., e.g., International Federation of the Phonographic Industry, IFPI:09. Digital Music Report (2009) [in seguito IFPI:09 Digital Music Report], alla URL <http://www.ifpi.org/content/library/dmr2009.pdf>.

[138] Cfr. Ritchie, Hanging in the Balance: Fair Use for the Digital Works, cit., p. 37.

[139] Cfr. P. Bernt Hugenholtz, Why the Copyright Directive is Unimportant, and Possibly Inva-

fatti, potrebbe non essere in grado di distinguere tra usi legali ed illegali.[140] Il DMCA differenzia tra misure che controllano l'accesso e misure che proteggono gli "altri diritti", affermando che i secondi non vengono pregiudicati.[141] Se a prima vista questo può sembrare un buon compromesso, purtroppo è la stessa struttura delle misure tecnologiche di protezione a negare la possibilità di un giusto equilibrio, poiché per i consumatori il fruire degli "altri diritti" presuppone prima l'aver avuto accesso al materiale protetto.[142] Quando l'accesso è arginato dalle stesse misure tecnologiche di protezione e l'aggiramento di queste misure è espressamente considerato illegale, anche l'esercizio di legittimi diritti può diventare un fatto penalmente rilevante, poiché la tecnologia non può distinguere l'*animus* sottostante alla violazione e la legge non prevede alcuna difesa a questo proposito.[143] Nell'ambiente digitale ogni forma di aggiramento è considerata illecita, in quanto atto di pirateria, anche quando nel corrispondente mondo fisico non sarebbe tale.

Come abbiamo visto, le norme anti-elusione del DMCA prevedono tre categorie di trasgressioni. In primo luogo il DMCA proibisce la violazione di misure tecnologiche che impediscono l'accesso a opere protette da *copyright*. In secondo luogo esso proibisce il "traffico" di congegni che possono aggirare i controlli sull'accesso. Da ultimo, esso proibisce il "traffico" nei dispositivi di aggiramento delle misure tecnologiche che proteggono diritti esclusivi dei titolari di *copyright*, come il diritto di copia e quello di distribuzione.[144] Tali disposizioni costituiscono un'ammissione implicita che le tecnologie anti-copia non sono perfette.[145] Esse infatti ab-

---

lid, 22 Eur. Intell. Prop. Rev. 499, 500 (2000); Michael Hart, The Copyright in the Information Society Directive: An Overview, 24 Eur. Intell. Prop. Rev. 58 (2002); Dusollier, Exceptions and Technological Measures in the European Copyright Directive of 2001 - An Empty Promise, cit.

[140] Cfr. Robin D. Gross, Copyright Zealotry in a Digital World: Can Freedom of Speech Survive?, in Copy Fights, cit., p. 189, 190.

[141] Il DMCA riconosce che: "Nothing in this section shall affect rights, remedies, limitations, or defenses to copyright infringement, including fair use, under this title." 17 U.S.C. § 1201.

[142] Cfr. Joanna Perrit, Protecting Technology over Copyright: A Step Too Far, 14 Ent. L.Rev. 1, 2 (2003).

[143] L' Electronic Frontier Foundation ha documentato numerosi problemi causati ad utenti legittimi di opere protette da *copyright* in relazione all'applicazione delle disposizioni anti-elusione del DMCA.Vedi Electronic Frontier Foundation, Unintended Consequences: Five Years under the DMCA, (Sept. 24, 2003), alla URL <http://www.eff.org/IP/DMCA/unintend ed_consequences.php>.

[144] Per questa schematizzazione si veda Gasser, iTunes: How Copyright, Contract and Technology Shape the Business of Digital Media, cit.

[145] Cfr. Digital Dilemma, cit., p. 153; Pamela Samuelson, DRM {and, or, vs.} the Law, 46 Comm. ACM 41, 42 (2003).

bisognano comunque di norme giuridiche che ne tutelino realmente l'attività e la sicurezza.

La direttiva europea, dall'altro lato, riecheggiando stilemi di chiara a-scendenza statunitense,[146] si occupa di tre principali aspetti:[147] il diritto di riproduzione,[148] il diritto di comunicazione,[149] ed il diritto di distribuzio-ne.[150] La direttiva InfoSoc obbliga inoltre gli Stati membri ad offrire prote-

---

[146] Cfr. Kamiel J. Koelman, Copyright Law and Economics in the EU Copyright Directive: Is the Droit d'Auteur Passé?, 35 Int'l Rev. of Indus. Prop. & Copyright L. 603, 606 (2004) L.A. afferma che i *considerando* 2, 4, 9 e 10 della direttiva esprimono un approccio al diritto d'autore in chiave giuseconomica.

[147] Cfr. Diritto d'Autore e Diritti Connessi nella Società dell'Informazione: Armonizzazione di Taluni Aspetti, alla URL <http://europa.eu/legislation_summaries/information_society/l2605 3_it.htm>.

[148] Diritto di riproduzione: "Gli Stati membri riconoscono ai soggetti sotto elencati il diritto e-sclusivo di autorizzare o vietare la riproduzione diretta o indiretta, temporanea o permanente, in qualunque modo o forma, in tutto o in parte: a) agli autori, per quanto riguarda le loro ope-re; b) agli artisti interpreti o esecutori, per quanto riguarda le fissazioni delle loro prestazioni artistiche; c) ai produttori di fonogrammi per quanto riguarda le loro riproduzioni fonografi-che; d) ai produttori delle prime fissazioni di una pellicola, per quanto riguarda l'originale e le copie delle loro pellicole; e) agli organismi di diffusione radiotelevisiva, per quanto ri-guarda le fissazioni delle loro trasmissioni, siano esse effettuate su filo o via etere, comprese le trasmissioni via cavo o via satellite". Cfr. Dir. 2001/29, art. 2, 2001 G.U. (L 167) 10, 16 (CE).

[149] Diritto di comunicazione di opere al pubblico, compreso il diritto di mettere a disposizione del pubblico altri materiali protetti:
"1. Gli Stati membri riconoscono agli autori il diritto esclusivo di autorizzare o vietare qual-siasi comunicazione al pubblico, su filo o senza filo, delle loro opere, compresa la messa a disposizione del pubblico delle loro opere in maniera tale che ciascuno possa avervi accesso dal luogo e nel momento scelti individualmente.
2. Gli Stati membri riconoscono ai soggetti sotto elencati il diritto esclusivo di autorizzare o vietare la messa a disposizione del pubblico, su filo o senza filo, in maniera tale che ciascuno possa avervi accesso dal luogo e nel momento scelti individualmente: a) gli artisti interpreti o esecutori, per quanto riguarda le fissazioni delle loro prestazioni artistiche; b) ai produttori di fonogrammi, per quanto riguarda le loro riproduzioni fonografiche; c) ai produttori delle prime fissazioni di una pellicola, per quanto riguarda l'originale e le copie delle loro pellico-le; d) agli organismi di diffusione radiotelevisiva, per quanto riguarda le fissazioni delle loro trasmissioni, siano esse effettuate su filo o via etere, comprese le trasmissioni via cavo o via satellite.
3. I diritti di cui ai paragrafi 1 e 2 non si esauriscono con alcun atto di comunicazione al pubblico o con la loro messa a disposizione del pubblico, come indicato nel presente artico-lo."
Cfr. Dir. 2001/29, art. 3, 2001 G.U. (L 167) 10, 16 (CE).

[150] Diritto di distribuzione:
"1. Gli Stati membri riconoscono agli autori il diritto esclusivo di autorizzare o vietare qual-siasi forma di distribuzione al pubblico dell'originale delle loro opere o di loro copie, attra-verso la vendita o in altro modo.
2. Il diritto di distribuzione dell'originale o di copie dell'opera non si esaurisce nella Comuni-tà, tranne nel caso in cui la prima vendita o il primo altro trasferimento di proprietà nella Comunità di detto oggetto sia effettuata dal titolare del diritto o con il suo consenso".
Cfr. Dir. 2001/29, art. 4, 2001 G.U. (L 167) 10, 16 (CE).

zione giuridica contro l'aggiramento di tutte le efficaci misure tecnologiche che proteggono opere o altro materiale.[151] In particolare, la direttiva censura l'aggiramento in ogni forma, senza riguardo ai diritti che essa protegge, incoraggiando comunque i titolari di diritto d'autore ad adottare volontariamente ogni misura necessaria per rendere disponibile al beneficiario di un'eccezione o limitazione i mezzi per beneficiare di quell'eccezione o limitazione[152] e invita gli Stati membri a garantire il rispetto di tale previsione.[153] L'art. 6.1 richiede che gli Stati membri prevedano adeguata protezione giuridica contro la deliberata violazione di misure tecnologiche, senza riguardo al fatto che l'atto di aggiramento abbia violato effettivamente un qualche diritto dell'autore.[154] La previsione, diversamente dal DMCA, si estende ad ogni tipo di misura tecnologica di protezione, senza distinzione tra misure di controllo sull'accesso e misure di controllo sulla copia.[155]

---

[151] Obblighi relativi alle misure tecnologiche:
"1. Gli Stati membri prevedono un'adeguata protezione giuridica contro l'elusione di efficaci misure tecnologiche, svolta da persone consapevoli, o che si possano ragionevolmente presumere consapevoli, di perseguire tale obiettivo.
2. Gli Stati membri prevedono un'adeguata protezione giuridica contro la fabbricazione, l'importazione, la distribuzione, la vendita, il noleggio, la pubblicità per la vendita o il noleggio o la detenzione a scopi commerciali di attrezzature, prodotti o componenti o la prestazione di servizi, che: (a) siano oggetto di una promozione, di una pubblicità o di una commercializzazione, con la finalità di eludere, o (b) non abbiano, se non in misura limitata, altra finalità o uso commercialmente rilevante, oltre quello di eludere, o (c) siano principalmente progettate, prodotte, adattate o realizzate con la finalità di rendere possibile o di facilitare l'elusione di efficaci misure tecnologiche.
3. Ai fini della presente direttiva, per "misure tecnologiche" si intendono tutte le tecnologie, i dispositivi o componenti che, nel normale corso del loro funzionamento, sono destinati a impedire o limitare atti, su opere o altri materiali protetti, non autorizzati dal titolare del diritto d'autore o del diritto connesso al diritto d'autore, così come previsto dalla legge o dal diritto sui generis previsto al capitolo III della direttiva 96/9/CE. Le misure tecnologiche sono considerate "efficaci" nel caso in cui l'uso dell'opera o di altro materiale protetto sia controllato dai titolari tramite l'applicazione di un controllo di accesso o di un procedimento di protezione, quale la cifratura, la distorsione o qualsiasi altra trasformazione dell'opera o di altro materiale protetto, o di un meccanismo di controllo delle copie, che realizza l'obiettivo di protezione. [...]".
Cfr. Dir. 2001/29, art. 6, 2001 G.U.. (L 167) 10, 17 (CE).

[152] "[...] nella misura necessaria per poter fruire di tale eccezione o limitazione e purché il beneficiario abbia accesso legale all'opera o al materiale protetto in questione." Dir. 2001/29, art. 6, 2001 G.U. (L 167) 10, 17-18 (CE). Per un'analisi critica della direttiva, v. Séverine Dussollier, Fair Use by Design in the European Copyright Directive of 2001, 46 Comm. ACM 51 (2003).

[153] Per ulteriori commenti sulla complessa struttura dell'Articolo 6.4 della direttiva, si rimanda a Casellati, Protezione Legale delle Misure Tecnologiche ed Usi Legittimi. L'articolo 6.4 della Direttiva Europea e sua Attuazione in Italia, cit., p. 372-77.

[154] Cfr. Dusollier, Tipping the Scale in Favor of the Right Holders, cit., p. 472.

[155] Cfr. Dusollier, Exceptions and Technological Measures in the European Copyright Directive, cit., p. 69.

Attraverso tale articolo la direttiva getta le basi per una protezione giuridica paneuropea a favore delle misure tecnologiche di protezione, anche se le sue prescrizioni non sono state recepite in modo uniforme da tutti gli Stati membri.[156]

L'insidia di tale disposizione è che tanto i proprietari di contenuti quanto i governi sono invitati, ma non obbligati, ad assicurare il rispetto dei diritti degli utenti.[157]

La conseguenza di ciò è che i primi ritengono in qualche modo legale il potere di dettare le regole del gioco, proprio come avviene con il DMCA, mentre le istituzioni ed i governi non esercitano alcuna forma di controllo sulle caratteristiche dei sistemi di protezione dalla copia, impedendo quindi il percorso verso la definizione di un certo equilibrio tra gli interessi degli autori e del pubblico.[158]

Nonostante le disposizioni dei due provvedimenti adottino approcci differenti al problema dell'accesso legittimo, nessuno dei due atti ha avuto successo nel risolverlo, ponendo invece elevate barriere agli usi legalmente riconosciuti. Così, per esempio, la direttiva InfoSoc – in contrasto con il DMCA, che non elenca le eccezioni per la responsabilità da violazione del

---

[156] Per una completa ed aggiornata analisi sull'implementazione della direttiva nei differenti Stati membri si veda Lucie Guibault, Guido Westkamp, Thomas Rieber-Mohn, P. Bernt Hugenholtz, (et al.) Study on the Implementation and Effect in Member States' Laws of Directive 2001/29/EC on the Harmonisation of Certain Aspects of Copyright and Related Rights in the Information Society, report to the European Commission, DG Internal Market, February 2007, alla URL <http://www.ivir.nl/publications/guibault/Infosoc_report_2007.pdf >; Guido Westkamp, Part II: Country Reports on the Implementation of Directive 2001/29/EC in the Member States, February 2007, alla URL <http://www.ivir.nl/publication /guibault/I nfoSoc_Study_2007.pdf >. Sull'argomento si vedano anche Urs Gasser, Michael Girsberger, Transposing the Copyright Directive: Legal Protection of Technological Measures in E.U.-Member States. A Genie Stuck in the Bottle? (Berkman Working Paper No. 2004-10) alla URL <http://ssrn.com/abstract=628007>; Silke von Lewinski, Rights Management Information and Technical Protection Measures as Implemented in EC Member States, 35 Int'l Rev. of Intell. Prop. & Competition L. 844 (2004).

[157] È stato sottolineato come la direttiva non individui specificamente ogni tipo di misura che deve essere adottate dagli sviluppatori di misure tecnologiche di protezione, né prevede orientamenti in caso di mancato rispetto, sia in termini di definizione della portata di una possibile azione sia del tempo ritenuto ragionevole per l'adempimento volontario. Cfr. MacQueen, Copyright and the Internet, cit., p. 219.

[158] Orin S. Kerr, A Lukewarm Defense of the DMCA, in Copy Fights, cit., pp. 163, 168. La direttiva 2001/29 è parte di un più vasto programma iniziato con l'emanazione della direttiva 2000/31 volto a preservare lo status quo del potere dell'industria dei contenuti attraverso una progressivo e costante limitazione dei diritti degli utenti finali. Così, per esempio, la cosiddetta direttiva sull'e-Commerce (2001/31) obbliga gli ISP a rimuovere rimuovere materiale illegale o ad informare immediatamente le autorità in merito a tali attività. L'ISP è esonerato da tale responsabilità solo quando non sia del tutto a conoscenza delle attività illegali. Così, i provider sono costretti ad intervenire sia quando l'illegalità è certa, sia quando è solo presunta. Cfr. Enzo Mazza, Più facile contrastare il fenomeno della pirateria musicale online, Interlex, 15 Maggio, 2003, alla URL <http://www.interlex.it/c pyright/mazza3.htm>.

copyright, poiché queste sono già ben determinate dalla giurisprudenza e dalla legislazione[159] – contempla una lista di eccezioni che può essere ritenuta quasi esaustiva. L'articolo 5 della direttiva fissa un numero di eccezioni al diritto di riproduzione e al diritto di comunicazione. Allo stesso tempo, a differenza del DMCA, la direttiva non elenca eccezioni alle disposizioni anti-elusione.[160] Il DMCA, invece, introduce ben sette eccezioni alle previsioni anti-elusione[161] legate a certe attività di interesse sociale tra cui: il *security testing*, il *reverse engineering*, l'*encryption research* e *law enforcement*.

L'unica eccezione connessa alle questioni legate direttamente al *copyright* è l'eccezione di *reverse engineering*.[162] Tale eccezione, in teoria,[163] autorizza una persona che abbia ottenuto legalmente il diritto di usare una copia di programma software ad aggirare la misura tecnologica che controlla l'accesso ad una particolare parte di quel programma, al solo scopo di identificare e analizzare quegli elementi del programma che risultano necessari per acquisire l'interoperabilità con altri programmi. L'eccezione è consentita quando non si incorre in alcuna violazione delle norme del DMCA.

Anche la direttiva InfoSoc, nonostante la presenza di una misura tecnologica di protezione, offre l'opportunità di otto eccezioni. Ma, a differenza del DMCA, non prevede l'autorizzazione per il *reverse engineering*. Tale eccezione può essere eventualmente subordinata a misure volontarie adottate dal titolare del diritto

---

[159] Cfr. Eleanor M. Lackman, Slowing Down the Speed of Sound: A Transatlantic Race to Head Off Digital Copyright Infringement, 13 Fordham Intell. Prop. Media & Ent. L.J. 1161, 1177 (2003).

[160] 17 U.S.C. § 1201(d)-(j) (2000) (oltre ad una limitata eccezione per il reverse engineering prevista nella Sottosezione (f), il DMCA prevede le seguenti eccezioni e deroghe: Sottosezione (d) concede una esenzione da responsabilità per le biblioteche no-profit, archivi ed istituzioni educative. Sottosezione (e) spiega che le attività di law enforcement, intelligence, e altre attività del governo non sono vietati dalla Sezione 1201. Sottosezione (g) indica delle deroghe esplicite per la ricerca crittografica. Sottosezione (h) fornisce limitate eccezioni in caso i genitori abbiano necessità di controllare l'accesso ad Internet dei figli minori. Sottosezione (i) consente l'elusione quando sono coinvolte informazioni di identificazione personale. Sottosezione (j) prevede atti consentiti nel caso di svolgimento di test di sicurezza per sistemi informatici).

[161] 17 U.S.C. 1201(a)(1) e (2).

[162] 17 U.S.C. 1201(a)(1) e (2).

[163] L'eccezione è considerata troppo restrittiva, in quanto si applica solo se l'unico scopo del *reverse engineering* è quello di raggiungere un'interoperabilità tra programmi e, se il *reverse engineering* è necessario per ottenerla. Cfr. Pamela Samuelson, Intellectual Property and the Digital Economy: Why the Anti-Circumvention Regulations Need to be Revised, 14 Berkeley Tech. L. J. 519 (1999); 3 Melville B. Nimmer, David Nimmer, Nimmer on Copyright 12A.04[B] (2000).

È interessante notare come nel panorama normativo comunitario, una simile eccezione per il *reverse engineering* sia prevista nella direttiva sul software.[164] Tale direttiva stabilisce infatti che la decompilazione sia necessaria per l'accesso alle idee e principi che sono alla base di qualsiasi elemento di un programma per elaboratore. Proprio per questo l'art.1(2) di tale direttiva esclude dalla tutela del software proprio le idee ed i principi. Inoltre l'art.5(3) abilita l'utente di un programma per elaboratore, senza previa autorizzazione del titolare del diritto, ad analizzare il funzionamento del programma stesso allo scopo di determinare le idee e i principi su cui esso è basato.[165] Disposizioni contrattuali contrarie a tale eccezione sono nulle.[166] È stato al riguardo osservato che tanto il sistema normativo americano quanto quello europeo non affrontano la questione del superamento attraverso lo strumento contrattuale delle eccezioni al diritto d'autore.[167]

L'articolo 6(2) della direttiva InfoSoc afferma che gli Stati membri sono tenuti a proteggere i titolari dei diritti d'autore dalla produzione, dalla distribuzione o dalla vendita di prodotti o servizi atti all'aggiramento di misure tecnologiche in termini molto simili a quelli utilizzati nel DMCA. Allo stesso tempo, l'articolo 6(4) introduce una significativa differenza permettendo, ma non obbligando, agli Stati membri di prendere appropriate misure per assicurare che gli utenti abbiano i mezzi per beneficiare di certe specifiche eccezioni, usufruendo di un accesso legale alle opere protette.[168]

Inoltre, mentre il DMCA distingue fra misure che controllano l'accesso e misure che gestiscono uno specifico diritto dell'autore, la direttiva InfoSoc ricomprende ogni forma di misura tecnologica di protezione utilizzata dagli autori, garantendo sia i sistemi di controllo dell'accesso che quelli di controllo dei diritti. In altre parole, la sezione 1201 del DMCA proibisce

---

[164] Direttiva 91/250/CEE del Consiglio, del 14 maggio 1991, relativa alla tutela giuridica dei programmi per elaboratore, 1991 G.U. (L122).

[165] L'articolo 6(1) consente al legittimo acquirente di un programma di decompilarlo "per ottenere le informazioni necessarie per conseguire l'interoperabilità con altri programmi di un programma per elaboratore creato autonomamente" purché sussistano tre condizioni. La decompilazione può essere eseguita (a) dal "dal licenziatario o da un'altra persona che abbia il diritto di utilizzare una copia del programma o, per loro conto, da una persona abilitata a tal fine". È altresì possibile per (b) ottenere solamente "le informazioni necessarie" per conseguire l'interoperabilità e che non siano già facilmente e rapidamente accessibili. Infiene gli atti di decompilazione devono essere (c) "limitati alle parti del programma originale necessarie per conseguire l'interoperabilità.".

[166] "Qualsiasi disposizione contrattuale non conforme all'articolo 6 o alle eccezioni di cui all'articolo 5, paragrafi 2 e 3 è nulla." Dir. 91/250/CEE, Art. 9(1), 1991 G.U. (L. 122).

[167] Cfr. Thomas Heide, Copyright, Contract and the Legal Protection of Technological Measures – Not "The Old Fashioned Way": Providing a Rationale to the "Copyright Exceptions Interface" 50 J. Copyright Soc'y U.S.A 315, 334-335 (2003).

[168] Cfr. Besek, Anti-Circumvention Law and Copyright, cit., p. 393.

l'aggiramento dei sistemi di monitoraggio degli accessi, ma, allo stesso tempo, permette di aggirare le misure di protezione tecnologica che impediscono all'utente di fruire delle eccezioni al *copyright*. Al contrario, la direttiva InfoSoc proibisce la violazione di misure tecnologiche che proteggono tanto l'uso quanto l'accesso.[169]

C'è poi un altro punto di contatto fra i due provvedimenti. Ci riferiamo alla completa eliminazione, per le transazioni *on-line*, del concetto europeo di esaurimento del diritto e del suo equivalente americano (*first sale doctrine*).

L'*Executive Summary* della sezione 104 dell'ufficio statunitense per il *copyright* riporta un commento del DMCA proprio su tale argomento:[170]

> The first sale doctrine is primarily a limitation on copyright owner's distribution right. Section 109 does not guarantee the existence of secondary markets for works. There are many factors which could affect the resale

---

[169] Cfr. Casellati, Protezione Legale delle Misure Tecnologiche ed Usi Legittimi. L'articolo 6.4 della Direttiva Europea e sua Attuazione in Italia, cit., p. 400.

[170] Cfr. United States Copyright Office, Executive Summary Digital Millennium Copyright Act Section 104 Report, III(1)(a) alla URL <http://www.loc.gov/copyright/re ports/studies/dm ca/dmca_executive.html>, [in seguito: Copyright Office, Report]. Questa la traduzione del brano a cura nostra: "La first sale doctrine è principalmente una limitazione imposta sul diritto di distribuzione spettante al titolare del diritto d'autore. La sezione 109 non garantisce l'esistenza di mercati secondari per le opere. Ci sono molti fattori che potrebbero influenzare il mercato della rivendita delle opere, nessuno dei quali si può dire che interferisca con il funzionamento della sezione 109. La necessità di un particolare dispositivo su cui visualizzare l'opera non è un concetto nuovo e non comporta alcun un effetto sulla sezione 109 [...]. I sostenitori dell'espansione del campo di applicazione della sezione 109 - sino ad includere la trasmissione e la cancellazione di un file digitale - sostengono che questa attività è essenzialmente identica al trasferimento di una copia fisica e che le somiglianze prevalgono sulle differenze. Se è vero che ci sono delle somiglianze, riteniamo tuttavia che l'analogia con il mondo fisico sia imperfetta e non convincente. Le copie fisiche degradano con il tempo e con l'uso mentre le informazioni digitali non fanno altrettanto. Le opere in formato digitale possono essere perfettamente riprodotte e diffuse in ogni parte del mondo istantaneamente a costi trascurabili. Le trasmissioni digitali possono incidere negativamente sul mercato in misura ben maggiore di quella derivante da trasferimenti di copie fisiche. Inoltre, a meno che si utilizzi una tecnologia del tipo *forward and delete* per eliminare automaticamente la copia del mittente, l'eliminazione di un contenuto digitale richiede un ulteriore azione da parte del mittente, successiva alla trasmissione. Tale comportamento sarebbe inoltre difficile da provare o confutare, dato che l'aver trasmesso una sola copia di un'opera è una affermazione soggettiva con un conseguente aumento degli elementi probatori. Ci sono opinioni contrastanti in merito all'esistenza di efficaci tecnologie del tipo *forward and delete*. Quand'anche esistessero e fossero efficaci, non è chiaro se il mercato si accollerà il costo di una dispendiosa misura tecnologica [...]. Abbiamo inoltre esaminato come gli altri paesi stanno affrontando l'applicabilità della dottrina della *first sale* - o principio dell'esaurimento - relativamente alle trasmissioni digitali. Abbiamo rilevato che altri paesi stanno affrontando la questione delle trasmissioni digitali nell'ottica del diritto di comunicazione al pubblico senza applicare il principio dell'esaurimento alle trasmissioni digitali".

market for works, none of which could be said to interfere with the operation of section 109. The need for a particular device on which to view the work is not a novel concept and does not constitute an effect on section 109. [...]. Proponents of expansion of the scope of section 109 to include the transmission and deletion of a digital file argue that this activity is essentially identical to the transfer of a physical copy and that the similarities outweigh the differences. While it is true that there are similarities, we find the analogy to the physical world to be flawed and unconvincing. Physical copies degrade with time and use; digital information does not. Works in digital format can be reproduced flawlessly, and disseminated to nearly any point on the globe instantly and at negligible cost. Digital transmissions can adversely effect the market for the original to a much greater degree than transfers of physical copies. Additionally, unless a forward and delete technology is employed to automatically delete the sender's copy, the deletion of a work requires an additional affirmative act on the part of the sender subsequent to the transmission. This act is difficult to prove or disprove, as is a person's claim to have transmitted only a single copy, thereby raising complex evidentiary concerns. There were conflicting views on whether effective forward and delete technologies exist today. Even if they do, it is not clear that the market will bear the cost of an expensive technological measure. [...].We also examined how other countries are addressing the applicability of the first sale - or exhaustion - doctrine to digital transmissions. We found that other countries are addressing digital transmissions under the communication to the public right and are not applying the principle of exhaustion, or any other analog thereof, to digital transmissions.

Fondamentalmente, il *Report* considera la proposta di estendere la sezione 109 del *Copyright Act* anche alle copie digitali, specificamente se la trasmissione *on-line* dell'opera può ritenersi compresa negli scopi della sezione 109, che si riferiscono alla già citata *first sale doctrine*.[171] Infatti, ai sensi della sezione 109, non vi è alcuna distinzione tra opere analogiche e digitali. Nel considerare se vi possa essere un corrispettivo digitale della *first sale*, il *Copyright Office* suggerisce una risposta negativa, spiegando che tale dottrina è una limitazione del diritto di distribuzione e non di quello di riproduzione. In aggiunta, una trasmissione di opere *on-line* non esaurisce il pertinente diritto che protegge questo atto di sfruttamento, poiché il risultato di ogni trasmissione è una nuova copia dell'opera stessa, anche quando la copia originale è cancellata dopo la trasmissione. Infine, il

---

[171] 17 U.S.C. 109 (2005). "the owner of a particular copy or phonorecord lawfully made under this title, or any person authorized by such owner, is entitled, without the authority of the copyright owner, to sell or otherwise dispose of the possession of that copy or phonorecord." Id.

Copyright Office sottolinea che anche altri paesi stanno orientando le trasmissioni digitali sulla base del diritto di comunicazione al pubblico, ove il principio dell'esaurimento non si applica. [172]

Similmente, la direttiva InfoSoc considera il principio dell'esaurimento esclusivamente per le copie materiali. Su tale questione, i *considerando* 28 e 29 della direttiva così si esprimono:

> La protezione del diritto d'autore nel quadro della presente direttiva include il diritto esclusivo di controllare la distribuzione dell'opera incorporata in un supporto tangibile. La prima vendita nella Comunità dell'originale di un'opera o di sue copie da parte del titolare del diritto o con il suo consenso esaurisce il contenuto del diritto di controllare la rivendita di tale oggetto nella Comunità. Tale diritto non dovrebbe ritenersi esaurito in caso di vendita dell'originale o di sue copie da parte del titolare del diritto o con il suo consenso al di fuori della Comunità. I diritti di noleggio e i diritti di prestito per gli autori sono stati stabiliti nella direttiva 92/100/CEE. Il diritto di distribuzione di cui alla presente direttiva lascia impregiudicate le disposizioni relative ai diritti di noleggio e ai diritti di prestito di cui al capitolo I della direttiva suddetta.[173]

> La questione dell'esaurimento del diritto non si pone nel caso di servizi, soprattutto di servizi *on-line*. Ciò vale anche per una copia tangibile di un'opera o di altri materiali protetti realizzata da un utente di tale servizio con il consenso del titolare del diritto. Perciò lo stesso vale per il noleggio e il prestito dell'originale e delle copie di opere o altri materiali protetti che sono prestazioni in natura. Diversamente dal caso dei CD-ROM o dei CD-I, nel quale la proprietà intellettuale è incorporata in un supporto materiale, cioè in un bene, ogni servizio *on-line* è di fatto un atto che dovrà essere sottoposto ad autorizzazione se il diritto d'autore o i diritti connessi lo prevedono.[174]

In pratica, il *considerando* 28 afferma che i diritti di distribuzione sono esauriti da una prima vendita all'interno della Comunità europea, mentre il *considerando* 29 stabilisce che i diritti nei servizi, principalmente quelli forniti su richiesta, non dovrebbero esaurirsi in seguito ad una compravendita all'interno della Comunità. Perciò, a meno di esplicita autorizzazione del titolare del diritto, la rivendita di una copia digitale è proibita.

---

[172] Cfr. Raquel Xalabarder, Copyright and Digital Distance Education: The Use of Pre-Existing Works in Distance Education Through the Internet, 26 Colum. J.L. & Arts 101, 117 (2003); R. Anthony Reese, The First Sale Doctrine in the Era of Digital Networks, 44 B.C. L. Rev. 577 (2003).

[173] Dir. 2001/29, Considerando 28, 2001 G.U. (L 167) 12 (CE).

[174] Dir. 2001/29, Considerando 29, 2001 G.U. (L 167) 12 (CE).

A dispetto di queste analogie e differenze, è stato sostenuto che il DMCA rappresenta un tentativo migliore per rispondere ai cambiamenti determinati dalla digitalizzazione e che è ancora troppo presto per condannarlo, poiché il successo di Internet come modello di distribuzione deve ancora essere determinato.[175] Tuttavia, ciò che probabilmente non è stato considerato adeguatamente è che comportamenti che erano considerati leciti, come il fare copie di *back up* di CD, potrebbero ora essere criminalizzati.[176]

È dunque ragionevole asserire che un certo bilanciamento è necessario nella protezione dei diritti al fine di evitare un controllo totale. La direttiva europea, al contrario, contempla le più vaste misure di protezione di carattere giuridico contro l'aggiramento di ciascun aspetto attuativo dei trattati OMPI.[177] Ove gli strumenti tecnici o tecnologici non risultano abbastanza efficaci la legge deve intervenire, e viceversa.[178]

Sia il DMCA che la direttiva InfoSoc sembrano avere un approccio piuttosto estremo e sbilanciato nella difesa dei diritti dei soli autori. I legislatori hanno anche in qualche modo rinunciato al loro ruolo di *decision making* in favore dei titolari del *copyright*. In entrambi i casi il potere di determinare le attività permesse, con riguardo ai contenuti protetti, si è spostato nelle mani dei loro stessi detentori, rappresentando una sorte di *para-copyright*.[179] In particolare, se lo scopo della direttiva era di armonizzare la maggior parte degli aspetti problematici del diritto d'autore nel contesto digitale, allora l'articolo 6 non raggiunge di certo lo scopo, poiché abdica la facoltà di intervento principalmente ai singoli Stati membri.[180] In

---

[175] Cfr. Emery Simon, The DMCA: Providing Locks for Digital Doors, in Copy Fights, cit., p. 171. La teoria proposta da Simon potrebbe essere facilmente esteso alla direttiva CE in questione, in quanto la loro portata e le implicazioni sono simili.

[176] Ciò è permesso in accordo con 17 U.S.C. § 117 (2000) e con la direttiva 91/250/CEE, art. 5(2), 1991 G.U. (L 122/42). I programmi per computer sono sempre forniti su alcuni supporti di memorizzazione (DVDs or CDs). Tali supporti di memorizzazione sono relativamente fragili ed è anche possibile che tutti i loro contenuti possono essere accidentalmente cancellati o danneggiati. In tali situazioni, potrebbe non sembrare irrazionale per un utente finale ottenere una copia di backup del contenuto con l'unico scopo di immagazzinare tali dati e utilizzarli nel caso in cui la copia originale del software venga danneggiata o persa. Cfr. Lloyd, Information Technology Law, cit., p. 397. Per una breve panoramica dei sistemi antielusione in Europa, v. Terese Foged, U.S. v. E.U. Anti-Circumvention Legislation: Preserving the Public's Privileges in the Digital Age?, 24 Eur. Intell. Prop. Rev. 525 (2002) (con specific riferimento al sistema giuridico Danese); Hart, The Copyright in the Information Society Directive, cit.

[177] Cfr. Dusollier, Tipping the Scale in Favor of the Right Holders, cit., p. 477.

[178] John R. Therien, Exorcising the Specter of a "Pay-Per-Use" Society: Toward Preserving Fair Use and the Public Domain in the Digital Age, 16 Berkeley Tech. L.J. 979, 985-990 (2001).

[179] Cfr. Nimmer, A Riff on Fair Use in the Digital Millenium Copyright Act, cit., p. 686.

[180] Cfr. Perrit, Protecting Technology over Copyright, cit., p. 4. Vedi anche Severine Dusollier, Exceptions and Technological Measures in the European Copyright Directive of 2001 - An

aggiunta, la direttiva InfoSoc, come già evidenziato, è particolarmente ambigua sul metodo di intervento. Questa incertezza persiste anche in sede di implementazione della legislazione in molti Stati membri.[181] Inevitabilmente ci saranno pertanto differenze sensibili tra le attuazioni dei vari Stati, con riferimento particolare alla questione più complessa, ovvero le eccezioni, limitazioni e gli atti di aggiramento proibiti.[182]

Come è stato già notato, la legge sul diritto d'autore è sempre stata flessibile, valutando in occasioni particolari quali usi fossero legittimi, sulla base di alcuni principi guida. Il pubblico degli utenti ha sempre potuto tenere diversi comportamenti e far eventualmente fronte alle conseguenze dei propri errori di valutazione in un secondo momento. Scegliendo di valutare *ex ante*, e con precisa accuratezza, i limiti degli usi consentiti, si vorrebbe scoraggiare la spontaneità, portando il pubblico ad astenersi da comportamenti altrimenti leciti e compiuti abitualmente.[183]

Grazie a provvedimenti come il DMCA e la direttiva InfoSoc, i *content owners* si trovano pertanto in una posizione estremamente forte, dal momento che è stata loro offerta l'opportunità di imporre le proprie regole ed i propri limiti sull'uso e l'accesso ai contenuti digitali, al punto che essi possono talora supplire alle regolamentazioni di origine normativa.[184]

2.5 Industria dei contenuti e comportamenti di consumo

Nelle pagine che seguono, illustreremo due famosi casi giurisprudenziali americani in materia di diritto d'autore svoltisi in epoche tecnologicamente molto diverse, ma che hanno profondamente influenzato, a livello globale, la dottrina e la giurisprudenza successiva: il caso Betamax ed caso Napster. Attraverso il loro commento intendiamo osservare in concreto come la regolazione giuridica di temi tecnologici sia un'opera assai delicata perché inevitabilmente finisce per mettere in tensione diritti fondamentali o

---

Empty Promise, 34 Int'l Rev. Indus. Prop. & Copyright L. 62, 70 (2003) (L'A. osserva come la direttiva utilizzi un approccio di *"fair use by design"* rispetto alle eccezioni e limitazioni).

[181] Cfr. Gasser e Girsberger, Transposing the Copyright Directive, cit., p. 12.

[182] Ibidem. Le direttive dell'Unione europea sono giuridicamente vincolanti per gli Stati membri, ma richiedono l'adozione di una legislazione di attuazione a livello dei singoli Stati membri. Cfr. Versione consolidata del trattato che istituisce la Comunità europea, Dec. 24, 2002, G.U. (C 325) 65 (2002), articolo 249, stabilisce che la direttiva "La direttiva vincola lo Stato membro cui è rivolta per quanto riguarda il risultato da raggiungere, salva restando la competenza degli organi nazionali in merito alla forma e ai mezzi". Per una panoramica completa della normativa UE, si veda e.g. Denys Simon, Le Systeme Juridique Communautaire (3d ed. 2001); Giorgio Gaja, Introduzione al Diritto Comunitario (2005).

[183] Cfr. Burk e Cohen, Fair Use Infrastructure for Rights Management Systems, cit., p. 60-61.

[184] Ibidem, p. 50.

antitetici che vi si interconnettono. In tali situazioni, emerge il fondamentale ruolo suppletivo della giurisprudenza, chiamata sempre più spesso (anche in sistemi di *civil law*) ad intervenire proprio quando talune materie non sono regolate (o non lo sono in modo opportuno) da provvedimenti normativi. Nei casi che osserveremo, le decisioni delle Corti hanno avuto ripercussioni a livello globale segnando le sorti di due diverse tecnologie apparentemente molto simili.

Entrambi i casi hanno a che fare con prodotti tecnologicamente innovativi che hanno profondamente influenzato i comportamenti di consumo determinando un'evoluzione del mercato dei contenuti ed un mutamento all'interno della stessa industria, nonché l'elaborazione tecnica di nuove categorie giuridiche. Le due vicende rappresentano anche la materializzazione di un paradosso perché i concreti effetti provocati da entrambe sono andati contro le attese dell'*entertainment industry*: ciò che sembrava essere una sconfitta è diventata un trionfo, quella che appariva come una vittoria ha portato a una sconfitta.

2.5.1 Il caso Sony Betamax

Il caso Sony Betamax rappresenta un *leading case* che coinvolge diversi temi relativi alla legittimità della copia privata di opere protette da *copyright*.[185] In generale, esso affronta, per la prima volta, il problema della responsabilità del produttore per le utilizzazioni di un dispositivo tecnologico da parte degli utenti dello stesso.

Tale caso costituisce inoltre un emblematico esempio di come spesso, l'utilità collettiva di una nuova tecnologia possa non essere immediatamente percepita da tutti come tale. Esso mostra altresì come l'emergere di una nuova tecnologia quasi sempre si traduca in un beneficio per il mercato e per coloro che a tutta prima parrebbero esserne penalizzati. Così è nei

---

[185] Per una ricostruzione dei vari gradi di giudizio ed un articolato commento del caso si rinvia al volume di James Lardner, Fast Forward: A Machine and the Commotion it Caused (2002). Tra i contributi più recenti si veda anche William Fisher III, Promises to Keep: Technology, Law, and the Future of Entertainment 70 e ss. (2004); Jessica Litman, Sony v. Universal: Mary Poppins Meets the Boston Strangler, in Intellectual Property Stories 358 (Jane C. Ginsburg, Rochelle C. Dreyfuss, eds. 2005); Id., The Sony Paradox, 55 Case W. Res. L. Rev. 917. Nella dottrina italiana si rinvia alle analisi di Giovanni Pascuzzi, La Videoregistrazione Domestica di Opere Protette Davanti alla «Supreme Court» (Nota a Corte Suprema U.S.A., 17 gennaio 1984 Sony corp. of America c. Universal City studios inc.), Foro it., 1984, IV, p. 351; Id., Videoregistrazione e "Copyright" Statunitense: Violazione, "Fair Use" o Terza Via? (Nota a Court of Appeal U.S.A., 19 ottobre 1981, Universal City Studios inc.c. Sony corp. of America), Foro it., 1984, IV, p. 23.

fatti avvenuto con il fenomeno della diffusione dell'*home video* diretta conseguenza dell'innovazione tecnologica del videoregistratore e che ha materialmente moltiplicato gli introiti delle poco lungimiranti *major*.[186]

Come oggi la digitalizzazione dei brani musicali e delle pellicole cinematografiche sta rivoluzionato il modo di distribuire e fruire i prodotti sottoposti a *copyright* - provocando crescenti preoccupazioni dell'industria dell'intrattenimento[187] - così, negli anni ottanta, la riproduzione non autorizzata di contenuti su audio e video cassette sembrò rappresentare una vera e propria minaccia per chi già controllava il mercato dei contenuti.[188]

Come meglio si vedrà, la Corte Suprema stabilì che una società non è da ritenersi responsabile per aver creato una tecnologia che qualcuno potrebbe utilizzare per infrangere il *copyright*, a condizione che tale tecnologia sia capace di altri utilizzi leciti. In altre parole, se uno strumento tecnologico ammette molteplici utilizzi, non si può negare agli utenti il suo utilizzo legale solo perché altri soggetti potrebbero potenzialmente utilizzarlo per infrangere il *copyright*.[189]

La vicenda riguardava la commercializzazione del primo *video tape recorder* (VTR) a nastro magnetico (Betamax) immesso sul mercato da Sony nel 1975. Il Betamax dava infatti la possibilità al grande pubblico di registrare in *time shift*, ovvero di memorizzare su un nastro magnetico una trasmissione televisiva al fine di visionarla in un momento successivo.[190] La campagna pubblicitaria di Sony enfatizzava significativamente proprio queste peculiarità, dichiarando "Now you don't have to miss Kojak because you're watching Columbo (or vice versa)... Betamax - It's a Sony".[191] Le case di distribuzione cinematografica percepirono l'ingresso sul mercato di questo nuovo prodotto come un pericolo per la loro stessa sopravvivenza e si attivarono giudizialmente per chiederne la messa fuori commer-

---

[186] Così Andrea Renda, Architettura, Controllo e DRM: Notizie dal Fronte, in Maria Lillà Montagnani, Maurizio Borghi (a cura di), Proprietà Digitale: Diritti d'Autore, Nuove Tecnologie e Digital Rights Management, Milano, 2006, p. 82.

[187] Cfr. Charles L. Simmons, Jr., Digital Distribution of Entertainment Content... The Battle Lines are Drawn, 33 Md.B.J. 32 (2000).

[188] Sull'argomento si veda Benton J. Gaffney, Copyright Statutes that Regulate Technology: A Comparative Analysis of The Audio Home Recording Act and the Digital Millennium Copyright Act, 75 Wash. L. Rev. 611, 629 (2000).

[189] La sentenza della Corte Suprema nel caso Sony c. Universal City Studios è pubblicata in traduzione italiana, in Foro it., 1984, IV, 351 con nota di Giovanni Pascuzzi, La videoregistrazione domestica di opere protette davanti alla "Supreme Court".

[190] Cfr. Paolo Marzano, Diritto d'Autore e Digital Technologies: Il Digital Copyright nei Trattati OMPI, nel DMCA e nella Normativa Comunitaria, Milano, p. 286.

[191] Cfr. Peter S. Menell, David Nimmer, Unwinding Sony, 95 Cal. L. Rev. 941, 945 (2007); James Lardner, Fast Forward: A Machine and the Commotion it Caused, cit. p. 5.

cio.[192] La causa fu intentata contro Sony – ovvero il produttore del video-registratore – ma, in realtà, si sarebbe dovuta promuovere contro i singoli utilizzatori del dispositivo, quali responsabili diretti per eventuali usi illeciti. Ovviamente i costi proibitivi di quest'ultima opzione, oltre alla possibile impopolarità derivante da un tale comportamento, fecero propendere per la prima soluzione.[193]

Pertanto nel 1976, le case cinematografiche *Universal* e *Disney*, citarono in giudizio Sony sostenendo che: (i) il videoregistratore svuotava di significato il diritto esclusivo di riproduzione attribuito agli autori, in quanto lo strumento consentiva a chiunque di copiare opere protette dal diritto d'autore allorché fossero videotrasmesse; (ii) la produzione e la commercializzazione del dispositivo dovevano essere considerate illegali; (iii) Sony doveva essere accusata di *contributory copyright infringement*, per aver favorito, attraverso la commercializzazione del videoregistratore, la violazione del diritto d'autore.

L'accusa mossa dalle *major* a Sony era dunque di contribuire, attraverso la commercializzazione del *video tape recorder,* al comportamento illecito tenuto dai suoi acquirenti. Come abbiamo già avuto modo di illustrare questo tipo di responsabilità da concorso colposo[194] – *contributory liability* – si realizza quando il soggetto responsabile, pur non essendo il diretto esecutore della violazione, contribuisce o induce alla sua realizzazione e ne è a conoscenza (*actual knowledge*) o, comunque, ha motivo di esserlo (*reason to know*).[195] In questi casi il titolare del diritto deve dimostrare la presenza di tre elementi:[196] (i) il verificarsi di una violazione di tipo diretto (*strict liability*);[197] (ii) che il convenuto sapesse o avesse motivo di sapere dell'attività illecita; (iii) che il convenuto abbia partecipato in modo effettivo alla violazione, inducendo, provocando o contribuendo alla sua materiale realizzazione. La reazione ostile della case di distribuzione cinematografica verso il *video tape recorder* di Sony era essenzialmente dovuta alla percezione della seria minaccia che questo comportava nei confronti del

---

[192] Per la narrazione dei fatti salienti della vicenda si veda William Fisher III, Promises to Keep: Technology, Law, and the Future of Entertainment 70 e ss. (2004).

[193] Ibidem, p. 71.

[194] Così Ginsburg, Diritto di Autore e Trasmissione Digitale e Diritti Protetti negli Stati Uniti: Uno Sguardo d'Insieme, cit., p. 1148-49.

[195] Tale tipo di responsabilità è stata sviluppata all'interno del caso Gershwin Publ'g Corp v. Columbia Artists Mgmt., Inc., 443 F.2d 1159, 1162 (2d Cir. 1971); l'applicabilità al mondo di Internet è stata valutata in Religious Tech Ctr., 907 F. Supp. p. 1373.

[196] Cfr. Pollack Wendy M., Tuning in: The future of Copyright Protection for Online Music in the Digital Millenium, 78 Fordham L. Rev.,n. 6, 2000, p. 2456.

[197] Vedi Sony Corp. of Am. v. Universal City Studios, Inc., 464 U.S. 417, 434, 78 L. Ed. 2d 574, 104 S. Ct. 774 (1984) ("To prevail on a contributory or vicarious copyright infringement claim, a plaintiff must show direct infringement by a third party").

principale modello di *business* su cui si basavano i loro proventi (Figura 2.5.1).[198] Infatti – come è stato illustrato anche graficamente da William Fisher[199] – negli anni settanta il sistema di compensazione per la trasmissione televisiva di pellicole cinematografiche era essenzialmente impostato sui proventi derivanti dalla pubblicità inserita nella programmazione.

Nello specifico, gli *studios,* dopo il passaggio delle pellicole nelle sale cinematografiche, erano soliti concedere alle reti televisive delle licenze per la video trasmissione dei loro film. Le reti provvedevano ad adattare le pellicole alla trasmissione gratuita sul piccolo schermo; in particolare, esse inframmezzavano la messa in onda con intervalli pubblicitari. Gli spettatori, dopo aver assistito gli annunci commerciali, erano potenzialmente disposti ad acquistare i prodotti reclamizzati (o almeno così credevano gli inserzionisti).[200] Anticipando questo risultato, gli inserzionisti remuneravano le reti televisive per ottenere spazi commerciali all'interno della loro programmazione e solitamente compensavano parte di tale costo incidendo sul prezzo finale del prodotto. In altre parole, il pubblico non pagava direttamente ciò che veniva trasmesso, ma lo faceva indirettamente, tramite l'incremento dei prezzi dei beni e dei servizi reclamizzati.[201]

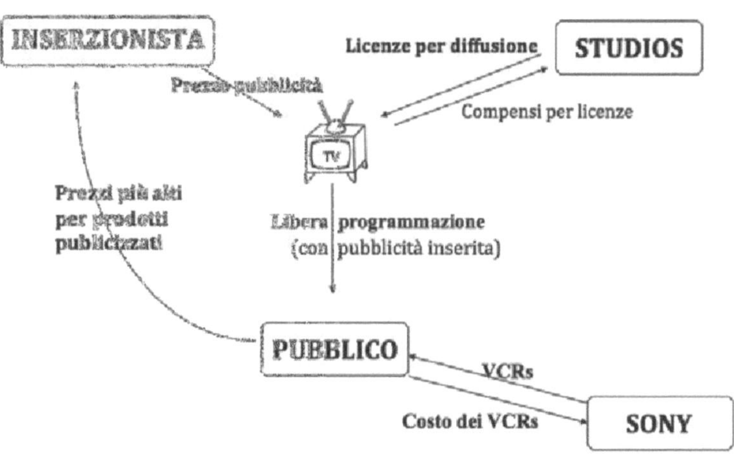

Figura 2.5.1 - Schema modificato da: W. Fisher, Promises to Keep (2004)

---

[198] Cfr. Fisher, Promises to Keep: Technology, Law, and the Future of Entertainment, cit., p. 71.
[199] Ibidem.
[200] Ibidem, p. 72.
[201] Così Pascuzzi, Videoregistrazione e "Copyright" Statunitense: Violazione, "Fair Use" o Terza Via?, cit., p. 26.

A loro volta, le reti televisive – chiudendo il cerchio del sistema di compensazione – utilizzavano parte degli introiti pubblicitari per remunerare gli *studios* cinematografici che concedevano le licenze di trasmissione delle loro opere.

L'avvento del *video recorder* metteva ovviamente in discussione questo consolidato sistema di compensazione: attraverso l'avanzamento veloce di un programma registrato (o attraverso l'eliminazione della pubblicità durante la registrazione) il pubblico poteva infatti evitare la visione delle inserzioni commerciali.[202] Tali timori innescarono un effetto a catena rischiando di mettere definitivamente in discussione l'intero sistema. Per questo motivo gli *studios* furono indotti a coalizzarsi contro la fonte principale della minaccia, ovvero Sony.

Il caso Betamax fu ufficialmente portato di fronte alla *U.S. Federal District Court* di Los Angeles nel Novembre del 1979, mentre il processo iniziò materialmente nel gennaio del 1979.[203] Gli attori (*Universal Picture* e *Walt Disney Production*) convenivano in giudizio un privato cittadino possessore del dispositivo, quattro rivenditori, il distributore per gli Stati Uniti e Sony Corporation. Il reclamo concerneva la registrazione attraverso il *video tape recorder* di Sony di alcune pellicole cinematografiche teletrasmesse, per le quali gli attori erano titolari di *copyright*. Tale attività, a giudizio degli attori, svuotava di significato il loro esclusivo diritto di riproduzione.[204] Scopo dell'azione era di far dichiarare illecito il comportamento sia del privato cittadino autore materiale delle registrazioni, sia del produttore e distributore del dispositivo in quanto responsabili di aver contribuito in modo determinante al compimento dell'illecito.[205] La difesa di Sony si basava essenzialmente sul fatto che la copia privata di un'opera protetta, realizzata per un uso domestico, non costituisce violazione di alcun diritto; tuttavia, anche se lo fosse, gli imputati non potrebbero comunque essere ritenuti responsabili di *contributory* o *vicarious copyright in-*

---

[202] Fisher, Promises to Keep: Technology, Law, and the Future of Entertainment, cit., p. 72. Su questo punto si veda la specifica lamententela degli attori manifestata nel processo di primo grado. Cfr. Sony Corp. of America v. Universal City Studios F.Supp. 429, 468 (C.D.Cal. 1979) ("Plaintiffs have also speculated about the reaction of advertisers to Betamax. They predict that if Betamax owners use the pause control to delete commercials or the fast forward to pass them by, advertisers will pay less to networks and networks will pay less to producers and owners. It must be remembered, however, that to omit commercials, Betamax owners must view the program, including the commercials, while recording".

[203] Cfr. Litman, Sony v. Universal: Mary Poppins Meets the Boston Strangler, cit. p. 362;

[204] Cfr. Sony Corp. of America v. Universal City Studios F.Supp. 429, 432 (C.D.Cal. 1979) ("Plaintiffs' main contentions are that this recording and that of other individuals infringed their copyrights and that the corporate defendants are either direct or contributory infringers or are vicariously liable for the infringement").

[205] Cfr. F.Supp. 429, 432; Alessandro Conte, Videoregistratori e Diritto D'autore. Il Caso Betamax. Il Dir. Aut., 1981, p 213.

fringement.[206] Inoltre, l'avvocato dei convenuti, anticipando le attuali controversie sui sistemi tecnologici di gestione dei diritti, si disse pronto a dimostrare, attraverso la deposizione di esperti, che sarebbe stato possibile per Sony, in modo facile ed economico, ridisegnare il suo prodotto in modo da limitare la registrazione ai soli programmi autorizzati dai titolari dei diritti d'autore.[207]

Il procedimento si concluse con una sentenza avversa agli attori. I giudici, dopo aver verificato che il *Copyright Act,* nel prevedere un potere monopolistico a favore dei titolari di diritto d'autore su tutte le utilizzazioni delle loro opere, non includeva la riproduzione per uso casalingo, richiamandosi al principio del *fair use* riconobbero la liceità della videoregistrazione privata a fini non commerciali.[208] La Corte, inoltre, analizzando il possibile pregiudizio economico derivante dalle registrazioni, metteva in luce, profeticamente, come gli eventuali mancati guadagni potessero essere ricompensati da altre forme di sfruttamento economico rese possibili da tale tecnologia. I giudici, infine, osservavano che comunque si fosse atteggiato in futuro il rapporto tra videoregistrazioni casalinghe lecite ed illecite, un provvedimento d'urgenza che mirasse a privare il pubblico di uno strumento o di un prodotto commerciale in grado di impieghi sostanzialmente non vietati, sarebbe stato un rimedio estremamente duro e senza precedenti all'interno della disciplina sul diritto d'autore.[209]

La decisione del Tribunale distrettuale e la pubblicità data dagli organi di informazione al caso, alimentarono un fiorente mercato dei videoregistratori e dei prodotti ad essi collegati. Inoltre, durante la controversia, altre aziende giapponesi di prodotti elettronici introdussero sul mercato un

---

[206] Cfr. F.Supp. 429, 432 ("Defendants contend that home copying for home use is not an infringement and, even if it were, defendants could not be held responsible under any theory of infringement or vicarious liability").

[207] Così Lardner, Fast Forward: A Machine and the Commotion it Caused, cit. p. 104.

[208] Sony Corp. of America v. Universal City Studios F.Supp. 429, 433 (C.D.Cal. 1979) ("..this court finds: a) Neither the Copyright Act of 1909 ("Old Act") nor the revised Act of 1976 ("New Act") gave copyright holders monopoly power over an individual's off-the-air copying in his home for private, non-commercial use. This court is not deciding whether tape duplication or copying from pay television is prohibited. Nor is this court ruling on off-the-air recording by individuals or groups for use outside the home. b) Even if the Copyright Act did prohibit home-use copying, Sony, Sonam, DDBI and the retail stores would not be liable under any of the theories of direct or contributory infringement or vicarious liability").

[209] Sony Corp. of America v. Universal City Studios F.Supp. 429, 468 (C.D.Cal. 1979) ("Whatever the future percentage of legal versus illegal home-use recording might be, an injunction which seeks to deprive the public of the very tool or article of commerce capable of some noninfringing use would be an extremely harsh remedy, as well as one unprecedented in copyright law").

videoregistratore basato su un diverso standard di funzionamento (VHS) che divenne in seguito il più diffuso.[210]

Nonostante fosse ormai chiara la rivoluzione tecnologica in atto, *Universal* e *Disney* proposero subito appello avverso la sentenza. Nello stesso tempo, però, insieme ad altri *studios* iniziarono anche un'attività di *lobbying* a livello governativo a sostegno dei loro diritti; in particolare puntarono ad imporre un prelievo economico sul prezzo di vendita dei videoregistratori e dei nastri magnetici vergini, assicurando altresì un maggiore controllo sul mercato del videonoleggio attraverso la disciplina di un vero e proprio diritto di noleggio.[211]

Il 19 ottobre del 1981, la Corte d'Appello della California riformò completamente il giudizio di primo grado, affermando che la duplicazione di trasmissioni televisive di opere protette dal diritto d'autore, realizzata attraverso *video tape recorders* all'interno delle proprie abitazioni per uso privato e non commerciale, costituisce violazione del diritto d'autore.[212] Manifestata e riconosciuta l'illiceità del comportamento del privato utilizzatore, la Corte riscontrava perciò una responsabilità per concorso da parte del fabbricante e del distributore.

Sony ricorse pertanto alla Corte Suprema che rovesciò la decisione della Corte d'Appello nella sua pronuncia del 17 gennaio 1984.[213] La *Supreme Court* si trovò quindi a dover decidere relativamente a due questioni. La prima riguardava la sussistenza del principio di *fair use* di fronte a riproduzioni casalinghe di trasmissioni televisive protette da *copyright*;[214] la seconda era di stabilire se Sony fosse responsabile di *contributory infringement* per via della commercializzazione del suo dispositivo di registrazione e per gli usi che ne derivavano.

Quanto al primo punto, la decisione Betamax rappresenta uno dei più importanti casi di interpretazione della dottrina del *fair use*.

---

[210]   Cfr. Menell, Nimmer, Unwinding Sony, cit., p. 952.

[211]   Ibidem.

[212]   Universal City Studios, Inc. v. Sony Corp. of America, 659 F.2d 963 (9th Cir.1981), riprodotta in traduzione italiana in Pascuzzi, Videoregistrazione e "Copyright" Statunitense: Violazione, "Fair Use" o Terza Via?, cit. p. 22 e ss.

[213]   Sony Corp. of Am. v. Universal City Studios, Inc., 464 U.S. 417 (1984), riprodotta in traduzione italiana in Pascuzzi, La videoregistrazione domestica di opere protette davanti alla "Supreme Court", cit.

[214]   La sezione 107 dell'U.S. Code richiede la stima ed il bilanciamento di quattro elementi per valutare la sussistenza di un *fair use* di fronte all'utilizzo di un'opera protetta da *copyright*, ovvero: i) lo scopo o il carattere dell'utilizzo, compreso il fatto che l'uso avvenga per scopi commerciali o meno; ii) la natura dell'opera protetta da *copyright*; iii) l'entità dell'opera utilizzata in relazione alla totalità della stessa; iv) gli effetti dell'utilizzazione sul potenziale mercato dell'opera.

Nel determinare se l'*home recording* di una trasmissione televisiva protetta da *copyright* fosse o meno un *fair use*, la Corte Suprema si è concentrata sulla natura non commerciale della registrazione domestica. La Corte ha quindi stabilito che l'uso non commerciale di materiale protetto da *copyright* è presuntivamente *fair*. La maggioranza dei giudici della Corte si dimostrò d'accordo con il Tribunale distrettuale nel giudicare che le registrazioni private di programmi televisivi protetti da *copyright* non danneggiavano i titolari dei relativi diritti,[215] ma - anzi - l'uso del *time shifting* era in grado di espandere l'accesso pubblico ai programmi televisivi, a tutto vantaggio delle stesse case di produzione. La Corte rilevava infatti come i programmi televisivi fossero trasmessi gratuitamente e che i videoregistratori Betamax consentivano agli spettatori di fruire di programmi cui altrimenti avrebbero dovuto rinunciare. Sulla base di tali argomenti, la Corte ha perciò dichiarato che le registrazioni casalinghe di programmi televisivi protetti da *copyright*, materialmente rappresentate dalla pratica del *time shifting*, soddisfano gli elementi per costituire un *fair use*.

Relativamente alla questione della responsabilità indiretta, la *Supreme Court*, non reperendo precedenti nell'ambito della disciplina sul diritto d'autore, rielaborava nella sua decisione norme e giurisprudenza in materia di brevetto, ovvero la dottrina dello *staple article of commerce*, osservando che:

Nel *Patent Act* sono legislativamente definiti in modo esplicito sia il concetto di *infringement* che quello di *contributory infringement*. Il divieto di *contributory infringement* è confinato alla vendita consapevole di un componente specificatamente creato per essere utilizzato in connessione con un particolare brevetto. Non c'è nessuna traccia nella legge che un detentore di brevetto possa opporsi alla vendita di un prodotto che può essere usato in connessione con altri brevetti. Inoltre la legge prevede espressamente che la vendita di un "articolo o prodotto in commercio per un uso sostanzialmente non vietato" non costituisca *contributory infringement*.
Quando un'accusa di *contributory infringement* è interamente basata sulla vendita di un articolo commerciale che è utilizzato dall'acquirente per violare un brevetto, l'interesse pubblico all'accesso a tale articolo è necessariamente coinvolto. Naturalmente una sentenza che accerta un *contributory infringement* non rimuove, contemporaneamente, l'articolo dal mercato; comunque essa attribuisce al titolare del brevetto il controllo effettivo sulla vendita di quell'articolo. Infatti una sentenza che accerta un *contributory infringement* è normalmente l'equivalente funzionale di sostenere che

---

[215] Sony Corp. of Am. v. Universal City Studios, Inc., 464 U.S. 417 (1984).

l'articolo contestato rientra nel monopolio concesso al titolare del brevetto.[216]

In altre parole la Corte afferma che attraverso la dottrina dello *staple article of commerce* le è consentito trovare un bilanciamento tra le richieste dei titolari di *copyright* e i diritti di altri soggetti ad operare liberamente in aree commerciali sostanzialmente non collegate.

Attraverso questo percorso interpretativo la Corte fissa un principio - in seguito definito anche come *Sony safe-harbor* - secondo il quale se gli strumenti utilizzati dal *direct infringer* non sono realizzati e commercializzati al solo ed unico fine di permettere l'*infringment*, la responsabilità del produttore va esclusa.[217] Parafrasando le parole della Corte, la questione deve essere valutata nel senso di stabilire se il *video tape recorder* di Sony possa essere utilizzato per scopi non illegali e commercialmente significativi.[218] Secondo i giudici, per risolvere questa sorta *di balancing test* "non è necessario esplorare tutti i differenti potenziali usi del dispositivo e determinare se essi possano o meno costituire una trasgressione" essendo sufficiente considerare "se sulla base dei fatti accertati dalla Corte distrettuale sia riscontrabile un significativo numero di utilizzazioni non illegali".[219] Pertanto, essendo emerse già nel giudizio di primo grado diverse ipotesi di utilizzazioni non contrarie alla legge (e.g. copia di materiali di pubblico dominio, riproduzione di filmati personali, *time shifting* etc.) ne consegui-

---

[216] Sony Corp. of Am. v. Universal City Studios, Inc., 464 U.S. 417, 591 (1984) ("In the Patent Act both the concept of infringement and the concept of contributory infringement are expressly defined by statute. The prohibition against contributory infringement is confined to the knowing sale of a component especially made for use in connection with a particular patent. There is no suggestion in the statute that one patentee may object to the sale of a product that might be used in connection with other patents. Moreover, the Act expressly provides that the sale of a "staple article or commodity of commerce suitable for substantial noninfringing use" is not contributory infringement. When a charge of contributory infringement is predicated entirely on the sale of an article of commerce that is used by the purchaser to infringe a patent, the public interest in access to that article of commerce is necessarily implicated. A finding of contributory infringement does not, of course, remove the article from the market altogether; it does, however, give the patentee effective control over the sale of that item. Indeed, a finding of contributory infringement is normally the functional equivalent of holding that the disputed article is within the monopoly granted to the patentee").

[217] "[…] the sale of copying equipment, like the sale of other articles of commerce, does not constitute contributory infringement if the product is widely used for legitimate, unobjectionable purposes. Indeed, it need merely be capable of substantial non-infringing uses." (Sony 464 U.S. 442).

[218] Sony Corp. of Am. v. Universal City Studios, Inc., 464 U.S. 417, 442 (1984). ("The question is thus whether the Betamax is capable of commercially significant noninfringing uses").

[219] Ibidem ("In order to resolve that question, we need not explore al the different potential uses of the machine and determine whether or not they would constitute infringement. Rather, we need only consider whether on the basis of the facts as found by the District Court a significant number of them would be noninfringing").

va che la commercializzazione del Betamax da parte di Sony non dava luogo a una violazione per concorso (*contributory infringement*) dei diritti dei resistenti.

Il caso Betamax rappresenta tutt'oggi un *leading case* che ha avuto il merito di precisare l'ambito di applicazione del principio di *fair use*, considerato, non senza ragione, uno dei concetti più tormentati dell'intera normativa sul *copyright*.[220] Il precipitato delle elaborazioni giuridiche conseguente ai vari gradi di giudizio è ancora fonte di accesi dibattiti dottrinali e giurisprudenziali specie di fronte al continuo sviluppo di nuovi dispositivi e nuove tecnologie in grado di porsi in tensione conflittuale con diritti di proprietà intellettuale.

2.5.2 Il caso Napster

Lo scambio illegale di *file* rappresenta una delle principali e più conosciute minacce globali alla protezione dei diritti di proprietà intellettuale. Grazie alla tecnologia, l'industria dei contenuti è riuscita a rendere l'estrazione dei contenuti dal loro supporto digitale più complicata, ma c'è una nuova grande sfida che rimane da affrontare. È la questione dei sistemi di *file-sharing*, ovvero dei sistemi di distribuzione *peer-to-peer*.[221] Questo tipo di software, sfruttando l'architettura della rete, permette agli utenti di scambiare liberamente e distribuire attraverso internet contenuti di qualsiasi genere, compresi *file* musicali o altri contenuti coperti da diritto d'autore. La tipologia di file maggiormente condivisi attraverso questi sistemi sono gli mp3, ovvero file musicali, e i DivX, ovvero file contenenti filmati. Era quindi immaginabile che i sistemi *peer-to-peer* diventassero, sin dalla loro prima comparsa, un bersaglio giudiziario delle organizzazioni che riuniscono le industrie dei produttori di contenuti musicali e audiovisivi preoccupate non solo dei diretti danni economici, ma anche di perdere la loro posizione di controllo nella distribuzione.[222] Infatti, poiché nella pratica la maggior parte dei contenuti condivisi attraverso tali sistemi sono coperti da diritto d'autore, le *majors* dell'intrattenimento hanno mostrato sin da subito una certa ostilità contestando inizialmente, senza successo, la stessa le-

---

[220] Così Mario Fabiani, La Videoregistrazione Privata nell'Affare Betamax e il Concetto di "Fair Use", Dir. Aut., 1984, p. 165.

[221] Sul rapporto intercorrente tra misure tecnologiche di protezione e i peer-to-peer networks, si veda Peter Biddle et al., The Darknet and the Future of Content Protection, in Digital Rights Management, cit., p. 344.

[222] Cfr. Stabile, Gli MP3 File ed il Diritto d'Autore, cit., p. 273.

gittimità del formato mp3.[223] L'attenzione è stata poi concentrata sui sistemi di condivisione dei *files*.

La tecnologia *peer-to-peer*, ovvero da pari a pari, consente ai computers connessi in rete di collegarsi tra di loro senza passare da un server centrale, creando una sorta di *network* costituito dagli elaboratori interconnessi e con la possibilità di condividere direttamente i *files* presenti sui singoli elaboratori. Tale comunione è realizzabile attraverso l'installazione di semplici software, il più famoso dei quali, sia per le note vicende giudiziarie sia per essere stato il primo ad essersi diffuso su larga scala, è stato Napster. [224] Nato nel 1999, il software Napster permetteva agli utenti connessi in rete di condividere e scambiare *file* musicali.[225] Attraverso una sorta di motore di ricerca, funzionante sulla base del nome del cantante o del titolo del brano cercato, era possibile raggiungere una lista dei contenuti materialmente disponibili presso altri utenti e pronti per essere scaricati, ascoltati e masterizzati. Pertanto, grazie a tale innovativa forma di condivisione e reperimento di contenuti digitali, Napster diventò presto il primo sistema di *file-sharing* ad affermarsi diffusamente su larga scala, trasformandosi in poco tempo in un fenomeno di massa. Mentre all'inizio del 2000 gli utenti del servizio erano circa 5 milioni alla fine dello stesso anno erano già arrivati a 75 milioni. Il suo utilizzo si era diffuso particolarmente tra gli stu-

---

[223] Nel 1998 la Record Industry Association of America (RIAA) intentò una causa contro Diamond Multimedia, produttore del primo lettore portatile di file mp3, con lo scopo di ostacolare la distribuzione di musica in formato mp3. In questo caso il giudice, in considerazione della dottrina del *fair use*, ha riconosciuto il diritto dei consumatori alla copia, e quindi a trasformare il CD in file musicali mp3. Allo stesso tempo ha riconsciuto il diritto a produrre dispositivi che rendano quest'operazione possibile. Recording Indus. Ass'n, Inc. v. Diamond Multimedia Sys., Inc., 29 F. Supp. 2d 624, 631-32 (C.D.Cal. 1998), aff'd, 180 F.3d 1072 (9th Cir. 1999).

[224] Per una breve illustrazione del caso Napster si veda Lisa M. Zepeda, A&C Records, Inc. v. Napster, Inc., 17 Berkeley Tech. L.J. 71 (2002). Per una più compiuta analisi si veda anche Alderman, Sonic Boom-Napster, MP3, and the New Pioneers of Music, cit.; Trevor Merriden, Irresistible Forces: The Business Legacy of Napster & the Growth of the Underground Internet (2001); Boyle, The Public Domain, cit, p. 105. Nella dottrina italiana: Balsamo, Distribuzione On-line di File Musicali e Violazione del Copyright: Il Caso Napster, cit., p. 35; Paolo Cerina, Il Caso Napster e la Musica On-line: cronaca della Condanna Annunciata di una Rivoluzionaria Tecnologia, Dir. Ind., 2001, p. 26; Stabile, Gli MP3 File ed il Diritto d'Autore, cit., p. 273; Andrea Renda, Architettura, Controllo e DRM: Notizie dal Fronte, in Maria Lillà Montagnani, Maurizio Borghi (a cura di), Proprietà Digitale: Diritti d'Autore, Nuove Tecnologie e Digital Rights Management, Milano, 2006, p. 71, 81. Sui profili giuridici generali del caso Napster ed il fenomeno dell'anonimato *on-line* si veda anche Francesco Di Ciommo, Evoluzione Tecnologica e Regole di Responsabilità Civile, Napoli, 2003, p. 328 e ss.

[225] Il programma Napster fu creato da Shawn Fanning, all'epoca studente della Northeastern University, con lo scopo iniziale di facilitare la ricerca di file musicali tra i suoi compagni di università. Cfr. Edward Lee Lamourex, Steven L. Baron, Claire Stewart, Intellectual Property Law and Interactive Media: Free for a Fee, New York, 2009, p. 64.

denti, tanto da mettere in crisi i server delle università americane costrette a prendere provvedimenti per arginare il sovraccarico delle linee.

Il suo punto debole (dal punto di vista della responsabilità per violazione del diritto d'autore) consisteva nel fatto che non era ancora un sistema *peer-to-peer* puro, ovvero basato su *network* distribuiti e decentralizzati. Infatti Napster impiegava un sistema di server centrali utilizzati per conservare le liste di connessione e le liste dei titoli dei contenuti condivisi. Solo gli scambi, ovvero le attività di *upload* e *download* di contenuti, avevano luogo tra gli utenti senza alcuna intermediazione da parte di Napster.

Da un punto di vista operativo gli utenti, per poter utilizzare tale servizio, dovevano scaricare gratuitamente dal sito internet di Napster il vero e proprio software di condivisione chiamato *MusicShare*.[226] Il software era dotato di un'interfaccia grafica, un motore di ricerca e funzioni di *chat*.

Attraverso apposite impostazioni del programma *MusicShare* ogni utente aveva la possibilità di rendere disponibili ad altri utilizzatori, in quel momento collegati, i file mp3 presenti nel proprio archivio, ovvero in una *directory* del proprio computer.[227] Dopo opportune verifiche di compatibilità, i titoli di tali contenuti venivano infatti inseriti nei *servers* di Napster per la catalogazione. In altre parole l'archivio di ciascun utente, ovvero il suo elenco titoli, opportunamente identificato da *username,* veniva sistematizzato all'interno del server centrale di Napster in una apposita *directory* e reso consultabile da altri utenti solo quando l'utente corrispondente all'archivio era connesso alla rete. Per trovare un brano musicale si potevano quindi utilizzare parole chiave inerenti il titolo o l'autore del brano che il software di ricerca provvedeva ad elaborare sulla base delle liste di titoli presenti sui propri server. I risultati venivano inviati all'utente sotto forma di lista di titoli corredata da altre informazioni (grandezza del file, qualità, username dell'utente che rende disponibile il *file* etc.) e spettava poi all'utente selezionare il risultato di interesse. Solo a questo punto, dopo un processo di facilitazione della ricerca, poteva avvenire il vero e proprio transferimento che si realizzava attraverso i server degli utenti e non quelli di Napster.[228]

Tuttavia l'architettura del sistema prevedeva che i server di Napster ottenessero alcune indispensabili informazioni relative all'indirizzo IP

---

[226] Sul punto si veda la traduzione italiana della sentenza A&M Records, Inc. v. Napster, Inc. 114 F. Supp. 2d 896 (2000) in Paolo Cerina, Il Caso Napster e la Musica On-line: cronaca della Condanna Annunciata di una Rivoluzionaria Tecnologia, Dir. Ind., 2001, p. 26, 30. Un riassunto schematico del funzionamento di Napster è ripreso anche da Stabile, Gli MP3 File ed il Diritto d'Autore, cit., 2001, p. 278.

[227] Cfr. Cerina, Il Caso Napster e la Musica On-line: Cronaca della Condanna Annunciata di una Rivoluzionaria Tecnologia, cit. p. 31.

[228] Ibidem, p. 32.

dell'utente fornitore, trasmettendo poi il dato all'utente che ne faceva richiesta, sì da poter stabilire materialmente la connessione software necessaria al *download* del file mp3 dall'archivio dell'utente fornitore al computer del richiedente. I *servers* di Napster operavano quindi come veri e propri intermediari degli utenti connessi.

Proprio in seguito al crescente successo di questa piattaforma distributiva, le industrie discografiche americane iniziarono a valutare l'ipotesi di intervenire con un'azione legale contro Napster. L'obiettivo era quello di riuscire a provare una delle tre forme di responsabilità per violazione del diritto d'autore: *direct infringement, vicarious liability* e *contributory infringement*.[229] Tuttavia poiché Napster non copiava materialmente i contenuti distribuiti sui propri server sarebbe stato difficile addebitagli una responsabilità diretta.[230] Le industrie discografiche erano comunque convinte che, sulla base del fatto che tale sistema di condivisione era essenzialmente finalizzato a facilitare forme di pirateria audiovisiva, fosse quantomeno possibile rilevare una responsabilità indiretta o un concorso di colpa per violazione del *copyright* a carico di Napster.[231]

Nel dicembre del 1999, diverse case discografiche ed editori musicali[232] diedero il via al procedimento legale contro Napster di fronte alla U.S. District Court del nono circuito della California, contestando essenzialmente una violazione del *copyright* di tipo *vicarious* e *contributory*[233] e la generale inosservanza delle norme del *Copyright Act*.[234]

La difesa di Napster era indirizzata ad escludere la propria responsabilità anche in considerazione del fatto che gli utilizzatori del servizio non avevano scopi commerciali ma solo personali. Napster affermava che le copie effettuate dai suoi utenti sarebbero state protette ai sensi del § 1008 dell'*Audio Home Recording Act* (AHRA) che salvaguarda tutte le attività di copia a fini non commerciali sia in forma analogica che digitale. Nello specifico tale provvedimento prevede che:

---

[229] Su queste tre diverse forme di responsabilità presenti nel sistema statunitense per violazione del diritto d'autore si veda diffusamente quanto già riportato al § 2.2 p. 120.

[230] Così William W. Fisher III, Promises to Keep: Technology, Law, and the Future of Entertainment 113 (2004).

[231] Ibidem.

[232] La lista degli attori comprendeva le seguenti case discografiche: A&M Records, Geffen Records, Interscope Records, Sony Music Entertainment, MCA Records, Atlantic Recording Corp., Island Records, Motown Records Co., Capital Records, La Face Records, BMG d/b/a The RCA Records Label, Universal Records, Elecktra Entertainment Group, Arista Records, Sire Records Group, Polygram Records, Virgin Records America, e Warner Bros. Records. Cfr. A&M Records, Inc. v. Napster, Inc., 114 F. Supp. 2d 896 (9th Cir. 2000).

[233] A&M Records, Inc. v. Napster, Inc., 114 F. Supp. 2d 900 (9th Cir. 2000).

[234] 17 U.S.C. §§ 106, 115, e 501.

No action may be brought under this title alleging infringement of copyright based on the manufacture, importation, or distribution of a digital audio recording device, a digital audio recording medium, an analog recording device, or an analog recording medium, or based on the noncommercial use by a consumer of such a device or medium for making digital musical recordings or analog musical recordings.[235]

Inoltre, Napster tentò di farsi scudo del *fair use*[236], affermando che i comportamenti dei propri utenti non erano diretti ad una violazione diretta del diritto d'autore. In particolare Napster propose delle specifiche giustificazioni di *fair use* come l'attività di *sampling* (copie momentanee finalizzate all'ascolto pre-acquisto)[237] e quella di *space-shifting* (acquisizione di brani musicali in formato digitale già comunque posseduti su compact disc)[238], entrambe tuttavia rigettate dalla Corte.[239]

Napster infine eccepì l'esenzione da responsabilità ai sensi del *Digital Millennium Copyright Act* facendo riferimento alle cosiddette *safe harbor provisions*[240] che limitano la responsabilità dei *providers* relativamente alla violazione del *copyright* da parte dei loro utenti.[241]

Non era casuale che la difesa di Napster fosse principalmente incentrata a scagionare gli utilizzatori del servizio dall'accusa di violazione diretta del diritto d'autore. Infatti, la responsabilità per violazione contributiva è frutto dell'elaborazione giurisprudenziale ed in questo senso, come abbiamo già visto, richiede la presenza di tre elementi il primo dei quali è che sia prima di tutto dimostrata la violazione diretta da parte di altri soggetti. In altre parole, la giurisprudenza americana sostiene che non sia possibile attribuire la responsabilità per *contributory infringement* se non quando sia dimostrabile una violazione diretta del diritto d'autore da parte di altri sog-

---

[235] Audio Home Recording Act, 17 U.S.C. § 1008.

[236] § 107 U.S.C.

[237] Cfr. A&M Records, Inc. v. Napster, Inc., 114 F. Supp. 2d 896, 915 (9th Cir. 2000).

[238] Ibidem. L'eccezione di "space-shifting" si ha quando un utente realizza copie di file che già possiede per facilitare il loro uso in un altro supporto.

[239] Ibidem, p. 915.

[240] 17 USC § 512 (a).

[241] Le ipotesi di limitazione di responsabilità previste dal DMCA § 512 sono quattro e si riferiscono alle seguenti categorie di condotta del service provider: (i) funzioni di mera trasmissione o fornitura d'accesso; (ii) *system caching*; (iii) archiviazione di informazioni su sistemi o reti accessibili al pubblico; (iv) strumenti di localizzazione delle risorse. Per un approfondimento sul punto, vedi Sarah Mosole, Il Multimedia nel Sistema di Copyright Statunitense e la Responsabilità degli Intermediari On-line nella Distribuzione di Opere Protette, Ciberspazio e dir, 2001, p. 17. Sui profili generali della responsabilità dei providers si rimanda a Giovanni Maria Riccio, La Responsabilità Civile degli Internet Providers, Torino, 2002, p. 71 e ss.

getti.[242] In assenza di una violazione diretta da parte degli utenti del sistema di *file-sharing* sarebbe stato impossibile attribuire a Napster un concorso di colpa nella determinazione dell'evento lesivo del diritto.

Il 26 luglio 2000 il giudice Patel della U.S. District Court del nono circuito della California rigettò tutte le difese di Napster ed accogliendo le richieste degli attori concedeva una *preliminary injuction*.[243] In particolare la *District Court* respinse non solo tutte le eccezioni di *fair use,* perché non rispondenti ai requisiti previsti dalla sezione 107 dell'U.S. Code,[244] ma evidenziò un carattere commerciale nell'attività degli utenti perché attraverso Napster acquisivano beni che altrimenti avrebbero dovuto acquistare.[245] Respinse sommariamente, in una nota a piè di pagina, le argomentazioni di

---

[242] Vedi Sony Corp. of Am. v. Universal City Studios, Inc., 464 U.S. 417, 434, 78 L. Ed. 2d 574, 104 S. Ct. 774 (1984) ("To prevail on a contributory or vicarious copyright infringement claim, a plaintiff must show direct infringement by a third party"). Il principio è stato da ultimo riconfermato nel caso Grokster. Cfr. Metro-Goldwyn-Mayer, Inc. v. Grokster Ltd., 380 F.3d 1154, 1164 (9th Cir. 2004) ("Three elements are required to prove a defendant vicariously liable for copyright infringement: (1) direct infringement by a primary party, (2) a direct financial benefit to the defendant, and (3) the right and ability to supervise the infringers."). Sulla responsabilità del provider si veda anche il caso Religious Tech. Ctr. v. Netcom On-Line Commc'n. Servs., Inc., 907 F. Supp. 1361, 1368-73 (N.D. Cal. 1995) ("As there can be no contributory infringement by a defendant without direct infringement by another"). Il requisito necessario per l'individuazione del "contributory infringement" è stato in quest'ultimo caso rilevato in una situazione di esclusione della responsabilità del provider in una contraversia avente ad oggetto copie di materiale appartenente al gruppo Scientology comunicate in rete senza la dovuta autorizzazione da parte di un utente del provider Netcom On-line. La pubblicazione di tale materiale avvenne all'insaputa del provider, il quale forniva l'accesso al proprio newsgroup senza aver predisposto alcun controllo sugli interventi degli utenti. La Corte in quel caso aveva ritenuto che Netcom On-line si era comportata come semplice fornitore di "cavi e condotti" ("wire and conduits"), senza alcun filtraggio preventivo sul materiale inviato. In un simile caso, attribuire una responsabilità concorsuale – *contributory infringement* – al provider avrebbe significato riconoscere una "liability for every single usenet server in the world wide link of computer transmitting Erlichs message to every other computer". Il giudice aveva tuttavia ritenuto configurabile un concorso del service provider nell' illecita attività dei "subscribers" qualora fosse dimostrabile un colpevole ritardo del provider nell'eliminare il materiale contestato dopo aver ricevuto una *notice of infringement* del soggetto leso. Inoltre, veniva osservato come anche quando non fosse ravvisabile un concorso ("contributory infringement") sarebbe potuta comunque venire in considerazione la dottrina della "vicarious liability", in base alla quale risponde della violazione chi, avendo il diritto e la concreta capacità di controllare le azioni del soggetto direttamente responsabile della violazione, omette di impedire il verificarsi, traendone al contempo profitto.

[243] La *preliminary injunction* è un provvedimento cautelare inibitorio volto a preservare lo status quo sino alla decisione della causa nel merito. Per una traduzione del testo integrale della sentenza si veda Cerina, Il Caso Napster e la Musica On-line: cronaca della Condanna Annunciata di una Rivoluzionaria Tecnologia, cit., p. 26 e ss.

[244] Cfr. 17 U.S.C. §107. Vedi infra § 1.6.

[245] Cfr. A&M Records, Inc. v. Napster, Inc., 114 F. Supp. 2d 896, 912 (9th Cir. 2000). (La Corte osserva come gli utenti di Napster "get for free something they would ordinarily have to buy [...] reaping economic advantages from Napster use")

Napster concernenti l'*Audio Home Recording Act* dichiarando che la normativa non era applicabile al *downloading* di file mp3.[246] Rigettò il richiamo alle limitazioni di responsabilità previste dal DMCA per gli ISP in quanto, a giudizio della Corte, il convenuto aveva conoscenza delle condotte illecite dei proprio utenti, circostanza che automaticamente escludeva l'esenzione di responsabilità prevista dal DMCA.[247]

Pertanto, il giudice del Tribunale distrettuale, concordando con gli attori, ritenne gli utenti di Napster direttamente responsabili di violazione del *copyright* (*strict liability for direct infringement*).[248] Si apriva a quel punto la possibilità di configurare una responsabilità indiretta a carico di Napster a condizione di verificare i restanti due elementi di prova,[249] ovvero la conoscenza o prevedibilità da parte di Napster dell'altrui violazione (*actual knowledge*) e la concreta complicità nell'attività illecita (*substantial partecipation*). Nell'accertare tali condizioni la Corte osserva che Napster, attraverso il suo servizio, forniva di fatto agli utenti finali uno spazio virtuale e gli strumenti tecnici per provvedere allo scambio di opere tutelate da diritto d'autore e quindi procurava quelle *site and facilities* che sono condizione necessaria e sufficiente per individuare la responsabilità per *contributory infringement*.[250] Per questi motivi, pur non violando direttamente il *copyright* dei convenuti, Napster dimostrava di esserne comunque a conoscenza e non solo non vi si opponeva ma assecondava i propri utenti nel perpetrare la violazione risultando responsabile di *contributory copyright infringement*. La conoscenza generalizzata di tali violazioni diveniva condizione sufficiente per tale tipo responsabilità.[251]

Quanto infine alla *vicarious liability* la Corte doveva appurare la sussistenza dei due requisiti essenziali per incorrere in tale responsabilità, ovvero la facoltà e capacità di supervisionare l'attività illecita svolta da altri,

---

[246] A&M Records, Inc. v. Napster, Inc., 114 F. Supp. 2d 896, 916 note n. 19 (9th Cir. 2000) ("The AHRA is irrelevant to the instant action. Neither the record company nor music publisher plaintiffs have brought claims under the AURA; moreover, the Ninth Circuit did not hold in Diamond Multimedia that the AHRA covers the downloading of MP3 files.").

[247] Ibidem, p. 919, note n. 24.

[248] Ibidem, p. 911 (La Corte rileva che: "Plaintiffs have established a prima facie case of direct copyright infringement. As discussed above, virtually all Napster users engage in the unauthorized downloading or uploading of copyrighted music; as much as eighty-seven percent of the files available on Napster may be copyrighted, and more than seventy percent may be owned or administered by plaintiffs").

[249] Il primo elemento di prova è la dimostrazione della violazione diretta da parte di altri soggetti.

[250] Il precedente richiamato dalla Corte circa il criterio di valutazione del contributo materiale alla violazione è il caso Fonovisa, Inc. v. Cherry Auction, Inc., 76 F.3d 259, 264 (9th Cir. 1996).

[251] A&M Records, Inc. v. Napster, Inc., 114 F. Supp. 2d 896, 919-910 (9th Cir. 2000).

accompagnata da un interesse economico diretto in tale attività.[252] Anche in questo caso si stabilì che Napster avesse tali peculiarità.[253] Sul punto, il giudice ritenere indubbia la capacità di controllo da parte di Napster e, anche se con più difficoltà, ipotizzò pure un indiretto beneficio economico.[254]

Napster ricorse contro la *preliminary injuction* di fronte alla Corte d'Appello del nono circuito che accolse il reclamo per la sospensione d'urgenza dell'ingiunzione in attesa del giudizio di merito. Il 12 febbraio 2001 la Corte d'Appello emise il proprio parere circa il ricorso contro l'*injuction* confermando molti aspetti del giudizio di primo grado ma richiedendo che fossero gli attori a segnalare, richiedendo la rimozione, la presenza di specifiche registrazioni sonore illegalmente scambiate attraverso il suo sistema.[255] Il caso fu quindi rinviato alla *District Court* per la riforma ed il 5 marzo 2001 fu emesso un provvedimento inibitorio opportunamente modificato.[256]

Il 3 giugno 2002 Napster presentò richiesta di amministrazione controllata ai sensi del *Chapter 11*.[257] Il marchio ed il logo di Napster furono poi acquisiti all'asta fallimentare dalla società Roxio che ha provveduto a riaprire un servizio di musica *on-line*.[258]

Dopo la chiusura definitiva di Napster[259] i suoi cloni, ossia programmi basati sulla stessa tecnica di trasmissione, si sono diffusi sul web con estremo successo.[260] Questi nuovi software consentono agli utenti di Internet

---

[252] Ibidem, p. 920-921 ("a defendant incurs liability for vicarious copyright infringement if he has the right and ability to supervise the infringing activity and also has a direct financial interest in such activities").

[253] Ibidem ("The court therefore finds that Napster has the right and ability to supervise its users' infringing conduct").

[254] Ibidem, p. 1023 ("The district court determined that plaintiffs had demonstrated they would likely succeed in establishing that Napster has a direct financial interest in the infringing activity. We agree. Financial benefit exists where the availability of infringing material "acts as a 'draw' for customers". [...] Ample evidence supports the district court's finding that Napster's future revenue is directly dependent upon "increases in userbase." More users register with the Napster system as the "quality and quantity of available music increases."").

[255] A&M Records, Inc. v. Napster, Inc., 239 F.3d 1004 (9th Cir. 2001).

[256] A&M Records, Inc. v. Napster, Inc., No. C 99-05183 (N.D. Cal. March 5, 2001).

[257] Cfr. Chapter 11, Title 11, U. S. Code. Si tratta di una sezione della legge fallimentare statunitense che permette alle imprese di avviare una riorganizzazione a seguito di un grave dissesto finanziario.

[258] http://free.napster.com/.

[259] Vedi A&M Records v. Napster, 191 F. Supp. 2d 1087, 284 F.3d 1091 (2002).

[260] I più diffusi programmi di condivisione che si sono succeduti nel tempo sono: Edonkey, Kazaa, Winmx, LimeWare, Morpheus, Bearshare, Grnutella, eMule etc. Per un'analisi dettagliata del fenomeno dopo l'avvento di Napster si veda Gartner, G2 & The Berkman Center for Internet & Society at Harvard Law School, Copyright and Digital Media in a Post-Napster World, (2003) alla URL <http://cyber.law.harvard.edu/home/uploads/254/20 03-05.pdf>.

di condividere contenuti musicali e altri tipi di *file* senza che i dati debbano essere immagazzinati in un server centrale, e quindi senza l'architettura i-brida di Napster.[261] Le più recenti tecnologie in questo ambito permettono infatti ai computer connessi *on-line* di comunicare tra di loro, senza passare attraverso un server centrale (modello *network* distribuito).

Tecnicamente, attraverso questi programmi, il *download* e *l'upload* di *files* avvengono direttamente dal computer di un utente a quello di un altro. Per iniziare a scambiare dati, tutto quello che serve è installare uno di questi software e identificare una cartella speciale nella quale immagazzinare i *files* disponibili per la condivisione.

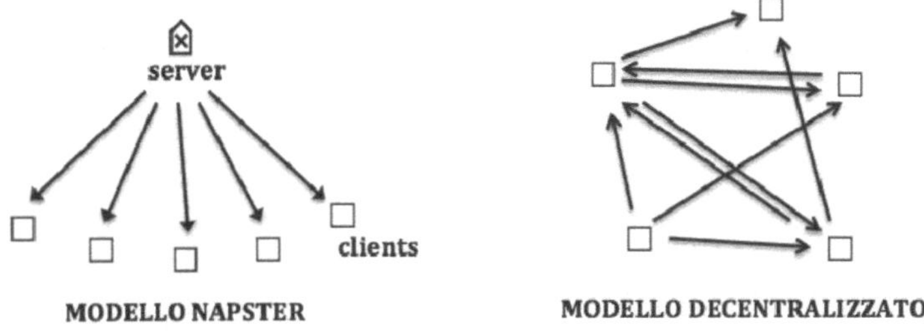

Figura 2.5.2 - Network centralizzati e distribuiti

Tra tutti gli utenti che installano lo stesso software si crea una rete paritaria ove ogni computer funge, contemporaneamente, da *client* e da *server*. Questo significa che la condivisione dei dati non avviene tramite un *server* centrale bensì attraverso i permessi di condivisione attribuiti da ciascuno dei singoli utenti.[262] Le reti punto a punto, o *peer-to-peer*, infatti, sono il ri-

---

[261] Napster è stato considerato responsabile di violazione del *copyright* "vicaria" perché la Corte ha stabilito che esso aveva la capacità di supervisionare e controllare dei suoi utenti. A&M Records, Inc. v. Napster, Inc., 239 F.3d 1004, 1022-23 (9th Cir. 2001). Si è ritenuto inoltre che Napster ottenesse dei benefici di carattere economico attraverso l'attività illecita. Napster, 239 F.3d at 1023. Il suo tallone d'Achille era infatti che manteneva traccia dell'attività dei propri utenti perché si avvaleva di un network centralizzato. Cfr. Kurt Kleiner, Free Speech, Liberty, Pornography: The Internet and Peer to Peer Networking, 169 New Scientist 32, 33 (2001).

[262] Cfr. Giovanni Ziccardi, Il Diritto d'Autore nell'Era Digitale, Milano, 2001, p.127. Ogni utente collegato per poter accedere ed entrare a far parte della rete di condivisione "invia un messaggio di tipo handshake (stretta di mano), con cui si presenta; una volta ricevuta dalla controparte una conferma, invia una richiesta (ping) con cui annuncia la sua presenza attiva nel network e specifica un Ttl (time to live), ovvero il numero di volte che la richiesta che farà potrà essere inoltrata ad altri computer. L'altro peer reagisce con due operazioni: innanzi tutto con una replica (pong), in cui specifica il proprio indirizzo IP e le sue informazioni sul numero di file in condivisione e sullo spazio da essi occupato; in secondo luogo, inoltra il ping ricevuto al altri peer".

sultato di una grande quantità di connessioni individuali tra coppie di elaboratori.

Proprio per questo in una rete *peer-to-peer* tutte le postazioni possono essere considerate *client* e *server*: infatti, non essendoci un *server* di dominio, tutte le postazioni vengono configurate per lavorare in un contesto di gruppo di lavoro, ovvero ogni utente è, al contempo, l'amministratore del proprio *client* con facoltà di decidere autonomamente se condividere o meno una risorsa con gli altri.

Se la vigente normativa ha consentito la chiusura di Napster, è estremamente più difficile, per i titolari dei diritti d'autore, ottenere lo stesso risultato con le nuove reti decentralizzate (*peer-to-peer* di seconda e terza generazione). Di conseguenza, l'unica possibilità per contrastare il fenomeno è di fare affidamento sugli altri soggetti non direttamente coinvolti, ovvero *internet service providers*, operatori di reti via cavo e compagnie telefoniche, per rendere il *file sharing* più difficile oppure per colpire direttamente i singoli utenti.[263] Le disposizioni del DMCA, infatti, sono state adottate in un periodo in cui le reti di distribuzione delle informazioni erano essenzialmente basate su un modello prevalentemente centralizzato piuttosto che distribuito. Ne consegue che oggi è molto complicato per il titolare di un diritto perseguire la distribuzione non autorizzata di materiale protetto da *copyright,* chiamando in giudizio gli operatori che fisicamente permettono la condivisione di *file*.[264] Inoltre, come abbiamo visto, le norme del DMCA creano una sorta di immunità per i *service providers*, per le società di telecomunicazioni ed i motori di ricerca. Tali soggetti sono esonerato dalla responsabilità verso il *Copyright Act,* per certe attività legate alla trasmissione di materiale illecito *on-line*, se soddisfano certi requisiti tracciati per salvaguardare gli interessi dei titolari di *copyright*.[265] La conseguenza è che l'industria dei contenuti ha comunque dimostrato di essere disposta ad avversare con ogni mezzo anche i singoli utenti che condivido-

---

[263] Per soluzioni alternative al problema del *peer-to-peer* si veda William W. Fisher III, Promises to Keep: Technology, Law, and the Future of Entertainment 199-258 (2004) e Neil Weinstock Netanel, Impose a Noncommercial Use Levy to Allow Free Peer-to-Peer File Sharing, 17 Harv. J.L. & Tech. 1 (2003) (L'A. propone di legalizzare il *peer-to-peer* e di sostituire la perdita di reddito con una imposta sull'hardware e sui servizi Internet). Si veda anche Lionel S. Sobel, DRM as an Enabler of Business Models: ISPs as Digital Retailers, 18 Berkeley Tech. L.J. 667, 667-68 (2003) (L'A. propone un altro modo per garantire la remunerazione ai titolari del diritto: un modello in cui i fornitori di servizi Internet agiscono come "digital retailers"). Cfr. Charles Mann, The Year the Music Dies, Wired, Feb. 2003, p. 90, alla URL <http://www.wired.com/wired/archive/11.02/dirge.html>.

[264] Cfr. Congressional Budget Office, cit., p. 18.

[265] Cfr. 17 U.S.C. § 512 (2000). Su questo punto vedi Douglas Lichtman, William Landes, Indirect Liability for Copyright Infringement: An Economic Perspective, 16 Harv. J.L. & Tech. 395, 401-02 (2003).

no *files* illegalmente. Dall'altro lato la normativa comunitaria, sino ad ora, ha lasciato maggiore discrezionalità agli Stati membri sulla protezione di contenuti digitali scambiati illegalmente per fini non commerciali.[266] È tuttavia indiscutibile che l'approvazione di alcune recenti direttive[267] potrebbe cambiare questa condizione, con la possibilità di veder crescere anche in Europa il numero di procedimenti legali contro singoli utenti accusati di utilizzare impropriamente sistemi di *file sharing*.[268] Una cosa è certa: tale atteggiamento ha soltanto un effetto deterrente sui potenziali trasgressori.[269] Un concreto cambiamento nel comportamento dei consumatori potrebbe essere possibile solo se l'industria dei contenuti fosse in grado di fornire una solida e convincente alternativa legale alle reti *peer-to-peer*.[270] È alquanto singolare che l'unico modello strutturato di distribuzione legale di contenuti digitali – iTunes – sia frutto di una società che ha come *core business* la produzione di software e computer.

È convinzione comune che la tecnologia *peer-to-peer* continuerà a crescere perfezionandosi e diventando sempre più decentralizzata.[271] Dopo la

---

[266] Cfr. Mazziotti, EU Digital Copyright Law and the End-User, cit., p. 143 e ss. L'A. osserva come all'interno del perimetro disegnato dalla direttiva InfoSoc sia complesso inquadrare il comportamento di utenti di sistemi di *file-sharing* come attività certamente illecita. La legittimità di tali comportamenti è infatti legata non tanto al concetto di copia privata quanto piuttosto all'assenza di un fine commerciale della copia. Il risultato è che le Corti dei vari Stati membri investite della questione si sono spesso pronunciate in maniera diversa. Sul punto si veda anche Christophe Geiger, Legal or Illegal: That is the Question! Private Copying and Downloading on the Internet, 39 Int'l Rev. of Intell. Prop. & Compet. L. 597 (2008).

[267] Dir. 2001/29, 2001 G.U. (L 167) 10 (EC); Dir. 2004/48, 2004 G.U. (L 195) 16 (CE).

[268] Per un approfondimento sul punto si rimanda a Paolo Auteri, Il Caso Napster alla Luce del Diritto Comunitario, in Luigi Carlo Ubertazzi (a cura di), TV, Internet e New Trends di Diritti d'Autore e Connessi, Milano, 2003, p. 63.

[269] Cfr. Mark A. Lemley, R. Anthony Reese, Reducing Digital Copyright Infringement without Restricting Innovation, 56 Stan. L. Rev. 1345 (2004). Lemley e Reese osservano come i titolari dei diritti d'autore preferiscano azioni legali nei confronti dei "facilitatori" piuttosto che citare i diretti trasgressori. Ciò risulta, infatti, meno costoso e più facile anche se non necessariamente più efficiente. Proprio per questo motivo, gli autori propongono un diverso e più funzionale approccio al problema: "Copyright owners sue facilitators online because it is cheaper and easier for them than suing direct infringers. Cheaper and easier does not necessarily mean more efficient, however. The shift toward suing facilitators who are further and further removed from the act of direct infringement imposes substantial social costs on both legitimate users and on innovation, costs that the copyright owners do not have to bear. A better approach is to change the economics of targeting direct infringers. One way to do this is to enforce civil and criminal copyright statutes against high-volume uploaders. Such enforcement would likely have a substantial deterrent effect on uploading illegal files, though it may have undesirable social or moral consequences. Alternatively, we could reduce the cost of targeting direct infringers by imposing a levy on the technology they use or by subjecting them to a relatively low-cost, quick administrative enforcement system". Cfr. Id., p. 1434.

[270] Cfr. Biddle et. al., The Darknet and the Future of Content Protection, cit. Vedi anche Lemley e Reese, Reducing Digital Copyright Infringement without Restricting Innovation, cit.

[271] David W. Opderbeck, Peer-to-Peer Networks, Technological Evolution, and Intellectual

fine di Napster, infatti, gli utenti finali sono migrati verso altre tipologie reti *peer-to-peer* e nuove infrastrutture di rete come ad esempio i *file torrent* e le repository di contenuti digitali.[272] Questo è vero adesso e continuerà ad essere vero nel futuro, anche dopo la decisione nel caso Grokster,[273] in cui la Corte Suprema americana, sviluppando una nuova teoria di responsabilità indiretta per *copyright infringement* (*inducement liability*)[274] ma facendo salva la dottrina prima esposta dell'uso sostanziale non illecito (*substantial non-infringing use*),[275] ha ritenuto che Grokster e StreamCast – due piccoli distributori di software – fossero responsabili per aver semplicemente indotto alla violazione di *copyright* in relazione a comportamenti verificatisi nell'ambito della commercializzazione di software di condivisione.[276]

Property Reverse Private Attorney General Litigation, 20 Berkeley Tech. L.J. 1685, 1688 (2005).

[272] Rapidshare, Megaupload, Badongo, MediaFire, FileFront, FileFactory, Megashares, Turboupload e Sendspace sono solo alcuni dei giganteschi *repository* in cui gli utenti possono uploadare e condividere file di ogni natura.

[273] Metro-Goldwyn-Mayer Studios, Inc. v. Grokster, Inc., 259 F. Supp. 2d 1029, 1041-43 (2003), aff'd, 380 F.3d 1154 (9th Cir. 2004), rev'd, 125 S. Ct. 2764 (2005). Il 27 giugno 2005, la United States Supreme Court ha ribaltato il giudizio della Corte del Nono Circuito riconoscendo Grokster e StreamCast responsabili di "inducing copyright infringement". Per una illustrazione del caso, si veda Pamela Samuelson, Three Reactions to MGM v. Grokster, 13 Mich. Telecomm. Tech. L. Rev. 177, 195 (2006); Lori Ploeger, Matthew D. Brown, and Orion Armon, An Overview of MGM Studios Inc. v. Grokster, Ltd., 34 The Col. Law. 89 (2005); Urs Gasser, John Palfrey , Catch-As-Catch-Can: A Case Note on Grokster, Berkman Center Research Publication Series 2005 alla URL <http://papers.ssrn.com/so 13/papers.cf m?abstract_id=869030>). Per un punto di vista europeo sulla vicenda Hilary Pearson and Graham Smith, Internet Filesharing. A European Perspective on Grokster, 10 Cyber. Law. 11 (2005).

[274] Metro-Goldwyn-Mayer Studios, Inc. v. Grokster, Ltd., 545 U.S. 913, 914 (2005) (La Corte spiega l'*inducement liability* con questi termini "one who distributes a device with the object of promoting its use to infringe copyright, as shown by clear expression or other affirmative steps taken to foster infringement, is liable for the resulting acts of infringement by third parties").

[275] Sony Corp. of Am. v. Universal City Studios, Inc., 464 U.S. 417, 442 (1984). (applying the substantial non-infringing use doctrine for the first time in a copyright case).

[276] Il caso si riferisce alla condanna subita da Grokster e Streamcast, utilizzatori e creatori del software Morpheus, per aver distribuito il loro software con il chiaro intento di trarre dei benefici finanziari dallo scambio di materiale immesso illegalmente in rete. Le software house pubblicizzavano, infatti, il software con slogan palesemente allusivi delle possibilità di ottenere gratuitamente contenuti audio e video. La Corte pur non rilevando come illegale la realizzazione di una piattaforma di scambio, tanto più se chi la produce non ha l'effettivo controllo sul modo in cui è utilizzata, ha tuttavia condannato Grokster e Streamcast in quanto colpevoli di favoreggiamento (*inducement*) nella violazione del *copyright* essendo corresponsabili delle violazioni perpetrate attraverso il loro software. In particolare la Corte Suprema ha fissato il principio secondo cui chi distribuisce un prodotto con lo scopo di promuovere il suo uso per violare il *copyright,* come provato da un'evidente e chiara manifestazione o da altre attività dirette a favorire la violazione, è responsabile per gli atti

Dal punto di vista dell'industria dei contenuti, c'è un significativo incremento nel numero dei sistemi di distribuzione legale dei contenuti e una parallela concorrenza con i contenuti acquisiti illegittimamente. Come notato in uno dei recenti rapporti annuali della Federazione Internazionale delle Industrie Musicali (*International Federation of the Phonographic Industry* - IFPI), quando l'offerta di musica disponibile digitalmente prolifera, essa può competere con la pirateria.[277] Il rapporto rivede i progressi fatti nel panorama dell'industria musicale digitale negli ultimi anni, illustrando i nuovi modelli di distribuzione e fruizione della musica *on-line*.[278] Il numero delle piattaforme digitali ove i consumatori possono acquistare musica legalmente rappresenta ormai il 20% delle vendite globali di musica, con un giro d'affari di 3,7 miliardi di dollari. In aggiunta, i download a pagamento sono in continua crescita. Servizi come iTunes, Amazon, Nokia Music store sono diventati nomi famosi a livello internazionale e molti altri siti nazionali sono specializzati in repertori locali. L'industria discografica sembrerebbe dunque indirizzata seriamente verso una riscoperta di se stessa e dei propri modelli di business, anche se si continua a porre eccessivamente l'accento sulla piaga della pirateria che negli ultimi tre anni, stando ai dati del report, sembrerebbe aver visto 40 miliardi di *files* illegali scaricati, pari al 95% del totale.[279] Conforta comunque il fatto che il dibattito sullo scenario dei contenuti digitali rimane alto, ponendo in evidenza come da ciò dipenda seriamente anche il futuro dell'intero settore discografico. Come osservato, i governi sembrano abbastanza attivi al riguardo, tanto da considerare che nel dibattito sul *free content* e nel coinvolgimento dei provider nella tutela della proprietà intellettuale, il fare nulla non sia un'opzione valida se si vuole garantire un futuro per i contenuti digitali. Tuttavia il report non fa altro che confermare che, per le industrie creative nell'era digitale, l'unica via di uscita è rappresentata da un nuovo approccio nella protezione dei diritti e nelle forme di remunerazione.

---

conseguenti di violazione commessi da terze parti. Cfr. Metro-Goldwyn-Mayer Studios, Inc. v. Grokster, Ltd., 545 U.S. 913, 914 (2005) ("who distributes a device with the object of promoting its use to infringe *copyright*, as shown by clear expression or other affirmative steps taken to foster infringement, is liable for the resulting acts of infringement by third parties"). Sul punto sui veda Gasser, Palfrey, Catch-As-Catch-Can: A Case Note on Grokster, cit., p. 6; Andrea Renda, Architettura, Controllo e DRM: Notizie dal Fronte, cit. p. 84 e ss; Samuelson, Three Reactions to MGM v. Grokster, cit., p. 177. Per una visione d'insieme dei vari casi statunitensi in materia di acquisizione illegale di contenuti attraverso software di condivisione si rimanda a Mazziotti, EU Digital Copyright Law and the End-User, cit., p. 153 e ss.

[277] Cfr. IFPI:09 Digital Music Report, cit.

[278] Ibidem.

[279] Ibidem.

A nostro avviso, tutto ciò sta ad indicare che le norme e le pronunce contro le reti *peer-to-peer* non hanno portato risultati positivi a dispetto delle migliaia di cause ed altre campagne "terroristiche". Al contrario, l'incremento e la proliferazione dei servizi che offrono musica digitale a pagamento hanno definito un nuovo mercato e nuovi modelli di *business*. I consumatori hanno ben accolto queste nuove iniziative e le loro attitudini verso la musica digitale stanno cambiando. La soluzione *pro futuro* sembra essere pertanto rappresentata dai servizi di *pay-per-downloads* o in abbonamento quali unici e veri strumenti per controllare la pirateria musicale.

2.6 Il rispetto dei diritti di proprietà intellettuale in Europa

Uno degli aspetti maggiormente problematici dei diritti della proprietà intellettuale nell'ambiente digitale concerne le regole sul loro rispetto.

L'azione della Comunità europea nel settore della proprietà intellettuale ha avuto essenzialmente ad oggetto l'armonizzazione del diritto nazionale e la realizzazione di un diritto uniforme nell'Unione.[280] Tuttavia, anche se la graduale armonizzazione del diritto sostanziale ha agevolato la libera circolazione tra gli Stati membri rendendo più chiare le norme applicabili, gli strumenti volti a far rispettare i diritti di proprietà intellettuale non sono stati ancora armonizzati.

Per colmare questa lacuna ed armonizzare gli strumenti diretti a garantire l'effettivo rispetto dei diritti di proprietà intellettuale, il 29 aprile 2004, il Consiglio dei ministri dell'Unione europea ha adottato la direttiva 2004/48/CE sul rispetto dei diritti di proprietà intellettuale (detta anche IPRED1, *Intellectual Property Rights Enforcement Directive*).[281] Con tale

---

[280] In altre parole "sono state armonizzate le normative nazionali attraverso l'adozione di direttive sui marchi, i disegni e modelli, i brevetti in materia d'invenzioni biotecnologiche e su alcuni aspetti del diritto d'autore e dei diritti connessi." Contemporaneamente "la Comunità ha creato anche diritti uniformi a livello comunitario, d'immediata applicazione in tutto il territorio della CE, come il marchio comunitario e, più recentemente, i disegni o modelli comunitari." Cfr. Rispetto dei Diritti di Proprietà Intellettuale, alla URL < http://europa.eu/legislation_summaries/internal_market/businesses/intellectual_property/l26057a_it.htm>.

[281] Direttiva 2004/48/CE del Parlamento europeo e del Consiglio, del 29 aprile 2004, sul rispetto dei diritti di proprietà intellettuale, 2004 G.U. (L 157) 45 (CE). Per informazioni sulla direttiva ed piano d'azione comunitario, si veda Rispetto dei Diritti di Proprietà Intellettuale, alla URL <http://europa.eu/legislation_summaries/internal_market/businesses/intellectual_property/l26057a_it.htm>. Per commenti critici, vedi Ryan Bates, Communication Breakdown: the Recording Industry's Pursuit of the Individual Music User, a Comparison of US and EU Copyright Protections for Internet Music File Sharing, 25 Nw. J. Int'l L. & Bus. 229 (2004); Rico Calleja, The IP Enforcement Directive, 10 Comp. & Telecomm. L. Rev. 55 (2004); David Ellard, The EU's IPR Enforcement Directive: origin, key provisions and fu-

provvedimento il legislatore comunitario vuole porre i presupposti per l'applicazione uniforme, in tutta l'Unione, dei diritti di proprietà intellettuale attraverso il coordinamento di adeguati strumenti (sanzioni amministrative) che ne assicurino l'osservanza. La direttiva vuole inoltre armonizzare le legislazioni degli Stati membri, per garantire alla proprietà intellettuale un livello uniforme di protezione in tutto il mercato interno. Le violazioni della proprietà intellettuale, come la contraffazione e la pirateria, sono infatti fenomeni in incessante crescita tanto da assumere una valenza internazionale realizzando concreti rischi per l'economia.[282] In particolare, nel mercato interno europeo i trasgressori traggono indiretti vantaggi dalle disparità che esistono tra i vari meccanismi istituiti dagli Stati membri per tutelare i diritti di proprietà intellettuale. In altri termini, "i prodotti contraffatti e le merci usurpative tendono ad essere fabbricati e

---

ture of the EU's IPR Enforcement Directive, 3 Computer L. Rev. Int'l 64 (2004); Peter Groves, The proposed EC Directive on Enforcement of Intellectual Property Rights, 25 Bus. L. Rev. 149, 151 (2004); Annette Kur, The Enforcement Directive–Rough start, happy landing?, 35 Int'l Rev. of Indus. Prop. and Copyright L. 821 (2004); Charles-Henry Massa, Alain Strowel., The Scope of the Proposed IP Enforcement Directive: Torn between the Desire to Harmonise Remedies and the Need to Combat Piracy, 26 Eur. Intell. Prop. Rev., 244 (2004); Michael Veddern, The Enforcement Directive 2004/48/EC–A Further Step in the Harmonization of IP Laws in Europe, 16 IPR Helpdesk Bulletin 4-5 (2004), alla URL http://www.iprhelpdesk.org/newsletter/16/pdf/EN/N16_16_EN.pdf; Roger Wezenbeek, Balancing Consumer and Rightholders' Interests in - and outside European Union (Jun. 2004), alla URL <http://www.ipa-congress.com/prog/work/download/Wezenbeek.pdf>. Nella dottrina italiana si veda Luca Nivarra, L'Enforcement dei Diritti di Proprietà Intellettuale dopo la Direttiva 2004/48/CE, 54 Riv. Dir. Ind. 33 (2005); Carmelita Camardi, Le cosiddette "misure alternative" (art. 12 direttiva CE 2004/48 del 29 aprile 2004) in Luca Nivarra (a cura di), L'Enforcement dei Diritti di Proprietà Intellettuale. Profili Sostanziali e Processuali, Milano, 2005, p. 41; Beatrice Cunegatti, Prime Osservazioni alla Direttiva 2004/48/CE del 29 aprile 2004 sul Rispetto dei Diritti di Proprietà Intellettuale: Come Dovrà Cambiare il Diritto d'Autore in Ambito Nazionale, Dir. aut., 169 (2006); Maria A. Caruso, Enforcement dei Diritti della Proprietà Intellettuale e Globalizzazione, Dir. aut., 181 (2008); Vincenzo Di Cataldo, Compensazione e Deterrenza nel Risarcimento del Danno da Lesione di Diritti di Proprietà Intellettuale, Giur. Comm., 198 (2008).

[282] Brevetti, diritto d'autore, marchi, modelli e design sono tutti oggetto di contraffazioni o imitazioni, ma praticamente nessun prodotto è considerabile immune da tali pratiche illegali. Contrariamente a quanto si potrebbe pensare, non solo la musica, i film, il software ed altri contenuti protetti, ma anche cibo e bevande, prodotti farmaceutici, orologi, abbigliamento, sigarette, cosmetici sono gli obiettivi apprezzati dai contraffattori. Sul punto si veda Telecom Liberalization Can Benefit All Citizens, AGIP Bulletin June 2004, 5 alla URL <http://www.agip.com/bulletin_sub.aspx?year=2004&month=6&lang=en>. Il primo Congresso mondiale sulla lotta alla contraffazione ha stimato che il valore delle merci contraffatte e piratate sia di oltre 500 miliardi di euro all'anno. The First Global Congress on Combating Counterfeiting, World Customs Organization Headquarters, Brussels (May 25-26, 2004), http://www.akjassoci ates.com/wco2004/website.asp?page=declaration.

venduti nei paesi che reprimono con minore efficacia degli altri la contraffazione e la pirateria".[283]

Secondo tale direttiva, gli Stati membri devono stabilire una serie di misure e procedure per dissuadere comportamenti illegali, oltre che rimedi proporzionali (per le perdite subite dalla controparte) contro chi abbia preso parte ad attività di contraffazione o infrazione delle norme sulla proprietà intellettuale.[284]

La direttiva, infatti, obbliga tutti gli Stati membri ad applicare misure, procedure e mezzi di ricorso, proporzionati, efficaci e dissuasivi contro la pirateria e la contraffazione, offrendo una difesa stringente contro tali violazioni.[285]

Il fondamento logico di tale previsione si manifesta in modo chiaro nei *considerando*, anche se tale obbligo generale è chiaramente ispirato dall'art. 41(2) dell'Accordo TRIPs.[286] Tale legame è così evidente che, poiché la direttiva realizza una situazione *de facto* più stringente di quella prevista dall'Accordo TRIPs, le si è spesso attribuita l'etichetta di *"TRIPS-plus"*.[287]

Il legislatore europeo osserva come sia necessario rafforzare i diritti di proprietà intellettuale perché in assenza di misure efficaci che ne assicurino il rispetto, l'innovazione e la creazione sono scoraggiate e gli investimenti si contraggono.[288] In quest'ottica risulta indispensabile garantire che "il diritto sostanziale in materia di proprietà intellettuale [...] sia effettivamente applicato nella Comunità" perché il rispetto di tale diritto è di "capitale importanza per il successo del mercato interno".[289] Il legislatore europeo ha inoltre sottolineato come negli Stati membri, nonostante l'accordo

---

[283] Cfr. Rispetto dei Diritti di Proprietà Intellettuale, alla URL < http://europa.eu/legislation_s ummaries/internal_market/businesses/intellectual_property/l26057a_it.htm# >.

[284] Cfr. Enrico Bonadio, Remedies and Sanctions for the Infringement of Intellectual Property Rights under EC Law. 30 Eur. Intell. Prop. Rev., 320 (2008).

[285] Gli Stati membri avevano l'obbligo di attuare la direttiva entro il 28 Aprile 2006. Cfr. Dir. 2004/48, art. 3., 2004 G.U. (L 157) 61 (CE).

[286] "Le procedure atte ad assicurare il rispetto dei diritti di proprietà intellettuale sono leali ed eque. Esse non sono indebitamente complicate o costose né comportano termini irragionevoli o ritardi ingiustificati." Cfr. Agreement on Trade-Related Aspects of Intellectual Property Rights, Apr. 15, 1994, art. 41(2), Marrakech Agreement Establishing the World Trade Organization, Annex 1C, 33 I.L.M. 1125 (1994) [in seguito Accordo TRIPS]. Cfr. Annette Kur, The Enforcement Directive-Rough start, happy landing?, cit., p. 826.

[287] Così Charles-Henry Massa, Alain Strowel, The Scope of the Proposed IP Enforcement Directive: Torn between the Desire to Harmonise Remedies and the Need to Combat Piracy, 26 Eur. Intell. Prop. Rev., 244, 246 (2004).

[288] Dir. 2004/48, Considerando 3, 2004 G.U. (L 157).

[289] Ibidem.

TRIPS,[290] ci siano ancora forti disparità circa gli strumenti diretti ad assicurare il rispetto dei diritti della proprietà intellettuale.[291] In particolare, gli ambiti ed i livelli di applicazione dei provvedimenti provvisori per preservare gli elementi di prova o quelli relativi alla valutazione dei risarcimenti o alle modalità di applicazione dei procedimenti inibitori d'urgenza, variano considerevolmente da Stato a Stato. Infatti, in alcuni Stati membri, "non sono previste misure, procedure e mezzi di ricorso come il diritto d'informazione o il ritiro, a spese dell'autore della violazione, delle merci controverse immesse sul mercato".[292]

Come abbiamo accennato, l'esigenza di assicurare un maggior livello di protezione alla proprietà intellettuale si ritrova anche nelle previsioni dell'Accordo TRIPs,[293] ovvero il caposaldo del diritto internazionale in materia di tutela della proprietà intellettuale[294]. Di fatto la direttiva traspone, a livello comunitario, le norme processuali (artt. 41-49) contenute nell'accordo TRIPs.[295] In effetti, la direttiva attua a livello comunitario alcune cosiddette *best practices* già in vigore in uno o più Stati membri.[296] Inoltre, l'armonizzazione non è limitata a settori specifici di proprietà intellettuale, ma può essere applicata a qualsiasi tipo di violazione con la

---

[290] Tale accordo costituisce un tentativo di ridurre le lacune nel modo in cui i diritti di proprietà intellettuale sono protetti in tutto il mondo, rimettendoli sotto il comune ombrello di norme internazionali. L'Accordo TRIPS stabilisce in particolare un livello minimo di protezione, che ogni governo deve offrire ai diritti di proprietà intellettuale degli altri membri dell'OMC. Cfr. Accordo TRIPS, cit.

[291] Dir. 2004/48, Considerando 7, 2004 G.U. (L 157).

[292] Ibidem.

[293] TRIPS art. 41-50 e 61.

[294] Cfr. Ellard, The EU's IPR Enforcement Directive: origin, key provisions and future of the EU's IPR Enforcement Directive, cit., p. 66.

[295] L'Accordo TRIPs stabilisce che i governi hanno l'obbligo di assicurare che i diritti di proprietà intellettuale siano rispettati dalle rispettive legislazioni nazionali, e che le sanzioni per la violazione siano sufficientemente severe da scoraggiare ulteriori violazioni. Le procedure atte ad assicurare il rispetto dei diritti di proprietà intellettuale sono leali ed eque. Esse non sono indebitamente complicate o costose né comportano termini irragionevoli o ritardi ingiustificati (TRIPs art. 41.2). Le parti di un procedimento hanno la possibilità di promuovere un riesame da parte di un'autorità giudiziaria delle decisioni amministrative definitive (TRIPs art. 41.4). L'Accordo illustra nei dettagli le modalità e le caratteristiche dei procedimenti e dei rimedi civili ed amministrativi comprese le norme per ottenere elementi di prova (TRIPs art. 42), le ingiunzioni (TRIPs art. 44), il risarcimento del danno (TRIPs art. 45), gli altri rimedi (TRIPs art. 46) ed il diritto d'informazione (TRIPs art. 47). Viene inoltre statuito che le autorità giudiziarie competenti, in talune condizioni, hanno la facoltà di ordinare la distruzione o la rimozione delle merci costituenti violazione. Per ulteriori dettagli si vede Intellectual Property: Protection and Enforcement, World Trade Organization, alla URL http://www.wto.org/english/thewto_e/whatis_e/tif_e/a grm7_e.htm.

[296] Ellard, The EU's IPR Enforcement Directive: origin, key provisions and future of the EU's IPR Enforcement Directive, cit., p. 65. Si veda anche Veddern, The Enforcement Directive 2004/48/EC–A Further Step in the Harmonization of IP Laws in Europe, cit., p. 4.

complicazione che all'interno degli Stati membri il concetto di diritti di proprietà intellettuale è spesso diverso, e la direttiva non fornisce una definizione univoca cui fare riferimento. [297] Per sanare tale lacuna, la Commissione è dovuta intervenire con una propria formale dichiarazione specificando esattamente sotto forma di elenco, anche se non esaustivo, i diritti rientranti nel campo d'applicazione della direttiva.[298]

Tra gli obiettivi della direttiva, oltre a quello principale di ridurre le distorsioni e le discrepanze nelle legislazioni nazionali, rientrano anche: [299] (i) la promozione dell'innovazione e della competitività delle imprese nel mercato interno, incrementando un ambiente sicuro per nuovi investimenti in innovazione; (ii) l'impegno di scongiurare perdite fiscali dovute alla contraffazione ed alla pirateria; (iii) la protezione dei consumatori. Su quest'ultimo punto è interessante notare come spesso la vendita di prodotti contraffatti o piratati non danneggi solo il titolare dei diritti ma anche i consumatori. Infatti tali attività illecite implicano generalmente "un inganno deliberato del consumatore circa la qualità che ha il diritto di ottenere acquistando ad esempio prodotti che recano un marchio rinomato. Le merci contraffatte e usurpative sono fabbricate eludendo i controlli delle autorità competenti e non rispettano le norme minime di qualità. Quando acquista questi prodotti al di fuori del commercio lecito, il consumatore non beneficia, in linea di massima, né di una garanzia né di un servizio *post* vendita né ha la possibilità di presentare un ricorso efficace in caso di danni. Oltretutto, i prodotti contraffatti possono rivelarsi pericolosi per il consumatore, perché minacciano la sua salute (contraffazione di medicinali) o

---

[297] Per queste osservazioni v. Ministero dell'Innovazione e delle Tecnologie: Dipartimento per l'Innovazione e la Tecnologia, Digital Rights Management – Relazione Informativa, p. 42-43 (2004), alla URL <http://www.interlex.it/testi/pdf/drmfull.pdf>. Vedi anche Kur, The EU's IPR Enforcement Directive: origin, key provisions and future of the EU's IPR Enforcement Directive, cit., p. 823.

[298] Dichiarazione della Commissione relativa all'articolo 2 della direttiva 2004/48/CE del Parlamento europeo e del Consiglio sul rispetto dei diritti di proprietà intellettuale - (2005/295/CE), 2005 G.U. (L94) 37.

[299] Secondo il comunicato stampa ufficiale della Commissione, gli obiettivi principali della direttiva sono: "a) to create a level playing field for the enforcement of intellectual property rights in different EU countries, by bringing enforcement measures into line across the European Union, especially in those countries where the enforcement of intellectual property rights is currently weakest; b) to establish a general framework for the exchange of information between the responsible national authorities; c) to maintain a balance between helping holders of intellectual property defend their rights and protecting users from unfair litigation (so-called rights of due process)". Press Release, Proposed Directive on Enforcement of Intellectual Property Rights, alla URL <http://europa.eu.int/rapid/pres sReleasesAction.do?reference=MEMO/03/20&format=HTML&aged=0&language=EN&guiLanguage=en>.

la sua sicurezza (contraffazione di giocattoli o di parti di automobili o di aerei)".[300]

Gli aspetti più controversi della direttiva riguardano i vari obblighi necessari per stabilire la violazione di un diritto di proprietà intellettuale, in particolare le disposizioni relative agli elementi di prova (art. 6) e alle misure di protezione delle prove (art. 7).[301] La direttiva, infatti, offre ai titolari dei diritti di proprietà intellettuale, tre principale forme di tutela: misure di protezione delle prove,[302] diritto d'informazione[303] e misure provvisorie e cautelari.[304]

Gli articoli 6 e 7 tentano, nello specifico, di risolvere il problema del controllo delle prove in casi di violazione della proprietà intellettuale. Di solito la prova, in questi casi, è sotto il controllo dello stesso trasgressore e può diventare difficile per l'attore produrre elementi di prova *prima facie* della violazione.[305] Così l'articolo 6.1 sancisce che le autorità giudiziarie competenti, in casi particolari, possono ordinare che elementi di prova ragionevolmente accessibili e sufficienti per sostenere una causa possano essere presentati dalla parte avversa. Secondo l'articolo 6.2, gli Stati membri dovrebbero inoltre prendere le misure necessarie per permettere alle autorità responsabili di ordinare, su richiesta di parte, e solo per le violazioni commesse su scala commerciale, la comunicazione di documenti bancari, finanziari o commerciali sotto il controllo del convenuto. Nel frattempo, l'articolo 7 fissa misure provvisorie per proteggere la prova, misure che divengono esecutive quando vi è un rischio concreto di violazioni dei diritti di proprietà intellettuale, ed anche prima dell'instaurazione del giudizio di merito. Le azioni di conservazione, adottabili all'occorrenza anche *inaudita altera parte*, includono il sequestro delle merci controverse, e, all'occorrenza, dei materiali e degli strumenti utilizzati nella produzione e/o distribuzione di tali merci e dei relativi documenti.

L'articolo 8 della direttiva stabilisce, in particolari circostanze, un diritto di informazione che permette all'autorità giudiziaria di ordinare a de-

---

[300] Cfr. Rispetto dei Diritti di Proprietà Intellettuale, alla URL < http://europa.eu/legislation_s summaries/internal_market/businesses/intellectual_property/l26057a_it.htm# >.

[301] Cfr. European Commission, IPR Enforcement Directive Gets Go-Ahead: Counterfeiting and Piracy, Single Market news, July 2004 at 10, alla URL <http://europa.eu.int/comm/internal_ market/smn/smn34/index_en.htm>.

[302] Council Directive 2004/48, art. 7(1), 2004 G.U. (L 157) 65 (CE).

[303] Council Directive 2004/48, art. 8, 2004 G.U. (L 157) 67 (CE).

[304] Council Directive 2004/48, art. 9, 2004 G.U. (L 157) 70 (CE).

[305] Cfr. Ellard, The EU's IPR Enforcement Directive: origin, key provisions and future of the EU's IPR Enforcement Directive, cit., p. 68; Kur, The EU's IPR Enforcement Directive: origin, key provisions and future of the EU's IPR Enforcement Directive, cit., p. 825; Veddern, The Enforcement Directive 2004/48/EC–A Further Step in the Harmonization of IP Laws in Europe, cit., p. 5.

terminate persone di fornire informazioni sull'origine dei beni o servizi che si suppone infrangano, per fini commerciali, un diritto di proprietà intellettuale.

La direttiva prevede inoltre misure provvisorie e cautelari (art. 9), come il sequestro o la consegna dei prodotti sospettati di pregiudicare un diritto di proprietà intellettuale (art. 9.1) o il sequestro conservativo di beni mobili e immobili del presunto autore della violazione, compreso il blocco dei suoi conti bancari (art. 9.2). Altre misure, risultanti da una decisione nel merito della causa, possono essere la distruzione, il ritiro dai circuiti commerciali o la rimozione definitiva dal circuito dei beni commerciali (art. 10).

Proprio dalla valutazione dell'insieme di tali strumenti emerge qualche assonanza con alcune delle disposizioni del DMCA.[306] È stato infatti osservato come la direttiva sia in grado di creare un nuovo ed ampio "diritto d'informazione" che potrebbe, ad esempio, obbligare gli Internet Service Provider a rivelare informazioni personali sui loro clienti ogni qual volta ci fossero indizi di pirateria a carico di utenti della rete.[307] In effetti l'articolo 8 della direttiva prevede che, a richiesta del titolare del diritto, le autorità giudiziarie competenti possano ordinare a qualsiasi persona di fornire informazioni circa l'origine e le reti di distribuzione di merci o servizi, sospettate di costituire violazione di un diritto di proprietà intellettuale.[308] Tale misura è in sé molto affine, se non altro in termini pratici, allo strumento del *subpoena* che, in virtù del DMCA, i titolari di diritti d'autore hanno a disposizione per richiedere una citazione a comparire davanti a un giudice a titolo informativo su infrazioni del diritto d'autore, ma senza intraprendere ufficialmente ulteriori azioni legali.[309]

---

[306] Secondo Robin Gross, direttore di IP Justice, tale direttiva "[C]reates a broad new 'Right of Information' which requires Internet Service Providers (ISPs) to disclose personal information about their customers to recording industry executives for civil prosecution of Peer-to-Peer (P2P) file-sharing and other activities. Similar subpoena powers, created under the notorious US Digital Millennium Copyright Act" anche se il potere attribuito dalla direttiva potrebbe essere molto più ampio, perché essa di applica "to all types of intellectual property infringements, not just copyrights." Cfr. Robin Gross, EU Passes Dangerous IP Law, Despite MEP's Conflict of Interest "Midnight Knocks" by Recording Industry Executives Get Go-Ahead (2004), http://www.ipjustice.org/CODE/release20040309_en.shtml [In seguito: IPjustice].

[307] Ibidem.

[308] Dir. 2004/48, art. 8.1, 2004 G.U. (L 157).

[309] 17 U.S.C. 512(h) (2000). Nella sostanza si tratta di un procedimento civile davanti ad una Hight Court attraverso il quale si intima il writ of subpoena, ovvero un'intimazione al testimone a comparire davanti al giudice che assume la prova. Tale intimazione è emessa ad istanza di parte. Il *writ* può avere due forme: subpoena ad testipicandum oppure subpoena ad duces tecum. Nel primo caso si intima alla persona a cui l'atto è indirizzato di comparire davanti al giudice per prestare testimonianza. Nel secondo caso, si intima di comparire in giu-

Uno dei punti più criticati in relazione a questa nuova direttiva è connesso alle condizioni d'applicazione delle misure previste per il rispetto dei diritti.[310] In particolare, vi è stata un'accesa disputa collegata all'utilizzo dei sistemi di condivisione di file tramite software *peer-to-peer* ed alla possibilità di limitare l'applicazione delle misure previste dalla direttiva ai soli atti realizzati su scala commerciale.[311] Come evidenziato dal *considerando* numero 14 della direttiva, per atti commessi su scala commerciale "si intendono gli atti effettuati per ottenere vantaggi economici o commerciali diretti o indiretti, con l'esclusione di norma degli atti effettuati dai consumatori finali in buona fede".[312]. Tuttavia, solo la proposta origi-

---

dizio presentando uno o più documenti. Cfr. Francesco De Franchis, Subpoena, in Dizionario Giuridico, Inglese-Italiano, Milano, 1984, p. 1408.

[310] Cfr. Ellard, The EU's IPR Enforcement Directive: origin, key provisions and future of the EU's IPR Enforcement Directive, cit., p. 71.

[311] Per esempio, in Italia, il cosiddetto "Decreto Urbani" – " interventi per contrastare la diffusione telematica abusiva di materiale audiovisivo, nonché a sostegno delle attività cinematografiche e dello spettacolo" (Decreto 72/04), ha dato luogo ad un fervente polemica perché, nella sua prima versione, aveva distorto la distinzione tra la violazione dei diritti d'autore per scopi commerciali e non commerciali. Il decreto è poi stato convertito in legge con modificazioni (Legge 21 maggio 2004, n. 128, G.U. n. 119 del 21 Maggio, 2004) e sucessivamente è stato sottoposto ad ulteriore modifica (Legge 31 marzo 2005, n. 43, G.U. n. 75 del 1 Aprile, 2005). Il decreto legge ha dato vita ad un intervento normativo nel tentativo di rendere più efficace la repressione di usi patologici di Internet e la pirateria audiovisivo-telematica. Schematizzando, il provvedimento normativo: (i) sancisce la liceità per i singoli di replicare contenuti regolarmente acquistati per uso personale; (ii) introduce sanzioni contro la pirateria, applicabili se la condivisione online avviene a fini di profitto ma estese a tutte le opere del l'ingegno. Dunque lo scambio di file sulla rete può avere una rilevanza penale (si rischiano fino a 3 anni di reclusione e una multa fino a 15.493 euro); (iii) per chi mette a disposizione file musicali o cinematografici da scaricare, il decreto agisce sull'articolo 171-ter della legge 633 ed estende i casi di violazione del diritto d'autore ai "sistemi di reti telematiche"; (iv) per chi immette e scarica per uso personale copie pirata, l'articolo non modifica lo status di chi "utilizza" le opere distribuite da altri. Per questa tipologia di reato permangono le norme già previste dalla legge 633 del 1941 (e successive modifiche) che indicano, all'articolo 174-ter, la sanzione (passata da 1.500 a 154 euro come previsto dalla legge sul diritto d'autore) per chi abusivamente "utilizza [...] supporti audiovisivi, fonografici, informatici", sale a 1.032 in caso di reiterazione. Resta la confisca dei materiali e la pubblicazione della condanna sui giornali per chi duplica CD e DVD non per scopo personale. Sanzioni penali invece per chi fa commercio o trae profitto dall'illecita attività (reclusione da tre mesi a sei anni). Lo scambio di brani musicali e audiovisivo (*file-sharing*) è consentito solo a condizione che si tratti di file dotati degli appositi avvisi informativi, previsti dalla legge sul diritto d'autore. Se il file non sarà provvisto di avviso, chi lo immette commetterà un reato. Sul punto vedi Calovi, Lucchi, Pirateria Musicale: Tecnologia e Diritto, cit; Ministero dell'Innovazione e delle Tecnologie, I Contenuti Digitali nell'Era di Internet, p. 33 (2005), alla URL <http://www.interlex.it/testi/pdf/cdei_full.pdf>; Id., Relazione Informativa: Digital Rights Management, (2004), p. 46-47, alla URL, <http://www.interlex.it/testi/pdf/drmfull.pdf>.

[312] Il considerando così si legge: "È necessario che le misure previste dall'articolo 6, paragrafo 2, dall'articolo 8, paragrafo 1 e dall'articolo 9, paragrafo 2 siano applicate unicamente ad atti commessi su scala commerciale. Ciò lascia impregiudicata la possibilità per gli Stati membri

nale della direttiva era in questa direzione, ovvero limitata alla sola violazione commessa per finalità di carattere commerciale. La versione finale della direttiva concede agli Stati membri la massima discrezionalità, lasciando impregiudicata la possibilità per gli Stati membri di applicare tali misure anche nei confronti di altri atti.[313]

Nel sistema statunitense, al contrario, i titolari dei diritti d'autore e gli Internet service providers, in nome dei loro interessi commerciali, si sono coalizzati per spostare la responsabilità giuridica nei confronti dei singoli utenti.[314] Il DMCA, infatti, specifica che gli Internet service providers non possono essere ritenuti responsabili per le violazioni del *copyright* o per la trasmissione o l'immagazzinamento di materiale che viola il *copyright* nelle proprie reti, se essi osservano i requisiti previsti dalla legge. [315]

L'assenza nel sistema comunitario di un simile *"safe-harbor"* potrebbe spostare la responsabilità per gestione di contenuti o attività illegali in capo agli stessi Internet service providers o agli altri intermediari.[316] Se il problema della responsabilità degli ISPs è disciplinato in dettaglio dalla direttiva 2000/31/CE, conosciuta come direttiva sull'e-commerce,[317] la direttiva

---

di applicare tali misure anche nei confronti di altri atti. Per atti commessi su scala commerciale si intendono gli atti effettuati per ottenere vantaggi economici o commerciali diretti o indiretti, con l'esclusione di norma degli atti effettuati dai consumatori finali in buona fede."

[313] Cfr. Kur, The EU's IPR Enforcement Directive: origin, key provisions and future of the EU's IPR Enforcement Directive, cit., p. 821. The final version of the Directive, in fact, includes only civil measures and remedies while the proposal to harmonize criminal proceedings and penalties was rejected.

[314] Cfr. Bates, Communication Breakdown, cit., p. 248.

[315] Cfr. Lichtman, Indirect Liability for Copyright Infringement, cit., p. 402.

[316] Così Kur, The Enforcement Directive-Rough Start, Happy Landing?, cit., p. 826. Uno dei più famosi casi europea in questa direzione è stato LICRA v. Yahoo!, Tribunal de Grande Instance de Paris [T.G.I.] Paris, Nov. 20, 2001, alla URL <http://eff.org/legal/Jurisdiction_an d_sovereignty/LICRA_v_Yahoo/20001120_fr_int_ruling.en.pdf.>. Sul caso si veda Marc H. Greenberg, A Return to Lilliput: The LICRA v. Yahoo! Case and the Regulation of Online Content in the World Market, 18 Berkeley Tech. L.J. 1191 (2003); Lackman, Slowing Down the Speed of Sound, cit., p. 1177. Lo stesso approccio è rinvenibile in un caso tedesco realativo alla responsabilità di CompuServe, ai sensi del diritto penale tedesco, per la distribuzione di pornografia infantile su Internet. Cfr Amtsgericht München Geschäftsnummer: 8340 Ds 465 Js. 173158/95 (1998), alla URL <http://eff.org/legal/Jurisdiction_and_sovereignt ty/LICRA_v_Yahoo/20001120_f r_int_ruling.en.pdf>.

[317] Direttiva 2000/31/CE del Parlamento europeo e del Consiglio dell'8 giugno 2000 relativa a taluni aspetti giuridici dei servizi della società dell'informazione, in particolare il commercio elettronico, nel mercato interno ("Direttiva sul commercio elettronico"), 2000 G.U. (L 178) 1 (CE). Questo atto normativo distingue vari standard di responsabilità che si applicano gli intermediari *on-line*, classificando puntualmente le responsabilità che emergono dall'attività, come il *mere conduit* (consistente nel trasmettere, su una rete di comunicazione, informazioni non proprie), il *caching* e l'*hosting*. Per una panoramica completa sulla direttiva, vedi Rosa Julià-Barceló, Kamiel J. Koelman, Intermediary Liability In The E-Commerce Directive: So Far So Good, But It's Not Enough, 4 Computer L. & Sec. Rep. 231 (2000).

2004/48/CE apre questioni e conseguenze impreviste per altri tipi di inter-mediari. [318]

Per perfezionare l'apparato di rafforzamento dei diritti di proprietà intellettuale, nell'aprile 2007 il Parlamento europeo ha votato in seduta plenaria una relazione che accoglie la proposta della Commissione di una nuova direttiva sul diritto d'autore (conosciuta come IPRED2) introducendo, nello stesso tempo, una serie di emendamenti.[319] Sebbene il provvedimento sia ancora sottoposto all'analisi ed al confronto degli organismi comunitari, la proposta di direttiva ha suscitato molte interessanti reazioni anche di carattere istituzionale.[320] In estrema sintesi, questa direttiva - ancora in discussione - prevede tra le sue principali disposizioni quella relativa all'introduzione di sanzioni penali per ogni violazione di diritti di proprietà intellettuale su scala commerciale. La giustificazione per l'introduzione a livello europeo di una siffatta tutela si ricollega ancora una volta alle norme dell'Accordo TRIPs. Nello specifico, il riferimento è l'articolo 61 che così si recita:

> I Membri prevedono procedimenti penali e sanzioni da applicare almeno nei casi di contraffazione intenzionale di un marchio o di violazione del diritto d'autore su scala commerciale. I possibili provvedimenti comprendono pene detentive e/o pecuniarie sufficienti per costituire un mezzo di dissuasione coerentemente con il livello delle sanzioni applicate per reati di corrispondente gravità. Ove opportuno, i possibili provvedimenti comprendono anche il sequestro, la confisca e la distruzione dei prodotti costituenti violazione e di qualsiasi materiale e strumento principalmente utilizzato nell'esecuzione del reato. I Membri possono prevedere procedimenti penali e sanzioni da applicare in altri casi di violazione dei diritti di proprietà intellettuale, in particolare se si tratta di atti commessi deliberatamente e su scala commerciale.[321]

Il percorso di tale direttiva si preannuncia comunque alquanto accidentato non solo perché essa è già stata sottoposta a diversi emendamenti,[322]

---

[318] Cfr. Kur, The Enforcement Directive-Rough Start, Happy Landing?, cit., p. 826-27 (L'A. osserva: "As liability of ISPs seems to be confined in most of the crucial cases to what is set out in the e-commerce directive, the practical consequences may materialize primarily in the transport business.").

[319] Risoluzione legislativa del Parlamento europeo del 25 aprile 2007 sulla proposta modificata di direttiva del Parlamento europeo e del Consiglio relativa alle misure penali finalizzate ad assicurare il rispetto dei diritti di proprietà intellettuale (COM (2006) 0168-C6-0233/2005/0127(COD)).

[320] L'iter della procedura è visionabile alla URL <http://www.europarl.europa.eu/sides/getDoc.do?type=TA&reference=P6-TA-2007-0145&la nguage=IT&ring=A6-2007-0073>.

[321] Accordo TRIPs, art. 61.

[322] Un emendamento, in particolare, ricalcato sostanzialmente sul *fair use* statunitense, stabilisce che la riproduzione in copie o su supporto audio o con qualsiasi altro mezzo, a fini di cri-

ma anche per una crescente mobilitazione volta a bloccare le potenziali conseguenze sfavorevoli derivanti dalla sua adozione definitiva. In quest'ottica possono essere letti ed analizzati il parere alquanto critico espresso sulla direttiva dal Comitato Economico e Sociale[323] nonché la Risoluzione, decisamente articolata, del Parlamento Europeo del 10 Aprile 2008 sulle industrie culturali in Europa contenente diverse prescrizioni sul tema.[324]

2.7 Le azioni della Federal Trade Commission negli USA

Per chiarire come lo sviluppo tecnologico stia modificando il mercato e verificare di conseguenza i possibili effetti sui consumatori, la *Federal Trade Commission* ha recentemente avviato una serie di consultazioni al termine delle quali è stato redatto un report che dovrebbe servire come punto di

---

tica, recensione, informazione, insegnamento (compresa la produzione di copie multiple per l'uso in classe), studio o ricerca, «non debba essere qualificato come reato». È interessante notare come nel testo in lingua inglese si adopera esattamente l'espressione *fair use*.

[323] Parere del Comitato economico e sociale europeo in merito alla Proposta di direttiva del Parlamento europeo e del Consiglio relativa alle misure penali finalizzate ad assicurare il rispetto dei diritti di proprietà intellettuale, COM (2005) 276 def. – 2005/0127 (COD), 2007 G.U. (C256) 3. In particolare il Comitato rilevando la vaghezza di alcuni concetti giuridici ed altre perplessità sostanziali coglie l'occasione per puntualizzare che "l'applicazione di sanzioni penali presuppone una violazione evidente dell'ordine pubblico, la quale, però, può variare in intensità e gravità: la graduazione dei reati e delle pene deve essere proporzionata a tale violazione, ma è lecito chiedersi se la distinzione tra le "violazioni del diritto di proprietà intellettuale commesse su scala commerciale" e le "violazioni gravi" o il rigore delle sanzioni penali proposte siano veramente conformi al principio di proporzionalità inerente al diritto penale. Peraltro, gli scambi tra privati di file in Internet oppure la riproduzione (o il remix musicale) e la rappresentazione di opere, materiali o intellettuali, effettuata in un contesto familiare o privato o a fini di studio e di ricerca sono implicitamente esclusi dal campo di applicazione della normativa proposta. Sarebbe opportuno rendere esplicita tale esclusione."

[324] Cfr. Risoluzione del Parlamento europeo del 10 aprile 2008 sulle industrie culturali in Europa (2007/2153 - INI). Il punto 17 della Risoluzione sollecita "la Commissione, dati i rapidi sviluppi tecnologici e commerciali e al fine di assicurare che le industrie culturali possano beneficiare dello sviluppo delle piattaforme digitali, a ripensare la questione critica della proprietà intellettuale dal punto di vista culturale ed economico e a invitare tutti gli operatori del settore, segnatamente gli operatori di telecomunicazioni e i fornitori di accesso a Internet, a trovare insieme soluzioni che siano eque per gli operatori grandi e piccoli, nell'intento di trovare un equilibrio tra le possibilità di accesso alle attività e ai contenuti culturali e i diritti di proprietà intellettuale, che garantisca reale equilibrio nelle remunerazioni ai titolari di diritti, di tutte le categorie, reale scelta per i consumatori e diversità culturale; richiama a tal fine l'attenzione sul fatto che la criminalizzazione dei consumatori che non perseguono profitto non è la buona soluzione per combattere la pirateria digitale".

partenza per una sorta di *consumer protection agenda*.[325] In tale documento vengono riepilogati i principali punti di discussione emersi dalle audizioni e dagli incontri con esperti del settore. In particolare, vengono evidenziati gli ambiti nei quali si dovrà concentrare il programma dell'Agenzia nei prossimi anni.

Cinque sono i principali obiettivi segnalati:

(i) necessità di adattare le strategie di protezione dei consumatori al fine di assicurare una tutela uniforme soprattutto nei confronti dei soggetti più deboli e vulnerabili;

(ii) assicurare una concreta applicazione delle attuali politiche di protezione, creandone di nuove da indirizzarsi soprattutto verso le emergenti questioni relative alle nuove tecnologie ed ai prodotti o alle applicazioni ignorate dai consumatori;

(iii) assicurare che i dati personali dei consumatori siano trattati in modo sicuro soprattutto di fronte a nuove tipologie di marketing e di pagamento;

(iv) monitorare il numero e la gamma di canali di marketing specialmente in relazione alle possibili pratiche commerciali sleali e ingannevoli;

(v) collaborare con le autorità di controllo presenti in altri paesi al fine di ottimizzare le tecniche di protezione dei consumatori nel mercato globale;

(vi) incoraggiare, a beneficio dei consumatori, iniziative di auto regolamentazione.

Il report curato dall'Agenzia statunitense osserva in particolare come stiano cambiando anche i consumatori. Da semplici e passivi fruitori, si sono infatti trasformati, grazie alle nuove tecnologie, in creatori di informazioni capaci di influenzare un ampio spettro di pubblico. Tale aspetto, a parere degli esperti ascoltati dalla Commissione, sarà di tale importanza da dominare i prossimi anni. Tale fenomeno è conosciuto con il termine inglese di *user generated content* ed è contraddistinto da strumenti come blog, podcast, social network, ovvero una serie di comunità e luoghi d'incontro virtuali diffusi tramite Internet.[326] Questi strumenti risultano essere le proposte della rete che al momento gli utenti "amano guardare e seguire partecipandovi e contribuendovi in maniera interattiva".[327] Come è

---

[325] Federal Trade Commission, Protection Consumer in the Next Tech-ade Report, 2008, alla URL <www.ftc.gov/os/2008/03/P064101tech.pdf>

[326] Sul rapporto tra *user generated content,* tecnologia e diritto d'autore, in dottrina si veda Maria Lillà Montagnani, A New Interface between Copyright Law and Technology: How User-Generated Content Will Shape the Future of Online Distribution, 26 Cardozo Arts & Ent LJ 719 (2009); Preta, Economia dei Contenuti. L'Industria dei Media e la Rivoluzione Digitale, cit. p. 144; Stefania Ercolani, Una Sommessa Riflessione sul Diritto d'Autore all'Epoca della Convergenza, in Riv. Dir. Aut., 2007, p. 1, 10.

[327] Così Preta, Economia dei Contenuti. L'Industria dei Media e la Rivoluzione Digitale, cit. p. 142.

stato osservato, la popolarità e l'affermazione delle piattaforme di *social broadcasting* "è prova della cosiddetta *personal media revolution*", ovvero il fenomeno caratterizzato dal superamento del tradizionale modello di consumo di informazione ed intrattenimento.[328] Le conseguenze derivanti dal successo di servizi come *facebook, twitter, linkedin, youtube* o *myspace*, nonché lo sviluppo esponenziale dei blog, stanno a significare che il pubblico degli utenti ha un'elevata necessità di "scambiare opinioni, esperienze, competenze, informazioni" e contenuti.[329] Tali strumenti sono diventati i nuovi mezzi per condividere e comunicare. Tuttavia, l'ascesa del fenomeno *user generated content* richiede regole adeguate che siano in grado di assicurare un'adeguata protezione giuridica a tutela degli utenti e chiariscano il rapporto tra le diverse forme che possono assumere tali nuovi contenuti e l'applicazione dei principi generali previsti dalle norme sul diritto d'autore.[330] I contenuti generati dagli utenti sono infatti spesso distribuiti su piattaforme commerciali in cui gli utenti oltre a creare e distribuire i propri contenuti, fruiscono contemporaneamente di informazioni e servizi fornite dalla stessa struttura.[331]

Proprio per questi motivi la *Federal Trade Commission* ritiene fondamentale studiare ed osservare questi fenomeni perché accanto ad indubbi vantaggi possono portare con sé potenziali pericoli per i consumatori. Come evidenziato nel rapporto, tre sono essenzialmente le categorie di problemi associabili al fenomeno che vede i consumatori diventare produttori e distributori di contenuti multimediali.[332]

Il primo è relativo alla *privacy*. I dati utilizzati, condivisi e trattati dai siti di *social networking* e da altri strumenti di *user generated content* possono infatti originare preoccupazioni su tale fronte perché richiedono agli utenti di registrarsi o lasciare informazioni di carattere personale che possono essere utilizzate separatamente dall'attività per cui sono state generate. Tale problema è inoltre maggiormente rilevante quando coinvolge in-

---

[328] Ibidem, p. 143. L'A. specifica come i consumatori ricavino "le proprie idee, desideri, interessi e prodotti da un'amplissima gamma di fonti di informazione. Il loro comportamento non è più lineare, ma segue un percorso personale, nel momento e sul mezzo che essi ritengono appropriato".

[329] Ibidem.

[330] Sul punto di veda la suddivisione tassonimica proposta da Daniel Gervais, The Tangled Web of UGC: Making Copyright Sense of User-Generated Content, 11 Vand. J. Ent. & Tech. L. 841, 857 (2009). L'A., al fine di individuare l'applicazione delle norme sul diritto d'autore, distingue tre categorie di contenuti: *user-authored content, user-derived content* e *user-copied content*.

[331] Cfr. Working Party on the Information Economy, Organisation for Economic Co-operation and Development, Participative Web: User-Created Content (2007), alla URL <http://www.o ecd.org/dataoecd/57/14/38393115.pdf>. Si osserva, inoltre, come spesso tali contenuti siano utilizzati dai media senza attribuire ai creatori alcun riconoscimento morale od economico.

[332] Federal Trade Commission, Protecting Consumer in the Next Tech-ade Report, cit., p. 6.

formazioni riguardanti i minori poiché attraverso tali strumenti è possibile condividere dati personali (come nomi, indirizzi, numeri di telefono, indirizzi e-mail etc.) senza rendersi conto dei potenziali rischi.

Queste informazioni sono normalmente accessibili a seconda dei limiti ai quali il servizio condiziona l'accesso. Ciò può dipendere da restrizioni incorporate nel sito o da altre che devono essere invece attivate dall'utente. Proprio per tali motivi agenzie come la *Federal Trade Commission* dovrebbero sensibilizzare gli utenti relativamente ai rischi, specialmente per i minori, derivanti dall'utilizzo di simili mezzi di comunicazione, raccomandando pratiche di comportamento atte alla prevenzione dei sopraccitati rischi.[333]

In secondo luogo, emerge un'esigenza connessa alla produzione e distribuzione di contenuti digitali provenienti direttamente dagli utenti. Infatti i consumatori-produttori di informazione hanno bisogno di comprendere le proprie responsabilità quando agiscono nel mercato dei contenuti. Così, per esempio, quando i loro siti sono supportati da pubblicità, potrebbero essere soggetti alle stesse norme a cui sono soggetti i media che ospitano pubblicità.

In terzo luogo, la proliferazione di così diversi canali di comunicazione e distribuzione di contenuti ed informazioni pubblicitarie rende complesso il compito di monitorare tale massa di dati. Per questo motivo, autorità come la *Federal Trade Commission* dovrebbero operare in collaborazione per controllare la dilatazione di fonti informative.

Il report della Commissione affronta infine anche la questione delle tecnologie di *Digital Rights Managemet* e la loro capacità di imporre controlli sull'uso dei contenuti sui quali vengono apposte. In particolare, tale argomento viene considerato in relazione al problema dell'interoperabilità dei prodotti che utilizzano tecnologie di protezione.[334] Relativamente a tali questioni l'agenzia rileva come il suo compito non sia tanto quello di assicurare l'interoperabilità dei prodotti, ma piuttosto di fare sí che i consumatori siano sufficientemente informati, prima dell'acquisto, circa le eventuali limitazioni cui saranno sottoposti.[335] In tal modo si riconosce al consumatore una maggiore trasparenza e quindi la facoltà di scelta tra prodotti, riducendo le asimmetrie informative tra produttore e consumatore.

---

[333] La raccolta di informazioni personali relative a minori devono rispettare le linee guida stabilite dal Children's Online Privacy Protection Act (COPPA). Cfr. Children's Online Privacy Protection Act of 1998, 15 U.S.C. 6501-6508; Children's Online Privacy Protection Rule, 16 C.F.R. § 312.

[334] Federal Trade Commission, Protecting Consumer in the Next Tech-ade Report, cit., p. 16-17.

[335] Sul rapporto tra le aspettative dei consumatori di contenuti digitali e l'utilizzo delle misure tecnologiche di protezione si veda Samuelson, Schultz, Should Copyright Owners Have to Give Notice of Their Use of Technical Protection Measures?, cit., p. 44.

Infatti, se i consumatori non sono consapevoli dei limiti che tali strumenti impongono sulle utilizzazioni dei contenuti, potrebbero ritenere di essere stati indotti in errore.[336]

Già in un caso la Commissione è intervenuta per presunta frode contro Sony BMG, poiché non veniva comunicato ai consumatori che i CD acquistati erano dotati di un software che limitava non solo i dispositivi in cui le tracce musicali potevano essere riprodotte, ma anche il numero di copie effettuabili da ogni supporto.[337]

Al riguardo, come vedremo meglio in seguito, il divieto di pratiche commerciali sleali o ingannevoli, così come previsto dalla Section 5 del *Federal Trade Commission Act*[338], risulta essere un'eccellente strumento per proteggere i consumatori, minimizzando i rischi di conseguenze indesiderate.[339] È stato infatti osservato come tale strumento sia già stato efficacemente utilizzato nel passato in casi di comportamenti sleali o scorretti connessi all'uso di nuove tecnologie come la televisione, gli *spyware* o Internet.[340]

---

[336]   Federal Trade Commission, Protecting Consumer in the Next Tech-ade Report, cit.,
[337]   Vedi Infra § 3.5.3.
[338]   15 U.S.C. § 45 (a).
[339]   Federal Trade Commission, Protecting Consumer in the Next Tech-ade Report, cit., p. 26.
[340]   Ibidem.

3
La tutela tecnologica dei contenuti digitali

3.1 Il ruolo della tecnologia nella protezione dei contenuti

Come illustrato in precedenza, gli incalzanti progressi delle tecnologie informatiche hanno generato una riorganizzazione normativa dei diritti di proprietà intellettuale nel tentativo di ribilanciare gli interessi dei titolari dei diritti e degli utenti. La tutela dei diritti di proprietà intellettuale nella società dell'informazione è essenzialmente regolata da diverse convenzioni internazionali e dal successivo loro recepimento nei principi legislativi nazionali. Tuttavia, come è stato osservato, tali recenti provvedimenti sembrano sostenere l'applicabilità di norme privatamente generate snaturando completamente, nei fatti e nel diritto, i principi alla base della protezione delle opere creative.[1] Atti come il DMCA e la direttiva InfoSoc, riconoscendo uno *status* giuridico ed una esplicita protezione normativa alle misure tecnologiche di protezione (MTP) ed ai sistemi di gestione delle informazioni sul *copyright*, finiscono per ostacolare qualsiasi utilizzazione non autorizzata determinando vere e proprie condizioni d'uso.[2] In particolare, l'articolo 6(1) della direttiva europea vieta l'elusione delle misure tecnologiche di protezione disponendo che gli Stati membri prevedano un'adeguata protezione giuridica contro l'elusione di efficaci misure tecnologiche, svolta da persone consapevoli, o che si possano ragionevolmente presumere consapevoli, di perseguire tale obiettivo.[3]

---

[1] Cfr. Elkin-Koren, A Public Regarding Approach to Contracting over Copyright, in Expanding the Boundaries of Intellectual Property, cit., p. 191, 192.

[2] Cfr. Stefan Bechtold, Digital Rights Management in the United States and Europe, 52 Am. J. Comp. L. 323, 356 (2004). Per una descrizione delle misure tecnologiche di protezione, delle loro implicazioni e dei loro impieghi, v. Sobel, DRM as an Enabler of Business Models: ISPs as Digital Retailers, 18 Berkeley Tech. L.J. 667, (2003).

[3] Dir. 2001/29, art. 6(1), 2001 G.U. (L 167) 10, 17 (CE). Per una fruibile analisi della direttiva si rimanda a Séverine Dussollier, Fair Use by Design in the European Copyright Directive of 2001, 46 Comm. ACM 51 (2003). Per ulteriori informazioni sulla struttura complessa dell'articolo 6.4 , cfr. Casellati, Protezione Legale delle Misure Tecnologiche ed Usi Legittimi. L'articolo 6.4 della Direttiva Europea e sua Attuazione in Italia, cit., p. 372-77.

Analogamente la disposizione base anti elusione del DMCA prescrive che nessuna persona possa eludere una misura tecnologica che efficacemente controlli l'accesso a un'opera protetta.[4]

Tali regole, unitamente alla transizione dai supporti analogici a quelli digitali, hanno determinato una vera e propria rivoluzione copernicana sui diritti di proprietà intellettuale, sui consumatori-utenti e sull'industria dei contenuti. Mentre nella scorsa era analogica i titolari dei diritti utilizzavano barriere fisiche per controllare la riproduzione e la distribuzione dei loro beni, al fine di impedire copie non autorizzate e di far rispettare i loro diritti, in questo nuovo quadro giuridico le misure tecnologiche di protezione hanno ricevuto un riconoscimento formale tale da sostituire le barriere fisiche del passato.[5] Tutto ciò ha un rilevante vantaggio: la tecnologia non è soggetta ad alcun limite giuridico e può regolare le transazioni in maniera molto più rigorosa ed efficace.[6] In altre parole, per impedire la violazione dei diritti esclusivi dei titolari di *copyright*, il diritto di proprietà intellettuale è stato modificato per soddisfare le esigenze del mondo tecnologico. La revisione dell'assetto normativo attualmente in vigore, tuttavia, è molto più difficile e complicata che nel passato. Il rapido progresso e l'indiscriminata utilizzazione della tecnologia digitale per controllare l'acquisto legale delle opere creative digitali, da un lato potrebbero effettivamente ridurre le violazioni nella distribuzione delle opere ed avere effetti sull'innovazione e sull'economia ma, dall'altro, potrebbero anche avere indiretti effetti negativi sui diritti dei consumatori-utenti.[7]

Dallo sviluppo del primo sistema di protezione tecnologica, la tecnologia ha fatto enormi progressi. Le più recenti misure - molto efficaci nel tutelare il diritto d'autore - hanno mostrato la realizzabilità di nuovi modelli di *business*, consentendo ai titolari dei diritti di praticare prezzi differenziati a seconda delle specifiche utilizzazioni dei loro beni. Allo stesso tempo, l'applicazione di tali misure rappresenta anche una delle più problematiche

---

[4]   17 U.S.C. 1201(a)(1)(A). "No person shall circumvent a technological measure that effectively controls access to a work protected under this title".

[5]   Cfr. Lessig, Code and Other Laws of Cyberspace, cit., p. 136; Reidenberg, Lex informatica: The Formulation of Information Policy Rules Through Technology, cit., p. 567-68.

[6]   Cfr. Jacques de Werra, Moving Beyond the Conflict Between Freedom of Contract and Copyright Policies: In Search of a New Global Policy for On-Line Information Licensing Transactions: A Comparative Analysis Between U.S. Law and European Law, 25 Colum. J.L. & Arts 239, 251 (2003).

[7]   Per una più ampia discussione circa le diverse minacce poste dalle tecnologie digitali nei confronti dei consumatori, si veda, ad esempio, Jack M. Balkin, Digital Speech and Democratic Culture: A Theory of Freedom of Expression for the Information Society, 79 N.Y.U. L. Rev. 1 (2004); Burk, Cohen, Fair Use Infrastructure for Rights Management Systems, cit., pp. 50-51; Lee A. Bygrave, DRM and Privacy. Legal Aspects in the European Union, in Digital Rights Management, cit., p. 418; Julie E. Cohen, DRM and Privacy, 18 Berkeley Tech. L.J. 575, 585 (2003); Samuelson, DRM {and, or, vs.} the Law, cit., p. 42-45.

cause di conflitto tra titolari dei diritti e l'interesse del pubblico ad accedere alle opere creative.[8]

Il ruolo che la tecnologia può assumere nella protezione della proprietà intellettuale varia notevolmente. La tecnologia può essere semplicemente utilizzata per impedire agli utenti di avere accesso ad un contenuto oppure può limitare specifiche utilizzazioni, come la copia, o può essere usata per sviluppare modelli di commercializzazione basati su licenze, in cui titolari dei diritti determinano a loro discrezione termini e condizioni per l'accesso e l'uso delle loro opere attraverso l'incorporazione di queste regole in dispositivi tecnologici.[9] In tutti i casi la tecnologia può incrementare il livello di controllo che i *right-holders* esercitano sui loro prodotti perché, come già visto, la tecnologia non è soggetta ad alcun limite giuridico ed è in grado di controllare le transazioni molto più efficacemente rispetto ad un contratto o ad una norma.[10] Come recentemente dibattuto,[11] un regime giuridico globale che privilegia la gestione dei diritti digitali può ostacolare lo sviluppo. In particolare ciò è vero in un mondo che vuole affrontare la fondamentale sfida di fornire conoscenza, informazioni e strumenti ai paesi in via di sviluppo.

È stato infatti osservato come, negli ultimi decenni, i paesi industrializzati abbiano sempre più spesso promosso a livello internazionale il "modello DRM", modello che tuttavia limita in maniera più stringente l'utilizzo di opere protette da *copyright* e che giuridicamente rafforza l'uso di tali tecnologie per imporre restrizioni. Si è inoltre notato come i DRM e le loro pesanti limitazioni sulle modalità di utilizzo di opere protette da diritto d'autore potrebbero sostituirsi, in ultima analisi, ai sistemi di *copyright* più flessibili e democratici. Inoltre le restrizioni imposte dai DRM non sono limitate al *copyright*; infatti anche le informazioni che non sono protette dal diritto d'autore possono essere bloccate dai DRM ed ai cittadini potrebbe essere giuridicamente impedito di "sbloccare" contenuti che sono essenziali per creare o promuovere l'accesso alla conoscenza. Molti sostenitori dello sviluppo vedono in questo modello tecnologico e nelle normative anti-elusione una combinazione di elementi foriera di gravi minacce. Per esempio, si sostiene che per i paesi che sono principalmente importatori di beni sottoposti a *copyright*, i sistemi di DRM si traducono in un trasferimento di ricchezza dalle economie nazionali verso i titolari di di-

---

8   Cfr. Congressional Budget Office, U.S. Congress, cit., pp. 11-13.
9   Pamela Samuelson, Will the Copyright Office be Obsolete in the Twenty-First Century?, 13 Cardozo Arts & Ent. L.J. 55, 61 (1994).
10   Sul potere regolatorio della tecnologia, vedi per tutti Reidenberg, Lex informatica: The Formulation of Information Policy Rules Through Technology, cit.
11   Cfr. Access to Knowledge Conference, the Yale Law School (April 21st – 23rd , 2006) alla URL <http://research.yale.edu/isp/a2k/panels.html>.

ritti all'estero, senza alcuna garanzia di investimenti reciproci nell'economia culturale locale. Inoltre è stato osservato che in paesi che non hanno una capacità industriale consolidata il modello DRM è suscettibile di ostacolare il trasferimento di tecnologia.[12]

Ci sono molte espressioni correntemente utilizzate per indicare l'espansione di tecnologie e sistemi destinati a proteggere i contenuti da copie non autorizzate e facilitare il controllo dell'uso dei prodotti da parte dei consumatori.[13] I termini *self-help systems*, *Digital Rights Managements Systems*, *Technological Protection Measures*, e *Automated Rights Management*, si riferiscono tutti a sistemi automatici, più o meno complessi, in grado di proteggere e gestire, individualmente, la distribuzione di opere digitali.

Tra i principali problemi da collegarsi all'uso di tali sistemi spicca l' eventualità che ogni diritto del consumatore, riconosciuto normativamente, possa essere sostituito da termini e condizioni contrattuali definiti unilateralmente, in una sorta di accordo commerciale tra le parti avente la conseguenza di modificare l'equilibrio stesso dei contrapposti diritti.[14] Come abbiamo ampiamente osservato, la tutela del diritto d'autore è stata sempre giustificata in ragione dell'opportunità di contemperare l'interesse pubblico ad accedere alle opere creative con la necessità di offrire incentivi alla produzione delle stesse, promettendo agli autori un limitato monopolio sullo sfruttamento economico dell'opera. È indiscutibile che tale paradigma viene meno se mutano le condizioni di partenza.

---

[12]   Ibidem. In un *panel* del convegno si osserva come "in recent decades, industrialized countries have increasingly promoted an international 'DRM framework' that more tightly restricts the use of copyrighted works and that legally reinforces the use of DRM to impose those restrictions. DRM and its sometimes-harsh restrictions on how copyrighted works may be used, some critics have argued, may ultimately take the place of the more flexible and human copyright systems of developing nations. Nor are the restrictions imposed by DRM limited to copyrighted works – even information that is not protected by copyright may be "locked" by DRM, and citizens may be legally barred from unlocking informational goods that are essential to create or promote access to knowledge. Many supporters of development see an acute set of threats in globally imposed DRM and anticircumvention laws (the "DRM framework"). For example, they argue that for countries that are net importers of copyrighted information goods, the DRM framework will result in a transfer of wealth from domestic economies to foreign rights-holders, without any guarantee of reciprocal investment in the local cultural economy. And, in countries that do not have existing industrial capacity, it is argued, the DRM framework is likely to impede technology transfer".

[13]   Così Adam, Self-help in the Digital Jungle, cit., p. 104.

[14]   Cfr. William Rosenblatt et al., Digital Rights Management: Business and Technology, New York, 2002, p. 46. Si veda anche Andrea Ottolia, Preserving Users' Rights in DRM: Dealing with "Juridical Particularism" in the Information Society, 35 Int'l Rev. of Indus. Prop. & Copyright L. 491, 496-99 (2004). Per commenti in merito alla sostituzione del sistema di diritto d'autore con un sistema basato sul contratto, v. Niva Elkin-Koren, Copyright Policy and the Limits of Freedom of Contract, 12 Berkeley Tech. L.J. 93, 111 (1997).

Inoltre, questi strumenti possono anche controllare individualmente il comportamento degli utenti, rappresentando una potente minaccia per la libertà di espressione nonché per la *privacy*.[15]

In linea generale, tali misure sono utilizzate per gestire i diritti. A seconda dei casi, la gestione dei diritti potrebbe abbracciare un sistema che è utilizzato per tutelare e distribuire contenuti o *files* multimediali protetti.

In un tale sistema i diritti sono definiti durante la fase di protezione ed emessi sotto forma di licenza d'uso ai consumatori. La gestione dei diritti potrebbe anche interessare un sistema utilizzato per controllare l'accesso ad un servizio *on-line* o ad un sistema di contabilità in grado di rintracciare i diritti emessi e le *royalty* ad essi associate.[16]

Nella sostanza, la combinazione tra DRM e misure tecnologiche di protezione consente una regolare, sicura ed affidabile circolazione delle opere digitali dai creatori e dagli editori verso i rivenditori ed i consumatori.[17]

Il primo passo è sempre la creazione di un'opera originale, poi il proprietario del contenuto digitale può modificare e completare il lavoro originale aggregando a questo altri lavori. Utilizzando un sistema di DRM gli editori possono assegnare determinati diritti d'uso ad un'opera digitale, stabilendo un determinato costo e specifiche condizioni di accesso, il tutto racchiuso in una licenza che disciplina l'esercizio di ogni specifico diritto.[18]

3.2 Strumenti tecnologici per proteggere l'accesso ai contenuti

L'inserimento di dispositivi di *copy protection* è una caratteristica ormai tipica di molti contenuti digitali. Una vasta gamma di tecniche è utilizzata

---

[15] Cfr. Cohen, , DRM and Privacy, cit.; Gross, Copyright Zealotry in a Digital World: Can Freedom of Speech Survive?, cit., p. 190. Per una prospettiva europea, v. Bygrave, DRM and Privacy. Legal Aspects in the European Union, cit. Sul punto, nella dottrina italiana, si veda Juri Monducci, DRM e privacy, in Silvia Bisi, Claudio Di Cocco (a cura di), La Gestione e la Negoziazione Automatica dei Diritti sulle Opere dell'Ingegno Digitali: Aspetti Giuridici e Informatici, Bologna, 2006, p. 287.

[16] Cfr. Digital Rights Management Terms, alla URL <http://www.xrml.org/reference/xr ml_terms.asp>. Per una definizione di sistemi di DRM, nonché per le loro caratteristiche ed elementi di base si vedano Rosenblatt et al., Digital rights management: business and technology, cit. ; R. Caso, Digital Rights Management. Il Commercio delle Informazioni Digitali tra Contratto e Diritto d'Autore, Padova, 2004; Id., Il "Signore degli Anelli" nel Ciberspazio: Controllo delle Informazioni e Digital Rights Management, cit., p. 113-114.

[17] Cfr. ContentGuard, XrML: The Technology Standard for Trusted Systems in the eContent Marketplace (2000), alla URL <http://www.xpert.co.kr/1com/2network/p2p/pds/0_WhitePa per.pdf#sea rch='The%20Technology%20Standard%20for%20trusted>.

[18] Ibidem.

nel tentativo di garantire che solo l'utente autorizzato possa utilizzare il contenuto protetto. In generale è possibile classificare due diverse tipologie di misure di controllo tecnologico: il controllo dell'accesso (*access control*) e il controllo dei diritti (*rights control*).[19]

Il controllo dell'accesso riguarda il concetto di "chi ha l'accesso a cosa" e include la tipologia ed il numero di operazioni che possono essere effettuate dall'utente. In altre parole, le misure di controllo dell'accesso forniscono un quadro di riferimento per la definizione dei processi di autorizzazione.

Il controllo dei diritti limita invece la capacità di un utente di esercitare uno dei diritti del titolare del contenuto.

Queste distinzioni implicano, ad esempio, che coloro che aggirano un sistema di controllo dei diritti non ledono le prerogative del titolare del *copyright*.[20] In questo senso i sistemi di controllo dell'accesso possono godere di maggiore protezione rispetto ai sistemi di controllo sui diritti; i *rights holders* potrebbero essere più incentivati ad utilizzare i controlli di accesso piuttosto che il controllo sui diritti, al fine di ottenere la protezione giuridica più forte contro la loro elusione.[21] Tuttavia i sistemi di protezione tecnologica potrebbero includere entrambi i tipi di monitoraggio, perché con i sistemi di controllo dell'accesso essi sono in grado di limitare il numero di chi può ricevere, utilizzare o scaricare un contenuto digitale mentre, con i sistemi di controllo sui diritti o sull'utilizzo, determinano ciò che un utente può fare una volta che la risorsa digitale è stata acquisita.

Da un punto di vista strettamente operativo, le tecniche di monitoraggio e di gestione dei diritti possono essere caratterizzate dall'utilizzo di differenti tecnologie digitali. La *crittografia* consiste nell'alterazione del contenuto originale mediante l'inserimento di una chiave di codifica sostituendo, tramite algoritmo matematico, la sequenza originaria dei dati con una nuova sequenza che rende inutilizzabile il contenuto digitale. In altre parole, il contenuto oggetto della crittografia viene manipolato in modo tale da

---

[19]   Per questa distinzione, v. R. Anthony Reese, Will Merging Access Controls and Rights Controls Undermine the Structure of Anticircumvention Law?, 18 Berkeley Tech. L.J. 619 (2003). Si vedano anche Kamiel J. Koelman, Natali Helberger, Protection of Technological Measures, in Copyright and Electronic Commerce: Legal Aspects of Electronic Copyright Management 165 (P. Bernt Hugenholtz ed., 2000); Ottolia, Preserving Users' Rights in DRM: Dealing with "Juridical Particularism" in the Information Society, cit., p. 493. Come sottolineato da quest'ultimo autore, le misure di controllo dell'accesso consentono ai sistemi di DRMS di funzionare come un sistema di accesso condizionato, mentre le misure che controllano i diritti consentono all'utente che ha ottenuto un diritto di accesso di effettuare determinate operazioni. Id., p. 493-494.

[20]   Cfr. Reese, Will Merging Access Controls and Rights Controls Undermine the Structure of Anticircumvention Law?, cit., p. 624.

[21]   Ibidem, p. 641.

rendere indecifrabili le informazioni. In mancanza dell'adeguata chiave di decifrazione in grado di ricomporre la sequenza originaria non è possibile utilizzare il prodotto. Pur impedendo l'accesso ad utenti non autorizzati, una volta aggirati i sistemi di protezione la crittografia non permette di controllare l'uso del contenuto non più cifrato, che è quindi suscettibile di venire copiato e distribuito unitamente alla sua chiave numerica.[22]

Il *watermarking* è invece una tecnica basata sull'inserzione nel dato digitale di un segnale distinguibile solo da appositi software o dispositivi in grado di stabilire se il codice originario abbia subito alterazioni nel corso dei successivi utilizzi.[23] Tale sistema di marchiatura dei contenuti si basa sulla tecnica della steganografia, un procedimento elusivo che permette di comunicare informazioni senza che una terza persona se ne renda conto. Il beneficio offerto dalla steganografia è essenzialmente quello di poter essere utilizzata per inviare messaggi in modo occulto, ovvero senza che l'operazione di trasmissione sia nota. In questo senso le informazioni sono mascherate o nascoste in un normale flusso di dati. I dati o le informazioni invisibili ai sensi umani sono incorporati in un medium digitale e rilevabili da speciali software o dispositivi. In realtà il segnale invisibile può includere informazioni circa l'identità dei detentori di diritti o relativamente ai fornitori dei contenuti, oppure un numero di serie o il nome dell'autore, o ancora, altre informazioni che un particolare software o un dispositivo può leggere per stabilire l'esatta origine dei dati digitali.[24] La tecnica del *watermarking* non può tuttavia essere usata per prevenire la produzione di

---

[22] Cfr. Digital Dilemma, cit., pp. 156-158. Esistono due tecniche crittografiche. Nella crittografia a chiave simmetrica la medesima chiave viene usata sia per cifrare che per decifrare un testo; in quella a chiave pubblica viene utilizzata una chiave pubblica per inviare il testo, ed una privata per decifrarlo. A differenza di quest'ultima, ove il possesso della sola chiave pubblica non è sufficiente a decifrare il testo, nella prima la sola intercettazione e decifrazione della chiave porta il contenuto non è più sicuro. Generalmente, la chiave simmetrica viene utilizzata per cifrare il messaggio, e quella pubblica per inviare la chiave. Per un'approfondita descrizione dei sistemi crittografici v. ibidem pp. 283- 295.

[23] Sull'argomento si veda diffusamente Mohamed Abdulla Suhail, Digital Watermarking for Protection of Intellectual Property, in Chun-Shien Lu (a cura di), Multimedia Security: Steganography and Digital Watermarking Techniques, Hershey, 2005.

[24] Sul punto si veda ancora Digital Dilemma, cit., p 296-99. "Watermarks can be either "perceptible" or "imperceptible" by people; "fragile" or "robust." Fragile watermarking involves marking a file with a key associated to its creator. If the file has not been altered, using the same key to extract the file should result in obtaining the original watermark. Otherwise, an error message will be obtained, meaning that an alteration occurred. Robust watermarking works the same way but it makes provisions for changes to occur. If any alteration has occurred, the watermark obtained after using the key to extract the file will only be "close" to the original. A particular kind of watermarking is fingerprinting. Here, digital objects are embedded with further information identifying the recipient. If the file is distributed without authorization, by extracting the original fingerprint it is possible to detect its original source."

copie pirata. Tuttavia, programmi come i *web-crawlers* consentono estese ricerche su Internet per documenti digitalmente contrassegnati; anche se attraverso il *watermarking* non è possibile controllare l'uso che viene fatto di opere digitalmente contrassegnate né impedire che le persone le diffondano, i contenuti non autorizzati possono comunque essere facilmente rilevati. Attraverso tale dispositivo i titolari dei diritti d'autore hanno uno strumento di prova per la violazione dei loro diritti di proprietà intellettuale. Infatti il codice, generalmente associato all'autore, può contenere informazioni utili ad individuare l'utente autorizzato (*fingerprinting*) cosicché, rinvenute copie illegali, è possibile risalire a colui che le ha distribuite senza autorizzazione ed eventualmente procedere legalmente per violazione del *copyright*.[25]

I *file* sonori e le immagini, ma anche qualsiasi altro oggetto passibile di rappresentazione tramite bit, può facilmente occultare dati o informazioni senza che la qualità di ascolto o visione ne sia significativamente compromessa. Le versioni digitali di immagini e *file* sonori, infatti, sono formati da numeri che descrivono il grado e la frequenza di luci e suoni. Tali contrassegni numerici sono determinati con un livello di precisione tale da non essere percepito dai sensi umani. Con tali tecniche è perciò possibile celare grandi quantità di dati appena sotto la soglia di percezione dell'uomo.

Mentre la tecnica del *watermarking*, apponendo una sorta di marchio inalterabile al contenuto al quale è applicato, consente il riconoscimento dell'autenticità, il *fingerprinting* nasconde informazioni (codici o numeri di serie) che consentono di individuare la copia originale di un contenuto da quelle illegali, ovvero permette di identificare eventuali abusi. Così, per esempio, l'algoritmo di applicazione del *watermark* è in grado di inserire un contrassegno in un'immagine digitale o in un *frame* di un video, attraverso adeguate modificazioni del livello di luminescenza attribuito a ciascun *pixel*.

Infine, i *trusted systems* (sistemi fidati) coinvolgono sia il software che l'hardware inserendo dati digitali sia nel supporto che negli apparati destinati a leggerlo. In questo caso la traccia digitale non verrà riprodotta qualora l'apparecchio non sia in grado di leggere e verificare le informazioni inserite nel software, rafforzando quindi i meccanismi di protezione del contenuto.[26] Anche nei sistemi fidati la crittografia digitale gioca un ruolo

---

[25] Cfr. Jana Dittman et al., Interactive watermarking environments, in Multimedia computing and systems. Proceedings of the IEEE international conference on multimedia computing and systems, Austin, Texas, June 28-July 1, 1998, p. 286.

[26] Si veda Jonathan Weinberg, Hardware-based ID, Rights Management and Trusted Systems, 52 Stan. L. Rev., 2000, pp. 1251, 1254-55; Roberto Caso, Un "Rapporto di Minoranza": Elogio dell'Insicurezza Informatica e della Fallibilità del Diritto. Note a Margine del Trusted

molto importante: infatti ogni sistema è provvisto di un chip (*trusted platform module*) dotato di una coppia di chiavi crittografiche ed in grado di generare altre chiavi per la crittografia di dati o dispositivi. Di fatto, la logica che sta alla base dei *trusted systems* risiede nella possibilità di intervenire non più *ex post* con evidenti margini di fallibilità, ma di poter creare un ambiente sicuro *ex ante,* riportando a zero il rischio di eventuali utilizzazioni improprie.[27]

3.3 Misure tecnologiche di protezione: diritti di proprietà intellettuale regolati privatamente?

Quando i diritti digitali sono completamente gestiti da software, i termini della licenza non possono più essere considerati di natura giuridica tradizionale e potrebbero persino non avere un proprio *status* giuridico.[28] Inoltre, diventa molto difficile gestire in maniera automatizzata alcuni diritti tradizionalmente riconosciuti agli utenti, nonché le eccezioni e limitazioni esistenti in virtù della *fair use doctrine* o delle cosiddette libere utilizzazioni.[29] È stato infatti osservato che le norme sul diritto d'autore, anche se attentamente formulate, non possono essere espresse in un linguaggio algoritmico, come richiesto dai programmi per computer, per automatizzare funzionalità come la stampa o la copia.[30] Ciò è particolarmente vero per il concetto di *fair use*. Tale principio rappresenta infatti, come già visto, una eccezione al monopolio concesso al titolare del diritto d'autore espressa volutamente in maniera vaga.[31] Di fatto si afferma che, anche se il titolare del diritto ha il potere esclusivo di effettuare copie dell'opera, i fruitori di quell'opera possono effettuare copie se il loro uso è *fair*, ovvero giustificabile.[32] Non vi è alcuna prova *a priori* che dimostri un uso corretto; ogni tipologia di utilizzo da parte degli utenti di un'opera protetta deve essere at-

---

Computing, in R. Caso (a cura di), Sicurezza Informatica. Regole e Prassi, Trento, 2006, p. 5 ss.

[27] Così Caso, Un "Rapporto di Minoranza": Elogio dell'Insicurezza Informatica e della Fallibilità del Diritto. Note a Margine del Trusted Computing, cit., p. 5. L'A. nota come tale elevato grado di sicurezza sia ottenuta al prezzo della compressione della libertà degli utenti.

[28] Cfr. Karen Coyle, Rights Expression Languages: A Report for the Library of Congress 12 (Feb. 2004), alla URL <http://www.loc.gov/standards/Coylerepo rt_final1single.pdf>. Vedi anche Reichman, Franklin, Privately Legislated Intellectual Property Rights: Reconciling Freedom of Contract with Public Good Uses of Information, cit.

[29] Tom W. Bell, Fair use v. Fared Use: the Impact of Automated Rights Managements on Copyright's Fair Use Doctrince 76 N. Carolina L. Rev. 557 (1998).

[30] Cfr. Coyle, Rights Expression Languages, cit., p. 11.

[31] Ibidem.

[32] Ibidem.

tentamente esaminato, tenendo conto di un certo numero di fattori. Inoltre, anche dopo tale verifica, potrebbe essere difficile individuare ciò che è considerabile uso corretto e ciò che non lo è.[33] Pertanto i sistemi elettronici, per poter discriminare correttamente le differenti finalità di utilizzo, avrebbero bisogno di una definizione univoca e quantitativa sulla quale poter poi agire, ma le norme sul diritto d'autore non la forniscono.[34]

Accanto alla difficoltà di formalizzare alcuni concetti di carattere giuridico e al riconoscimento automatico di comportamenti normativi si assiste ad una regressione della centralità del diritto di fonte legislativa, ovvero promanante da organi politici, quale adeguato strumento per regolamentare la produzione e la circolazione della conoscenza. Tale ulteriore fenomeno ha causato una crescita della funzione del contratto quale nuovo strumento per determinare concretamente le regole dell'agire in una società.[35] Siffatta tendenza finisce per avvalorare la tesi secondo cui condizione sufficiente per definire le regole dell'agire in una società sia esclusivamente il patto delle parti interessate e quindi, posta tale condizione, ogni agire sia di fatto lecito.

Generalmente, l'attribuzione di un ruolo fondamentale al contratto è oggi promossa dalla stessa globalizzazione dell'economia. Come sostenuto da alcuni autori,

> l'avvento della società post-industriale non reclama, come reclamò l'avvento dell'era industriale, profonde riforme legislative. Il quadro del diritto codificato resta immutato. Ma resta immutato, perché sono altri, non le leggi, gli strumenti mediante i quali si attuano le trasformazioni giuridiche. Il principale strumento di innovazione giuridica è il contratto. Le concezioni classiche del diritto non collocano il contratto fra le fonti normative; ma se continuassimo a concepire il contratto come mera applicazione del diritto, e non come fonte di diritto nuovo, ci precluderemmo la possibilità di comprendere in qual modo muta il diritto del nostro tempo.[36]

Pertanto tale mancanza di cambiamenti è collegata al fatto che le leggi non sono più gli strumenti più idonei e predominati nella regolazione primaria degli interessi sociali. La loro funzione è frequentemente surrogata

---

[33] Ibidem.

[34] Cfr. Coyle, Rights Expression Languages, cit., p. 11.

[35] Vedi Giovanni Pascuzzi, Il Diritto nell'Era Digitale. Tecnologie Informatiche e Regole Privatistiche (2002).

[36] Cfr. Francesco Galgano, Diritto ed Economia alle Soglie del Nuovo Millennio, 16 Contr. e impr. 189, 197 (2000). Sulla supremazia della regolamentazione attraverso accordi contrattuali sia nel ciberspazio che nelle attività transnazionali, si veda Ethan Katsh, Law in a Digital World: Computer Networks and Cyberspace, 38 Vill. L. Rev. 403, 415 (1993); I. Trotter Hardy, The Proper Legal Regime for "Cyberspace" 55 U. Pitt. L. Rev. 993, 994 (1994).

da una vasta gamma di strumenti normativi che contribuiscono a comporre il multiforme quadro della *governance* contemporanea.

Una delle più scomode questioni che i politici devono affrontare è la velocità con cui sta avvenendo la radicale trasformazione dell'economia globale.[37] Le tecnologie poi hanno contribuito a produrre stimoli per i mutamenti di carattere giuridico.[38] Per queste ragioni il contratto è diventato lo strumento principale dell'innovazione giuridica.[39] Le classiche concezioni del diritto non collocano il contratto tra le fonti normative; se, come è stato osservato, si continuasse a vedere il contratto come una mera applicazione del diritto piuttosto che come fonte di diritto nuovo, negheremmo la possibilità di riconoscere in che modo la legge stia cambiando.[40] È proprio il commercio internazionale unitamente alle sue dinamiche transnazionali, comprese le transazioni *on-line*, a richiedere un corpo di regole che sia libero dalle particolari differenze che emergono tra i diversi sistemi giuridici nazionali.[41] L'ordinaria regolazione statualmente differenziata frenerebbe in modo intollerabile lo sviluppo dei mercati mondiali.[42] Per questo, uno degli elementi dominanti la scena giuridica contemporanea è proprio la circolazione di modelli contrattuali uniformi predisposti dalle grandi multinazionali.[43]

Nel contesto della società dell'informazione, la combinazione tra contratto e misure tecnologiche di protezione può rappresentare una potente miscela per realizzare un sistema completamente automatizzato che comprenda la distribuzione sicura dei contenuti, la gestione dei diritti, il monitoraggio e il pagamento per i contenuti protetti.[44] Così, quando gli utenti accedono al contenuto tutelato da una misura tecnologica di protezione, il

---

[37] Cfr. Frederick M. Abbott, Public Policy and Global Technological integration: an introduction, in Public policy and global technological integration 12 (Frederick M. Abbott and David J. Gerber eds., 1997).

[38] Cfr. John Goldring, Consumer Protection, Globalization and Democracy, 6 Cardozo J. Int'l & Comp. L. 1, 68 (1998).

[39] Cfr. Francesco Galgano, Diritto ed Economia alle Soglie del Nuovo Millennio, cit.

[40] Sul punto si veda Francesco Galgano, Lex mercatoria, Bologna, 1993, p. 235; Francesco Galgano, Fabrizio Marrella, Diritto del Commercio Internazionale, Padova, 2007, p. 7. Sul rapporto tra contratto e fonti del diritto si vedaVincenzo Roppo, Il Contratto e le Fonti del Diritto, in Pol. dir, 2001, p. 529.

[41] Così Goldring, Consumer Protection, Globalization and Democracy, cit., p. 56.

[42] Cfr. Edmondo Mostacci, La Soft Law nel Sistema delle Fonti: Uno Studio Comparato, Padova, 2008, p. 111.

[43] Ibidem, p.109.

[44] Cfr. P. Bernt Hugenholtz, Copyright and Electronic Commerce: An Introduction, in Copyright and Electronic Commerce, cit., p. 1, 2.

fornitore di contenuti impone in pratica una serie di clausole contrattuali attraverso un accordo basato su un *electronic agreement*.[45]

Tuttavia, né le norme sul *copyright*, né i contratti possono esercitare alcun reale controllo sul comportamento degli utenti verso i contenuti. Eppure è stato osservato che poiché i materiali digitali devono passare attraverso il software e l'hardware per essere utilizzati, è possibile esercitare un controllo *a priori* sull'accesso e sull'uso dei contenuti tramite proprio tali tecnologie.[46]

Così, quando noi combiniamo la funzione di controllo con il contratto, il risultato tende ad avere elementi in comune perché entrambi rappresentano termini di una licenza.[47] Un contratto o una licenza altro non sono che strumenti attraverso i quali il titolare dei diritti di proprietà intellettuale accorda ad altri soggetti il permesso, a determinate condizioni, di utilizzare uno specifico contenuto. La funzione di controllo è normalmente svolta da un dispositivo o una macchina che si avvale di una espressione altamente formalizzata, generalmente in valori quantitativi poiché gli elaboratori elettronici possono funzionare solo attraverso espressioni formulate in unità idonee ad essere quantificate.[48] Vi è poi anche la necessità di prevedere degli identificatori. Ad esempio, un contratto assegnerà un nome a una persona, forse associando anche un indirizzo fisico o virtuale o qualche altra informazione che riguarda il soggetto. Un sistema di controllo deve avere un identificativo univoco per ogni parte, anche se l'identificativo potrebbe non avere nessun significato fuori dal contesto di quella particolare licenza. La necessità di un controllo determina pertanto il tipo di funzioni che possono essere incluse in una licenza.[49]

Il precipitato di questi fattori implica che i diritti di proprietà intellettuale rischiano di diventare dei monopoli globali, regolabili privatamente attraverso modelli contrattuali uniformi creati dalle grandi multinazionali e

---

[45]   In base a questa finzione giuridica, il consumatore può accettare i termini del contratto in un modo molto simile a quello delle cosidette *shrink-wrap license*. Su quest'ultima forma di licenze si veda Mark A. Lemley, Intellectual Property and Shrinkwrap Licenses, 68 S. Cal. L. Rev. 1239 (1995). In dottrina è stato osservato che, anche se "DRM usage contracts are usually made over the Internet and are therefore not shrink-wrap licenses in the strict sense [...] [they could be] analogized [...] to their online counterpart: the so-called 'click-wrap' licenses." Cfr. Bechtold, Digital Rights Management in the United States and Europe, cit., p. 343. Sul contratto nell'ambiente elettronico vedi Hillman, Rachlinski, Standard-form Contracting in the Electronic Age, p. 464.

[46]   Cfr. Rights Expression Languages: A Report for the Library of Congress 12 (Feb. 2004), alla URL <http://www.loc.gov/standards/Coylerepo rt_final1single.pdf>.

[47]   Ibidem.

[48]   Ibidem.

[49]   Ibidem.

confezionati all'interno di sistemi in grado di controllare e monitorare dettagliatamente gli usi delle opere protette.

3.4 I sistemi di Digital Rights Management (DRM)

Il termine *Digital Rights Management* (DRM) è una espressione generica, spesso utilizzata per indicare tecnologie e strumenti specificatamente sviluppati per gestire informazioni e diritti digitali.[50] Tali tecnologie hanno la capacità di controllare l'accesso e l'uso dei contenuti[51] e si sono evolute nel tempo da semplici strumenti anti-copia a sofisticati sistemi tecnologico-giuridici. In un moderno sistema di DRM i *content providers* trovano un efficace strumento di protezione non solo attraverso l'utilizzo di mezzi tecnologici e di norme giuridiche che ne proteggono l'aggiramento, ma anche attraverso l'utilizzo di contratti che disciplinano dettagliatamente l'utilizzo che può essere fatto dei contenuti così protetti. A loro volta i termini di utilizzo stabiliti contrattualmente possono essere supportati e consolidati da misure tecnologiche di protezione che rendono praticamente impossibile la trasgressione delle condizioni imposte contrattualmente.

I sistemi di *Digital Rights Management*, ovvero il *business model* utilizzato per distribuire in modo sicuro i contenuti digitali, sono molto più che un semplice sistema tecnologico di protezione. Essi offrono diversi livelli di controllo dell'accesso ai contenuti sui quali operano: una protezione tecnologica rinforzata da una protezione normativa contro il suo stesso aggiramento; una protezione attraverso l'impiego di un contratto che disciplina i termini d'utilizzo, a sua volta resa cogente da strumenti tecnologici e dalle norme contro il loro aggiramento; infine una protezione attraverso licenze d'uso sulle singole misure tecnologiche utilizzate dai *content providers*.[52] L'effetto sinergico ottenuto attraverso l'impiego di questi diversi strumenti di protezione giuridica e tecnologica permette ai sistemi di DRM

---

⁵⁰ La letteratura su tale argomento è alquanto estesa. Per un'esauriente raccolta di scritti relativi ai problemi connessi all'uso dei sistemi di DRM, si veda, e.g. Eberhard Becker et al., Digital Rights Management: Technological, Economic, Legal and Political Aspects, Berlin, 2003. Si veda, inoltre, William Rosenblatt et al., Digital rights management: business and technology, New York, 2002; C.J. Alice Chen e Aaron Burstein, Foreword to Symposium, The Law & Technology of Digital Rights Management, 18 Berkeley Tech. L.J., 2003, p. 487.

⁵¹ Stefan Bechtold, From Copyright to Information Law: Implications of Digital Rights Management, in Tomas Sander (a cura di), Security and Privacy in Digital Rights Management, Berlin, 2002, pp. 213, 214-15.

⁵² Così Bechtold, From Copyright to Information Law: Implications of Digital Rights Management, cit., pp. 213, 214-15.

di creare un efficace *business model,*[53] coerente con le esigenze dei titolari dei diritti, ma spesso incapace di considerare certe prerogative e certi privilegi tradizionalmente riconosciuti ai consumatori.

I sistemi DRM non sono altro che uno strumento basato su applicazioni software, oppure hardware e software assieme, che operano in modo da impedire la copia e/o gestire la fruizione autorizzata di materiali multimediali e software solo a determinati utenti legittimati.[54] Così, attraverso l'uso di tali tecnologie, è possibile gestire l'accesso ad un contenuto (solitamente ad un *file*) monitorando il numero, la durata e le modalità di visualizzazione e godimento, eventualmente impedendone l'accesso.

Tali strumenti tecnologici possono altresì operare a livello di sistema operativo, di singoli programmi applicativi oppure essere incorporati nell'hardware o in uno specifico dispositivo attraverso il quale concretamente vengono mediati i comandi diretti alla macchina.

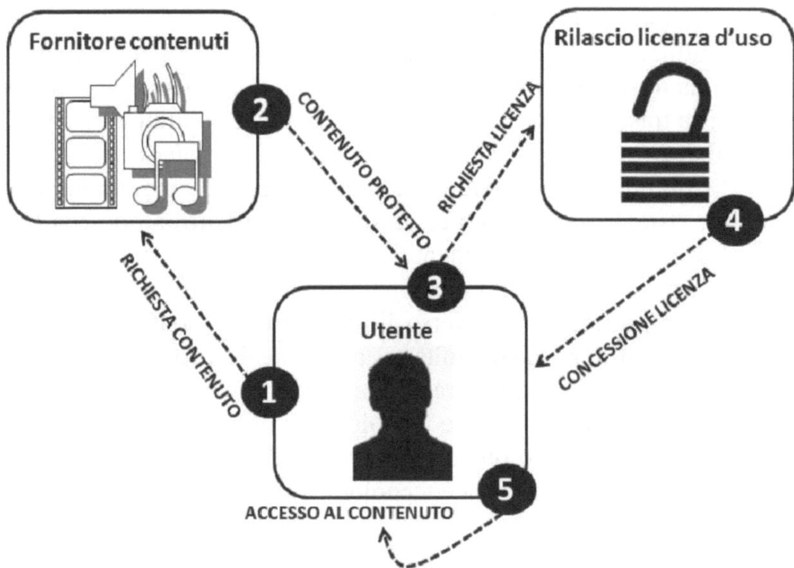

Figura 3.4 - Schema di acquisizione di diritti e fruizione di contenuti protetti

---

[53]   Così Bechtold, Governance in Namespaces, 36 Loy. L.A. L. Rev., 2003, pp. 1239, 1252; Rolf T. Wigand: Facing the Music: Value-Driven Electronic Markets, Networks and Value Webs in Economic Integration of Digital Products, in Eberhard Becker et al. (a cura di), Digital Rights Management, cit., p. 251.

[54]   Ibidem.

Gli elementi chiave di un sistema di DRM sono:[55]

(i) un contenuto da proteggere;

(ii) un sistema di protezione crittografica. La maggior parte dei sistemi funziona attraverso tecnologie di protezione basate sulla combinazione di chiavi simmetriche ed asimmetriche;

(iii) l'espressione dei diritti. Tale operazione viene solitamente svolta attraverso i cosiddetti *rights expression languages* (REL), ovvero linguaggi in grado di esprimere i diritti concessi all'utilizzatore dei contenuti;

(iv) un sistema di gestione delle licenze. La licenza comprende sia la chiave crittografica sia i diritti riconosciuti all'utente.

In un tipico e semplificato scenario di utilizzo (Figura 3.4) di DRM per la fornitura elettronica di contenuti, l'utente accede ad un sistema *on-line* attraverso il proprio *browser* scegliendo il contenuto che intende acquisire (1). Dopo aver proceduto all'acquisto, solitamente gestito da un sistema di pagamento integrato, devono essere rilasciati i diritti d'uso che l'utente vuole ottenere. Un sistema di gestione dei contenuti provvede ad inviare all'utente il contenuto protetto da una chiave di codifica (2) e da una licenza. Quest'ultima verrà usata per decodificare il contenuto acquistato (3) e controllare le utilizzazioni attraverso un riscontro *on-line* realizzato da un *license server* che di volta in volta concede l'accesso al contenuto (5) verificando i diritti d'uso.[56]

L'attuale configurazione dei sistemi di DRM si compone di vari elementi. Tra questi c'è chi distingue tra *Digital Rights Enforcement* e *Digital Property Management*. Il primo è il sistema che, di fatto, consente la protezione e l'identificazione di un contenuto digitale, difendendone l'utilizzo entro i termini e le condizioni normalmente stabilite attraverso un contratto e gestendo, eventualmente, anche le forme di pagamento per l'utilizzo delle opere protette. In sostanza tale elemento coincide con le misure tecnologiche di protezione la cui tutela giuridica è stata introdotta dalla normativa internazionale.

Il *Digital Property Management*, invece, si occupa di controllare l'accesso ai contenuti applicando gli accordi e le licenze d'uso ottenute: in altre parole la vera e propria gestione dei diritti di proprietà intellettuale relativi a un contenuto.[57]

---

[55] Per questa semplice ricostruzione degli aspetti tecnici di un sistema di DRM si rimanda a Willem Jonker, An introduction to Digital Rights Management Systems, in Milan Petković, Willem Jonker, (a cura di) Security, Privacy, and Trust in Modern Data Management, Berlin, p. 257.

[56] Ibidem, p. 258-259.

[57] Cfr. Renato Iannella, Peter Higgs, "Driving Content Management with Digital Rights Management", alla URL <http://www.iprsystems.com/whitepapers/CM-DRM-wp.pdf> , IPR Systems, 2003.

Per rendere sicuro un contenuto digitale i sistemi di DRM possono operare attraverso due metodologie. La prima è basata sul contenimento, ovvero sulla funzione di "involucro". Tale metodo prevede che il contenuto digitale sia cifrato attraverso un'interfaccia così da poter essere raggiunto soltanto dagli utenti autorizzati ad interagire con il sistema. La seconda è basata sulla cosiddetta marcatura, ovvero una intestazione cifrata apposta al contenuto da proteggere, come le tecniche della filigrana e della steganografia digitali.[58] Queste prevedono l'applicazione di una sorta di etichetta nascosta, imposta al contenuto digitale e tale da poter essere riconosciuta solo dai vari dispositivi di lettura atti a controllare e monitorare gli usi.

Questa tecnica è molto diffusa nel settore degli audiovisivi dove l'accorpamento di tali informazioni addizionali (ovvero *metadata*) ha la funzione di monitorare il flusso dei dati attraverso gli esistenti canali di distribuzione digitale.[59]

3.5 Effetti connessi all'uso di tecnologie di protezione

Alcuni concreti esempi sugli effetti dell'uso di sistemi di DRM in prodotti di massa destinati ai consumatori aiuteranno meglio a comprendere i problemi di fondo connessi al loro utilizzo e le possibili strategie per ristabilire l'equilibrio tra diritti, caratteristico dell'era pre-digitale.

Qui di seguito cercheremo di illustrare brevemente le posizioni di alcuni organi giudiziari e di garanzia di fronte a casi di mancata informazione sulle limitazioni imposte dall'uso di DRM, nonché a pratiche contrarie agli interessi degli utenti e del mercato.

La chiave interpretativa che intendiamo cogliere da questi casi, colloca i comportamenti di consumo all'interno della relazione esistente tra la regolamentazione sulla protezione dei consumatori, le asimmetrie informative e la norme sul diritto d'autore. In particolare, attraverso l'analisi di tali elementi ci porremo la questione di come l'assetto normativo europeo e statunitense in materia di protezione dei consumatori sia in grado di offrire agli

---

[58] Il termine deriva dall'unione delle due radici greche "steganos" e "grafo" e significa appunto scrittura nascosta, cifrata.

[59] Cfr. Lu Chun-Shien, Multimedia Security: Steganography and Digital Watermarking Techniques for Protection of Intellectual Property, Hershey, 2005. La caratteristica peculiare della filigrana digitale sta nel fatto che anche il segnale audio decompresso è portatore delle informazioni contenute nella traccia di filigrana. Risulta quindi molto difficile eliminare tali informazioni di identificazione anche a seguito di un nuovo encoding. La conseguenza è che queste risulteranno essere sempre presenti in tutti i successivi trasferimenti del segnale audio, generando sgradevoli fruscii o rumori di fondo, ovvero deteriorando la risoluzione al momento dell'ascolto.

utenti di opere digitali equivalenti garanzie di trasparenza anche per le transazioni con i fornitori di contenuti digitali.[60] Come è stato infatti osservato, l'attuale struttura ed organizzazione dei sistemi di DRM pone "il fruitore di contenuti digitali in una condizione negoziale peggiore del soggetto che nei mercati tradizionali aderisce alle condizioni generali di contratto".[61]

Pertanto, nel seguito, esemplificheremo come nell'accesso ai contenuti digitali alla classica mancanza di trasparenza spesso si possa associare l'impenetrabilità o l'impercettibilità da parte dell'utente finale della regola tecnologica.

3.5.1 Il caso CSS

Il caso in esame è rilevante per due ordini di motivi. In primo luogo, esso costituisce una delle prime applicazioni del *Digital Millenium Copyright Act*, ossia delle norme a protezione delle misure tecnologiche. In secondo luogo, esso dimostra in maniera esemplare come la tecnologia stia assegnando ai titolari di *copyright* più controllo sopra i contenuti di quanto la stessa legge in sè richiederebbe, sino al punto di produrre ingiuste limitazioni alla libertà d'espressione.[62]

All'inizio degli anni novanta, infatti, l'industria cinematografica cominciò ad esplorare l'applicazione di sistemi di protezione da applicare sui propri prodotti. In particolare, tale esigenza emerse in contemporanea alla diffusione e distribuzione di contenuti in formato digitale su DVD, un disco che può essere letto e visualizzato attraverso appositi dispositivi (*DVD player*) o personal computer.[63] Tali contenuti - ovvero i *file* inclusi in ogni singolo disco - furono così protetti mediante un sistema di crittazione, conosciuto con il nome di *Content Scrambling System* (Sistema di Cifratura

---

[60]   Cfr. Lucie Guibault, Accommodating the Needs of iConsumers: Making Sure They Get Their Money's Worth of Digital Entertainment, in 31 J. Consumer Policy, 2008, p. 409, 412.

[61]   Così Roberto Caso, L'"Immoralità" delle Regole Tecnologiche: Un commento alle Teorie degli Studiosi Burk e Gillespie, in Giovanni Ziccardi (a cura di), Nuove Tecnologie e Diritti di Libertà nelle Teorie Nordamericane, Modena, 2007, p. 49-50. Sul punto si veda anche Pamela Samuelson, Jason Schultz, Should Copyright Owners Have to Give Notice of Their Use of Technical Protection Measures?, 6 J. Telecomm. & High Tech. L. 41, 42 (2007).

[62]   Cfr. James Boyle, The Public Domain, Enclosing the Commons of the Mind, New Haven, 2008, p. 124 e ss.

[63]   Di fatto i lettori di DVD sono l'equivalente funzionale dei Video Tape Recorders (i.e. videoregistratori). Si veda in tal senso Universal City Studios, Inc. v. Reimerdes, 111 F. Supp. 2d 310.

del Contenuto o "CSS").[64] Esso svolge la funzione di tutelare i contenuti video, sottraendoli non solo al rischio di copie non autorizzate, ma anche impedendone la visione senza un opportuno sistema di decodifica (hardware o software) in grado di riconoscere l'apposita chiave di decrittazione.[65] La maggior parte dei DVD in commercio possono perciò avere al loro interno delle informazioni che identificano univocamente il continente (o una "regione" del mondo) nel quale i DVD verranno commercializzati.[66] I dispositivi di lettura, a loro volta, sono in grado di leggere i soli DVD della regione nella quale sono distribuiti, in quanto possiedono l'appropriato algoritmo che ne permette la decodifica.

Il problema si pose quando, nel settembre del 1999, un ragazzo norvegese di nome Jon Johansen realizzò un programma, conosciuto come DeCSS, in grado di violare l'algoritmo di crittografia CSS (e, quindi, di "sproteggere" un DVD e copiarne il contenuto).[67] Tale "violazione" veniva giustificata essenzialmente in base al fatto fatto che, per l'ambiente Linux, non esisteva alcun *DVD player*; gli utenti non potevano quindi fruire di questo nuovo standard emergente benché avessero legittimamente acquistato i relativi contenuti. Il DVD era infatti programmato per funzionare

---

[64]   Sul caso DeCSS si veda William W. Fisher III, Promises to Keep: Technology, Law, and the Future of Entertainment 87-98 (2004); Lamourex, Baron, Stewart, Intellectual Property Law and Interactive Media: Free for a Fee, cit., p. 61 e ss; Boyle, The Public Domain, cit., p. 124.

[65]   Sullo sviluppo della tecnologia Content Scrambling System si veda Universal City Studios, Inc. v. Reimerdes, 111 F. Supp. 2d p. 308.

[66]   La DVD Content Control Association [http://www.dvdcca.org/] sosteneva che tale codifica regionale fosse stata messa a punto per impedire che qualcuno possa ad esempio comprare un DVD negli U.S.A. tramite Internet e vederlo in Italia prima che questo sia uscito nelle sale cinematografiche (insieme all'ulteriore pericolo di una distribuzione illegale addirittura anticipata). La codificazione regionale dei DVD permetterebbe infatti ad una pellicola di essere diffusa su DVD in una regione anche se ancora in programmazione nelle sale di un' altra regione perché la codificazione regionale assicura che non interferirà con la programmazione cinematografica. Senza codificazione regionale, tutti i fruitori "domestici" dovrebbero attendere fino al momento in cui la pellicola non abbia completato la relativa distribuzione nelle sale di tutto il mondo prima di avere a disposizione il relativo DVD.

[67]   Il programma DeCSS si presenta come un'unica finestra in cui, in una sezione, vengono scelti il lettore DVD, il calcolo dello spazio sul disco, la possibilità di unire i file decriptati .VOB (l'estensione dei file presenti sul DVD-Video) e una finestra di stato; nell'altra sezione vengono elencati i file presenti sul DVD-Video in modo da scegliere solamente quelli che contengono sequenze video (in genere solo i file di grosse dimensioni, di circa 1 Gigabyte ciascuno). Scelti i file da decriptare, si sceglie il percorso di destinazione in cui memorizzare i file sul disco, quindi si può iniziare il trasferimento. Il processo è abbastanza veloce, bastano pochi minuti, tenendo presente che occorre però molto spazio sull'hard disk: un unico DVD-Video infatti può arrivare ad occupare mediamente 4 o 5 Gigabyte. Una volta copiati e decifrati, i file possono essere riprodotti proprio come se si stesse utilizzando un disco DVD, semplicemente utilizzando un qualsiasi player software. Il problema resta tuttavia quello che una volta copiato il contenuto del DVD sull'Hard Disk, questo occupa moltissimo spazio disco. Per ovviare a ciò esistono sistemi di compressione (e.g. DivX) che permettono di "riversare" il contenuto di un DVD in due CD-ROM.

solo su piattaforme Windows e l'unico modo per consultarne il contenuto, su un sistema operativo diverso, imponeva quindi di aggirare il codice crittografico. Johansen non si era tuttavia limitato a questo. Pubblicando sul proprio sito i codici sorgenti del programma (come è prassi per tutto il software *open source*), egli aveva reso disponibile al mondo intero il suo metodo di decodifica. Chiunque poteva quindi procedere all'estrazione, la riproduzione, la compressione e la redistribuzione dei *file* contenuti nei DVD.[68]

In seguito, tali istruzioni furono riprese dalla rivista *on-line 2600: The Hacker Quarterly*[69], edita da Eric Corley, poi convenuto nel giudizio Universal City Studios v. Reimerdes.[70] I visitatori di questo sito potevano procedere direttamente al *download* del software o erano comunque invitati a farlo attraverso altri siti i cui *links* comparivano sulla stessa rivista.[71] Nell'ottobre del 1999 la *Motion Picture Association of America* (MPAA) si rese conto dell'avvenuta diffusione tramite Internet di tale software e cercò di porvi rimedio, invitando, in primo luogo, la rivista ad astenersi dall'offrire istruzioni al riguardo. Poiché il sito *2600.com* non aderiva alle reiterate richieste, la MPAA, nel gennaio del 2000, intentò causa contro l'editore Eric Corley al fine di costringere *2600.com* a cessare non solo l'attività di divulgazione (*posting*) ma anche la cosiddetta *electronic civil disobedience*, ovvero il *linking* ad altri siti web che mettevano in rete la tecnologia DeCSS.[72]

Nel caso *Reimerdes* la MPAA ha sostenuto che l'attività di *posting* e *linking* del codice DeCSS da parte del convenuto *2600.com* violava il pa-

---

[68] Attraverso un'attività di *posting*, che significa "affiggere" cioè mettere un testo dove può essere letto pubblicamente (il termine è comunemente usato anche per indicare l'affissione di un articolo in una bacheca elettronica e talvolta ne nasce il neologismo italiano "postare").

[69] <http://www.2600.com>.

[70] Universal City Studios v. Reimerdes, 111 F. Supp. 2d, 308-309. Davanti alle Corti statunitensi sono stati in discussione almeno tre casi che coinvolgevano questioni inerenti il DeCSS: il primo è il citato caso Universal City Studios v. Reimerdes (confermato in appello di fronte alla Court of Appeals for the Second Circuit N.Y.), il secondo è il caso californiano DVD Copy Control Assoc. v. McLaughlin, Case No. CV 786804 (dove la DVD Copy Control Association ha denunciato 72 persone accusandole di appropriazione indebita dei segreti commerciali relativi al CSS e diffusione ostinata dello stesso attraverso l'attività di linking) ed infine, il meno conosciuto Universal City Studios, Inc. v. Hughes, Case No. 300CV72 RNC (un caso sempre basato sulla presunta violazione del titolo 17 U.S.C. § 1201).

[71] Universal City Studios v. Reimerdes, 111 F. Supp. 2d, 311-312 "[…] defendants' web site began to offer DeCSS for download. It established also a list of links to several web sites that purportedly "mirrored" or offered DeCSS for download".

[72] La causa iniziale era stata intentata contro Eric Corley, Shawn Reimerders e Roman Kazan che successivamente hanno preso parte agli accordi con i querelanti.

ragrafo 1201(a)(2) del DMCA,[73] ovvero la previsione normativa sulle misure anti-elusione (*anti-circumvention*) del *copyright*.

I convenuti avevano di contro sostenuto che le attività di *linking* e *posting,* aventi ad oggetto il codice DeCSS, rientravano nella definizione di *fair use* prevista dal *Copyright Act*.[74] Essi inoltre ipotizzarono una violazione del Primo Emendamento, sostenendo che il DMCA - se applicato ai programmi per computer ed ai loro codici di programmazione - infrangerebbe la libertà d'espressione.

Il giudice Lewis Kaplan, della *U.S. District Court for the Southern District of New York*, ha tuttavia sostenuto che l'attività di *posting* e *linking* messa in pratica dal convenuto fosse una evidente violazione del DMCA,[75] disponendo a favore dei querelanti un risarcimento e un *injunction and declaratory relief*.[76]

In particolare, la Corte ha, in primo luogo, ritenuto che il DeCSS "clearly is a means of circumventing a technological access control measure". Secondariamente, la Corte ha riconosciuto che il CSS effettivamente controlla l'accesso ai dati contenuti nei DVD dei querelanti; questo sistema ricade dunque nelle previsioni della sezione 1201 (a)(2)(A), poiché "in the ordinary course of its operation, [the measure] requires the application of information, or a process or a treatment, with the authority of the *copyright*

---

[73]   Rectius violazione del titolo 17 U.S.C. § 1201 (a)(2). Il titolo 17 U.S.C. 1201, introdotto dal DMCA, stabilisce delle sanzioni penali per l' aggiramento di una tecnologia che "effectively controls access" a materiale protetto da copyright, come pure il la fabbricazione o la messa a disposizione dei dispositivi pubblici finalizzati ad aggirare i meccanismi di controllo dell' accesso.

[74]   Cfr. Universal City Studios v. Reimerdes, 111 F. Supp. 2d 294, 321-322.

[75]   "In the final analysis, the dispute between these parties is simply put if not necessarily simply resolved. Plaintiffs have invested huge sums over the years in producing motion pictures in reliance upon a legal framework that, through the law of copyright, has ensured that they will have the exclusive right to copy and distribute those motion pictures for economic gain. They contend that the advent of new technology should not alter this long established structure. Defendants, on the other hand, are adherents of a movement that believes that information should be available without charge to anyone clever enough to break into the computer systems or data storage media in which it is located. Less radically, they have raised a legitimate concern about the possible impact on traditional fair use of access control measures in the digital era. Each side is entitled to its views. In our society, however, clashes of competing interests like this are resolved by Congress. For now, at least, Congress has resolved this clash in the DMCA and in plaintiffs' favor. Given the peculiar characteristics of computer programs for circumventing encryption and other access control measures, the DMCA as applied to posting and linking here does not contravene the First Amendment. Accordingly, plaintiffs are entitled to appropriate injunctive and declaratory relief. SO ORDERED. Dated: August 17, 2000 Lewis A. Kaplan". Universal City Studios v. Reimerdes, 111 F. Supp. 2d 294, 346.

[76]   Si tratta di un provvedimento dichiarativo dell'illegalità dell'atto e al contempo di divieto nella continuazione dei comportamenti considerati illegali.

owner, to gain access to the work".[77] In terzo luogo, dato che il solo scopo per la creazione del DeCSS era la decrittazione del CSS, se ne desumeva che questo fosse destinato soprattutto ad "aggirare" una misura tecnologica di protezione.[78] La Corte ha pertanto sostenuto che attraverso l'invio del codice sulla rete nelle pagine di *2600.com*, i convenuti hanno chiaramente violato la sezione 1201(a)(2)(A) del DMCA.[79] La Corte ha inoltre concluso che i convenuti avevano egualmente infranto la sezione 1202(a)(2)(B), in quanto lo scopo o l'uso primario del DeCSS era appunto quello di aggirare il sistema di protezione CSS.

Di contro, gli accusati avevano sostenuto che il DeCSS potesse rientrare tra le eccezioni all'aggiramento dei sistemi di protezione del *copyright* previste dallo stesso DMCA,[80] (in particolare, l'eccezione di *reverse engineering*[81], quella di *encryption research*[82] ed il *security testing*).[83] Tale linea di difesa era motivata dal fatto che il DeCSS fosse indispensabile a garantire l'interoperabilità tra i computer dotati di sistema operativo Linux ed i DVD.[84] Pertanto, il *reverse engineering* sarebbe stato giustificato dalla necessità di identificare e di analizzare quali elementi del programma fossero

---

[77]   Cfr. Universal City Studios v. Reimerdes, 111 F. Supp. 2d 294, 318.

[78]   Cfr. Universal City Studios v. Reimerdes, 111 F. Supp. 2d 294, 318-319. 17 U.S.C. 1201(a)(2)(A).

[79]   Cfr. 17 U.S.C. 1201(a)(2)(A). "No person shall manufacture, import, offer to the public, provide, or otherwise traffic in any technology, product, service, device, component, or part thereof, that (A) is primarily designed or produced for the purpose of circumventing a technological measure that effectively controls access to a work protected under this title".

[80]   17 U.S.C. 1201(f), (g)(4), e (j).

[81]   Il *reverse engineering* (definizione intraducibile in italiano "ingegneria inversa") indica tutti quei procedimenti di manipolazione ed analisi di un software a partire dal suo codice finale senza bisogno dei sorgenti. Un programmatore infatti crea un software usando dei linguaggi di medio e altro livello ma vicini al suo linguaggio naturale (ad es: Java, C++, Visual basic etc), in seguito questi sorgenti vengono trasformati nel prodotto finale da un compilatore, che ha il compito di tradurre nel linguaggio della CPU le istruzioni del programma. Il prodotto finito (programma compilato) risulta direttamente eseguibile dalla macchina, ma non più comprensibile dall'uomo. Attraverso le tecniche di *reverse engineering* anche il più protetto dei programmi può essere decifrato ovvero è possibile sfruttare lo stesso codice o algoritmo creato da un'altra persona senza chiederne il diritto d'uso o la licenza al suo creatore.

[82]   L'*encryption research* comprende quelle attività necessarie per identificare ed analizzare i difetti e le vulnerabilità delle tecnologie di crittografia che si sono applicate prodotti coperti da *copyright*, sempre ammesso che queste attività siano condotte per avanzare la condizione di conoscenza nel campo della tecnologia crittografica o per promuovere lo sviluppo di prodotti di crittografia.

[83]   *Security testing* significa accedere ad un calcolatore, ad un sistema di elaborazione, o ad una rete di calcolatori, solamente con lo scopo di procedere, in buona fede, a testare, studiare, o correggere, un difetto di sicurezza o una vulnerabilità, con l' autorizzazione del proprietario o del responsabile di tale calcolatore, sistema di elaborazione, o rete di calcolatore.

[84]   Universal City Studios v. Reimerdes, 111 F. Supp. 2d 294, 320.

indispensabili per l'interoperatività con altri sistemi, per i quali, precedentemente, il programma stesso non era stato messo a disposizione.

Nel rigettare questo argomento il giudice Kaplan ha invece dichiarato che l'eccezione di *reverse engeneering* si applica soltanto a coloro che realmente hanno acquisito le informazioni attraverso il procedimento di *reverse engeneering*. Inoltre la *ratio* di tale eccezione è quella di permettere lo sviluppo e l'interoperabilità tra sistemi informatici. Essa non poteva dunque essere fatta valere dai convenuti in quanto questi ultimi non avevano creato il DeCSS, ma si erano limitati a renderlo disponibile e a diffonderlo attraverso il web (*posting*), dopo che il programma era stato creato o scoperto da altri.[85] Di conseguenza, anche se uno degli scopi degli sviluppatori del DeCSS era quello di creare un *DVD player* per Linux, il giudice ha rilevato come ciò non fosse in verità il loro unico obiettivo, così come è invece previsto per l'applicazione dell'eccezione di *reverse engineering*.[86] La Corte ha poi egualmente rigettato le altre due eccezioni (*encryption research* ed il *security testing*) perché assolutamente non corrispondenti alle fattispecie astratte previste dal DMCA.

Per quanto riguarda poi l'attività di *linking*[87] ad altri siti web che pubblicavano il DeCSS, la Corte ha ritenuto che questa attività fosse equivalente al rendere disponibile il codice del programma, direttamente dal proprio sito.[88] E ciò vale, in particolare, se il soggetto che diffonde è a conoscenza che il contenuto del materiale "linkato" viola una norma giuridica.[89]

Come già accennato, un ulteriore tentativo di difesa da parte dei convenuti è stato il ricorso al Primo Emendamento della Costituzione americana.[90] Essi sostenevano che il divulgare il codice sorgente alla base di un programma (ovvero la forma nella quale il DeCSS esiste), costituisce un esercizio della libertà di espressione ("code is speech") non limitabile dalla legge (ovvero dal DMCA). I limiti alla libertà d'espressione possono infat-

---

[85] L'eccezione sarebbe potuta servire eventualmente a giustificare il comportamento di chi materialmente aveva creato il programma DeCSS, ovvero John Johansen.

[86] Universal City Studios v. Reimerdes, 111 F. Supp. 2d 294, 320: "right to make information available extends only to dissemination 'solely for the purpose' of achieving interoperability as defined in the statute".

[87] Nonostante spesso il link venga condannato e ritenuto illegale, non esiste affatto una posizione uniforme al riguardo, e alcuni giuristi ritengono che esso debba essere considerato lecito strumento di comunicazione, essenziale al sistema di comunicazione telematico e che quindi non possa essere mai vietato.

[88] Universal City Studios v. Reimerdes, 111 F. Supp. 2d 294, 324: "Defendants are engaged in the functional equivalent of transferring the DeCSS code to the user themselves".

[89] Ibidem, 341.

[90] U.S. Const. amend. I: "Congress shall make no law respecting an establishment of religion, or prohibiting the free exercise thereof; or abridging the freedom of speech, or of the press; or the right of the people peaceably to assemble, and to petition the government for a redress of grievances".

ti intervenire non solo sul contenuto ma anche sul mezzo usato per veicolare quest'ultimo ed avere quindi lo stesso effetto limitativo della libertà d'espressione operata direttamente sul contenuto.

La Corte ha invece sostenuto che le regolamentazioni sul codice sono necessarie perché "the Constitution [...] is a framework for building a just and democratic society [...] not a suicide pact". Il Congresso possiede dunque il potere di stabilire norme *content-neutral* che producono effetti sull'espressione, come il codice di un programma. Perciò, il DMCA, applicato alle attività di *linking* e *posting* del DeCSS, per la Corte non contravviene al Primo Emendamento. Quest'ultimo proibisce infatti al Congresso solo di creare leggi "abridging the freedom of speech."

In effetti, è stato osservato come la legislazione sul *copyright* possa interferire con determinati generi di espressione: essa, per esempio, impedisce il "publicity performing" o il "reproducing", senza permesso, di materiale sottoposto a diritto d'autore. In altre parole, molti dei modi in cui è possibile esprimere il proprio pensiero sono stati dichiarati illegali dal Congresso.[91] È dunque lecito affermare che la legge sul *copyright* nel suo complesso, o alcune sue specifiche applicazioni, debbano essere ritenute incostituzionali? Le Corti statunitensi che si sono dovute confrontare con questa domanda hanno invariabilmente risposto in senso negativo.

Due giustificazioni sono comunemente offerte a sostegno della compatibilità tra *copyright* e *freedom of speech*.

In primis, l'articolo 1, ottava sezione, clausola 8 della Costituzione americana[92] autorizza esplicitamente il Congresso a promuovere il progresso della scienza e delle arti "utili", assicurando, per periodi limitati, agli autori ed agli inventori il diritto esclusivo sui loro rispettivi scritti o scoperte. Su tale argomento non vi è tuttavia alcuna indicazione relativa a possibilità di limitare o rendere nulla questa espressa potestà legislativa.

In secondo luogo, le regole giurisprudenziali in materia di diritto d'autore operano in modo tale da assicurare che questo non interferisca eccessivamente con la capacità delle persone di esprimersi liberamente. Nello specifico, il principio per cui soltanto il modo in cui un'opinione o un pensiero è espresso possa essere protetto da *copyright* e non già il pensiero in sè, garantisce comunque che gli individui siano in grado di esprimere concetti, fatti o argomenti senza alcuna limitazione. Ancora di più, il principio del *fair use* fornisce un "porto sicuro" a chi voglia utilizzare materiale sottoposto a *copyright* per usi scientifici o didattici.

---

[91] Così James Boyle, The First Amendment and Cyberspace: The Clinton Years, 63 Law & Contemporary Problems 337 (2000).

[92] U.S. Const. art. I, § 8, cl. 8, "The Congress shall have Power to promote the Progress of Science and useful Arts, by securing for limited Times to Authors and Inventors the exclusive Right to their respective Writings and Discoveries".

Queste considerazioni hanno indotto le Corti statunitensi ad aggirare, di fatto ogni problema di costituzionalità relativo all'applicazione della legislazione sul *copyright*.

Rigettata anche quest'ultima difesa, la decisione finale della Corte di New York è stata quella di ordinare ai convenuti di rimuovere il programma dai loro server e disabilitare tutti i collegamenti ipertestuali ad altri siti web dove copie del programma erano ancora disponibili.[93]

In relazione al controverso rapporto tra *copyright* e libertà d'espressione, merita segnalare una diversa soluzione interpretativa offerta da un'altra Corte statunitense. Infatti, quasi contestualmente alla causa Universal City Studios v. Reimerdes, la Corte d'appello dello Stato della California, 6° distretto, in un caso scaturente dalla causa intentata dalla DVD Copy Control Association[94] (licenziataria della tecnologia CSS) contro McLaughlin ed altri, modificò la *preliminary injuction*[95] a favore dell'appellante Andrew Bunner, proprio sulla base del Primo Emendamento.[96] La vicenda scaturiva dalla raffica di denunce presentate sistematicamente alla Corte Californiana dalla *DVD Copy Control Association* contro decine di persone accusate di incoraggiare la pirateria posto che avevano pubblicato su Internet il programma DeCSS o semplicemente il codice sorgente dello stesso.

La difesa di Andrew Bunner era stata incentrata sull'assunto per cui il mero testo del DeCSS - ovvero il codice non compilato (e quindi non eseguibile) - dovesse essere considerato opera di libera espressione, a prescindere dall'uso che, una volta "attivato", qualcuno avrebbe potuto farne. In base a tale considerazione, impedire ad un sito di pubblicarlo avrebbe rappresentato una palese violazione del primo emendamento del *Bill of Rights*. I giudici del tribunale d'appello avevano dunque stabilito che, allo stesso modo del software di cifratura dei contenuti (CSS), il DeCSS fosse

---

[93] Universal City Studios v. Reimerdes, 111 F. Supp. 2d 294.

[94] La DVD CCA si definisce "a not-for-profit corporation with responsibility for licensing CSS (Content Scramble System) to manufacturers of DVD hardware, discs and related products. Licensees include the owners and manufacturers of the content of DVD discs; creators of encryption engines, hardware and software decrypters; and manufacturers of DVD Players and DVD-ROM drives". Si veda alla URL <http://www.dvdcca.org>.

[95] Così è detta negli Stati Uniti la decisione diretta a preservare lo status quo fino alla decisione della causa di merito.

[96] Alcuni autori hanno osservato come di fronte all'espansione dei diritti d'autore una delle barriere che si è cercato di alzare sia stata proprio quella della libertà di espressione, sia nella sua accezione attiva, ovvero libertà di esprimere la propria opinione, sia nel suo significato passivo, cioè libertà di accesso alle espressioni altrui. Sul punto si rimanda a Zencovich, Diritto d'Autore e Libertà di Espressione: Una Relazione Ambigua, cit. p. 151. L'A. osserva che tale tendenza, che si è manifestata principalmente proprio negli Stati Uniti, rappresenta una naturale reazione a quello che viene avvertito come inaccettabile privilegio di alcune imprese che limitano con le loro azioni le libertà individuali.

un testo composto di codice sorgente informatico che descriveva un metodo alternativo per decrittare DVD cifrati con il *Content Scrambling
System*. Dunque, a prescindere da chi avesse scritto il programma, il
DeCSS doveva essere considerato un'espressione scritta delle idee e delle
informazioni dell'autore circa la decrittazione dei DVD senza CSS. Perciò,
soltanto se il codice sorgente fosse compilato, e quindi attivato e fatto funzionare, allora sì la risultante composizione di zeri e di uno non sarebbe
stata pensata per comunicare pensieri o idee.[97] La Corte, in questo caso,
concluse affermando che "the source code is capable of such compilation,
however, does not destroy the expressive nature of the source code itself.
Thus, we conclude that the trial court's preliminary injunction barring
Bunner from disclosing DeCSS can fairly be characterized as a prohibition
of pure speech"[98]. La sentenza cancellava pertanto la *preliminary injuction*
e ordinava il rimborso dei costi del ricorso in appello per Andrew Bunner.
Nel 2003 la Corte Suprema della California ha defintivamente sancito che
l'attività di *posting* del codice DeCSS è qualificata come "protected speech".

Malgrado tale significativo orientamento il caso Universal City Studios
v. Reimerdes si è concluso, nel 2001, con la sentenza della Corte d'appello
di N.Y. che ha deciso all'unanimità di confermare la decisione del giudice
di primo grado, sostenendo che il DeCSS consente all'utente di copiare
film in formato digitale e trasmetterli istantaneamente in quantità potenzialmente infinite, di fatto riducendo le vendite dei produttori cinematografici.[99]

3.5.2 Il caso iTunes

Il secondo caso che intendiamo illustrare ha visto coinvolto *iTunes*, uno
dei più famosi *on-line music store*. Si tratta, per chi ancora non lo cono-

---

[97] "Like the CSS decryption software, DeCSS is a writing composed of computer source code
which describes an alternative method of decrypting CSS-encrypted DVDs. Regardless of
who authored the program, DeCSS is a written expression of the author's ideas and information about decryption of DVDs without CSS. If the source code were compiled to create object code, we would agree that the resulting composition of zeroes and ones would not con-
vey ideas". Cfr. DVD Copy Control Assn. v. Bunner, 93 Cal. App. 4th 648, 661 (6th Dist.
2001).

[98] "Tuttavia il fatto che il codice sorgente possa essere così compilato non cancella la natura di
espressione del codice sorgente stesso. Dunque possiamo concludere che la preliminary injuction che impedisce a Bunner di pubblicare il DeCSS possa essere ritenuta giustamente
una proibizione della libertà d'espressione" (ns. traduzione).

[99] Universal City Studios v. Corley, 273 F.3d 429 (2d Cir. 2001). La sentenza che conferma il
giudizio della Corte distrettuale contro gli imputati.

scesse, di uno dei più famosi e frequentati negozi virtuali di musica dove è possibile acquistare, attraverso il *download*, sia interi album musicali che singoli brani.[100]

Questo servizio di musica *on-line* ha, tra le sue caratteristiche peculiari, quella di proteggere le proprie condizioni generali di contratto attraverso un sistema di DRM, chiamato *FairPlay*. Secondo i termini di utilizzo del servizio, il *provider* si riserva il diritto di modificare, sostituire o correggere discrezionalmente le condizioni e i termini relativi all'utilizzo dei *files* scaricati dagli utenti:[101]

> iTunes si riserva il diritto, in ogni momento e di quando in quando, di aggiornare, rivedere, aggiungere, o in ogni modo modificare il presente Contratto e imporre disposizioni nuove o aggiuntive, politiche, termini o condizioni relative all'utilizzo del Servizio da parte sua. Tali aggiornamenti, revisioni, aggiunte, modifiche e le regole, politiche, termini o condizioni aggiuntivi (collettivamente, "Condizioni Addizionali") avranno effetto immediato e saranno inclusi nel presente Contratto. L'utilizzo continuato da parte sua di *iTunes Store* sarà considerato come accettazione da parte sua di tutte le Condizioni Addizionali. Tutte le Condizioni Addizionali qui richiamate sono da considerarsi incluse nel presente Contratto .[102]

Tale meccanismo di modifica contrattuale unilaterale delle condizioni d'uso dei *files* già legittimamente acquistati dagli utenti del servizio, può essere di fatto imposto e reso efficace attraverso una semplice modifica dei sistemi di *Digital Rights Management* che sovraintendono alla corretta gestione delle licenze di utilizzo ed accesso ai contenuti protetti.

All'interno del mercato europeo, tale comportamento è contrario alle regole stabilite dalla direttiva 93/13/CEE del Consiglio del 5 aprile 1993, concernente le clausole abusive nei contratti stipulati con i consumatori.[103] Tale direttiva ha avvicinato le disposizioni degli Stati membri sulla presenza di clausole che, nei contratti stipulati fra un libero professionista ed un consumatore, stabiliscono condizioni particolarmente favorevoli per chi li predispone e particolarmente sfavorevoli per il consumatore che vi aderisce. La clausola presente nel contratto standard di *iTunes*, non soggetto a negoziazione, è verosimilmente da ritenersi abusiva, in quanto comporta a

---

[100] Cfr.. Apple's iTunes Music Store, http://www.apple.com/itunes/store/.

[101] Cfr.. Lars Grøndal, DRM and contract terms, in Inidicare, 23 febbraio 2006, alla URL http://www.in dicare.org/tiki-read_article.php?articleId=177.

[102] Cfr. iTunes Music Store Terms of Service, art. 20 alla URL http://www.apple.com/lega l/itunes/it/service.html.

[103] Dir. 93/13/CEE del Consiglio del 5 aprile 1993, concernente le clausole abusive nei contratti stipulati con i consumatori, 1993 G.U. (L095) 29.

carico del consumatore un significativo squilibrio dei diritti e degli obblighi derivanti dal contratto.

Secondo quanto dispone la direttiva 93/13/CEE, un tale comportamento è riconducibile ad alcune delle fattispecie contemplate nell'allegato contenente l'elenco indicativo e non tassativo di clausole che possono essere dichiarate abusive.[104] Specificatamente, la direttiva fa riferimento a quelle clausole che hanno per oggetto o per effetto quello di "autorizzare il professionista a modificare unilateralmente le condizioni del contratto senza valido motivo specificato nel contratto stesso",[105] oppure di "autorizzare il professionista a modificare unilateralmente, senza valido motivo, alcune caratteristiche del prodotto o del servizio da fornire".[106]

Sulla base di tali argomenti, il 25 gennaio 2006 l'associazione norvegese a tutela dei consumatori ha presentato un esposto all'autorità garante norvegese per i consumatori (*Forbrukerombudet*: Mr. Bjørn Erik Thon), lamentando una violazione di fondamentali diritti dei consumatori da parte del servizio *iTunes Music Store* Norvegia.[107] Benché la Norvegia non sia parte dell'Unione ma soltanto del cd. Spazio Economico Europeo (EEA), il suo quadro normativo interno in materia di diritto d'autore e di protezione dei consumatori è perfettamente conforme a quello dei ventisette paesi appartenenti all'Unione.[108] Per questo motivo l'*Ombudsman* norvegese ha potuto riscontrare che alcune delle condizioni contrattuali presenti nel servizio di *Apple iTunes* sono palesemente in contrasto con il paragrafo *9a* del *Marketing Control Act* norvegese.[109] Tale provvedimento normativo implementa nell'ordinamento del paese scandinavo la direttiva 93/13/CEE

---

[104] Dir.93/13/CEE, art. 3.

[105] Dir. 93/13/CEE, annex lett. j).

[106] Dir. 93/13/CEE, annex lett. k).

[107] Jo Singstad, iTunes' Questionable Terms and Conditions, 25 gennaio 2006 alla URL <http://forbrukerportalen.no/Artikler/2006/1138119849.71>. Il testo integrale del reclamo presentato dall'Ente norvegese per la tutela dei consumatori è reperibile alla URL <http://forbrukerportalen.no/filearchive/Complaint%20against%20iTunes%20Music%20Store.pdf>.

[108] Cfr. Accordo sullo Spazio Economico Europeo, 2 maggio 1992, in G.U.C.E., L 1, 3 gennaio 1994. Lo Spazio Economico Europeo comprende gli Stati membri dell'UE più l'Islanda, il Liechtenstein e la Norvegia. In termini generali, le disposizioni dell'Accordo SEE costituiscono in pratica la trascrizione delle norme relative alle quattro libertà sancite dal Trattato della Comunità europea. In particolare, sulla base di tale accordo, i membri non appartenenti all'UE, tra cui la Norvegia, si impegnano ad attuare una legislazione che riprende quella comunitaria in campi come la politica sociale, la protezione dei consumatori, l'ambiente, la statistica e le società commerciali. Vedi Fausto Pocar, Diritto dell'Unione e delle Comunità Europee, Milano, 2006, p. 52.

[109] Act No. 47 del 16 giugno 1972 relativo al controllo del mercato e delle condizioni e dei termini contrattuali reperibile alla URL <http://www.forbrukerombudet.no/index.gan?id=706&subid=0>.

sulle clausole abusive nei contratti stipulati dai consumatori. Il paragrafo 9*a* prevede che:

> I termini e le condizioni che sono applicate o che si intendono applicare in una pratica commerciale avente come controparte un consumatore possono essere proibite se i termini e le condizioni sono considerati ingiusti per i consumatori e se le considerazioni generali richiedono una tale proibizione. Nel determinare se i termini e le condizioni di un contratto siano ingiusti, sarà messo in evidenza l'equilibrio fra i diritti e gli obblighi delle parti e se il rapporto contrattuale è ben definito oppure no.[110]

Sulla base di tale provvedimento normativo il garante norvegese, su richiesta di un'associazione di consumatori o di un'altra autorità, può intervenire e proibire l'uso di condizioni inique in contratti con consumatori.[111]

Nel caso in discussione l'*Ombudsman* ha ritenuto di poter considerare irragionevoli alcune delle condizioni contrattuali stabilite da *iTunes*. In particolare ha considerato inique le clausole nelle quali *Apple* si riserva il diritto di modificare senza alcun avviso i termini di utilizzo del servizio, nonché l'esclusione di responsabilità per *virus* o altri danni ai sistemi hardware derivanti dall'attività di *download* di brani musicali dal proprio servizio.[112] Entrambe le previsioni violerebbero, a detta del garante, i principi fondamentali in materia di diritto dei contratti. Infine, l'*Ombudsman* ha sottolineato come il sistema di DRM utilizzato da *iTunes* sia tale da limitare l'interoperabilità con altri formati ed altri apparati di riproduzione causando, per questo motivo, un isolamento dei consumatori all'interno del sistema proprietario di *Apple*.[113]

Tale decisione rappresenta uno dei più significativi esempi in ambito europeo di utilizzo delle norme in materia di tutela dei consumatori, come

---

[110] Cfr. Act No. 47 of 16 June 1972 relating to the Control of Marketing and Contract Terms and Conditions, section 9a (ns. Traduzione).

[111] Cfr. Mikko Valimaki, Ville Oksanen, DRM Interoperability and Intellectual Property Policy in Europe, Eur. Intell. Prop. Rev., 2006, pp. 562, 566.

[112] Cfr. Norwegian Consumer Ombudsman's letter to iTunes alla URL http://www.forbrukerom budet.no/asset/2406/1/2406_1.pdf ("Vilkårene inneholder også bestemmelser som innebærer at iTunes Music Store fraskriver seg ansvar for grovt uaktsomme eller forsettlige handlinger. [...] På denne bakgrunn finner jeg tjenestevilkårene til iTunes Music Store urimelige i henhold til mfl. § 9a. Jeg ber derfor om at kontrakten gjennomgås og endres i tråd med de synspunkter jeg har gitt uttrykk for.").

[113] Ibidem. "For forbrukerne kan den DRM som iTunes Music Store benytter føre til en rekke uheldige konsekvenser. For det første begrenses forbrukernes valgfrihet ved at de nedlastede filene låses til visse avspillere, hovedsakelig Apples egne avspillere"

strumento di controllo nel mercato dei *digital media* protetti da sistemi di DRM.[114]

Non è un caso che l'azione norvegese sia stata affiancata da altre simili in altri paesi europei aventi principalmente al centro della questione proprio la mancanza di interoperabilità del sistema *FairPlay*.[115]

In un primo momento, *Apple* ha risposto alle accuse offrendo un accordo per chiarire alcune parti del suo *user agreement*. In seguito, tali provvedimenti hanno portato *Apple* a modificare non solo alcuni punti delle condizioni d'uso del suo *on-line Store*, ma anche la politica generale in materia di licenze d'uso. Il vero rinnovamento si è avuto, infatti, all'inizio del 2009 quando, in seguito ad un accordo con le principale case discografiche, *iTunes Store* ha annunciato un importante processo di revisione di tutto il proprio catalogo musicale.[116] Attraverso un servizio denominato *iTunes Plus* viene offerta la possibilità, ad un prezzo differenziato, di acquistare legalmente tutti i brani musicali privi di limitazioni digitali e quindi di sistemi di DRM.[117] In questa maniera i *file* risultano liberamente copiabili e riproducibili su qualsiasi piattaforma. Pertanto, seppur con dieci anni di ritardo e dopo dispendiose quanto inutili battaglie, l'industria dei contenuti

---

[114] Valimaki, Oksanen, DRM Interoperability and Intellectual Property Policy in Europe, cit., pp. 566-567: "the case could have European-wide consequences since European consumer protection laws are harmonised to a large extent. It must be noted, however, that consumer authorities only protect consumers. Thus the consumer law approach may fall short of forcing Apple to open up its DRM format to competitors".

[115] Apple sta affrontando diverse azioni legali in merito al sistema proprietario di distribuzione dei contenuti digitali. Le autorità svedesi e danesi a tutela dei consumatori stanno per altro considerando di seguire le tracce segnate dal caso norvegese. Cfr. Henrik Nilsson, Jill Hagberg, Apple's iTunes Terms of Service under scrutiny from the Nordic countries Consumer Ombudsmen, alla URL <http://www.twobirds.com/english/publications/articles/iTunes_Te Terms_Service_scrutiny_Nordic_Consumer_Ombudsmen.cfm>; Norway, Sweden, Denmark May Fine Apple over iTunes, in OUT-LAW News, June 8, 2006, alla URL <http://www.out-law.com/page-6990>; Tom Braithewaite, Kevin Allison, Crunch Time for Apple's Music Icon, in Financial. Times, June 14, 2006, p. 27, alla URL <http://search.ft.com/ftArticle ?id=060613007896&page=2> (June 13, 2006) ("Norway, Denmark and Sweden said Apple must make music tracks downloaded from iTunes playable on rival devices or get out of their countries. Finland is also looking at intervening"). Su un diverso fronte, iTunes sembra avere problemi relativamente alla mancanza di interoperabilità con gli altri dispositivi. Si veda al riguardo la decisione del Conseil de la Concurrence, n. 04-D-54 del 9 novembre 2004 relative à des pratiques mises en œuvre par la société Apple Computer, Inc. dans les secteurs du téléchargement de musique sur Internet et des baladeurs numériques, reperibile alla URL <http://www.conseil-concurrence.fr/pdf/avis/04d54.pdf>.

[116] Ufficio Stampa Apple Italia, Cambiamenti in arrivo per iTunes Store, alla URL < http://www.apple.com/it/pr/library/2009/01/06-itunes.html>.

[117] I brani musicali sono ora disponibili in tre fasce di prezzo: 69 centesimi, 99 centesimi e € 1.29.

sembra iniziare ad offrire ai consumatori ciò che essi da tempo volevano, ovvero contenuti a buon mercato, interoperabili e senza vincoli.[118]

3.5.3   *Il caso Sony-BMG*

Anche il caso conosciuto come *Sony-BMG rootkit*[119] è un esempio di come, nell'impiego di contenuti digitali, il consumatore possa trovare forme di tutela e riconoscimento di proprie prerogative anche al di fuori dell'ombrello del diritto d'autore. Il caso si riferisce all'uso, nei CD musicali commercializzati da Sony-BMG, di un sistema tecnologico anti-copia chiamato XCP (i.e. *Extended Copyright Protection*).[120] Tale sistema di protezione ha come effetto quello di installare un particolare software sui computers degli utenti che intendono ascoltare tali CD attraverso i propri lettori.

Uno dei problemi principali relativi a tale protezione è essenzialmente legato al fatto che l'installazione di tale software, seppur dichiarata nell'*End Users License Agreement* (EULA), difetta sia di un'idonea identificazione che di uno strumento di rimozione. Inoltre, tale programma è in

---

[118] Uno dei fattori critici dell'economia dei contenuti digitali è proprio la disponibilità. Come è stato osservato: "una volta che il pubblico si è dotato delle necessarie tecnologie, la quantità e l'attratività di contenuti da veicolare sulle reti digitali diventa determinante per stabilire il successo di nuovi servizi". Così Preta, Economia dei contenuti. L'industria dei media e la rivoluzione digitale, cit. p. 125.

[119] Il termine "rootkit" nasce dall'unione dei due termini *root* e *kit*. Il primo indica quello che nei sistemi operativi Unix è l'utente administrator. Il secondo termine indica un insieme di strumenti adibiti allo svolgimento di un determinato scopo. Un *rootkit*, dunque, è un insieme di strumenti software attraverso i quali è possibile acquisire i privilegi di amministratore del computer infettato. Per raggiungere tale obiettivo, il *rootkit* è solitamente in grado nascondere la propria presenza e le proprie tracce anche ai software anti-virus. Sul tema dei *malware* rimando a Morton Swimmer, Malicious Software in Ubiquitous Computing, in Milan Petković, Willem Jonker, (a cura di) Security, Privacy, and Trust in Modern Data Management, Berlin, p. 452.

[120] Per un approfondimento dal punto di vista tecnico e giuridico sul caso rootkit si veda Deirdre K. Mulligan, Aaron K. Perzanowski, The Magnificence of the Disaster: Reconstructing the Sony BMG Rootkit Incident, 22 Berkeley Tech. L.J. 1157, 1185 (2007); Megan LaBelle, The «Rootkit Debacle»: The Latest Chapter in the Story of the Recording Industry and the War on Music Piracy, in Denv. U.L. Rev., 2006, p. 79; J. Alex Halderman, Edward W. Felten, Lessons from the Sony DRM Episode, in Ctr. for Info. Tech., Princeton Univ., Dep't of Computer Sci., Working Paper, 2006 alla URL http://itpolicy.princeton.edu/pub/sonydrm-ext.pdf; Jeremy deBeer, How Restrictive Terms and Technologies Backfired on Sony BMG Music (Part 1), 6 Internet & E-com. L. In Can., 2006, p. 93; Id., How Restrictive Terms and Technologies Backfired on Sony BMG Music (Part 2), 7 Internet & E-com. L. In Can., 2006, p. 1. Nella dottrina italiana si veda Thomas Margoni, Il Conflitto tra Digital Rights Management e Privacy nel Caso Sony-rootkit, Dir. Int., 2006, p. 519.

grado di interferire con il normale funzionamento del sistema operativo *Microsoft Windows*, nonché con la lettura degli stessi CD musicali. Soprattutto si è riscontrato che l'installazione di tale software ha come effetto collaterale quello di aprire delle «falle di sicurezza». In altri termini esso produrrebbe una breccia nel sistema operativo utilizzabile per accedere al computer e quindi alle informazioni ivi contenute. Il computer infetto è pertanto potenzialmente vulnerabile, consentendo l'accesso a qualsiasi informazione, comprese quelle di carattere confidenziale, all'invio di informazioni riservate, nonché all'attacco di *virus*. L'EULA di Sony BMG non dichiarava la reale natura del software installato né i rischi di sicurezza e *privacy* creati e neppure la pratica impossibilità di rimozione, oltre agli altri potenziali problemi per il sistema operativo ed il computer dell'utente. Al contrario l'EULA travisava la reale natura del software, includendo condizioni ambigue ed alquanto restrittive.

Non appena gli utenti e le associazioni dei consumatori sono venuti a conoscenza della questione sono state intentate più di venti cause contro Sony BMG in Canada, Stati Uniti ed Europa.[121]

Nel novembre del 2005, in seguito alla scoperta dell'uso di tale surrettizio e discutibile strumento anti-copia, il procuratore generale dello stato del Texas ha promosso un'azione collettiva contro Sony-BMG,[122] sulla base del *Texas' Consumer Protection Against Computer Spyware Act of 2005* (*Texas Spyware Act*).[123] Nel resto degli Stati Uniti altre azioni collettive sono state consolidate e conciliate.[124] Molte di queste *class actions* sono state promosse in California dall' *Electronic Frontier Foundation,* sulla

---

[121] Cfr. John Edward Sharp, There Oughta Be a Law: Crafting Effective Weapons in the War Against Spyware, 43 Hous. L. Rev., 2006, pp. 879, 885. Nel caso in esame può essere richiamata anche la normativa prevista dalla direttiva sulla responsabilità per danno da prodotti difettosi. Si veda Dir. CE 85/374/CEE del Consiglio, del 25 luglio 1985, relativa al ravvicinamento delle disposizioni legislative, regolamentari e amministrative degli Stati membri in materia di responsabilità per danno da prodotti difettosi.

[122] Texas v. Sony BMG Music Entm't, Dist. Ct., Travis Co, Texas alla URL <http://www.sonys uit.com/classactions/texas/complaint.pdf>.

[123] Tex. Bus. & Com. Code, § 48.001 ss. Tale provvedimento contempla una serie di illeciti di carattere penale nei seguenti casi: (1) unauthorized collection or culling of personally identifiable information; (2) unauthorized access to or modifications of computer settings; (3) unauthorized interference with installation or disabling of computer software; (4) inducement of computer user to install unnecessary software; and (5) copying and execution of software to a computer with deceptive intent. It also allows civil remedies.

[124] Settlement Agreement P I.A-B, In re Sony BMG CD Techs. Litig., No. 1:05-cv-09575-NRB (S.D.N.Y. 2005), alla URL <http://www.sonybmgcdtechsettlement.com/pdfs/SettlementAg reeme nt.pdf>.

base di un'asserita violazione del *California's Consumer Protection A-gainst Computer Spyware Act*.[125]

Le transazioni stragiudiziali hanno costretto Sony BMG a modificare la propria politica di licenze ed, in particolare, l'uso di misure tecnologiche di protezione nei supporti musicali. In Europa, il caso *rootkit* non ha invece dato luogo ad azioni legali.

Il punto che qui preme sottolineare è che – stando a quanto risulta – ci troviamo di fronte ad alcuni primissimi casi nei quali vengono richiamate delle norme a tutela del consumatore per difendere gli utenti da un uso non corretto di sistemi di DRM. In particolare è interessante notare un'apertura verso tale approccio anche negli Stati Uniti, dove l'orientamento prevalente è sempre stato incline ad affrontare il problema, almeno sino ad ora, attraverso lo spettro della *copyright law*.[126]

3.5.4   Il caso Emi Music France

L'ultimo esempio che illustriamo è il caso francese, conosciuto come *CLCV v. EMI Music France*.

L'associazione di consumatori *Consommation, Logement et Cadre de Vie* (CLCV) ha promosso una causa nei confronti della succursale francese della casa discografica *EMI Music*, lamentando la mancanza di sufficienti e corrette informazioni fornite ai consumatori di CD musicali dotati di tecnologie anti-copia.[127] In particolare, il giudice della Corte di prima istanza ha considerato che la mancata informazione nei confronti dei consumatori circa il fatto che un *medium* digitale, come il *compact disc,* possa non funzionare correttamente su alcuni lettori multimediali, può effettivamente rappresentare una "tromperie sur les qualités substantielles des CD", ovvero un inganno sulle qualità sostanziali del supporto digitale.[128] Per questa

---

125   Cal. Bus. & Prof. Code § 22947-22947.6. Per ulterior dettagli in merito si veda al caso si rimanda a Electronic Frontier Foundation, Sony BMG Litigation Info, alla URL <http://www.eff.org/IP/DRM/Sony-BMG>.

126   Natali Helberger, The Sony BMG Rootkit Scandal, in Indicare, 9 gennaio 2006, alla URL <http://www.indicare.org/tiki-read_article.php?articleId=165>. Si veda inoltre Julie E. Cohen, The Place of the User in Copyright Law, 74 Fordham Law Rev., 2005, p. 347; Joseph Liu, Copyright Law's Theory of the Consumer, 44 Boston.College Law Rev., 2003, p. 397.

127   Cfr. Association CLCV v. EMI Music France, Tribunal de Grande Instance de Nanterre 6eme Chambre jugement du 24 Juin 2003, alla URL <http://www.legalis.net/jurisprudence-decision.ph p3?id_article=34#>.

128   Ibidem. Il giudice rileva che EMI Music France «s'est rendu coupable d'une tromperie sur l'aptitude à l'emploi de ces produits.»…«omettant d'informer les acheteurs des CD de Liane Foly «Au fur et à mesure», dotés d'un système anti-copiage, des restrictions d'utilisation et particulièrement de l'impossibilité de lire ce CD sur certains autoradios ou lecteurs».

ragione, l'assenza di informazioni tanto rilevanti può costituire un comportamento ingannevole circa la natura e le qualità sostanziali del prodotto, così come riconosciuto dall'articolo L213-1 del *Code de la Consummation*.[129] In seguito, la Corte d'appello di Versailles ha confermato la decisione del *Tribunale de Grande Instance* di Nanterre, rigettando gli argomenti richiamati a propria difesa da EMI Music France.[130] In questo caso il tribunale ha ordinato alla casa discografica di provvedere affinché i propri prodotti fossero opportunamente etichettati con l'indicazione delle eventuali limitazioni all'utilizzo, connesse con la presenza di sistemi di protezione.[131]

In una serie di altri casi portati dinanzi ai tribunali di Parigi, l'associazione francese dei consumatori, *UFC Que Choisir*, ha sostenuto con successo che la vendita di DVD protetti da un dispositivo anti-copia, senza indicazione del fatto che il supporto potrebbe non essere adatto alla riproduzione su talune apparecchiature elettroniche, è fuorviante per il consumatore in quanto non manifesta in maniera opportuna le principali caratteristiche del prodotto.[132] Anche in questi casi la materia del contende-

---

[129] Article L213-1 Code de la Consommation (Loi n. 92-1336 du 16 décembre 1992 art. 322 Journal Officiel du 23 décembre 1992 en vigueur le 1er mars 1994): "Sera puni d'un emprisonnement de deux ans au plus et d'une amende de 250.000 F au plus ou de l'une de ces deux peines seulement quiconque, qu'il soit ou non partie au contrat, aura trompé ou tenté de tromper le contractant, par quelque moyen en procédé que ce soit, même par l'intermédiaire d'un tiers: 1° Soit sur la nature, l'espèce, l'origine, les qualités substantielles, la composition ou la teneur en principes utiles de toutes marchandises; 2° Soit sur la quantité des choses livrées ou sur leur identité par la livraison d'une marchandise autre que la chose déterminée qui a fait l'objet du contrat; 3° Soit sur l'aptitude à l'emploi, les risques inhérents à l'utilisation du produit, les contrôles effectués, les modes d'emploi ou les précautions à prendre".

[130] S.A. EMI Music France v. Association CLCV, Cour d'Appel de Versailles, 1re Chambre, 1re section, 30 septembre 2004 alla URL <http://www.foruminternet.org/telechargement/ documents/cavers20040930.pdf>. "La cour, statuant publiquement, contradictoirement et en dernier ressort, Reçoit l'appel, Déclare irrecevable la demande de sursis à statuer, Déboute la CLCV de son appel incident; Confirme le jugement en toutes ses dispositions, Condamne la société EMI Music France à payer à la CLCV la somme de 3000 € en application des dispositions de l'article 700 du ncpc; Condamne la société EMI Music France aux dépens avec faculté de recouvrement direct conformément aux dispositions 699 du ncpc".

[131] Ibidem.

[132] Si vedano al riguardo i seguenti provvedimenti: Cour d'appel de Paris 4ème chambre, section A Arrêt du 20 juin 2007, Fnac Paris / UFC Que Choisir et autres, alla URL <http://www.legalis.net/jurisprudence-decision.php3?id_article=1967>; Tribunal de grande instance de Paris 5ème chambre, 1ère section Jugement du 10 janvier 2006, Christophe R et UFC Que Choisir v. Warner Music France et FNAC, alla URL <http://www.legalis.net/juris prudence-decision.php3?id_article=1567>; Cour d'appel de Paris 4ème chambre, section A Arrêt du 4 avril 2007, UFC Que Choisir, Stéphane P. / Films Alain Sarde et autres, <http://www.legalis.net/jurisprudence-decision.php3? id_article=1909>; Tribunal de grande instance de Nanterre, 15eme chambrer, 31 mai 2007, Ministère Public, UFC Que Choisir,

re verteva sulla corretta applicazione dell'articolo L213-1 del *Code de la Consommation*. Infatti, ai sensi dell'art. L. 213-1 del codice francese del consumo, "È punito con due anni di arresto e un'ammenda di 250.000 franchi o con una di tali due pene alternativamente chiunque, parte contrattuale o terzo estraneo al contratto, abbia indotto in inganno o tentato di indurre in inganno la controparte contrattuale con qualsiasi mezzo o comportamento, anche avvalendosi dell'operato di un terzo, riguardo: 1) alla natura, alla specie, all'origine, alle qualità sostanziali, alla composizione o al tenore di sostanze utili di qualsiasi merce; 2) al quantitativo dei beni consegnati o alla loro identità, consegnando una merce diversa dal bene specifico che ha formato oggetto del contratto; 3) all'attitudine all'uso, ai rischi relativi all'utilizzazione del prodotto, ai controlli effettuati, alle modalità d'uso o alle precauzioni da adottare".[133]

3.6 Cause, effetti e possibili rimedi

Questi esempi offrono, a nostro avviso, una chiara testimonianza di come l'attuale sistema economico transnazionale sia spesso in contrasto con gli ordinamenti giuridici nazionali, incapaci di conformarsi rapidamente ai cambiamenti in atto nella società.

Tali casi sono inoltre esemplificativi della deriva in atto all'interno del diritto d'autore che sempre più sembra perdere la sua essenza evidenziando, invece, l'inadeguatezza ad occuparsi efficacemente delle sfide introdotte dalla globalizzazione.

È fuor di dubbio che il futuro vedrà sempre più il dominio del digitale e forse, nel lungo periodo, possiamo anche aspettarci un regime più liberale in materia di controllo sulle opere dell'ingegno.[134] Tuttavia, allo stato attuale, l'industria del contenuti non pare affatto disposta a farsi cannibalizzare, al contrario cerca di assicurarsi una particolare protezione attraverso strumenti sanzionatori penalistici, da imporre finanche con norme comunitarie.[135]

C.L.C.V. c/ SAS EMI Music France, <http://www.foruminternet.org/specialistes/veille-juridique/jurisprudence/IMG/pdf/tgi-nan20070531.pdf>.

[133] Article L213-1 Code de la Consommation (Loi n. 92-1336 du 16 décembre 1992 art. 322 Journal Officiel du 23 décembre 1992 en vigueur le Ier mars 1994) (ns. traduzione).

[134] Cfr. Ardizzone Antonella et al., Copyright Digitale. L'impatto delle Nuove Tecnologie tra Economia e Diritto, Torino, 2009, p. 2.

[135] Ci riferiamo alla discussa direttiva IPRED2, ovvero alla direttiva relativa al rafforzamento del quadro penale per la repressione delle violazioni della proprietà intellettuale (2005/0127 COD) già approvata dal Parlamento di Strasburgo nell'aprile 2007 (ma ancora in stand by

In questo scenario fortemente dinamico e mutevole, è ancora una volta il contratto il mezzo più duttile per il conseguimento di finalità individuali. Lo strumento contrattuale, infatti, è stato da sempre capace di adattarsi ai cambiamenti della società, dapprima con la rivoluzione industriale ed oggi, a seguito della rivoluzione introdotta dai prodotti del mondo digitale.[136] Questa è la ragione per la quale il contratto è di fatto diventato il principale strumento di innovazione normativa e di standardizzazione.[137]

In tale contesto la combinazione di uno schema contrattuale e di una misura tecnologica di protezione può rappresentare una potente miscela per un sistema completamente automatizzato di distribuzione e gestione dei diritti di proprietà intellettuale, nonché per il controllo ed il pagamento di contenuti così protetti.

Pertanto, quando un utente accede ad un contenuto tutelato attraverso un tale schema si trova di fronte ad un meccanismo contrattuale imposto dal *content provider,* attraverso un *click-through* o *click-wrap agreement* con condizioni generali immodificabili da parte del contraente. In particolare, nel mercato *on-line* dei *media* digitali i sistemi di DRM operano normalmente in combinazione con schemi contrattuali, sì da farne applicare in modo effettivo i termini e le condizioni.

È dunque evidente come il flusso ed il controllo delle informazioni sia essenzialmente basato sui seguenti strumenti: contratto, tecnologia e diritto d'autore.[138] Come è stato già correttamente osservato, la rivoluzione ha rimodellato tale gerarchia mettendo da parte la legge e promuovendo il con-

---

presso il Consiglio) con lo scopo di modificare in senso restrittivo la direttiva 2004/48/EC. Per testo approvato dal Parlamento vedi GUUE, C 219E, 28 agosto 2008, p. 331.

[136] Così George W. Goble, The Nature of Private Contract, 14 Stanford Law Rev., 1962, pp. 631, 634 (book review); Francesco Galgano, Lex mercatoria, Bologna, 1993, p. 214; Id, Diritto ed economia alle soglie del nuovo millennio, in Contratto e Impresa, 2000, pp. 189, 197. Sulla supremazia della regolazione attraverso il contratto anche nel cd. ciberspazio, vedi Ethan Katsh, Law in digital world: computer networks and cyberspace, 38 Villanova Law Rev., 1993, pp. 403, 415; I. Trotter Hardy, The proper legal regime for "Cyberspace", 55 Univ. Pittsburg L. Rev., 1994, pp. 993, 994.

[137] Francesco Galgano, La globalizzazione nello specchio del diritto, Bologna, 2005, pp. 93-94. Sul rapporto tra normalizzazione giuridica e tecnologica si veda Margaret Jane Radin, Online Standardization and the Integration of Text and Machine, 70 Fordham Law Rev., 2002, pp. 1125, 1138.

[138] Cfr. Bruce H. Turnbull, Technological Protection Measures, cit., p. 198; Bechtold, Digital Rights Management in the United States and Europe, cit., p. 352; Roberto Caso, Modchip e Diritto d'Autore. La Fragilità del Manicheismo Tecnologico nelle Aule della Giustizia Penale, in Ciberspazio e Diritto, 2006, pp. 183, 216; Giovanni Pascuzzi, Il diritto dell'era digitale. Tecnologie informatiche e regole privatistiche, Bologna, 2006, p. 164.

tratto e la tecnologia. Il diritto d'autore si è trasformato in un mero strumento per rinforzare il controllo, basato sul contratto e sulla tecnologia.[139]

Effettivamente a ciò hanno contribuito non poco le cd. legislazioni *anti-circumvention*, promulgate negli Stati Uniti[140] ed in Europa,[141] per recepire le direttive introdotte a livello internazionale nel 1996 nell'ambito dei trattati WIPO[142] riguardanti la tutela giuridica di misure tecnologiche di protezione necessarie alla creazione di un mercato sicuro per la distribuzione di contenuti.

Tali provvedimenti, uniti all'uso dei sistemi di DRM nonché all'impiego sempre più massiccio di dispositivi tecnologici di tutela dei contenuti, hanno avuto l'effetto di spostare forzosamente la questione dal diritto d'autore al diritto dei contratti.

Di conseguenza, se i contenuti digitali sono protetti dai sistemi di DRM e tali sistemi sono a loro volta protetti da strumenti tecnologici e giuridici, la capacità del consumatore di esercitare i legittimi privilegi ed usufruire delle eccezioni garantite dal diritto d'autore potrebbe essere compromessa. I proprietari dei contenuti, infatti, possono determinare e dettare unilateralmente i termini e le condizioni che limitano e pregiudicano determinate possibilità d'impiego dei contenuti digitali da parte dei consumatori.

Inoltre, nel mercato digitale i consumatori sono sempre più spesso sottoposti a vincoli derivanti da contratti di licenza iniqui, scorretti ed oscuri, all'abuso nella gestione dei propri dati personali, nonché a confrontarsi con dispositivi e contenuti digitali che molte volte non comunicano tra di loro, stante l'utilizzo di diversi standard. Malgrado esistano precise norme al riguardo, i consumatori continuano ad avere scarse o addirittura fuorvianti informazioni sui prodotti e sui servizi loro offerti.[143]

Per cercare di riequilibrare questa situazione desideriamo concentrarci sugli aspetti generali della tutela del consumatore, sulle condizioni contrattuali eque e corrette, sulla trasparenza e le pratiche commerciali ingannevoli, eliminando le possibili asimmetrie informative.

---

[139]   Cfr. Caso, Modchip e Diritto d'Autore. La Fragilità del Manicheismo Tecnologico nelle Aule della Giustizia Penale, cit.. Sul punto si veda diffusamente Lawrence Lessig, Code and Other Laws of Cyberspace, New York, 1999.

[140]   Digital Millennium Copyright Act, Pub. L. No. 105-304, 112 Stat. 2860 (Oct. 28, 1998), codified as amended in a new chapter 12 to Title 17 of the U.S.C. §§ 1201-1205 (2000).

[141]   Dir. CE 2001/29/CE del Parlamento europeo e del Consiglio, del 22 maggio 2001, sull'armonizzazione di taluni aspetti del diritto d'autore e dei diritti connessi nella società dell'informazione, in G.U.C.E., L 167, 22 giugno 2001.

[142]   Cfr. Art. 11 del WIPO Copyright Treaty e Art. 18 del WIPO Performances and Phonograms Treaty, Geneve - 20 dicembre 1996.

[143]   Vedi Bureau Européen des Unions Des Consommateurs, BEUC Memorandum for the EU German Presidency, BEUC/X/066/2006, Nov. 2006, alla URL <http://www.beuc.org/BEUC NoFrame/Common/GetFile.asp?ID=21523&mfd=off>. [In seguito: BEUC Memorandum].

Le applicazioni monitorate attraverso un sistema di DRM hanno la capacità di formulare regole[144] e di far rispettare in maniera cogente le condizioni contrattuali.[145] Possono bloccare l'accesso all'informazione ed ai contenuti, anche oltre il periodo stabilito dalle norme sul diritto d'autore. Possono altresì comprimere le attuali eccezioni sui diritti dei titolari di privativa, come l'eccezione di copia privata, quella per scopi scientifici o di istruzione, per fini di citazione o parodia.[146] Tali sistemi, infatti, non sono in grado di distinguere i diversi contesti in cui l'opera viene utilizzata.

Inoltre, un contratto monitorato da un sistema di DRM è spesso concluso senza che il predisponente, secondo il principio della buona fede, rispetti la necessaria trasparenza sulle condizioni relative all'uso di misure tecnologiche di protezione ed ai limiti da queste imposti. In altri termini, le restrizioni imposte da un sistema di DRM sono frequentemente non chiare al consumatore.[147] Tale ignoranza, risultato di indicazioni molto spesso sommarie se non addirittura erronee, può portare il consumatore a scelte d'acquisto non consapevoli.

In altre parole, se in linea generale l'utilizzo dei sistemi di DRM ha avuto effetti positivi (ottimizzazione e diversificazione del mercato dei contenuti, nuovi investimenti in innovazione tecnologica, maggior scelta per gli utenti con differenziazione di prezzi e servizi) il meccanismo che ha preso piede nel mercato dei media digitali rischia di avere anche significative conseguenze negative. Il perverso effetto di un contratto controllato tecnologicamente è quello di non riuscire a mettere in conto il tradizionale equilibrio tra utenti e titolari di privativa, equilibrio che sta alla base del diritto d'autore e che è parte sia della dottrina anglo-americana del *fair use* che di quella delle eccezioni, propria dell'Europa continentale. È giusto garantire un compenso per coloro che producono innovazione, ma è altrettanto importante che la difesa dei profitti derivanti dal monopolio loro concesso non prevalga ingiustamente sugli altrettanto importanti interessi dei con-

---

[144] Sul potere normativo della tecnologia si veda Lessig, Code and Other Laws of Cyberspace, cit.; Joel R. Reidenberg, Lex informatica: The Formulation of Information Policy Rules Through Technology, 76 Texas Law Rev., 1998, p. 553.

[145] Si veda diffusamente Lucie M.C.R. Guibault, Copyright Limitations and Contracts: an Analysis of the Contractual Overridability of Limitations on Copyright, The Haugue, 2002.

[146] Andrea Ottolia, Dan Wielsch, Mapping the Information Environment: Legal Aspects of Modularization and Digitization, 6 Yale J. L. & Tech., 2003, p. 174.

[147] In tal senso Samuelson, Schultz, Should Copyright Owners Have to Give Notice of Their Use of Technical Protection Measures?, cit., p. 62. Gli autori discutono sui possibili effetti positivi della proposta di legge americana denominata "Digital Consumer Right to Know Act" avente come scopo quello di obbligare i produttori di contenuti a manifestare l'eventuale presenza di limitazioni tecnologiche.

sumatori.[148] Così, se la tendenza è quella di aggirare contrattualmente tali eccezioni e limitazioni al diritto d'autore, diventa giocoforza necessario agire sullo stesso terreno e garantire i consumatori rispetto a termini contrattuali, eventualmente vessatori, inseriti in transazioni elettroniche o altre forme di contratti al pubblico. In proposito, potrebbe risultare necessaria una specifica regolamentazione di tali contratti che tenga conto della necessità di informare e proteggere il destinatario del servizio. Nel frattempo, come evidenziato nei sopraccitati esempi, possiamo immediatamente raggiungere alcuni buoni risultati applicando le norme generali a tutela del consumatore ed in particolare i rimedi offerti per proteggere il contraente debole.

---

[148] Deepak Nayyar, Globalization: What does it mean for development?, in K.S. Jomo, Shyamala Nagaraj (a cura di), Globalization versus Development, London, 2001, pp. 1-25.

4
Tecnologie digitali e libertà

4.1 Contenuti digitali e libertà digitali

Come abbiamo diffusamente osservato, l'industria dell'audiovisivo sta attraversando un periodo di grandi cambiamenti che riguardano la produzione e la distribuzione dei contenuti.

Le nuove modalità di fruizione delle opere digitali, attraverso le differenti piattaforme distributive, determinano una crescita dell'offerta per gli utenti-consumatori sollevando allo stesso tempo importanti problematiche legate alla tutela dei diritti di proprietà ed alla produzione di questi ultimi, a seconda dello specifico mezzo distributivo utilizzato.

Le modalità di consumo dei prodotti audiovisivi sui media digitali si presentano fortemente diversificate ed includono diritti d'uso e licenze, oltre ai classici diritti di proprietà intellettuale.

Accanto a tali nuove modalità di consumo e di distribuzione si sono andati sviluppando nuovi strumenti di difesa dei diritti materiali e morali degli autori di opere letterarie, scientifiche o artistiche. Questi strumenti, a loro volta, possono avere come effetto collaterale quello di compromettere l'altrettanto rilevante diritto ad essere partecipi, senza impedimenti, del progresso scientifico, della vita culturale e dello sviluppo democratico della società. La cultura è infatti uno scambio continuo tra coloro che creano e tale scambio riguarda anche le stesse opere. Tutti hanno diritto a godere dei benefici che risultano da questo processo di scambievole compenetrazione. Le nuove tecnologie offrono straordinarie opportunità di partecipazione alla conoscenza. Pericolose e anacronistiche visioni del diritto d'autore seguitano ad essere un grave impedimento alla realizzazione di una compiuta modernizzazione. Basti pensare al fatto che ci sono voluti dieci anni affinché l'industria dell'intrattenimento si conformasse al progresso tecnologico mettendo a disposizione, legalmente, quei contenuti digitali che i consumatori andavano chiedendo da tempo e che, non essendo presenti sul mercato, venivano naturalmente cercati illegalmente altrove. La strenua battaglia sull'*enforcement* dei diritti, non solo non ha raggiunto e non raggiunge l'effetto auspicato (dato che il fenomeno della pirateria non sembra affatto diminuire anzi si perfeziona e si trasforma), ma sta producendo effetti imprevisti che hanno promosso movimenti di opinione trasversali ed opposti a quelli di chi continua a chiedere più diritti per gli autori.

Sembra dunque profilarsi all'orizzonte un momento di svolta. Timidi ma significativi segnali provengono non solo da parte di qualche illuminato imprenditore (ci riferiamo alla recente scelta di iTunes di offrire contenuti privi di limitazioni tecnologiche) ma anche dai regolatori e dai *policy maker*, accortisi che sullo scacchiere della proprietà intellettuale si gioca la ridefinizione dei principi economici alla base della società e che l'impatto con le tecnologie non può essere attutito con categorie mentali ormai legate solo al passato.

In questo scenario fortemente dinamico ci domandiamo: tali nuove forme di distribuzione dei contenuti aprono un periodo di nuove opportunità oppure di minore libertà? Quale influsso possono avere i sistemi aperti o proprietari dei diritti, secondo le tecnologie di *digital rights managment*, sulla domanda dell'utenza? Quale ruolo può eventualmente giocare l'interoperabilità di tali sistemi sulla diffusione dei contenuti digitali? Quali effetti determina sugli utenti-consumatori la compressione delle condizioni di accesso e riutilizzazione delle opere protette? Quali *best practices* possono essere messe in atto per garantire un giusto compenso ai creatori, favorendo allo stesso tempo lo scambio di beni e coniugando libertà con profitto? Sotto quale ombrello possono trovare riparo gli utenti-consumatori?

4.1.2 La difficile tutela dei diritti nel mondo elettronico

Chi studia l'attuale contesto delle tecnologie dell'informazione e della comunicazione percepisce chiaramente come accanto a fenomeni e processi estremamente stimolanti sia dal punto di vista sociale che da quello intellettuale, ve ne siano altri ugualmente rilevanti "soprattutto con riferimento alla tutela dei diritti fondamentali, alla protezione dei consumatori" e degli utenti, nonché "in generale, al livello di libertà che deve essere garantito nell'ambiente elettronico".[1]

Come è stato osservato, la percepibile dilatazione delle forme di controllo tecnologico da parte delle autorità istituzionalmente deputate a tali compiti, ma anche di soggetti privati, si rivela come una sorta di Panopti-

---

[1]   Così Giovanni Ziccardi, Nuove Tecnologie e Diritti di Libertà nelle Teorie Nordamericane, in G. Ziccardi (a cura di), Nuove Tecnologie e Diritti di Libertà nelle Teorie Nordamericane, Modena, 2007, p. 7.

con[2] dal quale ogni utente, ogni cittadino, consumatore o impresa può essere controllato, orientato ed eventualmente censurato.

La vicenda, apparentemente lontana nel tempo, del *Communication Decency Act* statunitense è un esempio chiaro di quanto difficile sia il rapporto tra contenuti e libertà, specialmente in ambito tecnologico.

Si tratta dell'ambiziosa riforma delle telecomunicazioni, approvata dal Congresso americano nel 1996, coniugata al tentativo di affrontare e risolvere il problema della protezione dei minori da materiali "pericolosi" (*id est* pornografici), diffusi attraverso l'allora semisconosciuto fenomeno Internet.[3] In quel caso, le disposizioni del *Communication Decency Act* furono ritenute dalla Corte Suprema costituzionalmente illegittime. Nel sistema statunitense, infatti, è costituzionalmente garantito agli adulti il diritto di accedere a forme di espressione non oscene, ma tuttavia indecenti o palesemente offensive. Tale diritto, pur essendo sottoponibile a limiti, non è sopprimibile. Le norme del *Communication Decency Act* avrebbero limitato in misura ingiustificatamente ampia nei confronti degli adulti – tenuta conto della natura del mezzo di diffusione – la libertà di manifestazione del pensiero, garantita dal primo emendamento alla Costituzione americana.[4] Sussisteva perciò l'evidente necessità di bilanciare diversamente gli opposti interessi in conflitto. Da un lato vi era la libertà di manifestazione del pensiero e dall'altro l'esigenza di un'adeguata tutela dei minori e del loro sano sviluppo sessuale.

A quel tempo il giudice costituzionale americano, dopo aver ricostruito attentamente le peculiari caratteristiche del nuovo mezzo di diffusione (*id est* Internet), si era accorto di come tale tecnologia non abbisognasse per forza di strumenti tanto invasivi e lesivi di altrui diritti per proteggere i minori dalla pornografia. Di fatto, dopo aver ridisegnato da un punto di vista tecnico-scientifico l'ambiente sul quale la norma si sarebbe dovuta applicare, la Corte Suprema ne ricavava che il divieto, generalizzato e senza sfumature imposto dal provvedimento, risultava del tutto sproporzionato rispetto all'obiettivo dichiarato. Le norme invalidate avrebbero provocato "una soppressione ingiustificatamente ampia di forme di espressione desti-

---

[2]   Il termine è stato coniato da Jeremy Bentham per indicare non solo un modello di organizzazione penitenziaria, ma l'idea di un nuovo principio di costruzione applicabile ad ogni sorta di istituzione. L'idea del Panopticon era quella che, grazie alla forma radiocentrica dell'edificio e opportuni accorgimenti architettonici e tecnologici, un unico guardiano potesse osservare (optikon) tutti (pan) i prigionieri in ogni momento. Cfr. Jeremy Bentham, Panopticon, Ovvero la Casa d'Ispezione, Venezia, 2002.

[3]   Il *Communication Decency Act* è la denominazione con il quale è conosciuto il titolo V del *Telecommunications Act* del 1996, ovvero la riforma delle telecomunicazioni approvata dal Congresso nel 1996.

[4]   Reno v. ALCU, 521 U.S. 844 (1997) (No. 96-511).

nate agli adulti".[5] Al contempo risultava evidente la disponibilità di misure alternative in grado di proteggere egualmente i minori da materiali nocivi, senza colpire indiscriminatamente forme di espressione altrettanto meritevoli di tutela costituzionale. Per esempio, la Corte riconosceva l'esistenza in commercio di software di filtraggio in grado di permettere ai genitori di controllare, anche se non in maniera perfetta, i materiali ai quali i minori hanno accesso.

Pertanto la Corte nel riconoscere ad Internet, per le sue specifiche caratteristiche, una tutela costituzionale della libertà d'espressione persino superiore a quella garantita al sistema radiotelevisivo, obbligava il legislatore "ad un approccio normativo più analitico al ciberspazio, spostando il baricentro dell'intervento regolatore dal versante dell'offerta a quello dell'utenza".[6] Essa impose cioè "non già *speech restrictions* a carico di coloro che immettono contenuti in rete" ma il "rafforzamento legislativo degli strumenti di controllo" su quei contenuti potenzialmente accessibili a categorie di utenti ben definite.[7] Inoltre, nell'approccio al nuovo mezzo di diffusione, emergeva chiaramente come fosse fondamentale conoscere correttamente lo strumento sul quale la norma incideva ed avere cognizione che, per esempio, una legislazione nazionale avrebbe comunque avuto una scarsa incisività, considerato il carattere transfrontaliero del mezzo.

La sentenza dei giudici d'oltreoceano potrebbe, a nostro avviso, essere in grado di offrire alcuni interessanti spunti di riflessione anche al di fuori dell'ambiente giuridico statunitense e dello specifico ambito tematico. Tale vicenda sottendeva, già da allora, questioni di particolare significatività non solo in termini di tutela degli utenti della Rete, ma anche in relazione al tema della libertà della cultura, nonché al rispetto della libertà di espressione.[8] Questi fenomeni degenerativi legati alla pervasività del digitale so-

---

[5]   La sentenza si legge in versione integrale tradotta in Riv. Dir. Ind., 1998, II, 140, con nota di Antonio Cucinotta. nonché in Dir. Inf., 1998, p. 64 con traduzione di Vicenzo Zeno Zencovich.. Si veda anche il commento di Giovanni Ziccardi, La Libertà di Espressione in Internet al Vaglio della Corte Suprema degli Stati Uniti, Quad. cost., 1998, p. 123. Per la traduzione ed il commento della sentenza della Corte Suprema Federale della Pennsylvania che per prima dichiarato costituzionalmente illegittima la norma del Communications Decency Act (§ 502) che configurava una responsabilità penale dell'Internet provider per aver consentito l'accesso in rete a materiale di carattere pornografico attinente i minori, si rimanda a Vincenzo Zeno Zencovich, Manifestazione del pensiero, libertà di comunicazione e la sentenza sul caso "Internet", in Dir.inf., 1996, pp.640 ss.

[6]   Così Antonio Cucinotta, L'Effimera Avventura Americana del Divieto dell'Indecenza nel Ciberspazio [Nota a Corte Supr. Stati Uniti 26/6/1997], in Riv. Dir. Ind., 1998, II, p. 166.

[7]   Ibidem.

[8]   È stato osservato come il rapporto tra la protezione dei diritti degli autori ed il diritto di accesso alla cultura emerga anche dall'art. 27 della Dichirazione Universale dei Diritti dell'Uomo dove accanto al riconoscimento ad ogni individuo del diritto di godere degli interessi morali e materiali derivanti da qualsiasi produzione scientifica, letteraria ed artistica di

no cresciuti, evidenziando come "determinate strategie tecnologiche e commerciali" possano "influenzare concretamente l'ampiezza dello spettro delle libertà in Internet".[9]

4.2 Misure tecnologiche e protezione del consumatore

Anche il consumatore di contenuti digitali può vantare alcune prerogative che devono essere rispettate e considerate dai *content providers*. Purtroppo la maggior parte dei sistemi di distribuzione di contenuti digitali fanno uso di tecnologie di protezione più o meno invasive ed è spesso difficile stabilirne o riconoscerne la tipologia o, addirittura, la loro stessa presenza. Al riguardo non esistono norme uniformi e valide in tutti i paesi e che obblighino a indicare chiaramente le caratteristiche e le limitazioni imposte da un sistema di protezione del contenuto così distribuito. Esistono tuttavia precise norme e codici di condotta appositamente predisposti per tutelare i consumatori contro pratiche di pubblicità ingannevole, colposa non rappresentazione delle qualità del prodotto, condizioni contrattuali inique o pratiche commerciali scorrette.[10]

Inoltre il diritto d'autore prevede solitamente alcune eccezioni alle prerogative degli autori. Tali eccezioni, come abbiamo già visto, permettono ai consumatori di esercitare determinate azioni, altrimenti non consentite. Il problema è che tali "diritti" e tali eccezioni possono essere limitati od esclusi, a seconda del tipo di contratto utilizzato nella transazione avente ad oggetto contenuti digitali. In questi casi le pratiche commerciali possono far ricorso a licenze d'uso o a contratti di compravendita. La natura controversa della distinzione tra licenza e vendita, quando è applicata al mondo tecnologico, può rendere questa disputa dottrinale addirittura più

---

cui sia autore (art. 27.2), viene altresì introdotto il principio secondo cui ogni individuo ha diritto di prendere parte liberamente alla vita culturale della comunità, di godere delle arti e di partecipare al progresso scientifico ed ai suoi benefici (art. 27.1). Sul punto si veda diffusamente Mastroianni, Diritto Internazionale e Diritto d'Autore, cit., p. 29 e ss.

9   Cfr. Ziccardi, Nuove Tecnologie e Diritti di Libertà nelle Teorie Nordamericane, cit., p. 8.

10 John A. Rothchild, Protecting the Digital Consumer: The Limits of Cyberspace Utopianism, 74 Indiana Law Journal, 1999, pp. 893, 897; Raymond T. Nimmer, Images and Contract Law - What Law Applies to Transactions in Information, 36 Houston Law Rev., 1999, p. 1-24. Si veda inoltre Bureau of Consumer Protection - Federal Trade Commission, Consumer Protection in the Global Electronic Marketplace: Looking Ahead, (September, 2000) alla URL <http://www.ftc.gov/bcp/icpw/lookin gahead/electronicmkpl.pdf>; Interpretation of Rules and Guides for Electronic Media; Request for Comment, 63 Fed. Reg. 24, 996 (1998).

complessa.[11] La principale differenza consiste nel fatto che nel caso di vendita la transazione verrà regolata secondo il diritto dei contratti; nel secondo caso invece ricadrà nella sfera di applicazione delle norme sul diritto d'autore.[12]

Normalmente accade che i titolari dei diritti preferiscano utilizzare licenze d'uso, ovvero contratti, che permettono di sottrarsi alla regola dell'esaurimento del diritto, imponendo specifici termini e limitazioni all'uso da parte dell'utente.[13] Infatti, quando il titolare del diritto non vende una copia della sua opera digitale ma concede una licenza concernente il suo utilizzo, l'effetto dell'esaurimento non si genera perché in questo caso oggetto del contratto non è la copia del bene bensì il diritto d'uso relativo a quel contenuto, ovvero un bene immateriale. È evidente come tale comportamento abbia l'effetto di tracciare in modo netto i confini entro i quali le prerogative dell'utente finale possono essere esercitate. L'utilizzo di sistemi di DRM acuisce il problema, in special modo in quei casi in cui lo schema contrattuale non è frutto di negoziazione tra le parti ma è piuttosto imposto unilateralmente.

Il crescente ricorso a tali tecniche contrattuali è dovuto al fatto che il diritto alla base dell'economia internazionale è sempre più affetto da una sorta di debolezza normativa, spesso connessa alla difficoltà di conformarsi rapidamente ai cambiamenti della società. È in questa zona d'ombra trascurata dal diritto che spesso si inseriscono contenuti para-normativi, predisposti direttamente dagli attori economici. Tali contenuti prendono la forma del contratto, diventato da tempo il principale strumento di innova-

---

[11]   Così Raymond T. Nimmer, Intangibles Contracts: Thoughts of Hubs, Spokes, and Reinvigorating Article 2, 35 Williamm. & Mary L. Rev., 1994, p. 1337, 1345-46; ID, The Law of Computer Technology: Rights, Licenses, Liabilities, 3d ed., St. Paul, 1997, § 6:1.

[12]   Cfr. Rosenblatt et al., Digital rights management: business and technology, cit., p. 48.

[13]   Ryan J. Casamiquela, Business Law: A. Electronic Commerce: Contractual Assent and Enforceability in Cyberspace, 17 Berkeley Tech. L.J. 475 (2002). Il principio dell' esaurimento del diritto d'autore (*first sale doctrine* nel sistema statunitense) rappresenta un limite al diritto di esclusiva riconosciuto ai detentori di diritti di proprietà intellettuale. Anch'esso ha come scopo quello di bilanciare gli interessi dei titolari dei diritti ed il legittimo godimento delle opere da parte della comunità. Secondo tale principio, il diritto di sfruttamento economico dell'opera da parte dell'autore si esaurisce nel momento in cui il supporto fisico, nel quale l'opera dell'ingegno è incorporata, viene messo in vendita. Dopo questa "prima vendita", l'autore dell'opera perde il diritto di controllare l'ulteriore diffusione e circolazione della stessa. Evidente come la digitalizzazione dei contenuti, non più legati a supporti fisici e potenzialmente riproducibili senza limiti, può comportare la necessità di mutamenti di ordine giuridico, come del resto è stato puntualizzato nello stesso considerando 29 della dir. 29/2001/CE. Sulla natura e sugli effetti del principio dell'esaurimento si veda Davide Sarti, Diritti Esclusivi e Circolazione di Beni, Milano, 1996, p. 55 e ss. Nella dottrina americana. Anthony R. Reese, The First Sale Doctrine in the Era of Digital Networks, 44 B.C. L. Rev. 577, (2003).

zione giuridica e standardizzazione.[14] Tale delega a privati di compiti chiaramente istituzionali finisce per sostituire il soggetto pubblico nella protezione di interessi generali, provocando inevitabili conflitti di interesse nonché una compressione di libertà.

Un caso emblematico di quanto appena esposto è proprio quello dei contenuti digitali. La difficile valorizzazione dei diritti degli autori nel nuovo ambiente tecnologico ha infatti trovato, come unica risposta, forme di commercializzazione e distribuzione particolarmente restrittive, caratterizzate da pesanti limitazioni delle libertà e dei diritti riconosciuti ai consumatori e del loro agevole esercizio.

Ad esempio, la maggior parte del software è oggetto di accordi di licenza con l'utente finale (*End User License Agreement*, EULA); tipicamente i consumatori accettano gli EULA senza leggerli. Ma un EULA è un esempio classico di un contratto per adesione che non si ottiene come risultato di una negoziazione tra il fornitore e l'utente.[15] In un mercato di massa le società di software predispongo EULAs per licenziare copie dei loro beni, così da limitare i diritti di trasferimento e d'uso dell'utente. In sostanza, l'unica possibilità per l'utente finale è di prendere o lasciare. Anche in questo caso un sistema di DRM può essere utilizzato per far valere le clausole o le norme predisposte nell'EULA, anche quelle non vincolanti giuridicamente. Ecco perché l'uso di misure tecnologiche di protezione potrebbe aumentare il potere dei detentori dei diritti fissando condizioni eccessivamente onerose per gli utenti. La combinazione tra contratto e misure tecnologiche di protezione rappresenta una potente miscela per un sistema completamente automatizzato in grado di provvedere non solo alla distribuzione sicura, ma anche alla gestione dei diritti, al monitoraggio e al pagamento per l'accesso ai contenuti protetti.[16] Così, un sistema di DRM potrebbe anche essere considerato lo strumento attraverso cui si realizza l'imposizione unilaterale di termini e condizioni contrattuali.[17] Applicando

---

[14]   Così Francesco Galgano, La Globalizzazione nello Specchio del Diritto 93-94 (2005); Sul rapporto tra standardizzazione tecnica e giuridica si veda anche Margaret J. Radin, Online Standardization and the Integration of Text and Machine, 70 Fordham L. Rev. 1125, 1138 (2002).

[15]   Cfr. Hillman, Rachlinski, Standard-form Contracting in the Electronic Age, cit. (Gli AA. osservano il facile adattamento del diritto contrattuale tradizionale alle transazioni elettroniche). Sull' EULA, vedi John J.A. Burke, Reinventing Contract, 10 Murdoch U. Elec. J.L. 2, ¶ 18 (2003), alla URL <http://w ww.murdoch.edu.au/elaw/issues/v10n2/burke102_text.ht ml>; Robert W. Gomul kiewicz, Mary L. Williamson, A Brief Defense of Mass Market Software License Agreements, 22 Rutgers Computer & Tech. L.J. 335 (1996).

[16]   Cfr. P. Bernt Hugenholtz, Copyright and Electronic Commerce: An Introduction, in Copyright and Electronic Commerce, cit., p 1, 2.

[17]   De Werra, Moving Beyond the Conflict Between Freedom of Contract and Copyright Policies, p. 244. Altri commentatori hanno criticato questo approccio. Vedi Margaret Jane Radin,

tale schema, quando un utente accede ad un contenuto tutelato si trova di fronte ad un meccanismo contrattuale imposto dal *content provider* attraverso un *click-through* o *click-wrap agreement,* con condizioni generali immodificabili da parte del contraente.[18]La questione sottesa a queste considerazioni è perciò quella di decidere se i consumatori di contenuti digitali possano trovare più opportuna protezione sotto l'ombrello del diritto dei contratti o, piuttosto, riconsiderando lo scenario del diritto d'autore.[19] In caso di assenza di informazioni e di adeguata trasparenza è necessario decidere la soluzione da seguire: imporre un obbligo informativo, oppure regolare direttamente il mercato.

Dal primo punto di vista è interessante osservare come negli Stati Uniti le normative *pro-consumer* non abbiano goduto di un grosso successo nel settore dei *media* digitali. Quasi tutte le proposte di legge volte a contemperare i diritti degli utenti di fronte all'esondazione del diritto d'autore risultano ancora in sospeso. Uno dei provvedimenti più significativi in tale direzione, il *Digital Media Consumers' Rights Act* (DMCRA),[20] è stato introdotto al Congresso per ben tre volte senza mai essere approvato in via definitiva.[21] Anche il cosiddetto *Balance Act,* volto a modificare il titolo 17, dello U.S. Code per salvaguardare i diritti e le aspettative dei consumatori che legittimamente ottengono intrattenimento digitale, risulta ancora nulla più che una proposta di legge, pur essendo stato presentato sia nel

---

Regulation by Contract, Regulation by Machine, 160 J. Inst. Theorethical Econ. 1, 12 (2004) (L'A. afferma che i sistemi di DRM sostituiscono il contratto).

[18] In base a questa finzione giuridica, il consumatore può accettare i termini del contratto in un modo molto simile a quello delle cosidette *shrink-wrap license.* Su quest'ultima forma di licenze si veda Mark A. Lemley, Intellectual Property and Shrinkwrap Licenses, 68 S. Cal. L. Rev. 1239 (1995). In dottrina è stato osservato che, anche se "DRM usage contracts are usually made over the Internet and are therefore not shrink-wrap licenses in the strict sense [...] [they could be] analogized [...] to their online counterpart: the so-called 'click-wrap' licenses." Bechtold, Digital Rights Management in the United States and Europe, cit., p. 343.. Sul contratto nell'ambiente elettronico vedi Hillman, Rachlinski, Standard-form Contracting in the Electronic Age, p. 464.

[19] C'è chi ha osservato come le norme a tutela dei consumatori non siano completamente in grado di affrontare le minacce agli interessi dei consumatori proprio a causa dell'uso dei sistemi di DRM, e che pertanto gli interessi dei consumatori dovrebbero essere parte integrante del diritto d'autore. Così Niva Elkin-Koren, Making Room for Consumers Under the DMCA, 22 Berkeley Tech. L.J. 1119 (2007).

[20] Digital Media Consumers Rights Act of 2005, HR 1201, 109th Cong. 1st Sess. reperibile alla URL <http://thomas.loc.gov/cgi-bin/query/z?c109:H.R.1201:>.

[21] Così Alison R. Watkins, Surgical Safe Harbors: The Family Movie Act and the Future of Fair Use Legislation, 21 Berkeley Tech. L.J., 2006, pp. 241, 263. Si veda anche Michael Matesky, The Digital Millennium Copyright Act and Non - Infringing Use: Can Mandatory Labeling of Digital Media Products Keep the Sky from Falling? 80 Chicago-Kent L. Rev., 2005, pp. 515, 532.

2003 che nel 2005.[22] Infine, un'altra proposta di legge *pro digital consumer* è rappresentata dal *Digital Consumer Right to Know Act* avente lo scopo di attribuire alla *Federal Trade Commission* il compito di emanare norme che obblighino i produttori a rivelare la presenza di misure tecnologiche di protezione in grado di limitare i consumatori nella flessibilità d'uso e nella manipolazione dell'informazione digitale o dei contenuti di intrattenimento.[23]

In Europa al contrario, paesi come Francia, Norvegia e Germania hanno introdotto ed adottato specifiche norme a favore dei consumatori di contenuti.[24] Se da un lato può essere considerato ragionevole limitare la capacità del consumatore di copiare dati digitali utilizzando sistemi di DRM, è altrettanto ragionevole pretendere che l'utilizzo di tali sistemi sia completamente trasparente, palesandone eventuali complicanze, rischi ed effetti collaterali in una sorta di "avvertenza per gli utilizzatori" del prodotto. La sensibilità verso tali problemi è recentemente cresciuta a tal punto che non sembra del tutto casuale la recente proposta dell'amministratore delegato di *Apple* relativa all'adozione di un sistema *DRM-free*, [25] nonché l'ancora più sorprendente accoglimento della proposta da parte della case discografiche.[26]

---

[22] Benefit Authors without Limiting Advancement or Net Consumer Expectation (BALANCE) Act of 2003, H.R. 1066, 108th Cong. (2003); Benefit Authors without Limiting Advancement or Net Consumer Expectation (BALANCE) Act of 2005, H.R. 4536, 109th Cong. (2005). Tale proposta di legge ha come obiettivo la modifica di alcune restrizioni introdotte dal DMCA relativamente ad alcune utilizzazioni rientranti nel concetto di *fair use*.

[23] Digital Consumer Right to Know Act, S. 692, 108th Cong. (2003). Sulle caratteristiche del provvedimento si veda Samuelson, Schultz, Should Copyright Owners Have to Give Notice of Their Use of Technical Protection Measures?, cit., p. 61-62.

[24] Cfr. Christopher Sprigman, The Digital Broadband Migration: Confronting the New Regulatory Frontiers, 5 J. on Telecomm. & High Tech. L. 87, 123 (2006). Si veda in particolare quanto disposto dalla Loi 2006-961 du 1er août 2006 relative au droit d'auteur et aux droits voisins dans la société de l'information, 178 Journal Officiel de la République Française, Août 3 2006, p. 11529 alla URL <http://www.legifrance.gouv.fr/WAspad/UnTexteDeJorf?n umjo=MCCX0300082L. Il provvedimento francese, infatti, stabilisce che le misure tecniche di protezione non devono avere come effetto quello di ostacolare l'interoperabilità dei contenuti. Sul punto si veda diffusamente Nicolas Jondet, Jane Winn, A "New Approach" to Standards and Consumer Protection. 31 J. Consum. Pol., p 459.

[25] Si veda la lettera aperta dell'amministratore delegato di Apple Steve Jobs, Thoughts on Music, alla URL <http://www.apple.com/hotnews/thoughtsonmusic>.

[26] Cfr.Press Release, EMI Music Group, EMI Music launches DRM-free superior sound quality downloads across its entire digital repertoire (2 Aprile 2007) reperibile alla URL <http://www.emigroup.c om/Press/2007/press18.htm>.

4.6.1 Dove recuperare i diritti degli utenti?

Come precedentemente accennato, di solito i consumatori di contenuti si vedono riconosciute alcune prerogative dalla stessa legge sul diritto d'autore.[27] Il diritto d'autore prevede infatti alcune eccezioni, che consentono agli utenti di usufruire liberamente di opere intellettuali senza una specifica autorizzazione da parte del titolare dei diritti.[28] Sia i paesi di *common law* che quelli di *civil law* hanno diverse eccezioni in comune, come quelle per attività didattiche e scientifiche, per citazione, per parodia o per riproduzione per uso personale.

Generalmente queste eccezioni consentono ai consumatori di contenuti, in determinate circostanze, di utilizzare o creare copie di materiale protetto dal diritto d'autore. I problemi sorgono quando viene utilizzato un sistema tecnologico di protezione che elimina tali ipotesi di *fair use,* ovvero tali libere utilizzazioni. Dal momento che l'aggiramento di tali sistemi è fondamentalmente vietato, il beneficiario di un'eccezione al diritto d'autore su un contenuto tecnologicamente protetto non avrebbe alcuna possibilità di usufruire di tale privilegio senza esporsi a sanzioni. È così necessario capire se i titolari dei diritti sono autorizzati a vanificare le eccezioni al diritto d'autore attraverso l'implementazione di sistemi di DRM che incorporino dispositivi tecnologici di protezione.

La normativa comunitaria non risolve questo problema: la protezione offerta dall'art. 6(4) della direttiva 2001/29/CE del Parlamento europeo e del Consiglio del 22 maggio 2001 sull'armonizzazione di taluni aspetti del diritto d'autore e dei diritti connessi nella società dell'informazione, riguarda specificamente la relazione tra misura tecnologica di protezione ed eccezioni al diritto d'autore. Tuttavia tale norma rimane alquanto vaga e comunque difficile da rendere operativa per un singolo individuo[29]. Inoltre,

---

[27]   Cfr. De Werra, Moving Beyond the Conflict Between Freedom of Contract and Copyright Policies: In Search of a New Global Policy for On-Line Information Licensing Transactions: A Comparative Analysis Between U.S. Law and European Law, 25 Columbia J.L. & Arts, 2003, pp. 239- 244.

[28]   Si veda 17 U.S.C. 107 (2000) nonché, a livello internazionale, l'art. 9(2) della Convenzione di Berna e gli articoli 10 e 10-bis. Si veda anche Informed Dialogue about Consumer Acceptability of DRM Solutions in Europe - Indicare, Consumer's Guide to Digital Rights Management, alla URL <http://www.indicare.org/tiki-download_file.php?fileId=195> [In seguito: Consumer's Guide to DRM].

[29]   "In deroga alla tutela giuridica di cui al paragrafo 1, in mancanza di misure volontarie prese dai titolari, compresi accordi fra titolari e altre parti interessate, gli Stati membri prendono provvedimenti adeguati affinché i titolari mettano a disposizione del beneficiario di un'eccezione o limitazione, prevista dalla normativa nazionale in conformità dell'articolo 5, paragrafo 2, lettere a), c), d), e), o dell'articolo 5, paragrafo 3, lettere a), b) o e), i mezzi per fruire della stessa, nella misura necessaria per poter fruire di tale eccezione o limitazione e purché il beneficiario abbia accesso legale all'opera o al materiale protetto in questione".

l'articolo prevede che la regolamentazione debba essere posta in essere dai titolari dei diritti e, solo sussidiariamente, sia soggetta all'intervento del singolo Stato.[30] È evidente che una simile previsione può comportare una discutibile delega di poteri governativi ad un'entità non governativa, con il conseguente acuirsi del fenomeno di privatizzazione della funzione dello Stato nel proteggere la proprietà intellettuale e le sue eccezioni.[31]

Solo pochi Stati membri hanno implementato disposizioni efficaci, tese a proteggere l'interesse dei consumatori di contenuti digitali.[32] Alcuni paesi come la Grecia e l'Irlanda hanno attuato la direttiva nell'ordinamento nazionale, esigendo che i titolari dei diritti prevedessero appositi strumenti per consentire ai beneficiari delle eccezioni di poterne effettivamente usufruire.[33]

Così Dir. CE 2001/29/CE, art. 6(4).

[30] Per un'analisi critica di questo ed altri aspetti controversi della direttiva si veda Severine Dusollier, Electrifying the Fence: The Legal Protection of Technological Measures for Protecting Copyright, 21 Eur. Intell. Prop. Rev., 1999, p. 285; Bernt Hugenholtz, Why the Copyright Directive is Unimportant, and Possibly Invalid, 22 Eur. Intell. Prop. Rev., 2000, p. 499; Michael Hart, The Copyright in the Information Society Directive: An Overview, 24 Eur. Intell. Prop. Rev., 2002, p. 58; Pierre Sirinelli, The Scope of the Prohibition on Circumvention of Technological Measures: Exceptions in Adjuncts and Alternatives to Copyright: Proceedings of the ALAI Congress June 13-17, 2001 384 (a cura di J. C. Ginsburg e J.M. Besek), New York, 2002; Maria Martin-Prat, The Relationship Between Protection and Exceptions in the EU "Information Society" Directive, in Adjuncts and Alternatives to Copyright: Proceedings of the ALAI Congress, cit., p. 466; Nora Braun, The Interface Between the Protection of Technological Measures and the Exercise of Exceptions to Copyright and Related Rights: Comparing the Situation in the United States and the European, 25 Eur. Intell. Prop. Rev., 2003, p. 496; Maria Teresa Scassellati Sforzolini, La Direttiva Comunitaria del 22 maggio 2001 n. 29 sull'Armonizzazione di Taluni Aspetti del Diritto d'Autore nella Società dell'Informazione, Dir. aut., 2003, p. 65; Alvise Maria Casellati, Protezione legale delle misure tecnologiche ed usi legittimi. L'articolo 6.4 della direttiva europea e sua attuazione in Italia, in Dir. aut., 2003, p. 360; Kamiel J. Koelman, Copyright Law and Economics in the EU Copyright Directive: Is the Droit d'Auteur Passe?, 35 Int. Rev. of Indus. Prop. & Copyright L., 2004, p. 603; Mazziotti, Monopoli Elettronici e Utilizzazioni Libere nel Diritto d'Autore Comunitario, cit.

[31] Sull'argomento mi permetto di rimandare a Nicola Lucchi, The Supremacy of Techno-Governance, in 15 International Journal Law Info. Tech., 2007, p. 192.

[32] Per lo stato dell'arte sul recepimento della alla data del 22 settembre 2004, si veda Urs Gasser e Michael Girsberger, Transposing the Copyright Directive: Legal Protection of Technological Measures in EU-Member States. A Genie Stuck in the Bottle? (Berkman Working Paper No. 2004-10) alla URL <http://ssrn.com/abstract=628007>. Per più recenti informazioni sulla presente direttiva si veda Silke von Lewinski, Rights Management Information and Technical Protection Measures as Implemented in EC Member States, 35 Int'l Rev. of Intell. Prop. & Competition L., 2004, p. 844; Margreet Groeneboom, Comparing the EUCD implementation of various Member States, in Indicare, 21 marzo 2005, alla URL http://www.indicare.org/tiki-read_article.php?articleId=88; Thomas Dreier, Bernt Hugenholtz (a cura di), Concise European Copyright Law, Alphen aan den Rijn, 2006, pp. 392, 393.

[33] Groeneboom, Comparing the EUCD implementation of various Member States, cit.

Al contrario, gli ordinamenti austriaco ed olandese non prevedono eccezioni alle disposizioni contro l'aggiramento delle misure tecnologiche. Per quanto riguarda invece l'eccezione per la copia privata la Danimarca non menziona alcuna disposizione; il *Copyright Act* inglese fa espresso riferimento al *time shifting* come unica eccezione per la copia privata.[34]

In Italia, il d. lgs. 68/2003, che attua la direttiva 2001/29/CE, autorizza una copia per uso personale di un contenuto digitale protetto solo nel caso in cui l'utente abbia acquisito il possesso legittimo dell'opera o del materiale protetto, ovvero vi abbia avuto accesso legittimo, e a condizione che tale possibilità non sia in contrasto con lo sfruttamento normale dell'opera o degli altri materiali e non arrechi ingiustificato pregiudizio ai titolari dei diritti.[35]

Questi sono solo alcuni sommari esempi che mostrano come sia ancora piuttosto incerto il panorama applicativo di tale disposizione. In particolare emerge che, se l'adozione di misure volontarie per realizzare la piena attuazione delle eccezioni o limitazioni non dovesse essere operativa entro un periodo di tempo ragionevole, gli Stati membri possono adottare, in maniera assai diversa l'uno dall'altro, provvedimenti per consentire che i beneficiari delle eccezioni o limitazioni in questione ne fruiscano realmente.[36] Tutto ciò a scapito dell'obiettivo di armonizzazione previsto dalla direttiva.

Tuttavia, il problema reale ed irrisolto è che, anche nel caso in cui i consumatori si vedano riconosciuti alcuni privilegi garantiti dalle norme nazionali, le eccezioni al diritto d'autore possono essere derogate attraverso diverse condizioni contrattuali stabilite tra utenti e *content providers*.

Nel sistema comunitario, la tensione tra il diritto dei contratti e il diritto d'autore è invece meno evidente. In Europa infatti la regolamentazione delle pratiche contrattuali in materia di diritto d'autore non è inusuale, anche se la libertà contrattuale, ovvero l'autonomia sulla determinazione dei

---

[34]   Groeneboom, Comparing the EUCD implementation of various Member States, cit.. Per una disamina sulle differenti modalità di recepimento dell'art. 6(4) all'interno dei paesi dell'Unione si veda Nora Braun, The Interface Between the Protection of Technological Measures and the Exercise of Exceptions to Copyright and Related Rights: Comparing the Situation in the United States and the European Community, 25 Eur. Intell. Prop. Rev., 2003, pp. 496, 501; Dreier, Hugenholtz (a cura di), Concise European Copyright Law, cit., p. 393.

[35]   Vedi d. lgs. n. 68/2003, art. 71(4)-sexies: "Fatto salvo quanto disposto dal comma 3, i titolari dei diritti sono tenuti a consentire che, nonostante l'applicazione delle misure tecnologiche di cui all'articolo 102-quater, la persona fisica che abbia acquisito il possesso legittimo di esemplari dell'opera o del materiale protetto, ovvero vi abbia avuto accesso legittimo, possa effettuare una copia privata, anche solo analogica, per uso personale, a condizione che tale possibilità non sia in contrasto con lo sfruttamento normale dell'opera o degli altri materiali e non arrechi ingiustificato pregiudizio ai titolari dei diritti".

[36]   Su questo punto vedi Dreier, Hugenholtz (a cura di), Concise European Copyright Law, cit., p. 392.

contenuti, è la regola generale, mentre i freni contrattuali sono l'eccezione.[37] Tuttavia, il rapporto tra le eccezioni e limitazioni al diritto d'autore ed il contratto di utilizzo è ancora abbastanza ambiguo.[38] Infatti, oltre alle disposizioni delle direttive sui programmi per elaboratore[39] e sulle basi di dati,[40] la stessa legge sul diritto d'autore suggerisce una piccola guida per la determinazione della validità di un contratto che limita il legittimo esercizio di una limitazione al diritto d'autore.[41] È evidente che nel sistema continentale esiste una crescente tendenza, all'interno del mercato, a creare una protezione privata del diritto d'autore attraverso il contratto.[42]

Tuttavia, alcuni autori hanno sottolineato come la stessa normativa in materia di diritto d'autore possa contribuire a fissare uno standard di protezione degli utenti, anche se tali disposizioni non sono esplicitamente deputate a proteggere i consumatori.[43] Per esempio si è osservato che il *Digital Millennium Copyright Act* contiene disposizioni che prevedono eccezioni alla tutela delle misure tecnologiche, per motivi di privacy o di controllo parentale,[44] disposizioni che sono senza dubbio *consumer oriented*.[45]

Riferimenti a posizioni di garanzia nei confronti dei consumatori potrebbero essere trovate anche nel sistema di diritto d'autore europeo:[46] infatti l'art. 6.4 della direttiva InfoSoc può essere interpretato nel senso di favorire alcuni interessi dei consumatori, perché incoraggia i titolari dei di-

---

[37] Per un punto di vista europeo sul rapporto tra diritto dei contratti e diritto d'autore, si veda Lucie Guibault, Pre-emption Issues in the Digital Environment: Can Copyright Limitations be Overriden by Contractual Agreements under European Law, in Molengrafica n. 11. Europees Privaatrecht. Opstellen over Internationale Transacties en Intellectuele Eigendom, 225, 226-27 (F.W. Grosheide, K. Boele-Woelki eds., 1998).

[38] Cfr. Bechtold, Digital Rights Management in the United States and in Europe,cit., p. 366.

[39] Direttiva 91/250/CEE del Consiglio del 14 maggio 1991, relativa alla tutela giuridica dei programmi per elaboratore, 1991 G.U. (L 122).

[40] Direttiva 96/9/CE del Parlamento europeo e del Consiglio, dell'11 marzo 1996, relativa alla tutela giuridica delle banche di dati, 1996 G.U. (L 77).

[41] Cfr. Guibault, Copyright Limitations and Contracts, cit., p. 214; de Werra, Moving Beyond the Conflict Between Freedom of Contract and Copyright Policies, cit., p. 318.

[42] Per un'analisi di questa tendenza anche all'interno della scena europea, si veda Pascuzzi, Caso, I Diritti sulle Opere Digitali: Copyright Statunitense e Diritto d'Autore Italiano, cit.; Roberto Caso, Digital Rights Management: il Commercio delle Informazioni Digitali tra Contratto e Diritto d'Autore (2004).

[43] Pamela Samuelson, citata in Fair DRM Use. Report on the 3rd INDICARE Workshop, cit., p. 12-13.

[44] Cfr. 17 U.S.C.A 1201(h), (i).

[45] Pamela Samuelson, Intellectual Property in the Digital Economy, cit. p. 542. L'A. nota come il DMCA abbia creato due eccezioni consumer-oriented. La prima per consentire ai genitori di eludere i controlli di accesso, se necessario, per proteggere i proprio dall'accesso a contenuti nocivi presenti su Internet. La seconda eccezione prevede invece la possibiltà di aggirare i controlli tecnologici se il fine è quello di proteggere la propria privacy.

[46] Cfr. Mara Rossini, Natali Helberger, Fair DRM Use. Report on the 3rd INDICARE Workshop, p. 13 alla URL <http://www.indicare.org/tiki-download_file.p hp?fileId=146>.

ritti ad adottare volontariamente qualsiasi misura ritenuta necessaria per mettere a disposizione "del beneficiario di un'eccezione o limitazione, prevista dalla normativa nazionale [...], i mezzi per fruire della stessa, nella misura necessaria per poter fruire di tale eccezione o limitazione e purché il beneficiario abbia accesso legale all'opera o al materiale protetto in questione"[47] e invita gli Stati membri ad assicurarne il rispetto.[48]

Come osservato dal *Bureau Européen des Unions de Consommateurs* (BEUC), l'attuale corso nello sviluppo dei sistemi tecnologici per la tutela della proprietà intellettuale sembra voler creare un nuovo rapporto tra i titolari dei diritti ed i consumatori, alterando le libertà, le aspettative, i privilegi ed i benefici di questi ultimi.[49]

Se, come osservato, i sistemi di DRM e le associate misure tecnologiche di protezione vengono utilizzati per rendere cogenti le condizioni e i termini di contratti standardizzati,[50] è evidente che uno strumento di regolazione del mercato può essere cercato anche al di fuori dell'ombrello del diritto d'autore.

Le norme generali a tutela del consumatore hanno come compito quello di proteggere i consumatori nelle varie fasi contrattuali, garantendoli contro pratiche commerciali scorrette ed asimmetrie informative. In particolare, nel caso di utilizzo di sistemi di DRM, tali norme possono essere richiamate tutte le volte in cui il loro utilizzo non è dettagliatamente dichiarato oppure è falsato da informazioni imprecise. Di seguito si passeranno velocemente in rassegna gli strumenti normativi che, nel sistema statunitense ed in quello continentale, possono essere richiamati per la tutela e la promozione dei diritti dei consumatori. In particolare considereremo la dottrina dell'*unconscionability*, le principali direttive comunitarie in materia di consumo[51] e le altre tradizionali limitazioni in materia contrattuale,

---

[47]   Dir. 2001/29/CE, art. 6(4), 2001 G.U. (L 167) 10, 17-18.

[48]   Per un'accurata disamina dell'articolo 6.4 della direttiva InfoSoc si rimanda a Alvise Maria Casellati, Protezione Legale delle Misure Tecnologiche ed Usi Legittimi. L'articolo 6.4 della Direttiva Europea e sua Attuazione in Italia, cit., p. 372-77.

[49]   DRM-BEUC Position paper, cit., p. 3.

[50]   I sistemi di DRM sono stati anche definiti "a souped-up standard form contract". Cfr. Ian Kerr, Jane Bailey, The Implications of Digital Rights Management for Privacy and Freedom of Expression, 2 Journal Information Comm. & Ethics in Soc'y, 2004, pp. 87, 89.

[51]   Le principali misure di tutela del consumatore nell'*acquis communautaire* in materia di consumo, possono essere divise in due categorie. Una relativa a direttive applicabili in generale, l'altra relativa a direttive che contengono norme su specifici settori o metodologie di vendita. Alla prima categoria appartengono: la Dir. CE 84/450/CEE del Consiglio del 10 settembre 1984, come modificata dalla Dir. CE 97/55/CE, in materia di pubblicità ingannevole e comparativa; la Dir. CE 98/6/CE del Parlamento europeo e del Consiglio del 16 febbraio 1998 relativa alla protezione dei consumatori in materia di indicazione dei prezzi dei prodotti offerti ai consumatori; la Dir. CE 93/13/CEE del Consiglio, del 5 aprile 1993, concernente le clausole abusive nei contratti stipulati con i consumatori; la Dir. CE 99/44/CE del Parlamen-

già brevemente prese in considerazione nei casi concreti in precedenza e-saminati.[52]

In altre parole, quello che vedremo nelle pagine che seguono è come sia possibile trovare, nei due sistemi giuridici presi a raffronto, una serie di strumenti utili a monitorare e circoscrivere l'uso indiscriminato di tecnologie per la tutela della proprietà intellettuale. In particolare il *focus* verrà sviluppato su due diversi livelli: da una parte sottolineando la necessità di non utilizzare le tecnologie di protezione in modo da comprimere il diritto di accesso alle informazioni; dall'altra, evidenziando l'esigenza di manifestare in modo chiaro la presenza di tali strumenti, in particolare quando essi rendono cogenti clausole contrattuali standard,[53] oppure obblighino l'utente all'uso di una specifica piattaforma o, ancora, comportino rischi per la *privacy* e la sicurezza dei sistemi informativi.

---

to europeo e del Consiglio del 25 maggio su taluni aspetti della vendita e delle garanzie dei beni di consumo. Nella seconda categoria rientrano: la Dir. CE 95/58/CE del Parlamento europeo e del Consiglio, del 29 novembre 1995, che modifica la Dir. CE 79/581/CEE concernente l'indicazione dei prezzi dei prodotti alimentari ai fini della protezione dei consumatori e la Dir. CE 88/314/CEE concernente l'indicazione dei prezzi dei prodotti non alimentari ai fini della protezione dei consumatori; la Dir. CE 76/768/CEE del Consiglio, del 27 luglio 1976, concernente il ravvicinamento delle legislazioni degli Stati membri relative ai prodotti cosmetici; la Dir. CE 96/74/CE, del Parlamento europeo e del Consiglio, del 16 dicembre 1996, relativa alla denominazione del settore tessile così come emendate dalla Dir. CE 97/37/CE; la Dir. CE 92/28/CEE del Consiglio concernente la pubblicità dei medicinali per uso umano; la Dir. CE 90/314/CEE del Consiglio, del 13 giugno 1990, concernente i viaggi, le vacanze ed i circuiti "tutto compreso"; la Dir. CE 85/577/CEE del Consiglio del 20 dicembre 1985 per la tutela dei consumatori in caso di contratti negoziati fuori dei locali commerciali; la Dir. CE 87/102/CEE del Consiglio del 22 dicembre 1986 relativa al avvicinamento delle disposizioni legislative, regolamentari e amministrative degli Stati membri in materia di credito al consumo; la Dir.CE 97/7/CE del Parlamento europeo e del Consiglio del 20 maggio 1997 riguardante la protezione dei consumatori in materia di contratti a distanza; la Dir. CE 90/384/CEE del Consiglio del 20 giugno 1990 per l'armonizzazione delle legislazioni degli Stati membri in materia di strumenti per pesare a funzionamento non automatico; la Dir. CE 94/47/CE del Parlamento europeo e del Consiglio, del 26 ottobre 1994, concernente la tutela dell'acquirente per taluni aspetti dei contratti relativi all'acquisizione di un diritto di godimento a tempo parziale di beni immobili.

52 Si veda. Association of American Publishers, Contractual Licensing, Technological Measures and Copyright Law, alla URL <http://www.publishers.org/home/aboutpublishers.org/home/abouta/copy/plicens.htm>.

53 C'è chi ha definto i sistemi di DRM come veri e propri "souped-up standard form contract." Così Ian Kerr, Jane Bailey, The Implications of Digital Rights Management for Privacy and Freedom of Expression, 2 Info. Comm. & Ethics in Soc'y, 87, 89 (2004).

4.6.2   La tutela dei consumatori digitali in Europa ed il dibattito sul futuro del diritto d'autore

In ambito comunitario sono essenzialmente tre le direttive che possono trovare applicazione in caso di transazioni con fornitori di contenuti digitali: la direttiva sulla protezione dei consumatori in materia di contratti a distanza (97/7/CE),[54] la direttiva sul commercio elettronico (2000/31/CE)[55] e la direttiva sulle pratiche commerciali sleali (2005/29/CE).[56] Le prime due direttive si applicano sia ai prodotti che ai servizi e possono trovare applicazione nelle transazioni *on-line*. Entrambe le direttive contengono inoltre disposizioni per il fornitore in materia di trasparenza, relativamente alle informazioni da fornire al consumatore prima del perfezionamento della transazione.

La terza direttiva riguarda tutte le pratiche *business-to-consumer*, siano esse *off-line* oppure *on-line*. L'obiettivo principale della direttiva sul commercio elettronico riguarda principalmente l'omogeneizzazione della formazione dei contratti in ambito comunitario, garantendo che il sistema giuridico di ciascuno Stato membro regolamenti le procedure tramite cui i contratti possono essere validamente conclusi per via elettronica. A tal fine, i prestatori di servizi hanno l'obbligo di fornire un certo numero di informazioni prima della conclusione del contratto. Inoltre, le condizioni contrattuali e le condizioni generali previste per il destinatario devono essere messe a disposizione in modo da permettere la loro memorizzazione e riproduzione. La direttiva sul commercio elettronico prevede alcune informazioni da fornire alla parte contraente, prima della conclusione del contratto: nome e indirizzo di posta elettronica e geografico del fornitore del servizio – ovvero tutte le informazioni necessarie a comunicare direttamente ed efficacemente con lui (articolo 5(1)(a)(b)(c)) –; una chiara indicazione del prezzo, segnalando in particolare se esso comprenda le imposte e i costi di spedizione e consegna (articolo 5(2)); indicazione delle informazioni sugli eventuali codici di condotta pertinenti cui aderisce il prestatore, nonché come accedervi per via elettronica (articolo 10(2)), e l'obbligo di mettere a disposizione i termini contrattuali e le condizioni

---

[54]   Direttiva 97/7/CE del Parlamento europeo e del Consiglio del 20 maggio 1997 riguardante la protezione dei consumatori in materia di contratti a distanza, 1997 G.U. (L 144).

[55]   Direttiva 2000/31/CE del Parlamento europeo e del Consiglio dell'8 giugno 2000 relativa a taluni aspetti giuridici dei servizi della società dell'informazione, in particolare il commercio elettronico, nel mercato interno ("Direttiva sul commercio elettronico"), 2000 G.U. (L 178).

[56]   Direttiva 2005/29/CE del Parlamento europeo e del Consiglio dell'11 maggio 2005 relativa alle pratiche commerciali sleali tra imprese e consumatori nel mercato interno ("Direttiva sulle pratiche commerciali sleali"), 2005 G.U. (L. 149).

generali in modo da consentire al consumatore di memorizzarle e riprodurle (articolo 10 (3)).

Il quadro regolamentare comunitario è inoltre arricchito dalle norme contenute nelle direttiva sulle clausole abusive nei contratti stipulati con i consumatori.[57] Tale provvedimento è considerato una delle più importanti direttive in materia di contratti con i consumatori, in quanto fornisce un concetto comunitario di abusività.[58] Altri provvedimenti normativi comunitari, che non hanno come principale scopo la protezione del consumatore, sono comunque in grado di offrire tutela, oppure conferiscono alle autorità nazionali il potere di introdurre regolamentazioni a garanzia dei contraenti deboli.[59] Così, ad esempio, può essere richiamato ancora l'insieme delle disposizioni della direttiva sul commercio elettronico che ha ad oggetto le pratiche pubblicitarie e commerciali rivolte ai consumatori da parte dei fornitori di servizi della società dell'informazione.[60] Anche la cd. direttiva "televisioni senza frontiere",[61] che coordina certi aspetti delle comunicazioni commerciali attraverso mezzi di comunicazione di massa, può avere una certa rilevanza nel dibattito sulla materia. Inoltre, sia la Convenzione

---

[57]   Dir. CE 93/13/CEE del Consiglio, del 5 aprile 1993, concernente le clausole abusive nei contratti stipulati con i consumatori. Una parte fondamentale della letteratura giuridica su tale direttiva è scritta da studiosi tedeschi. Non a caso molte delle norme ivi contenute sono molto simili a quelle del *Gesetz Zur Regelung des Rechts der Allgemeinen Geschaftsbedingunen*. Per alcuni interessanti commenti sulla direttiva si veda, ad esempio: Hans Erich Brandner, Peter Ulmer, The Community Directive on Unfair Consumer Contracts: Some Critical Remarks on the Proposal Submitted by the EC Commission, 28 Comm. Market Law Rev., 1991, p. 647; Vincenzo Roppo, La Nuova Disciplina delle Clausole Abusive nei Contratti fra Imprese e Consumatori, Riv. dir. civ., 1994, p. 277; Giorgio De Nova, Criteri generali di determinazione dell'abusività di clausole ed elenco di clausole abusive, Riv. trim. dir. e proc. civ., 1994, p. 691; Roberto Pardolesi, Clausole abusive (nei contratti dei consumatori): una direttiva abusata?, Foro it., V, 1994, c. 137; Christian Joerges, The Europeanization of Private Law as a Rationalization Process and as a Contest of Disciplines – an Analysis of the Directive on Unfair Terms in Consumer Contracts, Eur. Rev. Priv. Law, 1995, p.175; Bernd Tremml, The EU Directive on Unfair Terms in Consumer Contracts, in International Contract Adv., 1997, p. 18; Hugh Collins, Regulating Contracts, New York, 1999, p. 256; Geraint G. Howells, Stephen Weatherill, Consumer protection law, 2nd ed., Aldershot, 2005, p. 261. Si veda anche Oakley, Fairness in Electronic Contracting: Minimum Standards for Non-Negotiated Contracts, cit., p. 1065.

[58]   Cfr. Geraint Howells, Thomas Wilhelmsson, EC Consumer Law, Aldershot, 1997, p. 3.

[59]   Cfr. Commission of the European Communities, Green Paper on European Union Consumer Protection, COM (2001) 531 final.

[60]   Dir. CE 2000/31/CE del Parlamento europeo e del Consiglio dell'8 giugno 2000, relativa a taluni aspetti giuridici dei servizi della società dell'informazione, in particolare il commercio elettronico, nel mercato interno ("direttiva sul commercio elettronico").

[61]   Dir. CE 89/552/CEE del Consiglio, del 3 ottobre 1989, relativa al coordinamento di determinate disposizioni legislative, regolamentari e amministrative degli Stati membri concernenti l'esercizio delle attività televisive modificata dalla direttiva 97/36/CE.

di Bruxelles[62] che quella di Roma[63] stabiliscono regole nel caso di contenziosi contrattuali transnazionali all'interno della comunità, per determinare
la Corte di quale Stato membro abbia competenza sul caso nonché la legge
dello Stato membro applicabile al contratto.[64] All'interno della Comunità,
gli obblighi generali di informazione e gli obblighi di informazione specificamente imposti a tutela del consumatore sono considerati una parte importante delle politiche di *consumer protection*. Il dovere di informazione
rappresenta la base delle libertà di scelta degli utenti.[65]

Sebbene tali provvedimenti non abbiano espressamente a che fare con le
copyright licences possono senz'altro essere estesi alla commercializzazione di prodotti digitali attraverso le cosiddette *web-wrap, click-wrap e
browse-wrap licenses*.[66]

Con riguardo alla direttiva sulle clausole abusive, essa invalida le clausole standard che risultano inique e che si traducono in un significativo
squilibrio degli obblighi delle parti a danno del consumatore.[67] In particolare una clausola è considerata abusiva se, in contrasto con il requisito della

---

[62] Reg. CE 44/2001 del Consiglio, del 22 dicembre 2000 concernente la competenza giurisdizionale, il riconoscimento e l'esecuzione delle decisioni in materia civile e commerciale.

[63] Convention on the Law Applicable to Contractual Obligations 80/934/EEC [Rome Conven-
tion] in G.U.C.E., L266, 1980.

[64] La regola generale, stabilita nell'articolo 3.1 della Convenzione di Roma recita così: "Il contratto è regolato dalla legge scelta dalle parti. La scelta dev'essere espressa, o risultare in
modo ragionevolmente certo dalle disposizioni del contratto o dalle circostanze. Le parti
possono designare la legge applicabile a tutto il contratto, ovvero a una parte soltanto di esso". Allo stesso tempo, l'Articolo 5 prevede un'eccezione per i contratti che coinvolgono
consumatori e per i quali l'oggetto consista nella "fornitura di beni mobili materiali o di servizi a una persona". "For contracts involving consumers the law preferred by the parties
should not adversely affect the mandatory provisions of the State in which the consumer is
habitually resident. The application of this rule is questionable in the case of intellectual
property licensing agreements. In fact, the convention fails to deal expressly with issues of
jurisdiction and choice of law for copyright infringement cases". Si veda sul punto Raquel
Xalabarder, Copyright: choice of law and jurisdiction in the digital age, in Annual Survey
Int. & Comp. Law., 2002, p. 79, 80.

[65] Cfr. Lena Oslen, The Information Duty in Connection with Consumer Sales over the Net, in
Thomas Wilhelmsson et al. (a cura di.), Consumer Law in the Information Society, The
Hague, 2001, p. 147.

[66] Tali termini si riferiscono ad accordi di licenza o altri rapporti di natura contrattuale, che
possono essere letti ed accettati da parte del consumatore o dopo l'apertura della scatola che
contiene il prodotto oppure che possono essere letti attraverso una pagina web o comunque
conclusi tramite Internet. Sul punto si veda Guibault, Copyright Limitations and Contracts:
an Analysis of the Contractual Overridability of Limitations on Copyright, cit., pp. 302-304;
Urs Gasser, iTunes: How Copyright, Contract, and Technology Shape the Business of Digital Media – A Case Study 21 (Berkman Ctr. for Internet & Soc'y at Harvard Law School Research Publ'n No. 7, 2004), alla URL <http://ssrn.com/abstract=556802>, pp. 21-22.

[67] La direttiva si applica soltanto ai contratti dei consumatori, ovvero quei contratti che coinvolgono un individuo singolo che acquista beni e servizi per uso personale. Cfr. Howells,
Wilhelmsson, EC Consumer Law, cit., pp. 88-95.

buona fede, causa un significativo squilibrio dei diritti e degli obblighi delle parti, così come divisati nel contratto, a detrimento del consumatore.[68] La direttiva contiene anche una lista non esaustiva delle clausole potenzialmente abusive.[69] Tale direttiva fissa soltanto un livello minimo di tutela, mentre ciascuno Stato membro mantiene il potere di dotarsi di una legislazione nazionale a tutela dei contraenti maggiormente garantista delle prerogative dei consumatori che aderiscono a condizioni contrattuali standardizzate. Una clausola inserita in un contratto standardizzato potrebbe essere considerata presuntivamente abusiva se produce un "significativo squilibrio nei diritti e nelle obbligazioni delle parti sorgenti dal contratto a danno del consumatore".[70]

Volendo comparare la regolamentazione delle clausole abusive con il concetto relativo alla dottrina dell'*unconscionability* secondo il diritto contrattuale statunitense (vedi infra § 4.6.3), è possibile affermare che la regolamentazione europea lascia un più ampio margine all'intervento giurisdizionale.[71] In particolare, come vedremo meglio più avanti, mentre l'*unconscionability* agisce potenzialmente in maniera efficiente sull'asimmetria informativa, intesa come punto di debolezza della contrattazione standardizzata, essa non diviene però strumento facilmente utilizzabile dal singolo consumatore non riuscendo neppure ad essere efficace, perché essenzialmente incentrata sulla trasparenza del contenuto del contratto.[72]

Anche la direttiva sui contratti a distanza[73] e la direttiva sul commercio

---

[68]   Dir. CE 93/13/EEC, art. 3(1).

[69]   Dir. CE 93/13/EEC, art. 3(3).

[70]   Guibault, Copyright Limitations and Contracts: an Analysis of the Contractual Overridability of Limitations on Copyright, cit., p. 254.

[71]   Così, Jane Winn, Brian Bix, Diverging Perspectives on Electronic Contracting in the U.S. and the EU, 54 Cleveland State Law Rev., 2006, pp. 175, 186 (gli autori evidenziano un "much lower threshold for intervention by courts also with reference to federal and state regulation of unfair and deceptive trade practices").

[72]   Cfr. Marta Cenini, La "trattativa individuale" nei contratti col consumatore: spiegazioni esaurienti o concreta influenza?, Riv.dir.civ., 3, 2006, I, p. 348. L'A. osserva come il sistema europeo "sembra partire proprio da questo dato di partenza e cioè dalla considerazione che se da una parte è vero che l'inefficienza dei contratti stipulati con i consumatori è determinata dall'asimmetria informativa per ciò che riguarda la parte normativa del contratto e dalla conseguente inadeguatezza del consenso prestato dal consumatore, dall'altra parte, è parimenti vero che una tutela che si basi solo sulla trasparenza del contenuto contrattuale [...] non può essere sufficiente a vincere tale inefficienza e a garantire che le scelte espresse nel contratto rispecchino la volontà di entrambi i contraenti". In questa prospettiva la disciplina europea sembra meglio rispondere alle esigenze dei consumatori rispetto a quella d'oltreoceano.

[73]   Dir. CE 97/7/CE del Parlamento europeo e del Consiglio del 20 maggio 1997 riguardante la protezione dei consumatori in materia di contratti a distanza.

elettronico[74] potrebbero essere applicate ai prodotti ed ai servizi offerti attraverso strumenti contrattuali, controllati da sistemi di DRM.[75] Infatti entrambe le direttive includono disposizioni a tutela della trasparenza, che obbligano i fornitori di servizi a rispettare i requisiti relativi alle informazioni sulle caratteristiche principali dei beni e servizi, sui prezzi, sul diritto di recesso e sulle altre condizioni generali di contratto. Nello specifico la direttiva sui contratti a distanza attribuisce ai consumatori il diritto di recedere da certi contratti, quando la formazione del contratto avviene in assenza della presenza fisica delle parti contrattuali.[76]

In tale tipo di contratti il consumatore deve ricevere conferma scritta o in altra modalità durevole, come un messaggio di posta elettronica, al momento dell'adempimento del contratto.

Merita inoltre di essere segnalato un ulteriore provvedimento normativo che, malgrado abbia come obiettivo quello di consolidare il ruolo della tutela del consumatore sotto l'aspetto organizzativo e procedurale, ha già dimostrato di rappresentare un utile strumento per tutelare gli interessi dei consumatori nel diritto d'autore.[77] Ci riferiamo alla direttiva relativa ai provvedimenti inibitori, a tutela degli interessi dei consumatori.[78] Tale direttiva consente di proporre ricorsi per la cessazione di alcune pratiche che pregiudicano gli interessi dei consumatori, come le pratiche commerciali sleali, scorrette o ingannevoli. Ogni associazione dei consumatori ufficialmente riconosciuta in un paese dell'Unione può, stando alla direttiva, rivolgersi anche ai giudici di un altro paese dell'Unione dove risiede l'azienda, l'ente od il professionista che ha commesso le violazioni a danno degli interessi collettivi dei consumatori.[79] A tali associazioni è dunque accordata la possibilità di reclamare l'inibizione, ovvero l'interruzione di atti o comportamenti lesivi degli interessi dei consumatori, oppure di ri-

---

[74] Dir. CE 2000/31/CE del Parlamento europeo e del Consiglio dell'8 giugno 2000, relativa a taluni aspetti giuridici dei servizi della società dell'informazione, in particolare il commercio elettronico, nel mercato interno ("Direttiva sul commercio elettronico").

[75] Sul punto Lucie Guibault, Natali Helberger, Consumer protection and Copyright Law, p. 10-14 alla URL http://www.ivir.nl/publications/other/copyrightlawconsumerprotection.pdf. Si veda anche Natali Helberger, Digital Rights Management from a Consumer's Perspective, IRIS plus (2005), alla URL <http://www.obs.coe.int/oea_publ/iris/iris_plus/iplus8_2005.pdf .en>.

[76] Dir. CE 97/7/EC, art. 6.1.

[77] Si veda al riguardo il summenzionato caso *iTunes* Norvegia, infra § 3.5.2.

[78] Dir. 98/27/CE del Parlamento europeo e del Consiglio del 19 maggio 1998, relativa a provvedimenti inibitori a tutela degli interessi dei consumatori, G.U. (L 166) 51, 1998. Sul punto si veda Ville Oksanen e Mikko Välimäki, Enforcing Consumer Protection Interest in Copyright. A Comparison of United States and Europe, in Society for Economic Research on Copyright Issues, Annual Congress 2007 (Humboldt Universität zu Berlin, 12 and 13 July 2007), 2007, p. 1.

[79] Dir. 98/27/CE, art. 3.

muovere gli effetti di quelli che sono stati già riscontrati, eventualmente con pubblicazione del provvedimento giudiziale.[80] Si tratta pertanto di uno strumento rilevante nei casi in cui le condotte lesive siano compiute valicando i confini degli Stati nazionali, come ad esempio nei casi di vendita a distanza, commercio elettronico o comunicazioni pubblicitarie di prodotti e servizi. La portata applicativa di tale strumento, come ben dimostra il caso *iTunes* affrontato dall'Ombudsmen norvegese per la tutela dei consumatori,[81] può senz'altro arrivare a svolgere un'apprezzabile funzione anche di fronte alle problematiche connesse all'accesso ai contenuti digitali, conciliando la tutela degli autori con quella degli utenti.

Per consentire il ricorso a tali provvedimenti inibitori, la direttiva prevede la possibilità di istituire uno o più organismi pubblici ed indipendenti, specificamente preposti alla tutela degli interessi collettivi dei consumatori e che tali strutture possano esercitare i diritti di ricorso e di azione contemplati nella stessa direttiva.[82] In alternativa, l'esercizio di tali diritti può essere demandato alle organizzazioni il cui scopo è proprio la tutela degli interessi collettivi dei consumatori, secondo i criteri stabiliti dalla legislazione nazionale. In alcuni paesi, specie quelli del nord Europa, si è perciò provveduto ad istituire autonome strutture pubbliche di garanzia a tutela del consumatore (Ombudsman o Agenzie *ad hoc*). L'unico difetto di tale strumento è che, pur evitando il ricorso alla *class action*, sembra utile ad affrontare soltanto le questioni orizzontali, pertinenti a contratti stipulati con consumatori. Difficoltà possono infatti sorgere nel caso in cui debbano essere risolte questioni individuali e non collettive.

Di recente il quadro regolamentare comunitario in materia di protezione del consumatore è stato arricchito con una nuova direttiva in materia di pratiche commerciali sleali tra imprese e consumatori nel mercato interno.[83] Tale nuova direttiva riguarda le transazioni *business to consumers,* nelle quali il consumatore è influenzato da una pratica commerciale sleale. In particolare essa si applica a tutte le transazioni delle imprese con il consumatore nei casi in cui questo viene influenzato da una pratica commerciale sleale avente una diretta rilevanza sulle sue decisioni, come quella di acquistare o meno un prodotto, sulla libera scelta in caso di acquisto e sulle decisioni riguardanti l'esercizio o meno di un diritto. Attraverso l'armonizzazione della legislazione in questo settore, la direttiva fornisce

---

[80]   Dir. 98/27/CE, art. 2.

[81]   Vedi infra § 3.5.2.

[82]   Dir. 98/27/CE, art. 3.

[83]   Dir. 2005/29/CE del Parlamento europeo e del Consiglio dell'11 maggio 2005, relativa alle pratiche commerciali sleali delle imprese nei confronti dei consumatori nel mercato interno. Per un primo commento al provvedimento si veda Hugh Collins, The Forthcoming EC Directive on Unfair Commercial Practices, The Hague, 2004.

un criterio generale per determinare se una pratica commerciale è sleale, al fine di stabilire un limitato spettro di pratiche proibite in tutta la comunità.

In particolare, il principio utilizzato per determinare se una pratica è sleale è la "distorsione sostanziale del comportamento economico dei consumatori".[84] Questo criterio fa riferimento all'uso di pratiche commerciali che attenuano in maniera significativa l'abilità del consumatore di assumere una decisione consapevole e così lo inducono ad assumere decisioni che non avrebbe altrimenti assunto.[85] È indubbio che la direttiva può costituire un nuovo punto di partenza nella fissazione di nuovi livelli di tutela, anche per quanto riguarda le transazioni aventi ad oggetto *digital media* .[86] È stato infatti osservato in dottrina che l'inadempimento "dell'obbligo di informare i consumatori circa l'applicazione di un sistema anticopia su un supporto digitale può rappresentare una pratica ingannevole proibita",[87] secondo il dettato della direttiva stessa.

Tuttavia, da quanto sopra esposto, emerge chiaramente che i provvedimenti normativi richiamabili si limitano a disciplinare una serie di informazioni sulle principali caratteristiche dei beni o servizi offerti. Non sussiste invece alcun chiaro obbligo di fornire informazioni precise su elementi quali le eventuali limitazioni di riproducibilità del contenuto digitale, la compatibilità e portabilità delle applicazioni tra diversi formati e supporti.[88] Come è stato sottolineato si tratta quindi di verificare se tali elementi di informazione possano costituire "le principali caratteristiche dei prodotti o dei servizi" di cui i fornitori devono informare i consumatori, ai sensi della direttiva sui contratti a distanza.[89] In assenza di una chiara indicazione normativa, la decisione su questo punto resta affidata alla discrezionalità dei giudici nazionali, con tutte le incertezze che questo può comportare.[90]

Gli obblighi richiamati dalle direttive prese in considerazione, pur contribuendo ad aumentare il generale livello di protezione degli utenti, faticano a soddisfare in modo compiuto le esigenze informative dei consumatori relativamente ai problemi di fruizione ed accesso alle opere digitali e ad agli altri contenuti dematerializzati comunque protetti da diritto d'autore.

Proprio per iniziare a dare una risposta a queste ed altre questioni, la Commissione Europea ha adottato un Libro verde con il quale ha avviato

---

[84]   Dir. CE 2005/29/EC, art. 2(e).

[85]   Dir. CE 2005/29/EC, art. 2(e).

[86]   Cfr. Cristina Coteanu, Cyber Consumer Law and Unfair Trading Practice, Aldershot, 2005.

[87]   Guibault, Helberger, Consumer protection and Copyright Law , cit., p. 15.

[88]   Cfr.Guibault, Accommodating the Needs of iConsumers, cit., p. 413. L'A. cita al riguardo i casi francesi in materia di compatibilità dei supporti digitali. Vedi infra § 3.5.4.

[89]   Ibidem.

[90]   Ibidem.

un profondo riesame della normativa comunitaria in materia di protezione dei consumatori, in modo da adattarla alle nuove esigenze della realtà digitale.[91] Tale revisione parte della considerazione che la maggior parte delle direttive volte a tutelare i consumatori non rispondono più appieno ai requisiti dei mercati odierni, sempre più in rapida evoluzione.[92] In particolare, si sottolinea proprio il fatto che tale riscontro è specificamente evidente "se si considera il ruolo crescente della tecnologia digitale e dei servizi digitali (ad esempio lo scaricamento di musica) che sollevano questioni controverse in materia di diritti d'uso in confronto alla vendita di beni fisici".[93] Viene inoltre correttamente considerato come gli sviluppi tecnologici stiano creando nuovi canali per le transazioni tra le aziende e gli utenti, canali che non sono coperti dalla legislazione a tutela dei consumatori. Per esempio, viene notata "l'esclusione dei software e dei dati dal campo di applicazione della direttiva sulle vendite ai consumatori" e come tale eccezione possa "indurre gli operatori a tentare di eludere la responsabilità per eventuali danni o mancanza di conformità di tali prodotti facendo leva su contratti di licenza con l'utente finale (EULA), impedendo ai consumatori di avvalersi dei mezzi di ricorso in caso di mancata conformità e di chiedere la riparazione".[94]

Il documento rileva inoltre delle lacune nella direttiva sulle vendite di beni di consumo (direttiva 1999/44/CE).[95] Tale provvedimento, applicandosi soltanto ai contratti di vendita, esclude dall'ambito di applicazione i contratti in cui non si verifichi il trasferimento della proprietà.[96] Pertanto, la fornitura di contenuti digitali non sarebbe coperta dalla direttiva così come gli acquisti in *download* di musica da Internet (*pay-per-download*). I contenuti digitali infatti sono generalmente offerti ai consumatori sotto forma di licenza d'uso piuttosto che direttamente venduti. Sarebbe quindi necessario che i consumatori potessero beneficiare della stessa protezione contro la mancanza di conformità, indipendentemente dalla natura giuridi-

---

91 Commissione delle Comunità Europee, Libro Verde sulla Revisione dell'Acquis Relativo ai Consumatori, COM (2006) 744 final, Bruxelles, 8 Febbraio 2007, alla URL <http://ec.europ a.eu/consumers/cons_int/safe_shop/acquis/green-paper_cons_acquis_it.pdf>.

92 Per un intervento generale sul punto in dottrina si veda Federica Casarosa, Lukasz Gorywoda, Agnieszka Janczuk, Cristina Poncibo, in collaborazione con Fabrizio Cafaggi, Response to the Review of the Consumer Acquis by the EUI Law & Economics Working Group (2007), alla URL <http://ec.europa.eu/consumers/cons_int/safe_shop/acquis/responses/law_ econo_euro.pdf>.

93 Commissione delle Comunità Europee, Libro Verde sulla Revisione dell'Acquis Relativo ai Consumatori, cit., p. 6.

94 Ibidem, p.6

95 Direttiva 1999/44/CE del Parlamento europeo e del Consiglio, del 25 maggio 1999, su taluni aspetti della vendita e delle garanzie dei beni di consumo, GU L 171 del 7 luglio 1999.

96 È altresì escluso il software oggetto di licenza.

ca del contratto. La mancanza di copertura relativamente ai contratti per la fornitura di software e di dati (i cosiddetti "contratti di fornitura di contenuti digitali") è perciò un problema particolarmente importante. Infatti, l'aumento di consumo di contenuti digitali pone sempre più spesso - come abbiamo visto attraverso gli esempi illustrati in precedenza - problemi di responsabilità relativamente a possibili danni o difetti legati al loro utilizzo. L'estensione della copertura delle norme a tutela dei consumatori anche a tali situazioni consentirebbe agli utenti di richiedere i rimedi per il difetto di conformità.

Anche il Parlamento europeo è recentemente intervenuto sulla questione del rafforzamento della protezione giuridica dei consumatori nell'ambiente digitale. In particolare ha ritenuto che l'applicazione del sistema delle clausole contrattuali abusive dovrebbe essere rafforzato nel settore degli accordi di licenza con gli utenti finali sì da comprendere le cosiddette condizioni tecniche contrattuali.[97]

Il risultato della revisione dell'*acquis* relativo ai consumatori ha originato la proposta di direttiva sui diritti dei consumatori presentata dalla Commissione.[98] La proposta riunisce le normative comunitarie vigenti in una singola direttiva sui diritti dei consumatori ed applica il principio della completa armonizzazione rispetto a tale regime giuridico. Recentemente (8 ottobre 2008), al termine di un processo di consultazione e a seguito di una valutazione d'impatto, la Commissione ha presentato una proposta di direttiva sui diritti dei consumatori che riunisce le principali direttive vigenti, ovvero la direttiva 93/13/CEE concernente le clausole abusive nei contratti stipulati con i consumatori, la direttiva 1999/44/CE su taluni aspetti della vendita e delle garanzie dei beni di consumo, la direttiva 97/7/CE riguardante la protezione dei consumatori in materia di contratti a distanza e la direttiva 85/577/CEE per la tutela dei consumatori in caso di contratti negoziati fuori dei locali commerciali. L'obiettivo è quello di dare origine ad un'unica direttiva "orizzontale" con lo scopo di semplificare, aggiornare e consolidare le norme vigenti, trovando una soluzione per le incongruenze facendo altresì fronte alle lacune. Tali modifiche, a giudizio della Commissione, dovrebbero servire ad aumentare la fiducia dei consumatori e a ridurre la riluttanza delle imprese a operare a livello transfrontaliero.

Nel contesto del riesame dell'*acquis* relativo ai consumatori sarebbe pertanto utile considerare misure di protezione contro l'uso di clausole re-

---

[97]   Risoluzione del Parlamento europeo del 21 giugno 2007 sulla fiducia dei consumatori nell'ambiente digitale (2006/2048(INI)) alla URL <http://www.europarl.europa.eu/oeil/file. jsp?id=5319182>.

[98]   Proposta di Direttiva del Parlamento europeo e del Consiglio sui diritti dei consumatori, COM (2008) 614 final, alla URL <http://ec.europa.eu/consumers/rights/docs/COMM_PDF _COM_2008_0614_F_IT_PROPOSITION_DE_DIRECTIVE.pdf>.

strittive nei contratti standard aventi ad oggetto opere protette dal diritto d'autore. Infatti, poiché un numero sempre maggiore di opere di ogni genere viene distribuito attraverso condizioni fissate da accordi contrattuali, in particolare nel commercio *on-line*, sarebbe opportuno che il legislatore europeo fosse sensibilizzato sulla questione del rapporto tra norme sul diritto d'autore e diritto dei contratti. Ciò permetterebbe di attribuire il giusto peso alle limitazioni sul diritto d'autore, con particolare riguardo alle norme in materia di clausole abusive nei contratti stipulati con i consumatori, anche in materia di diritto d'autore, oppure rendendo obbligatorie le limitazioni e le eccezioni al diritto d'autore.[99]

4.6.2.1 Il diritto d'autore nell'economia della conoscenza

Nel quadro di una complessiva ridefinizione a livello comunitario dei diritti di proprietà intellettuale, è interessante notare come si sia recentemente aperto un dibattito istituzionale volto ad agevolare ed assicurare la diffusione delle conoscenze attraverso i nuovi mezzi di comunicazione. In questo percorso si inserisce certamente il recente Libro verde, elaborato nel luglio del 2008 dalla Commissione europea e dedicato al "diritto d'autore nell'economia della conoscenza".[100] Il documento evidenzia ed analizza una serie di argomenti essenzialmente connessi al ruolo svolto dal diritto d'autore nella cosiddetta economia della conoscenza, interrogandosi sulle *best practices* da seguire per favorire le conoscenze per la ricerca, la scienza e l'istruzione al fine di garantire l'eliminazione di eventuali ostacoli alla massima circolazione dei saperi nel mercato intero. Operativamente il documento rappresenta la prima fase di un più articolato processo di consultazione, volto ad analizzare l'adeguatezza dell'attuale quadro normativo sul diritto d'autore rispetto all'esigenza di garantire una sufficiente protezione dei "prodotti della conoscenza", come i risultati delle ricerche scientifiche, e se autori ed editori siano incentivati a diffondere tali prodotti.

---

[99]   Guibault, Accommodating the Needs of iConsumers, cit. p. 417. Si veda anchei il Libro verde sul diritto d'autore nell'economia della conoscenza, COM(2008) 466 definitivo del 16 luglio 2008, alla URL <http://eur-lex.europa.eu/LexUriServ/LexUriServ.do?uri=COM:2008:0 466:FIN:IT:PDF>.

[100]   Commissione delle Comunità Europee, Libro Verde – Il Diritto d'Autore nell'Economia della Conoscenza, COM(2008) 466 definitivo del 16 luglio 2008 alla URL <http://eur-lex.europa.eu/LexUriServ/LexUriSer v.do?uri=COM:2008:0466:FIN:IT:PDF>.

Il Libro verde si articola in due parti.[101] La prima esamina essenzialmente questioni generali riguardanti le eccezioni ai diritti esclusivi previsti dal principale atto normativo comunitario in materia di diritto d'autore, ovvero la direttiva 2001/29/CE, nonché alcuni aspetti della direttiva 96/9/CE relativa alla tutela giuridica delle banche dati.[102] La seconda parte prende invece in esame questioni specificamente collegate alla capacità operativa delle eccezioni e limitazioni ed al loro specifico rilievo in relazione alla diffusione della conoscenza. In particolare ci si pone la questione relativa all'opportunità di modificare tali eccezioni e limitazioni, in considerazione delle peculiari caratteristiche della comunicazione digitale. Infatti benché la direttiva 2001/29/CE abbia predisposto un elenco esaustivo di eccezioni e limitazioni, queste non erano obbligatorie per gli Stati membri che le hanno spesso recepite nel loro diritto interno, formulandole in termini più restrittivi di quelli suggeriti nella direttiva.[103]

Il Libro verde si concentra dunque su quelle eccezioni al diritto d'autore che assumono maggior rilievo ai fini della diffusione della conoscenza: (i) l'eccezione per archivi e biblioteche; (ii) l'eccezione per la diffusione di opere a fini didattici o di ricerca; (iii) l'eccezione nell'interesse dei portatori di handicap; (iv) l'eccezione per i contenuti creati direttamente dagli utenti.

Con riferimento alle biblioteche si pongono due ordini di problemi: la produzione di copie digitali di materiali presenti nelle collezioni delle biblioteche e la fornitura elettronica di queste copie agli utenti. Su tali aspetti il Libro verde riscontra come

> la digitalizzazione dei libri, del materiale audiovisivo e di altri contenuti può servire per raggiungere un doppio obiettivo: la conservazione dei contenuti a favore delle future generazioni e la loro messa a disposizione per gli utenti finali on line. In virtù dell'attuale quadro normativo le biblioteche e gli archivi non sono totalmente dispensati dall'obbligo di rispettare il diritto di riproduzione. Come si è detto, le riproduzioni sono permesse soltanto in casi specifici, che logicamente si riferiscono a determinati atti neces-

---

[101]   Per un esaustivo e puntuale commento sui vari punti trattati dal Libro verde si rimanda a Reto Hilty et al., European Commission - Green Paper: Copyright in the Knowledge Economy - Comments by the Max Planck Institute for Intellectual Property, Competition and Tax Law, 40 Int'l Rev. of Intell. Prop. & Compet. L. 309 (2009).

[102]   Direttiva 96/9/CE del Parlamento europeo e del Consiglio, dell'11 marzo 1996, sulla tutela giuridica delle banche dati, O.J. (L77) 20. Si tratta dell'altro provvedimento normativo comunitario che assume rilievo per l'economia della conoscenza e che è stato analizzato nel dettaglio in un'altra relazione reperibile alla URL <http://ec.europa.eu/internal_market/copyright/prot-databases/prot-databases_en.htm#>.

[103]   Commissione delle Comunità Europee, Libro Verde – Il Diritto d'Autore nell'Economia della Conoscenza, cit., p. 4.

sari per la conservazione di opere contenute nei cataloghi delle biblioteche. D'altro lato, nell'eccezione relativa alle biblioteche e nelle norme nazionali di attuazione di tale eccezione non viene precisato sempre chiaramente se sia consentita la conversione del formato (*format-shifting*) né viene precisato il numero di copie che possono essere realizzate. Una regolamentazione specifica di questi aspetti è frutto delle singole statuizioni del legislatore nazionale. In alcuni Stati membri esistono regole restrittive in relazione alle riproduzioni che le biblioteche possono effettuare.

L'interesse verso forme di conservazione e diffusione *on-line* di opere attraverso la loro digitalizzazione è particolarmente vivo non solo da parte di biblioteche ed altre istituzioni di interesse pubblico, ma anche da parte di editori ed altri soggetti privati che sempre più spesso offrono gli stessi contenuti sia formato cartaceo che in digitale. Una tale possibilità, se riuscisse a realizzarsi in maniera stabile e priva di rischi, permetterebbe ai ricercatori di non doversi per forza recare di persona presso biblioteche od archivi ma di reperire informazioni e dati in modo agevole attraverso servizi diffusi tramite Internet.[104]

Merita infine qualche accenno anche la questione della diffusione delle opere per scopi didattici o di ricerca e quella del fenomeno, sempre più rilevante, dei contenuti creati dagli utenti.

Quanto al primo argomento, il Libro verde della Commissione osserva come l'apprendimento e la diffusione di materiale didattico attraverso la rete sia in constante crescita. Tuttavia tali comportamenti determinano, accanto agli effetti benefici sulla qualità dell'istruzione e della ricerca, connaturati rischi per tutti quei materiali digitali diffusi tramite la rete ma che sono coperti da diritti di privativa. In questo contesto si inserisce l'eccezione per l'utilizzazione di opere con finalità didattiche o di ricerca. Viene però riscontrato come tale eccezione sia stata recepita in modo spesso restrittivo da parte degli Stati membri, non includendo importanti aspetti come l'insegnamento a distanza o la ricerca scientifica sebbene indicati nel

---

[104] Il Libro verde osserva inoltre che per la conservazione di opere in formato durevole sono in prima linea non solo biblioteche, archivi e musei, ma "anche soggetti privati, come i motori di ricerca, hanno dato vita a numerose iniziative di digitalizzazione su larga scala. A titolo di esempio, il progetto Google Book Search, lanciato nel 2005, è finalizzato a permettere la consultazione dei testi di libri su Internet. Google e alcune biblioteche europee hanno stipulato accordi per la digitalizzazione di opere divenute di dominio pubblico. Le case editrici, dal canto loro, stanno sperimentando l'accesso gratuito *on-line* ad estratti o anche al testo integrale dei loro libri e sviluppano strumenti che consentono agli utenti di consultare il contenuto dei libri". Cfr. Commissione delle Comunità Europee, Libro Verde – Il Diritto d'Autore nell'Economia della Conoscenza, cit., p. 8.

testo della direttiva.[105] Il precipitato di tali incongruenze e differenze è rappresentato da un evidente grado di incertezza giuridica dovuta al livello limitato di armonizzazione perchè, a seconda del paese, comportamenti identici possono essere più o meno consentiti.

Proprio per questo motivo il Libro verde solleva l'interrogativo sulla necessità di introdurre un'eccezione obbligatoria per l'uso didattico e di ricerca scientifica.[106]

Il documento della Commissione si chiude con un accenno al recente e multiforme fenomeno legato alla produzione, creazione e diffusione di contenuti direttamente da parte degli utenti, ovvero il fenomeno conosciuto con il termine inglese di *user generated content*.

Nel nuovo contesto digitale, infatti, i consumatori non sono più soltanto fruitori passivi di informazioni da altri generate ma sono sempre più spesso essi stessi creatori e portatori di comunicazione, assumendo un ruolo da protagonisti all'interno dell'emergente economia della conoscenza. Strumenti come *blog, podcast, wiki, video-sharing, social network, virtual worlds* etc. permettono agli utenti di produrre e condividere informazioni e contenuti di ogni tipo. Su tale questione il quesito che viene posto dal Libro verde è se sia opportuno o meno introdurre un'eccezione *ad hoc* per i contenuti creati dagli utenti.[107] L'attuale direttiva, infatti, non prevede alcuna eccezione che permetta l'impiego di contenuti esistenti protetti dal diritto d'autore per creare opere nuove o derivate. Sul punto si osserva come "l'obbligo di liberatoria dei diritti prima della messa a disposizione di qualsiasi contenuto "trasformativo" può essere percepito come un ostacolo

---

[105] Cfr. Commissione delle Comunità Europee, Libro Verde – Il Diritto d'Autore nell'Economia della Conoscenza, cit., p. 15.

[106] Ibidem, p. 18. Anche in dottrina si discute di un rafforzamento delle eccezioni e limitazioni quale utile strumento per riequilibrare un sistema che ad oggi non garantisce più un equo bilanciamento dei diritti perché eccessivamente a favore delle grandi corporations. Cfr. Mazziotti, EU Digital Copyright Law and the End-User, cit., p. 285 e ss; Lucie Guibault, Accommodating the Needs of iConsumers: Making Sure They Get Their Money's Worth of Digital Entertainment, 31 J. Consumer Policy, 2008, p. 409, 419. Sul punto dell'obbligatorietà di alcune eccezioni e limitazioni viene altresì rilevato come sia necessario intervenire anche nei casi in cui le misure tecnologiche di protezione ne rendano di fatto impossibile la realizzazione. Su tale aspetto, alcuni autori hanno richiamato come interessante esempio il caso del Copyright Act svizzero (cfr. art 39a Sec. 4) il quale prevede che il divieto di eludere una misura tecnologica di protezione può non essere applicato nei confronti di coloro che eludono la misura soltanto al fine di concretizzare un uso consentito dalla legge. Per questi ed altri commenti si veda Hilty et al., European Commission - Green Paper: Copyright in the Knowledge Economy - Comments by the Max Planck Institute for Intellectual Property, Competition and Tax Law, cit., p. 319.

[107] Viene evidenziato come sussista una notevole difformità tra contenuti *user generated* e contenuti esistenti che sono semplicemente caricati dagli utenti e quindi di norma tutelati dal diritto d'autore. Cfr. Commissione delle Comunità Europee, Libro Verde – Il Diritto d'Autore nell'Economia della Conoscenza, cit., p. 19.

all'innovazione, in quanto blocca la diffusione di opere nuove, potenzialmente di valore. Tuttavia, prima dell'introduzione di qualsiasi eccezione per le opere "trasformative", occorrerebbe determinare attentamente le condizioni per la loro autorizzazione onde evitare di arrecare pregiudizio agli interessi economici dei titolari dei diritti dell'opera originale".[108]

4.6.3 La tutela dei digital consumers negli Stati Uniti

Nel sistema statunitense la relazione tra la normativa sul *copyright* e quella sui contratti è molto dibattuta: la materia del *copyright,* di competenza federale, è infatti regolata da leggi federali; il tema dei contratti è invece di competenza statale. Pertanto gli Stati non possono limitare o espandere il *copyright* tramite una legge statale.[109] Tale materia è preclusa agli Stati a causa della cosiddetta dottrina della *preemption.* La Costituzione federale attribuisce esclusivamente al Congresso la possibilità di concedere agli autori di opere intellettuali un diritto esclusivo, limitato nel tempo ed avente lo scopo di incoraggiare il progresso delle arti e della scienza.[110] I singoli Stati non possono invece predisporre disposizioni normative che abbiano ad oggetto il contenuto, l'estensione o gli strumenti di tutela del *copyright.* La *preemption* è perciò un principio costituzionale, codificato nel titolo 17 dell'U.S.C. § 301, attraverso il quale il Congresso può imporre la sua volontà per sostituire totalmente o parzialmente la legge dello Stato.[111] In pratica i singoli Stati non hanno l'autorità costituzionale per legiferare su alcuni temi, allo scopo di salvare la funzione unificante della legge federale.

Nel quadro dei diritti d'autore, la *preemption* può dunque avere effetto quando la legge federale diverge dalla *contract law* statale,[112] al fine di ga-

---

[108] Ibidem, p. 19.

[109] Nel sistema statunitense viene utilizza la dottrina della preemption, ovvero un principio costituzionale codificato al 17 U.S.C. § 301 (2000), in base al quale il materiale protetto da copyright è disciplinato esclusivamente dal questo titolo e previene "the common law or statutes of any State."

[110] U.S. Const. art. I, § 8, cl. 8

[111] Il principio deriva dalla cosiddetta *Supremacy Clause*:
"This Constitution, and the Laws of the United States which shall be made in Pursuance thereof; and all Treaties made, or which shall be made, under the Authority of the United States, shall be the supreme Law of the Land; and the Judges in every State shall be bound thereby, any Thing in the Constitution or Laws of any State to the Contrary notwithstanding."
U.S. Const. art. VI, cl. 2.

[112] Sulla relazione esistente tra diritto d'autore e preemption si veda Elkin-Koren, Copyright Policy and the Limits of Freedom of Contract, cit.; I. Trotter Hardy, Contracts, Copyright, and Preemption in a Digital World, 1 Rich. J.L. & Tech. 2 (1995); Lemley, Beyond Preemption, cit.; Maureen A. O'Rourke, Copyright Preemption After the ProCD Case: A Market-

rantire un omogeneo sistema federale sul diritto d'autore che non lasci alcuna area lacunosa tra la tutela statale e quella federale.[113] Ciò implica anche che negli Stati Uniti questo principio potrebbe essere strettamente correlato all'estensione dei diritti di autore effettuata attraverso il contratto, al di là di quelli concessi dal *Copyright Act*, o il restringimento di diritti tradizionalmente riconosciuti agli utenti a prescindere dal contratto.[114]

In tal senso, alcuni autori hanno osservato come la dottrina della *preemption* potrebbe svolgere un ruolo importante nella soluzione del conflitto tra contratto e norme sul diritto d'autore,[115] anche se non può e non potrà essa sola essere risolutiva.[116]

Il problema principale rimane tuttavia quello di stabilire se i sistemi tecnologici di protezione e di gestione dei contenuti possano essere considerati come parte delle tecniche contrattuali tra l'acquirente ed il venditore. Se fosse così, nel sistema statunitense la legge federale sul diritto d'autore non sarebbe coinvolta, perché la relazione è basata esclusivamente sulla *contract law*. Questo implica anche che, dopo la scadenza del diritto d'autore, il titolare del diritto non avrebbe più alcuna prerogativa in virtù delle leggi sul diritto d'autore, ma il contratto potrebbe essere ancora efficace e applicabile nonostante le opere rientrino nel pubblico dominio.

È interessante notare che il problema concernente l'uso dei contratti, al fine di creare una protezione privata del *copyright*, era già stato rilevato nello stesso DMCA.

Nel provvedimento si afferma che:

[T]he movement at the state level toward resolving questions as to the enforceability of non-negotiated contracts coupled with legally-protected technological measures that give right-holders the technological capability of imposing contractual provisions unilaterally, increases the possibility that right-holders, rather than Congress, will determine the landscape of consumer privileges in the future.[117]

Based Approach, 12 Berkeley Tech. L.J. 53 (1997); David A. Rice, Digital Information As Property And Product: U.C.C. Article 2B, 22 U. Dayton L. Rev. 621, 646-647 (1997); Maureen A. O'Rourke, Striking a Delicate Balance: Intellectual Property, Antitrust, Contract and Standardization in the Computer Industry, 12 Harv. J.L. & Tech. 1 (1998).

[113] Elkin-Koren, Copyright Policy and the Limits of Freedom of Contract, cit., p. 102 n. 45.

[114] Cfr. I. Trotter Hardy, Contracts, Copyright, and Preemption in a Digital World, cit.

[115] Una delle più significative decisioni giudiziarie sull'applicazione della *copyright preemption doctrine* al diritto dei contratti è rappresentata dal caso case ProCD, Inc. v. Zeidenberg, 86 F.3d 1447 (7th Cir. 1996). Per una completa analisi del caso si veda, Elkin-Koren, Copyright Policy and the Limits of Freedom of Contract, cit.; Michael J. Madison, Legal-Ware: Contract and Copyright in the Digital Age, 67 Fordham L. Rev. 1025 (1998).

[116] Cfr. Lemley, Beyond Preemption, cit., p. 136.

[117] U.S. Copyright Office, DMCA Section 104 Report, p. xxxi-ii (2001), alla URL <http://www .egov.vic.gov.au/pdf s/sec-104-report-vol-1.pdf>. La presente relazione è stata pubblicata per

Nell'ordinamento nordamericano i contratti standardizzati sono contemplati ed ammessi.[118] La normativa a tutela del consumatore è stata per lungo tempo incentrata sull'*information disclosure*.[119] Le principali dottrine che i tribunali americani utilizzano per esaminare i potenziali abusi nei contratti standardizzati sono: l'*unconscionability*; il *Restatement (Second) of contracts*, sezione 211 (3), la dottrina delle ragionevoli aspettative (*doctrine of reasonable expectations*)[120] nonché la *misrepresentation*.[121] Un ruolo importante è altresì ricoperto dai principi di buona fede e di equità che vanno assumendo un ruolo apprezzabile anche nel diritto contrattuale d'oltreoceano, nell'interpretazione e nell'esecuzione del contratto.[122]

Va inoltre osservato come, sia a livello federale che a livello statale, siano stati emanati provvedimenti per proteggere i consumatori contro le pratiche commerciali aggressive o scorrette.[123] Tali competenze sono condivise con la *Federal Trade Commission,* un'agenzia incaricata dal Congresso di proteggere i consumatori contro pratiche ingannevoli e scorrette, nonché di vigilare su eventuali comportamenti anti-competitivi.[124] Il più

---

valutare gli effetti delle modifiche apportate dal DMCA. "Il movimento a livello degli Stati verso la risoluzione della controversia sul rafforzamento dei contratti non negoziati accoppiati con misure tecnologiche protette legalmente, che permette ai detentori dei diritti la capacità tecnologica di imporre unilateralmente clausole contrattuali, aumenta la possibilità che i detentori di diritti, invece che il Congresso, possano determinare il panorama dei privilegi dei consumatori in futuro". (ns. traduzione).

[118] Cfr. E. Allan Farnsworth, Contracts, 4th ed., New York, 2004.

[119] Cfr. Edward Rubin, The Internet, Consumer Protection and Practical Knowledge, in Jane K.Winn (a cura di), Consumer Protection in the Age of the Information Economy, Aldershot, 2006, pp. 35, 38; Stephen Bainbridge, Mandatory Disclosure: A Behavioral Analysis, 68 Univ. Cincinnati Law Rev., 2000, p. 1023; Thomas Durkin e Gregory Elliehausen, Disclosure as a Consumer Protection, in Thomas Durkin, Michael Staten (a cura di), The Impact of Public Policy on Consumer Credit, Boston, 2002, pp. 109-110.

[120] Così Robert A. Hillman, Jeffrey J. Rachlinski, Standard-Form Contracting in the Electronic Age, 77 N.Y.U. L. Rev. 429, 454 e ss. (2002).

[121] Restatement 2d of Contracts § 159 (1979).

[122] Cfr. E. Allan Farnsworth, Duties of Good Faith and Fair Dealing Under the UNIDROIT Principles, Relevant International Conventions, and National Laws, 3 Tul. J. Int'l & Comp. L. 47, 51-54 (1995); Id, A.E. Farnsworth, The Concept of Good Faith in American Law, Saggi, Conferenze e Seminari (Apr. 1993) alla URL < http://servizi.iit.cnr.it/~crdcs/crdcs/frames10.htm.

[123] Si veda John Burke, Reinventing Contract, 10 Murdoch Univ Elec. Journal Law, 2003, pp. 2, 18. Si veda anche Robert L. Oakley, Fairness in Electronic Contracting: Minimum Standards for Non-Negotiated Contracts, 42 Houston Law Rev., 2005, pp. 1041, 1061.

[124] Il potere di controllo della Commissione deriva dal Federal Trade Commission Act, § 5 ora in 15 U.S.C. §§ 41-58. Tale sezione vieta "unfair or deceptive acts or practices in the marketplace". Sui poteri della FTC si veda Stanley Morganstern, Legal Protection for the Consumer 2nd ed., Dobbs Ferry N.Y, 1978, p. 1; Hans W. Micklitz e Jurgen Kessler, Marketing practices regulation and consumer protection in the EC member states and the US, Baden-

importante strumento a disposizione della *Federal Trade Commission* per applicare e far rispettare gli standard di correttezza è stato il suo potere regolatorio, sebbene di recente essa sia più incline ad utilizzare i suoi poteri amministrativi, derivanti dal *Federal Trade Commission Act*,[125] in quanto più flessibili ed efficienti.[126] Le procedure normative, le azioni amministrative, le ingiunzioni e gli altri meccanismi per bilanciare la posizione del consumatore, sono tutti strumenti potenzialmente efficaci per proteggere lo stesso consumatore di prodotti digitali da pratiche ingannevoli e scorrette o da clausole che determinano a suo carico un significativo squilibrio dei diritti e degli obblighi derivanti dal contratto. Al riguardo il divieto di pratiche commerciali sleali o ingannevoli, così come previsto dalla Section 5 del *Federal Trade Commission Act,*[127] risulta essere un eccellente strumento per proteggere i consumatori minimizzando i rischi di conseguenze indesiderate.[128] È stato infatti osservato come tale strumento sia già stato efficacemente utilizzato nel passato in casi di comportamenti sleali o scorretti connessi all'uso di nuove tecnologie come la televisione, gli *spyware* o Internet.[129] In tale sezione, infatti, sono specificatamente dichiarate illegali le attività e le pratiche sleali o ingannevoli in materia commerciale o collegata al commercio.[130] Inoltre, benché la *Federal Trade Commission* non abbia un'esplicita autorità ad intervenire in materia di tecnologie capaci di imporre controlli sull'uso dei contenuti, grazie alla *section* 5, può senz'altro agire qualora una condotta violi apertamente anche quanto previsto da altre norme. Di fatto, la previsione normativa di cui al *Federal Trade Commission Act* è talmente generica che anche qualora una condotta non violi previsioni specifiche di altre norme a tutela dei con-

---

Baden, 2002, p. 419; Douglas J. Whaley, Problems and Materials on Consumer Law, 4th ed., New York, 2006, p. 58.

[125] Federal Trade Commission Act of 1914 (15 U.S.C §§ 41-58).

[126] Cfr. Micklitz, Kessler, Marketing practices regulation and consumer protection in the EC member states and the US, cit., pp. 424, 433. Benché la *Federal Trade Commission* ritenga che il miglior approccio verso i problemi posti dalle nuove tecnologie possa realizzarsi attraverso gli attuali poteri derivanti dal *Federal Trade Commission Act,* l'agenzia ha efficacemente utilizzato il potere regolatorio conferitole dal Congresso. Esemplificativo è il caso del CAN-SPAM ACT (15 U.S.C. § 7701 *et seq.*) ovvero la legge federale statunitense entrata in vigore nel 2004 per regolamentare il flusso delle email commerciali. Sul punto si veda Federal Trade Commission, Protection Consumer in the Next Tech-ade Report, 2008, alla URL <www.ftc.gov/os/2008/03/P064101tech.pdf>.

[127] 15 U.S.C. § 45 (a).

[128] Federal Trade Commission, Protection Consumer in the Next Tech-ade Report, 2008, p. 26 alla URL <www.ftc.gov/os/2008/03/P064101tech.pdf>.

[129] Ibidem.

[130] 15 U.S.C. § 45(a)(1) ("Unfair methods of competition in or affecting commerce, and unfair or deceptive acts or practices in or affecting commerce, are hereby declared unlawful").

sumatori, la Commissione potrà sempre giudicare la condotta scorretta od ingannevole.

In generale, nel sistema statunitense, la tutela del consumatore è realizzata ricorrendo al concetto di *unconscionability* (irragionevolezza). Gli Stati Uniti non hanno infatti una normativa generale che disciplini le clausole contrattuali vessatorie, come potrebbero essere quelle presenti in alcuni contratti standardizzati aventi ad oggetto beni o servizi digitali. Il vantaggio di questo istituto è che, al contrario di quel che accade nel modello europeo, può essere applicato non solo alle operazioni commerciali concluse tra professionisti e privati, ma anche ai contratti stipulati tra imprenditori commerciali ed ai contratti conclusi esclusivamente tra privati.[131]

La dottrina dell'*unconscionability*[132] ha l'effetto di estendere la protezione del contraente debole il massimo possibile,[133] fornendo al giudice il potere di determinare i confini di questo rimedio.[134] Tale dottrina consente alla Corte di prevenire l'adempimento di un contratto o di specifiche previsioni se il giudice ritiene che il contratto o qualunque parte dell'accordo ponga condizioni inique. La sezione 2-302 dello *Uniform Commercial Code* (U.C.C.) che codifica tale istituto, recita in questi termini:

---

[131] Cfr. Marta Cenini, La "trattativa individuale" nei contratti col consumatore: spiegazioni esaurienti o concreta influenza?, cit., p. 333.

[132] Codificato nello *Uniform Commercial Code* (UCC) § 2-302 (1978). Tale dottrina è richiamata anche nel Restatement 2d of Contracts, § 208. Per approfondimenti sull'*unconscionability*, si veda Arthur Allen Leff, Unconscionability and the Code – The Emperor's New Clause, 115 Univ. Pennsylvania Law Rev., 1967, pp. 485, 505 (in tale scritto vengono individuate le tipologie di "procedural" e "substantive" *unconscionability*); John A. Spanogle, Analyzing Unconscionability Problems, 117 Univ. Pennsylvania Law Rev., 1969, p. 931; Richard A. Epstein, Unconscionability: A Critical Reappraisal, 18 Journal Law & Econ., 1975, p. 293; Richard Craswell, Property Rules and Liability Rules in Unconscionability and Related Doctrines, 60 Univ. Chicago. Law Rev., 1993, pp. 1, 51-60; Eric A. Posner, Contract Law in the Welfare State: A Defense of the Unconscionability Doctrine, Usury Laws, and Related Limitations On The Freedom to Contract, 24 Journal Legal Stud., 1995, p. 283; Carol B. Swanson, Unconscionable Quandary: U.C.C. Article 2 and the Unconscionability Doctrine, 31 New Mexico Law Rev., 2001, pp. 359, 367; Russel Korobkin, Bounded Rationality, Standard Form Contracts, and Unconscionability, 70 Univ. Chicago. Law Rev., 2003, p. 1203.

[133] Cfr. W. David Slawson, Binding Promises: The Late 20th Century Reformation of Contract Law, Princeton, 1996, p. 57. Si veda anche Robert Hillman e Jeffrey Rachlinski, Standard-form Contracting in the Electronic Age, 77 N.Y. Univ. Law Rev., 2002, pp. 429, 456 (gli autori sottolineano come la dottrina dell'*unconscionability* "affords courts considerable discretion to strike unfair terms directly rather than covertly by stretching less-applicable rules in order to reach a fair result").

[134] Cfr. Cristiana Cicoria, The Protection of the Weak Contractual Party in Italy vs. United States Doctrine of Unconscionability. A Comparative Analysis, 3 Global Jurist Advances (2003), http://www.bepress.com/gj/advances/vol3/iss3/art2. "The doctrine of unconscionability is a doctrine of contract law that makes a contract term unenforceable when is demonstrated the occurrence of both procedural and substantive unfairness" v. Black's Law Dictionary 1524 (6th ed. 1990) 88.

(1) If the court as a matter of law finds the contract or any clause of the contract to have been unconscionable at the time it was made the court may refuse to enforce the contract, or it may enforce the remainder of the contract without the unconscionable clause, or it may so limit the application of any unconscionable clause as to avoid any unconscionable result.
(2) When it is claimed or appears to the court that the contract or any clause thereof may be unconscionable the parties shall be afforded a reasonable opportunity to present evidence as to its commercial setting, purpose and effect to aid the court in making the determination.[135]

Il problema della dottrina dell'*unconscionability* come dottrina giuridica, risiede nel determinare il significato effettivo di iniquità. Lo *Uniform Commercial Code* non offre una definizione precisa né analizza il significato del termine *uncoscionability*.[136] Le Corti sono intervenute interpretandolo come "l'assenza di una scelta consapevole da parte di uno dei contraenti, in aggiunta a termini contrattuali che sono irragionevolmente favorevoli all'altra parte".[137] Tuttavia, il commento ufficiale alla sezione del *Code* contiene una guida che offre un criterio di valutazione per determinare la presenza dell'*unconscionability:* "the basic test is whether, in the light of the general commercial background and the commercial needs of the particular trade or case, the term or contract involved is so one-sided as to be unconscionable under the circumstances existing at the time of making the contract."[138] In altre parole l'*unconscionability* è rinvenibile quando, alla luce del generale ambiente commerciale e delle specifiche esigenze del rapporto contrattuale, le clausole sono a tal punto unilaterali da risultare ingiuste nell'ambito del contesto esistente al momento della conclusione del contratto. Il commento afferma inoltre che lo scopo della sezione è quello di impedire *"oppression and unfair surprise"* nei contratti e non di vietare la distorta attribuzione del rischio a causa della disparità di potere contrattuale.[139]

---

[135] Uniform Commercial Code § 2-302 (1978).

[136] Cfr. Cenini, La "trattativa individuale" nei contratti col consumatore: spiegazioni esaurienti o concreta influenza?, cit., p. 333.

[137] Williams v. Walker-Furniture Co., 350 F.2d 445, 449 (D.C. Cir. 1965). L'*unconscionability* è stata riconosciuta anche come "the absence of meaningful choice on the part of one party due to one-sided contract provisions, together with terms which are so oppressive that no reasonable person would make them and no fair and honest person would accept them". Vedi Fanning v. Fritz's Pontiac-Cadillac-Buick, Inc., 322 S.C. 399, 472 S.E.2d 242, 245 (S.C. 1996).

[138] U.C.C. § 2-302 cmt. 1.

[139] Tale argomento ha dato origine alla classificazione dottrinale tra *substantive (unfair surprise)* e *procedural (oppression) unconsionability*. Secondo questa distinzione, proposta da Arthur Leff, possono sussistere due tipi di vizi: un'irragionevolezza sostanziale, ovvero uno

Nella prassi le Corti hanno dimostrato una certa riluttanza a riscontrare condizioni inique nelle transazioni commerciali standard,[140] anche se è indubbio che tale istituto sia in grado di "allargare le forme di tutela offerte al consumatore trattandosi di uno strumento incisivo ed efficace contro trattative eccessivamente squilibrate nonché l'abuso di posizione dominante".[141]

Ciononondimeno, secondo la maggior parte della dottrina d'oltreoceano, l'*unconscionability* non sembra coerente con l'obiettivo di mitigare gli effetti insidiosi di contratti standard e pratiche connesse alle licenze d'uso.[142] Molto spesso l'*unconscionability* è utilizzata dai convenuti come una difesa processuale e la mancanza di significativo contenzioso al riguardo potrebbe suggerire la difficoltà di provare l'*unconscionability* in sede proces-

---

squilibrio oggettivo tra i valori delle prestazioni ed una irragionevolezza procedurale che va invece evinta dalle condizioni soggettive che svelano il carattere non libero o non razionale della scelta compiuta dalla parte pregiudicata. Cfr. Arthur Alan Leff, Unconscionability and the Code - The Emperor's New Clause, 115 U. Pa. L. Rev. 485, 487 (1967). La maggioranza della dottrina e delle Corti sembrano richiedere la presenza di entrambi i vizi rifiutando di concedere l'annullamento del contratto se non è presente almeno un indizio di *procedural unconscionability*. Cfr. Lewis A. Kornhauser, Comment: Unconscionability in Standard Forms, 64 CAL. L. REV. 1151, 1162 (1976); Russell Korobkin, Bounded Rationality, Standard Form Contracts, and Unconscionability,cit, p. 1256. Garrett v. Janiewski, 480 So. 2d 1324, 1326 (Fla. Dist. Ct. App.-4th 1985); West v. Henderson, 227 Cal. App. 3d 1578, 1587-88 (Cal. Ct. App. 3rd 1991). Contra Maxwell v. Fidelity Fin. Servs., 907 P.2d 51 (1995) (è stato riconosciuto come sufficiente il vizio *substantive*).

[140] James J.White e Robert S. Summer, Handbook of the law under the uniform commercial code, 2nd. ed., St. Paul, 1980, p. 474 (Gli AA. Osservano come i casi "of unconscionability should be rare in commercial settings"); si veda anche Sandra J. Levin, Examining Restraints on Freedom to Contract as an Approach to Purchaser Dissatisfaction in the Computer Industry, 74 California Law Rev., 1986, pp. 2101, 2108 (l'autrice nota che "courts have exhibited a reluctance to find unconscionability in standard commercial transactions"); Lewis Kornhauser, Unconscionability in Standard Forms, 64 California Law Rev., 1976, pp. 1151, 1153-57.

[141] Così, Cicoria, The Protection of the Weak Contractual Party in Italy vs. United States Doctrine of Unconscionability. A Comparative Analysis, cit., p. 7. L'autrice osserva come "this institution may be able to enlarge the spectrum of protection available to the consumer, being an incisive and effective legal instrument against unequal bargaining, and abuse of superior contractual position".

[142] Vedi e.g., Russel Korobkin, Bounded Rationality, Standard Form Contracts, and Unconscionability, cit., pp. 1208, 1256. Si veda anche Guibault, Copyright Limitations and Contracts: an Analysis of the Contractual Overridability of Limitations on Copyright, cit., p. 262 (l'autrice sottolinea come "the assessment of the fairness of a licence term under the doctrine of unconscionability takes no account of copyright policy issues and revolves only around matters of contract law and market inquiry"); Jerome H. Reichman, Jonathan A. Franklin, Privately Legislated Intellectual Property Rights: Reconciling Freedom of Contract with Public Good Uses of Information, 147 Univ. Pennsylvania Law Rev., 1999, pp. 875, 927-929 (qui gli autori propongono la dottrina di una "public interest unconscionability").

suale da parte di singoli consumatori.[143]

Anche il diritto dei contratti offre garanzie e protezione da clausole potenzialmente scorrette nei contratti standard.[144] In particolare nel caso di accordi standardizzati, il precetto della sezione 208 del *Restatement (second) of Contracts* consente alle Corti di esaminare direttamente l'*unconscionability* del contratto o della clausola piuttosto che evitare risultati iniqui, a seguito del criterio interpretativo adottato.[145] Così la sezione 208 afferma:

> If a contract or term thereof is unconscionable at the time the contract is made a court may refuse to enforce the contract, or may enforce the remainder of the contract without the unconscionable term, or may limit the application of any unconscionable term as to avoid any unconscionable result.[146]

Il *Restatement* sembra dunque affrontare il problema in maniera decisamente più concreta, consentendo alle Corti di valutare direttamente l'irragionevolezza dell'accordo contrattuale anziché annullare le conseguenze inique con la definizione di regole.

Inoltre la sezione 211 del *Restatement (second) of Contracts*[147] fissa uno standard che, sebbene non frequentemente adottato,[148] di fatto si sovrappone alla dottrina dell'*unconscionability*, ma a condizioni e termini diversi.[149]

---

[143] In tal senso v. Frederick H. Miller e John D. Lackey, The ABCs of the UCC: Related and Supplementary Consumer Law, 2nd ed., Chicago, 2004, p. 109. Gli autori osservano che per tale ragione anche gli "statutes that permit administrative enforcement are important for consumer protection".

[144] Restatement 2nd of Contracts, § 208. Vedi John E. Murray, Jr., The Standardized Agreement Phenomena in the Restatement (Second) of Contracts, 67 Cornell Law Rev., 1982, pp. 735, 762-79; si veda anche Hillman, Rachlinski, Standard-form Contracting in the Electronic Age, cit., pp. 454-63. Gli autori evidenziano le tre principali direttitrici seguite dale Corti per equilibrare i potenziali abusi nei contratti strandardizzati: *unconscionability*, Restatement (second) of contracts, sezione 211(3) e la dottrina delle *reasonable expectations*.

[145] Restatement 2d of Contracts, § 208 cmt. a.

[146] Restatement 2d of Contracts, § 208.

[147] Restatement 2d of Contracts § 211.

[148] Solo quarantatré *published judicial opinions* hanno interpretato la section 211(3) del Restatement, venticinque di queste riguardano Corti dello Stato dell'Arizona, e la maggior parte riguardano dispute in materia di coperture assicurative. Al riguardo James J. White, Form Contracts under Revised Article 2, 75 Washington Univ. Law Quart., 1997, pp. 315, 324-25; Robert L. Oakley, Fairness in Electronic Contracting: Minimum Standards for Non-Negotiated Contracts, 42 Hous. L. Rev. 1041, 1046, 1052, 1065 (2005).

[149] Vedi Raymond T. Nimmer, Breaking Barriers: The Relation Between Contract And Intellectual Property Law, 13 Berkeley Tech. L.J., 1998, p. 827, 874. È stato osservato che "The called doctrine of "reasonable expectations" and its variation described in Section 211 of the Restatement (Second) of Contracts have been incorporated into (substantive) unconscion-

Gli effetti del *Restatement* [150] possono essere sintetizzati nel modo seguente: "una persona che manifesta assenso ad un contratto standard è vincolato dai termini del medesimo contratto, eccetto quanto riguarda quei termini che la parte che ha predisposto il contratto abbia ragione di ritenere possano determinare il rifiuto della sottoscrizione da parte del contraente se questi avesse saputo che le clausole vessatorie erano presenti".[151] Questo standard può offrire una difesa ulteriore per evitare che alcuni termini siano inseriti nei contratti tipo, in particolare con riferimento ad alcune condizioni contrattuali poco chiare o surrettiziamente non dichiarate in connessione con l'uso, per esempio, di misure tecnologiche di protezione.[152]

Alcune Corti statunitensi hanno statuito che condizioni contrattuali sconosciute al consumatore non sono applicabili se il consumatore ignorava persino la loro esistenza e se tale ignoranza si dimostra ragionevole.[153] La

---

ability analysis by most courts". Così Korobkin, Bounded Rationality, Standard Form Contracts, and Unconscionability, cit., pp. 1257-58.

[150] La sezione 211 stabilisce che:

"(1) Except as stated in Subsection (3), where a party to an agreement signs or otherwise manifests assent to a writing and has reason to believe that like writings are regularly used to embody terms of agreements of the same type, he adopts the writing as an integrated agreement with respect to the terms included in the writing.

(2) Such a writing is interpreted wherever reasonable as treating alike all those similarly situated, without regard to their knowledge or understanding of the standard term of the writing.

(3) Where the other party has reason to believe that the party manifesting such assent would not do so if he knew that the writing contained a particular term, the term is not part of the agreement.

The provision is explained in the comments to the section:

Reason to believe [that a term would have been refused had the other party known of it] may be inferred from the fact that the term is bizarre or oppressive, from the fact that it eviscerates the non-standard terms explicitly agreed to, or from the fact the it eliminates the dominant purpose of the transaction. The inference is reinforced if the adhering party never had an opportunity to read the term, or if it is illegible or otherwise hidden from view. This rule is closely related to the policy against unconscionable terms and the rule of interpretation against the draftsman".

Cfr. Restatement 2d of Contracts, § 211 cmt. f.

[151] Cfr. R.T. Nimmer, Breaking Barriers: The Relation Between Contract And Intellectual Property Law, cit., p. 874: "a person who manifests assent to a standard form is bound by the terms of that form, except with respect to terms that the party proposing the form has reason to believe would cause the other party to reject the writing if it knew that the egregious term were present".

[152] Alcune Corti hanno già applicato la section 211(3) del *Restatement* per invalidare contratti standardizzati che modificavano normative esistenti in casi riguardanti transazioni aventi ad oggetto software. Si veda, e.g., Angus Medical Co. v. Digital Equip. Corp., 840 P.2d 1024, 1030-31 (Ariz. Ct. App. 1992) Cf. Darner Motor Sales, Inc. v. Universal Underwriters Ins. Co., 682 P.2d 388 (Ariz. 1984) (adopting the Restatement). Sul punto si veda Mark Lemley, Intellectual Property and Shrinkwrap Licenses, 68 Southern Cal. Law Rev., 1995, p. 1239.

[153] Russel Korobkin, Bounded Rationality, Standard Form Contracts, and Unconscionability, cit., p. 1268.

spiegazione dottrinale è che le condizioni contrattuali devono essere ragionevolmente comunicate per essere giuridicamente vincolanti e che questo requisito non è raggiunto laddove il consumatore non abbia ragione di sapere della presenza di siffatte condizioni.[154] Un'apertura in tale direzione può essere rinvenuta nella già citata proposta di legge denominata *Digital Media Consumers' Rights Act* (DMCRA).[155] Come forse si ricorderà si tratta di una delle recenti proposte di legge che hanno tentato di porre rimedio al problema delle dichiarazioni reticenti ed incomplete, relative alla commercializzazione di *digital media* protetti da sistemi anti-copia. Tale provvedimento, proposto dal deputato Rick Boucher, ha come obiettivo quello di ristabilire lo storico equilibrio che sta alla base del diritto d'autore e assicura l'appropriata etichettatura dei contenuti digitali tecnologicamente protetti dalle copie. Con tale proposta di legge si vorrebbe infatti introdurre l'obbligo di dotare i prodotti digitali di apposite etichette che informino in maniera completa il consumatore sulle limitazioni imposte dai sistemi anticopia, nell'utilizzazione di *compact disc*. Il fine ultimo della proposta di legge è quello di assicurare che i consumatori siano pienamente consapevoli delle limitazioni e restrizioni conseguenti all'acquisto di materiale digitale *copy-protected* in quanto attualmente i produttori non sono obbligati a fornire tali tipologie di informazioni sulle confezioni dei prodotti commercializzati. Molti consumatori infatti non sono assolutamente a conoscenza dei limiti ai quali saranno sottoposti dopo l'acquisto.[156]

Proprio su questo fronte potrebbe essere di qualche aiuto anche l'istituto della *misrepresentation*. Essa è definita come "an assertion that is not in accord with the facts".[157] Siamo dunque di fronte a casi di comunicazione di notizie ingannevoli per la controparte, informazioni scorrette che devono avere ad oggetto il contratto e devono essere tali da indurre o da aver indotto la parte alla formazione ed alla dichiarazione del suo consenso. In tali casi è previsto l'annullamento del contratto se la *misrepresentation* è relativa ad elementi essenziali del rapporto contrattuale ed è stata tale da indurre una persona ragionevole a manifestare il suo assenso ("likely to induce a reasonable person to manifest his assent").[158] Può inoltre comporta-

---

[154] Si veda la causa Ciro Silvestri v. Italia Società Per Azioni Di Navigazione, 388 F2d 11 (2d Cir 1968) (i termini devono essere "reasonably communicated" al compratore).

[155] Digital Media Consumers' Rights Act of 2005, H.R.1201, 109th Cong. (2005) (per il testo del provvedimento <http://thomas.loc.gov/cgi-bin/query/z?c109:H.R.1201:>).

[156] Digital Media Consumers' Rights Act Official summary alla URL http://www.house.go v/boucher/docs/dmcrahandout.htm; Michael P. Matesky, The Digital Millennium Copyright Act and Non-Infringing Use: Can Mandatory Labeling of Digital Media Products Keep the Sky from Falling?, 80 Chicago-Kent Law Rev., 2005, pp. 515, 532.

[157] Restatement 2d of Contracts § 159 (1979). Ci si riferisce a false o inesatte asserzioni di uno dei contraenti finalizzate alla conclusione del contratto.

[158] Restatement 2d of Contracts § 162(2).

re l'annullamento se è stata fraudolenta (ovvero finalizzata a "induce a party to manifest his assent and the maker knows or believes that the assertion is not in accord with the facts") ovvero nel caso sia avvenuta con la consapevolezza e con intento lesivo dell'interesse della controparte.[159] Tale strumento si concentra essenzialmente sull'asimmetria informativa, un aspetto molto importante nell'ambito dei contratti di licenza per gli utilizzatori finali (*End User License Agreement*), cioè lo strumento principe per la realizzazione e distribuzione di servizi e contenuti digitali.

Infine, nel diritto nordamericano è altresì rilevabile come la maggioranza delle giurisdizioni, il *Restatement (Second) of Contracts*[160] nonché lo stesso UCC[161] riconoscano il dovere di svolgere un contratto secondo buona fede come principio generale del diritto contrattuale. Sull'argomento la dottrina ha precisato lo scopo ulteriore e distinto di quest'ultimo istituto rispetto all'*unconscionability*.

Mentre la buona fede concerne essenzialmente l'esecuzione del contratto in quanto limite all'esercizio della discrezionalità conferito ad una della parti in relazione ad alcuni aspetti del contratto (ad esempio: quantità, prezzo, tempo della prestazione), l'*unconscionability* riguarda invece la formazione del contratto.[162] Quest'ultima, infatti, offre ai giudici il margine di rifiutare l'applicazione in tutto o in parte di un accordo che non è il prodotto di scelte significative di entrambe le parti, oppure è così parziale nelle sue condizioni da favorire in modo irragionevole un solo contraente. In questo senso l'*unconscionability* è una limitazione alla libertà contrattuale che consente ai tribunali di monitorare il rapporto negoziale ed eventualmente annullare, nell'interesse della giustizia, la manifesta intenzione delle parti.[163]

In base alle argomentazioni sin qui svolte si ha l'impressione che la regolamentazione statunitense in materia di formazione del contratto limiti l'invalidità di un accordo altrimenti valido ad un numero molto ristretto di casi ed in modo blando e asimmetrico.[164] In particolare, lo strumento po-

---

[159] Restatement 2d of Contracts §§162(1), 164(1).

[160] Restatement 2d of Contracts § 205.

[161] UC.C. § I-203.

[162] Cfr. Steven J. Burton, Breach of Contract and the Common Law Duty to Perform In Good Faith, 94 Harv. L. Rev. p. 369, 373. L'A. osserva come la buona fede limiti " the exercise of discretion in performance conferred on one party by the contract. When a discretion-exercising party may determine aspects of the contract, such as quantity, price, or time, it controls the other's anticipated benefits".

[163] Cfr. Steven J. Burton, Breach of Contract and the Common Law Duty to Perform In Good Faith, cit., p. 371 n. 14.

[164] Cfr. Richard Craswell, Taking Information Seriously: Misrepresentation and Nondisclosure in Contract Law and Elsewhere, 92 Virginia Law Rev., 2006, pp. 565, 576, 579, 590; Lydia Pallas Loren, Slaying the Leather-Winged Demons in the Night: Reforming Copyright Own-

tenzialmente più interessante, ovvero l'*unconscionability*, impone uno standard troppo elevato per il suo riconoscimento e quindi per fornire una ragionevole protezione dei consumatori nel contesto digitale.[165] La prova dell'*unconscionability* è notoriamente difficile da soddisfare per cui tale istituto potrebbe essere più ampiamente utilizzato dai consumatori solo se i tribunali accogliessero un nuovo approccio per valutare obiettivamente le forme di consenso nel mondo digitale.[166] In linea generale, nel sistema statunitense non sembra pertanto emergere alcun meccanismo capace di soddisfare efficacemente le esigenze di tutela degli utenti di contratti digitali di fronte a condizioni contrattuali sleali o vessatorie, in particolare nel caso di licenze d'uso tipo EULA.

Nonostante tali considerazioni, c'è chi ha osservato come la struttura generale dell'U.C.C., nonché il diritto statunitense dei contratti – che include *unconscionability, reasonable expectations, contract against public policy* etc. – possano comunque essere efficacemente utilizzati per affrontare pratiche e condizioni scorrette che non hanno sollevato profili di problematicità.[167]

4.7 Gestione dei diritti digitali nel mercato interno comunitario

Non vi è ormai alcun dubbio che l'arrivo e l'esplosione dell'informazione e del materiale creativo in forma digitale abbia prodotto nuove opportunità accanto ad altrettanti epocali minacce. Una di queste minacce consiste proprio nell'adozione dei DRM, ovvero nel processo per cui gli autori di materiali digitali e fornitori dei contenuti cercano di implementare regole

---

er Contracting with Clickwrap Misuse, 30 Ohio N.U. L. Rev. 495, 509 (2004) (l'Autrice nota come "Relying on the doctrine of unconscionability to guard against overreaching by copyright owners in their shrinkwrap and clickwrap licenses presents several problems. As described above, the test of unconscionability is notoriously difficult to satisfy"); Mark A. Lemley, Beyond Preemption: The Law and Policy of Intellectual Property Licensing, 87 Cal. L. Rev. 111 (1999); J.H. Reichman e Jonathan A. Franklin, Privately Legislated Intellectual Property Rights: Reconciling Freedom of Contract with Public Good Uses of Information, cit., p. 920 e ss. (1999) (gli autori sostengono che "at its best, the doctrine of unconscionability empowers courts to deal with pronounced asymmetries of information and the abuses to which they may lead").

[165] Così Robert L. Oakley, Fairness in Electronic Contracting: Minimum Standards for Non-Negotiated Contracts, 42 Hous. L. Rev. 1041, (2005).

[166] In tal senso si veda Andrea M. Matwyshyn, Technoconsen(t)sus, 85 Wash. U. L. Rev. 529, 556 (2007).

[167] Cfr. Jean Braucher, New Basics: Twelve Principles for Fair Commerce in Mass-Market Software and Other Digital Products, in Jane K. Winn (ed.), Consumer Protection in the Age of the Information Economy, Aldershot, 2006, p. 195.

d'uso sui loro prodotti assicurandosi che esse vengano rispettate.[168] Tuttavia, poiché i diritti degli autori e dei consumatori devono essere bilanciati anche nell'ambiente digitale, in vista dell'interesse pubblico, diventa necessario chiarire il vero ruolo giocato dai sistemi DRM e la loro capacità di sviluppare modelli di *business* per la gestione di contenuti.[169]

Le tecnologie di DRM, come già dimostrato, hanno la potenzialità di assicurare un'ampia varietà di effetti positivi e negativi.[170] Esse infatti hanno ampliato l'offerta di prodotti per i consumatori diversificando le forme di accesso e d'uso di materiale digitale e quindi di conseguenza i prezzi. Inoltre hanno introdotto un rimedio finalmente efficace per combattere la pirateria commerciale e le pratiche illegali di condivisione di contenuti. Tuttavia, permettendo il monitoraggio delle utilizzazioni fatte dal consumatore circa il contenuto acquistato, possono offrire più informazioni agli autori sulle abitudini e le preferenze dei consumatori.[171] In tal modo i fornitori di contenuti sono in grado di restringere il numero degli usi e le facoltà dell'utilizzatore sul contenuto legittimamente acquistato. Il problema è che talune di queste restrizioni possono essere assolutamente ingiustificate o illegittime, rendendo inoltre superflua l'attività giudiziaria volta a garantire l'applicazione o il rispetto della legge sul diritto d'autore. Infatti, la natura preventiva della regola tecnologica priva in qualche modo l'utente della possibilità di scegliere se obbedire alla legge o no e di conseguenza svuota anche il potere dello Stato chiamato a far rispettare quella norma.[172]

Ovviamente, nessuno può costringere gli autori a non proteggere le loro opere. È tuttavia necessario individuare, in questo nuovo ambiente digitale, un appropriato bilanciamento tra diritti confliggenti, un bilanciamento tra la legittima richiesta dell'autore ad un'effettiva protezione delle proprie prerogative e i diritti "of others freely to engage in substantially unrelated areas of commerce".[173]

---

[168] Per una panoramica generale sui sistemi di DRM si veda Rosenblatt et al., Digital rights management: business and technology, cit.; Caso, Digital Rights Management. Il Commercio delle Informazioni Digitali tra Contratto e Diritto d'Autore, cit.

[169] Cfr. DRM-BEUC Position Paper, cit., p. 3.

[170] Cfr., e.g, Digital Rights Management: Technological, Economic, Legal and Political Aspects (Eberhard Becker et al. eds., 2003); William Rosenblatt et al, Digital Rights Management: business and technology (2002).

[171] Cfr. e.g., Cohen, DRM and Privacy, cit., p. 585; Bygrave, DRM and Privacy, Legal Aspects in the European Union, cit.

[172] Sull'immoralità delle regole tecnologiche e relativi limiti imposti sulle scelte dell'individuo si veda Dan L Burk, Tarleton Gillepsie, Autonomy and Morality in DRM and Anti-Circumvention Law, 4 TRIPLEC 239 (2006); Dan L Burk, Legal and Technical Standards in Digital Rights Management Technology, 74 Fordham L. Rev. 537 (2005).

[173] Sony Corp. of Am. v. Universal City Studios, Inc., 464 U.S. 417, 442 (1984).

Nel tentativo di rispondere a tale domanda può essere utile richiamare i punti di contatto e di tensione tra i diversi approcci adottati dai paesi, al fine di garantire la tutela del diritto d'autore, in particolare il pragmatico approccio europeo nel dibattito politico sulle tecnologie DRM. Per esempio negli USA, in virtù del DMCA, i titolari di diritti d'autore hanno a disposizione lo strumento del *subpoena* che permette di richiedere una citazione a comparire davanti a un giudice a titolo informativo su infrazioni del diritto d'autore, ma senza intraprendere ufficialmente ulteriori azioni legali.[174] In alcuni casi si è tentato di utilizzare - senza successo - questo stesso strumento per accedere alle informazioni personali di clienti di Internet Service Provider accusati di violare i diritti degli autori.[175]

In tal senso l'Unione europea ha di fatto allineato la propria normativa sulla tutela del diritto d'autore a quella degli Stati Uniti in quanto l'art. 9 della direttiva sul rispetto dei diritti di proprietà intellettuale (Dir. 2004/48/CE) prevede misure provvisorie e cautelari molto simili a quelle statunitensi.[176] Inoltre, il quadro giuridico europeo in materia di protezione dei contenuti poggia su principi stabiliti dalla già menzionata direttiva sull'armonizzazione di taluni aspetti del diritto d'autore e diritti connessi nella società dell'informazione (direttiva InfoSoc). La direttiva supporta l'uso delle misure tecnologiche di protezione utilizzate per tutelare i contenuti dall'uso illegale ma, allo stesso tempo, affrontando il tema dei DRM, incoraggia l'interoperabilità fra differenti sistemi di protezione del diritto d'autore.

Il dibattito politico e tecnico circa il ruolo dei DRM nel mercato interno europeo ha raggiunto la sua massima espressione nel luglio 2003 quando, in occasione del *Broadband Content Workshop*, è stato illustrato come gli operatori, i fornitori di servizi Internet, i fornitori di contenuti e le emittenti

---

[174] 17 U.S.C. 512(h) (2000). Nella sostanza si tratta di un procedimento civile davanti ad una Hight Court attraverso il quale si intima il *writ of subpoena*, ovvero un'intimazione al testimone a comparire davanti al giudice che assume la prova. Tale intimazione è emessa ad istanza di parte. Il *writ* può avere due forme: *subpoena ad testificandum* oppure *subpoena ad duces tecum*. Nel primo caso si intima alla persona a cui l'atto è indirizzato di comparire davanti al giudice per prestare testimonianza. Nel secondo caso, si intima di comparire in giudizio presentando uno o più documenti. Cfr. Francesco De Franchis, Subpoena, in Dizionario Giuridico, Inglese-Italiano, Milano, 1984, p. 1408.

[175] Cfr. Recording Indus. Ass'n of Am. v. Verizon Internet Servs., 351 F.3d 1229 (D.C. Cir. 2003). Accettando l'interpretazione di Verizon, il DC circuit ha valutato che il DMCA non autorizza un *subpoena* quando il materiale offensivo è memorizzato su un computer di casa di una persona, dal momento che la disposizione applicabile è finalizzata a materiale che "resides on a system or network controlled or operated by or for [a] service provider." Id. at 1234 (quoting 17 U.S.C. § 512(c)(1) (2000)). Per un dettagliato comment del caso cfr. Alice Kao, RIAA v. Verizon: Applying the Subpoena Provision of the DMCA, 19 Berkeley Tech. L.J. 405 (2004).

[176] Dir. 2004/48/CE, art. 9, 2004 G.U. (L 157) 16, 17.

televisive fossero impegnate nell'adeguamento delle loro attività attraverso nuove forme di partnership tese al superamento dei confini tradizionali[177] e che per sviluppare con successo nuovi modelli di *business content-based* fosse necessario incrementare adeguati sistemi di DRM.[178]

Malgrado tali circostanze, il mercato che si occupa di sistemi di gestione dei diritti rimane ancora estremamente frammentato. Anche se i vari dispositivi vengono progressivamente adeguati alle tecnologie di DRM, la maggior parte dei consumatori non dispone ancora di *player* in grado di utilizzare tutti i servizi offerti dalle tecnologie. Resta poi ancora vago se e quanto gli utenti saranno disposti a pagare per tali servizi.[179]

Per tentare di fare chiarezza la Commissione europea, all'interno del piano di azione eEurope 2005, ha incaricato nel marzo 2004 un gruppo di esperti (*Hight Level Group*) di osservare il fenomeno DRM.[180] La relazione finale del gruppo è stata presentata nel luglio 2004 e descrive una sorta di compromesso sui principi fondamentali, illustrando raccomandazioni per future azioni in settori ritenuti fondamentali.

Il documento esprime il consenso del gruppo di esperti su alcuni principi di base e presenta raccomandazioni per azioni future, in relazione a quattro aspetti principali: (i) DRM ed interoperabilità; (ii) prelievi relativi alla riproduzione a fini privati e DRM; (iii) migrazione a servizi legittimi e (iv) sicurezza e tutela per i consumatori.[181]

---

[177] Commission of the European Communities, Communication from the Council, the European Parliament, the European Economic and Social Committee of the Regions, Connecting Europe at High Speed: Recent Developments in the Sector of Electronic Communications at 13 (Feb. 3, 2004), alla URL <http://europa.eu.int/eur-lex/en/com/cnc/2004/com2004_0061 61en01.pdf>.

[178] Cfr. European Comm'n Factsheet 20, Intellectual Property Rights and Digital Rights Management Systems (2004), <http://europa.eu.int/information_society/ doc/factsheets/020-ipr_drm-october04.pdf>.

[179] Ibidem.

[180] Cfr. eEurope 2005 Action Plan, eEurope 2005: An Information Society for All, alla URL <http://europa.eu.int/information_society/eeurope/2005/index_e n.h ml>.

[181] Cfr. EU Group on Digital Rights Mgmts., Final Report, cit. Poiché le misure tecniche di protezione ed i sistemi di gestione, in generale, rendono possibile la compensazione dei titolari dei diritti in modo diretto, sembra illogico mantenere anche un sistema di prelievi. In effetti, con questo doppio sistema di compensazione, i titolari dei diritto potrebbero essere compensati due volte per lo stesso motivo. Essi controllano e ricevono una remunerazione per la copia privata con le misure tecniche di protezione ed allo stesso tempo ricevono un compenso per la stessa copia attraverso il sistema dei prelievi. Sul punto vedi Marie-Thérèse Huppertz, The Point of View of Software Industry, in The Future of Intellectual Property in the Global Market of the Information Society: Who is Going to Shape the IPR System in the New Millennium? 70 (Frank Gotzen ed., 2003). L'Articolo 5.2(b) della direttiva InfoSoc sembra voler eliminare questo inconveniente. Gli Stati membri, infatti, possono consentire una limitazione al diritto esclusivo di riproduzione per quanto riguarda:
"le riproduzioni su qualsiasi supporto effettuate da una persona fisica per uso privato e per fini né direttamente, né indirettamente commerciali a condizione che i titolari dei diritti rice-

Circa l'interoperabilità, gli esperti rilevano che mentre gli standard aperti sono migliori per una vera interoperabilità tra le diverse piattaforme, vari sono attualmente i possibili scenari che spaziano dalla possibilità di far convivere diversi sistemi proprietari sino alla convergenza tra diversi standard.[182] I prodotti digitalizzati, infatti, possono raggiungere il mercato in un'ampia varietà di tipologie, formati o piattaforme. Si possono distinguere sistemi di distribuzione fisici, come CD e DVD, e sistemi di distribuzione *on-line*, come *video on demand* e servizi basati su Internet. In entrambi i casi, i consumatori devono aver il diritto ad accedere al contenuto digitale attraverso il *content provider*, legittimo ed autorizzato, che preferiscono. In altre parole, i produttori di tecnologie DRM devono permettere ai consumatori di usare un contenuto, legittimamente acquisito, su diverse piattaforme, in quanto le misure di protezione tecnologica non possono rappresentare ostacolo al libero utilizzo del contenuto anche se protetto.

Con riguardo a tale aspetto, si è convenuto: che non deve essere permesso ai sistemi di DRM di trasformarsi in uno strumento di controllo commerciale o tecnologico delle licenze d'uso; che l'implementazione dei DRM non deve essere minata dalla mancanza di regolamentazione; che tali tecnologie devono adattarsi ai modelli di *business* e non viceversa.[183]

Le raccomandazioni formulate dal gruppo di esperti suggeriscono che le parti interessate in queste attività economiche continuino a lavorare su sistemi di DRM aperti e standard e che le istituzioni comunitarie si adoperino nella promozione di standard aperti, discutendo di meccanismi di regolamentazione con le stesse parti interessate. Inoltre anche gli Stati membri dovrebbero promuovere il più possibile standard aperti assicurando che la sicurezza dei DRM non sia compromessa. Al contempo deve esser data completa attuazione alle misure anti pirateria.[184] L'attuale assenza di interoperabilità tra le varie soluzioni tecnologiche offerte dai produttori, nonché la mancanza di interesse nel condividere dispositivi *open* standard, costituisce un ostacolo significativo alla libera circolazione di opere creative in quanto i consumatori non sono capaci di decidere autonomamente dove comprare, dovendo spesso scegliere solo il contenuto idoneo per i loro dispositivi.[185]

---

vano un equo compenso che tenga conto dell'applicazione o meno delle misure tecnologiche di cui all'articolo 6 all'opera o agli altri materiali interessati."

Cfr. Dir. 29/2001, art. 5(2)(b), 2001 G.U. (L 167) 10, 16 (CE).

[182] Cfr. EU Group on Digital Rights Mgmts, Final Report, cit.

[183] European Comm'n Factsheet 20, European Comm'n Factsheet 20, Intellectual Property Rights and Digital Rights Management Systems (2004), cit.

[184] Ibidem.

[185] Cfr. Union Fédérale des Consommateurs - Que Choisir, Vente de musique en ligne: Les consommateurs sont pieds et poings liés par Apple et Sony, http://www.quechoisir.org/ ("Cette absence totale d'interopérabilité entre les DRM enlève non seulement au consomma-

Tuttavia l'ipotesi di un sistema di *Digital Rights Management* capace di assicurare l'interoperabilità tra sistemi software ed hardware molto differenti si configura, al momento, come abbastanza improbabile.

Al fine di promuovere l'interoperabilità tra i diversi fornitori di contenuti ed i relativi dispositivi di riproduzione, qualsiasi standard industriale dovrebbe essere adottato sia dai fornitori di servizi che dai produttori di elettronica di consumo.

Alcuni fornitori di servizi, come ad esempio gli operatori via cavo, licenziano i loro contenuti in virtù di un accordo per la tutela del diritto d'autore. Perciò al fine di ottenere una vera interoperabilità i *service provider* e i *conternt owner* dovrebbero accettare lo stesso standard, con la conseguenza che un sistema di DRM standardizzato potrebbe essere più vulnerabile da piratare.[186] Inoltre l'imposizione di uno standard in questa situazione di partenza potrebbe avere l'effetto di ostacolare tutti gli investimenti per un sistema più evoluto ed avanzato.[187] Tuttavia è rilevante sottolineare come proprio le norme tecniche, e quindi gli standard, siano considerate uno dei fondamenti del moderno movimento consumerista, così come una delle più interessanti e innovative forme di tutela dei consumatori.[188] In ragione di ciò i governi dovrebbero intervenire nello sviluppo degli standard tecnologici perché questi potrebbero essere un mezzo efficace per proteggere gli interessi degli utenti.[189]

I formati standard e l'interoperabilità offrono vantaggi per i consumatori di prodotti tecnologici come del resto per le società che li sviluppano. Sul punto alcuni influenti economisti hanno osservato che:

> Consumers generally welcome standards: they are spared having to pick a winner and face the risk of being stranded. They can enjoy the greatest

---

teur son pouvoir de choisir indépendamment ses matériels et son lieu d'achat, mais constitue aussi un frein réel à la libre circulation des oeuvres de l'esprit.").

[186] Cfr. Press Release, CE and DRM Technology Leaders to Create a DRM Toolkit for Consumer Devices (Jan. 19, 2005), alla URL <http://www.intertrust.com/main/news/2003_2005/050119_marlin.h tml>.

[187] Cfr. Huppertz, The Point of View of Software Industry, cit., p. 70.

[188] Cfr. Jane K. Winn, Is Consumer Protection an Anachronism in the 21st Century? in Jane K. Winn (a cura di), Consumer Protection in the Age of the Information Economy, Aldershot, 2006, p. 1; Jane Winn, Nicolas Jondet, A "New Approach" to Standards and Consumer Protection, 31 J. Consum. Policy, p 459 (2008). Si osserva che gli standard tecnologici costituiscono una forma di regolamentazione che condiziona i mercati ed il loro comportamento, il legislatore ed i *policy makers* potrebbero essere in grado di proteggere gli interessi dei consumatori nel mercato *on-line*, puntando sui contenuti delle norme tecniche e degli standard che definiscono l'architettura dei mercati digitali.

[189] Cfr. Jane K. Winn, Information Technology Standards as a Form of Consumer Protection Law, in Jane K. Winn (a cura di), Consumer Protection in the Age of the Information Economy, Aldershot, 2006, p. 99.

network externalities in a single network or in networks that seamlessly interconnect. They can mix and match components to suit their tastes. And they are far less likely to become locked into a single vendor, unless a strong leader retains control over the technology or wrests control in the future through proprietary extensions or intellectual property rights. [190]

In verità, le industrie sono state già capaci di raggiungere accordi sull'adozione di misure tecnologiche di protezione comuni per speciali formati. Il caso dei DVD ne è l'esempio più evidente. La stessa direttiva Infosoc evita di prendere posizione su uno standard specifico, incoraggiando al contrario la compatibilità e l'interoperabilità tra diversi sistemi.[191]

Sulla questione della migrazione verso servizi legali, il gruppo di esperti enfatizza l'importanza per i consumatori di servizi *on-line* legittimi di creare un prospero mercato dei contenuti elettronici.[192] In quest'ottica, a loro giudizio, i DRM possono giocare un ruolo molto importante, attivando nuovi modelli di *business* e prevenendo utilizzi non autorizzati. Le parti interessate in tali attività economiche, sollecitate ad intervenire sul punto, hanno auspicato che la Comunità europea e gli Stati membri possano tener conto nelle loro posizioni politiche dei seguenti aspetti: (i) che l'abuso di condivisione non autorizzata di contenuti digitali soggetti al diritto d'autore è un'attività che non deve più essere tollerata; (ii) che è necessario prevedere un impegno politico per la protezione dei contenuti forniti attraverso tecnologie di DRM; (iii) che si dovrebbero informare i consumatori circa la disponibilità di offerte alternative e legittime di acquisto di contenuti.[193]

La relazione del gruppo di esperti non si esprime invece sul riconoscimento della legittimità e dei benefici della copia privata, né fa cenno alle numerose opzioni e possibilità offerte dai sistemi *peer-to-peer* che possono essere utilizzati non solo per scopi illeciti ma anche, per esempio, per la promozione sul mercato di artisti sconosciuti o indipendenti.[194] Inoltre il documento non distingue mai tra pirateria per scopi commerciali e singoli atti di consumatori privati, quasi ipotizzando che tutte le attuali utilizzazioni dei consumatori siano utilizzazioni vietate.

Infine, l'*High Level Group* si è espresso in merito alla relazione tra DRM e *levies,* ovvero il sistema di tassazione sui supporti vergini introdot-

---

[190]   Cfr. Shapiro, Varian, Information Rules: A Strategic Guide to the Network Economy, cit., p. 233.

[191]   Ibidem. Gli AA. Osservano come "the practice has shown that industry was able to reach agreements for the adoption of DRMs for certain formats (e.g. DVD video)."

[192]   EU Group on Digital Rights Mgmts, Final Report, cit., p. 150.

[193]   Ibidem, pp. 17-18.

[194]   DRM-BEUC Position Paper, cit., p. 5.

to in molti Stati europei per far fronte alla non controllabilità della copia privata. Tali forme di prelievo sono state introdotte in molti paesi europei al fine di compensare i titolari dei diritti per la limitazione del loro diritto esclusivo di riproduzione in relazione alle copie effettuate per uso privato.[195] L'introduzione di tali contributi si giustifica in considerazione del mancato rispetto, di fatto, del diritto di riproduzione.[196] Le *levies* operano perciò come una tassa che grava su tutti gli acquirenti, a prescindere dal fatto che si tratti o meno di copie ad uso privato di materiale sottoposto a privativa.[197] Risulta pertanto soggetto alla tassazione anche colui che acquista un supporto vergine o un *hard disk* per effettuare semplici copie di *back up* o salvataggio di documenti, foto o video personali. L'avvento dei sistemi di DRM muta le regole del gioco in quanto la copia privata diventa assolutamente controllabile e l'elemento di sostegno delle *levies* decade. A questo proposito sorge l'interrogativo sulla legittimità di tale forma di contributo. Anche se il gruppo di esperti ignora importanti punti di vista dei consumatori sulle *levies*, sottolinea comunque la necessità di evitare doppi pagamenti o di usare tali compensi come un meccanismo di compensazione per la pirateria.[198] Infatti, come è stato notato, poiché le misure tecnologiche di protezione ed i sistemi di gestione dei diritti permettono generalmente agli autori di essere compensati in maniera diretta, sembra illogico mantenere anche un sistema di tassazione sui supporti.[199] Infatti con questo doppio sistema di compensazione, gli autori possono essere compensati due volte per la stessa ragione: una prima volta in occasione dell'acquisto di supporti vergini, una seconda in occasione dell'acquisto dell'opera protetta da un sistema che ne impedisce la copia privata.[200] Lo stesso *Beureau Européen des Unions de Consommateurs* ha sottolineato come il sistema delle *levies* continua ad essere imposto in modo non corretto in un numero crescente di dispositivi nella maggior parte degli Stati membri.[201]

---

[195] Sul sistema delle *levies* in servizi basati su sistemi di DMR, v. P. Bernt Hugenholtz et al., The Future of Levies in the Digital Environment, (2003), alla URL <http://www.ivir.n l/publications/ot her/DRM&levies-report.pdf>; Jörg Reinbothe, Address Before the Conference on The Compatibility of DRM and Levies: Private Copying, Levies and DRMs against the Background of the EU Copyright Framework (Sep. 8 2003), alla URL <http://europa.eu.int/comm/internal_market/copyright/documents/2003-speech-reinbothe_e n.htm>.

[196] EU Group on Digital Rights Mgmts., Final Report, cit., p. 14.

[197] DRM-BEUC Position Paper, cit., p. 9.

[198] Sul sistema europeo delle *levies*, si veda Costanze Ulmer-Eilfort, Private Copying and Levies for Information – and Communication – Technologies and Storage Media in Europe, in Eberhard Becker et al. (a cura di), Digital Rights Management, cit., p. 447.

[199] Cfr. Huppertz, The Point of View of Software Industry, cit., p. 70.

[200] Ibidem.

[201] Sul punto si veda DRM-BEUC Position Paper, cit., p. 9. Come già sottolineato in precedenza, l'imposizione delle *levies* non tiene in considerazione quanto riportato nel *considerando*

Un'altra minaccia indotta dai sistemi di DRM, anche questa menzionata nella relazione del gruppo di esperti, riguarda la questione della protezione dei dati e la possibilità di tracciare comportamenti, gusti, preferenze ed altre informazioni sensibili di quegli utenti che accedono ai contenuti protetti.

In Europa la raccolta di informazioni personali da parte dei *rights holders* è regolata dalle norme sulla protezione dei dati fissate dalla direttiva 95/46/CE relativa alla protezione dei dati personali.[202]

Queste norme possono confliggere con gli strumenti utilizzati dai titolari dei diritti per prevenire usi illeciti delle loro opere, ovvero quelle misure tecnologiche di protezione che sono in grado di rintracciare e monitorare gli utilizzatori e le loro preferenze. Gli utilizzatori di un contenuto protetto, per esempio, devono spesso identificarsi prima di eseguire il *download* di una canzone da un *content provider* o accedere ad un servizio *on-line*. Il loro profilo infatti è spesso completato con informazioni identificative che permettono di riconoscere ogni volta l'utilizzatore, associando l' identificativo al prodotto acquistato o scaricato. Queste tecniche permettono di identificare i diversi profili dei consumatori profilando gli utenti in base alla qualità e la quantità di contenuti scaricati o utilizzati. Del resto il principio secondo cui la tutela dei diritti di privativa non può mettere in pericolo i diritti e le libertà delle persone in ordine al trattamento dei dati personali è confermato anche dall'articolo 2(3)(a) della direttiva 2004/48/CE sul rispetto dei diritti di proprietà intellettuale, dove si afferma il principio che la stessa direttiva non influisce su quanto disposto dalla direttiva 95/46/EC, ovvero sull'applicazione dei principi di protezione dei dati.[203]

---

35 della direttiva InfoSoc, ovvero che: "[…] se i titolari dei diritti hanno già ricevuto un pagamento in altra forma, per esempio nell'ambito di un diritto di licenza, ciò non può comportare un pagamento specifico o a parte. Il livello dell'equo compenso deve tener pienamente conto della misura in cui ci si avvale delle misure tecnologiche di protezione contemplate dalla presente direttiva. In talune situazioni, allorché il danno per il titolare dei diritti sarebbe minimo, non può sussistere alcun obbligo di pagamento".
Dir. 2001/29, 2001 G.U. (L 167) 4 (CE).

[202] Direttiva 95/46/CE del Parlamento europeo e del Consiglio, del 24 ottobre 1995, relativa alla tutela delle persone fisiche con riguardo al trattamento dei dati personali, nonché alla libera circolazione di tali dati, art. 1, 1995 G.U. (L 281) 31, 35 (CE) (La direttiva impone agli Stati membri di garantire i diritti e le libertà delle persone con riguardo al trattamento dei dati personali, e in particolare il loro diritto alla privacy, al fine di garantire la libera circolazione dei dati personali nella Comunità).

[203] Cfr. Article 29 Data Protection Working Party, Working Document on Data Protection Issues Related to Intellectual Property Rights 4 (2005), alla URL <http://europa.eu.int/comm/justice_home/fsj/privacy/docs/wpdocs/2005/wp104_en.pdf>. Il Data Protection Working Party, istituito dall'articolo 29 della Direttiva 95/46/CE, è un organo consultivo indipendente dell'Unione europea, che si occupa di monitorare l'applicazione della direttiva europea sulla privacy e di fornire linee di indirizzo e suggerimenti per l'evoluzione della disciplina e della sua applicazione. Il Working Party ha osservato che:

Per questa ragione le misure tecnologiche di protezione dovrebbero anche garantire un accesso anonimo alle reti di servizi *on-line*. Le informazioni raccolte dovrebbero inoltre essere compatibili con gli scopi del servizio e la raccolta di dati personali essere limitata nel tempo.

4.8 La questione della gestione collettiva nei servizi di musica *on-line*

Nonostante il contesto giuridico comunitario in materia di diritto d'autore e diritti connessi si sia sviluppato attraverso l'adozione di otto direttive[204] – l'ultima delle quali relativa ad una piattaforma paneuropea sul rispetto dei diritti di proprietà intellettuale – concernenti la normativa di diritto sostanziale nel settore del diritto d'autore, la materia relativa alla gestione dei diritti è stata esclusivamente oggetto di una serie di consultazioni sostenute dalla Commissione europea, specialmente negli ultimi anni. Pertanto il settore relativo alla gestione collettiva dei diritti è stato essenzialmente affidato alla normativa nazionale degli Stati membri.

La necessità di adottare misure applicabili in tutti gli Stati UE è strettamente legata alle caratteristiche dei nuovi sevizi offerti da Internet, come il *webcasting* e il *download* di musica *on-demand*, il cui utilizzo oltrepassa i

---

"while control and tracing is developing at the source with the intention of checking "a priori" every user downloading legally information on the Internet, the protection of copyright information also leads most of copyright actors to take actions "a posteriori" and to conduct investigations towards users suspected of infringements".
Cfr Id.

[204] Direttiva 91/250/CEE del Consiglio, del 14 maggio 1991, relativa alla tutela giuridica dei programmi per elaboratore (GUCE L 122 del 17 maggio 1991, p. 42); direttiva 92/100/CEE del Consiglio, del 19 novembre 1992, concernente il diritto di noleggio, il diritto di prestito e taluni diritti connessi al diritto d'autore in materia di proprietà intellettuale (GUCE L 346 del 27 novembre 1992, p. 61); direttiva 93/83/CEE del Consiglio, del 27 settembre 1993, per il coordinamento di alcune norme in materia di diritto d'autore e diritti connessi applicabili alla radiodiffusione via satellite e alla ritrasmissione via cavo (GU L 248 del 6 ottobre 1993, pag.15); direttiva 93/98/CEE del Consiglio, del 29 ottobre 1993, concernente l'armonizzazione della durata di protezione del diritto d'autore e di alcuni diritti connessi (GUCE L 290 del 24 novembre 1993, p. 9); direttiva 96/9/CE del Parlamento europeo e del Consiglio, dell'11 marzo 1996, relativa alla tutela giuridica delle banche di dati (GUCE L 77 del 27 marzo 1996, p. 20); direttiva 2001/29/CE del Parlamento europeo e del Consiglio, del 22 maggio 2001, sull'armonizzazione di taluni aspetti del diritto d'autore e dei diritti connessi nella società dell'informazione (GUCE L 167 del 22 giugno 2001, p. 10); direttiva 2001/84/CE del Parlamento europeo e del Consiglio, del 27 settembre 2001, relativa al diritto dell'autore di un'opera d'arte sulle successive vendite dell'originale (GUCE L 272 del 13 ottobre 2001, p. 32); direttiva 2004/48/CE del Parlamento europeo e del Consiglio, del 29 aprile 2004, relativa al rispetto dei diritti di proprietà intellettuale (GUUE L 195 del 2 giugno 2004, p. 16).

confini nazionali. L'assenza di una disciplina efficace in tutto il territorio europeo rappresenta uno dei principali ostacoli al pieno sviluppo dei servizi in rete.

Come abbiamo ampiamente illustrato, l'esigenza che va sempre più diffondendosi a livello globale è proprio quella di fronteggiare il forte sviluppo del mercato dei contenuti. A livello europeo si è cercato di far fronte a tale bisogno, limitatamente al mercato musicale, procedendo all'apertura verso una concorrenza controllata del settore della gestione dei relativi diritti.[205] Tale apertura ha rappresentato uno dei primi tentativi di rispondere ad una serie di questioni tra le quali citiamo: i cambiamenti verificatisi sul mercato unico europeo, gli sviluppi tecnologici, l'emergere di nuovi modelli commerciali ed i cambiamenti nelle preferenze e nel comportamento dei consumatori.

Anche il tema della gestione collettiva dei diritti, soprattutto in un sistema globalizzato e reso fluido dalla dematerializzazione dei contenuti da gestire, pone alcune interessanti questioni non solo relativamente ai principi di concorrenza e pluralità degli operatori e quindi di libertà di impresa, ma anche riguardo una maggiore funzionalità nella gestione dei diritti stessi.[206] In questo settore, funzionalità ed efficienza finiscono indirettamente per avere risvolti sulle capacità operative delle imprese che materialmente commercializzano i contenuti e sulle libertà di scelta degli utenti.

Il *vulnus* che potrebbe aprirsi in questo settore è essenzialmente legato al rispetto delle regole di concorrenza, alla libertà di produzione ed alle nuove forme di autoproduzione di contenuti.

Dal punto di vista dei titolari dei diritti la questione concerne principalmente la libertà di scegliere fra modi di amministrazione individuale e collettiva ed, all'interno di quest'ultima, poter scegliere senza pregiudizi qualsiasi società presente all'interno della Comunità. Dal punto di vista degli utenti, una gestione accentrata ed esclusiva di varie funzioni riguardanti il diritto d'autore può rappresentare un ostacolo sia ad un'efficiente gestione dei servizi, sia allo sviluppo di nuovi forme di commercializzazione, ovvero di nuove opportunità per una più ragionevole tutela dei diritti d'autore.

L'intento della Commissione è stato perciò quello di prevedere una gestione del diritto d'autore per la musica *on-line* attraverso nuovi e più appropriati strumenti. Lo scopo sarebbe quello di agevolare il mercato del *download* legale che, a causa delle differenti legislazioni che esistono tra

---

[205] Sul ruolo dei *content provider* nel mercato discografico *on-line* si veda Stabile, Gli Mp3 File ed il Diritto d'Autore, cit., pp. 274-275.

[206] "La soluzione che in nome della libertà d'impresa tutelata dalle leggi antitrust cerca di comprimere il contenuto della privativa d'autore postula una eccezionale antinomia fra il diritto di libera iniziativa economica e la tutela proprietaria". Così Davide Sarti, Antitrust e Diritto d'Autore, in AIDA, 1995, p. 110-112.

paese e paese, fatica a decollare. Inoltre, tali differenze normative sulla gestione collettiva limitano, di fatto, sia la libertà di scelta degli autori che quella dei consumatori.

La gestione collettiva dei diritti è il sistema attraverso il quale una società di gestione amministra i diritti, congiuntamente e collettivamente, registrando, riscuotendo e ridistribuendo le rendite derivanti dal pagamento dei diritti d'autore a nome di più titolari.[207]

Per tradizione, la legislazione applicabile all'utilizzazione di un qualsiasi diritto è quella del luogo di sfruttamento. Tale principio è sancito nell'articolo 5, paragrafo 2, della Convenzione di Berna, ovvero l'accordo internazionale fondamentale nel campo del diritto d'autore.[208] Tale articolo stabilisce che "il godimento e l'esercizio" dei diritti spettanti agli autori di un'opera "non sono subordinati ad alcuna formalità e sono indipendenti dall'esistenza della protezione nel Paese d'origine dell'opera", ovvero che "al di fuori delle clausole della presente Convenzione, l'estensione della protezione e i mezzi di ricorso assicurati all'autore per salvaguardare i propri diritti sono regolati esclusivamente dalla legislazione del Paese nel quale la protezione è richiesta". Il principio trova inoltre un successivo riscontro ed un concreto riconoscimento nelle normative nazionali. Oltre che dalla Convenzione di Berna,[209] il contesto giuridico internazionale sulla gestione collettiva è disciplinato anche dalla Convenzione di Roma.[210] Entrambi i provvedimenti dispongono che spetti agli Stati membri individuare le condizioni di esercizio di determinati diritti.[211] Nell'Unione europea

---

[207] Commissione delle Comunità Europee, Comunicazione della Commissione al Consiglio, al Parlamento europeo e al comitato economico e sociale europeo: gestione dei diritti d'autore e dei diritti connessi nel mercato interno, COM (2004) 261. Sulla negoziazione collettiva e le società di gestione si veda Alberto Musso, Diritto di Autore sulle Opere dell'Ingegno Letterarie e Artistiche : Art. 2575-2583, Bologna, 2008, p. 402 e ss.

[208] La Convenzione si fonda su tre principi essenziali: il principio del trattamento nazionale; il principio della tutela automatica ed il principio dell'indipendenza del diritto d'autore. Cfr. Darrell Panethiere, La struttura legale del mercato della musica in Europa, in F. Silva e G. Ramello, Dal vinile ad Internet: economia della musica tra tecnologia e diritti, Torino, 1999, p. 198.

[209] Convenzione di Berna per la protezione delle opere letterarie e artistiche Art. 11bis, paragrafo 2; Art. 13 paragrafo 1 alla URL <http://www.admin.ch/ch/i/rs/i2/0.231.13.it.pdf>.

[210] Convenzione internazionale per la protezione degli artisti interpreti o esecutori, dei produttori di fonogrammi e degli organismi di radiodiffusione [Firmata a Roma il 26 ottobre 1961]. Art. 12 "Quando un fonogramma pubblicato a fini di commercio, ovvero una riproduzione di tale fonogramma, è utilizzato direttamente per la radiodiffusione o per una qualunque comunicazione al pubblico, un compenso equo ed unico sarà versato dall'utilizzatore agli artisti interpreti o esecutori, o ai produttori di fonogrammi, ovvero ad entrambi. La legislazione nazionale può determinare, in difetto di accordo tra gli interessati, le condizioni di ripartizione del predetto compenso". Alla URL <http://www.admin.ch/ch/i/rs/i2/0.231.171.it.pdf>.

[211] Per una breve analisi dello scenario giuridico internazionale si veda Panethiere, La Struttura Legale del Mercato della Musica in Europa, cit., p. 194.

questo significa che, non esistendo un diritto d'autore comunitario, la protezione è garantita da ogni singolo Stato poiché l'armonizzazione del diritto sostanziale sulla tutela della proprietà intellettuale non ha inciso sulla struttura territoriale del diritto d'autore né tantomeno sulle prerogative a livello territoriale dei titolari dei diritti.[212]

Questo sistema dimostra tutti i suoi limiti quando viene applicato alle nuove utilizzazioni commerciali consentite dalle tecnologie digitali. Infatti la circolazione globale di beni immateriali mette in crisi il principio di territorialità, ovvero il fondamento sul quali si sostanziano le norme a tutela della proprietà intellettuale.[213] In particolare la Commissione europea fa riferimento ai contratti stipulati dalle agenzie nazionali che gestiscono i diritti in Europa con i compositori e ne rileva l'eccessiva rigidità dal punto di vista della libertà di competizione. Gli autori infatti non hanno la facoltà di scegliere a quale agenzia di gestione affidare i propri diritti se non quella del proprio paese di residenza che, nella maggior parte dei casi, detiene il monopolio nazionale. Tale assetto rende difficile il lavoro delle attività commerciali come canali satellitari o via cavo, web-radio in *streaming* ma soprattutto i gestori di siti web, obbligati a stipulare contratti e a richiedere licenze differenti da Stato a Stato, frenando lo sviluppo del nuovo mercato e delegando alle società l'effettivo monopolio dei diritti. Anche per questo motivo, *music store on-line* come *iTunes* sono costretti a scomporre la loro offerta di contenuti in siti differenti per ogni nazione, fornendo ad ognuno un catalogo diverso.

Per tali ragioni la Commissione ha ritenuto opportuno – dopo una relazione ed una risoluzione[214] del Parlamento europeo su un quadro comunitario per le società di gestione collettiva, una Comunicazione, una procedura di consultazione ed un articolato studio[215] – adottare una raccomandazione sulla gestione transfrontaliera collettiva dei diritti d'autore e dei diritti connessi limitatamente al campo dei servizi musicali *on-line* autorizzati.

---

[212] Come rilevato nella Comunicazione della Commissione sulla gestione dei diritti d'autore e diritti connessi nel mercato interno, COM (2004) 261, il principio dello sfruttamento territoriale dei diritti di proprietà intellettuale è stato ribadito sia dal legislatore comunitario che dalla Corte di giustizia nelle cause 62/79, Coditel v. Ciné-Vog Films (1980) Racc. 881 e 262/81, Coditel v. Ciné-Vog Films (1982) Racc, 3381.

[213] Cfr. Pierluigi. De Palma, La Vendita e Circolazione di Materiali Musicali, in I Nuovi Contratti nella Prassi Civile e Commerciale Vol. X, in P. Cendon (a cura di), Il Diritto Privato nella Giurisprudenza Commerciale, Torino, 2004, p. 34.

[214] Risoluzione del Parlamento europeo su un quadro comunitario per le società di gestione collettiva nel settore dei diritti d'autore e dei diritti connessi, GUUE C 92E del 16 aprile 2004.

[215] Cfr. Commissione europea, Studio su una iniziativa Comune per una gestione collettiva transfrontaliera sul diritto d'autore, Brussels, 7 Luglio 2005, alla URL <http://ec.europa.eu/inter al_market/copyright/docs/management/study-collectivemgmt_en.collectivemgmt_en.pdf>.

Le società di gestione collettiva (*collecting societies*) sono dunque "associazioni volontarie di autori, interpreti ed altri titolari di diritti il cui scopo consiste nel proteggere i propri interessi sostanziali e finanziari relativi alla proprietà intellettuale o ai propri servizi interni ed esterni".[216]

L'attività svolta dalle *collecting societies* costituisce un punto fondamentale per il regolare funzionamento del mercato musicale anche se tale ruolo, in un contesto caratterizzato da mezzi di trasmissione e memorizzazione digitale della musica, mette contemporaneamente in evidenza i problemi di gestione del diritto d'autore,[217] ovvero dei diritti di riproduzione ed esecuzione. Tali società, quasi sempre organizzazioni *non-profit* sorte dall'associazionismo, si caratterizzano per avere quattro funzioni principali:[218] 1) concedere licenze di sfruttamento delle opere di cui gestiscono il diritto d'autore o per cui operano in qualità di agenti per conto dei loro membri per usi determinati; 2) controllare le utilizzazioni e raccogliere i proventi; 3) suddividere le rendite sotto forma di *royalty* ai membri; 4) concludere accordi di reciprocità con le società di gestione collettiva straniere sì da raccogliere e distribuire ai titolari dei diritti stranieri le *royalties* guadagnate, nonché ricevere e distribuire ai residenti titolari dei diritti le *royalties* conseguite all'estero.

L'amministrazione collettiva sembra, allo stato, uno strumento ancora in grado di attuare un capillare servizio di controllo sulle utilizzazioni delle opere e sulla gestione dei diritti sulle stesse:[219] infatti essa consente ad ogni singolo artista di assicurarsi le *royalties* sulle utilizzazioni delle proprie opere e di controllarne le utilizzazioni a fronte di un costo di gestione amministrativa abbastanza modesto perché suddiviso tra tutti i membri della *collecting society*.[220] La gestione delle utilizzazioni della musica *on-line* avviene attraverso il sistema delle licenze[221] che presuppone l'applicazione

---

[216] Relazione del Parlamento europeo per un quadro comunitario per le Società di gestione collettiva dei diritti d'autore, Commissione Giuridica e per il Mercato Interno, 11 Dicembre 2003, p. 16 alla URL <http://www2.europarl.eu.int/registre/seance_pleniere/textes_deposes/ /rapports/2003/0478/P5_A(2003)0478_IT.doc>.

[217] Pierluigi De Palma, La Vendita e Circolazione di Materiali Musicali, cit., p. 38; Ruth Towse, Incentivi e Redditi degli Artisti Derivanti dal Diritto d'Autore e Diritti Connessi nell'Industria Musicale, in Francesco Silva e Giovanni Ramello (a cura di), Dal Vinile ad Internet: Economia della Musica tra Tecnologia e Diritti, Torino, 1999, p. 235.

[218] Tale classificazione è ripresa da Towse, Incentivi e Redditi degli Artisti Derivanti dal Diritto d'Autore e Diritti Connessi nell'Industria Musicale, cit., p. 235.

[219] Cfr. Stefania Ercolani, Il Diritto d'Autore: La Legge Italiana e le Linee di Evoluzione nella Società dell'Informazione, in 72 Dir. Aut., 2001, p. 20; Pierluigi De Palma, La Vendita e Circolazione di Materiali Musicali, cit., p.38.

[220] Cfr. Towse, Incentivi e Redditi degli Artisti Derivanti dal Diritto d'Autore e Diritti Connessi nell'Industria Musicale, cit., p. 236.

[221] Si veda quanto stabilisce la direttiva 2001/29/CE per la gestione dei diritti d'autore nella Società dell'Informazione.

della legislazione del paese di utilizzazione e quindi, in caso di utilizzazione in più Stati membri, obbliga al rispetto di diverse normative. Di fatto se si volesse utilizzare commercialmente *on-line* in più Stati membri dell'Unione una stessa opera musicale sarebbe necessario trattare con ciascuno dei rispettivi gestori collettivi dei diritti. Per ovviare a tali problemi molti operatori hanno individuato delle soluzioni contrattuali atte a garantire un adeguato accesso a materiali protetti a livello europeo attraverso la concessione di licenze che si applicano non solo ad un singolo territorio ma che, grazie ad accordi di reciprocità con altre società straniere di gestione collettiva, si estendono anche ai territori in cui queste non operano direttamente. È proprio da questa complessità di trattamento che emerge la necessità di un intervento armonizzatore tale da individuare una politica comune di concessione di licenze multiterritoriali che meglio si adatti all'ubiquità del mondo di Internet. Infatti il monopolio legale detenuto da molte *collecting societies* nei rispettivi paesi consente una posizione esclusiva nel territorio nazionale. Inoltre molte agenzie nazionali, stringendo accordi di *cross-licensing*, hanno di fatto realizzato un mercato strutturato e chiuso che ripropone in rete i monopoli nazionali che le stesse società gestiscono tradizionalmente nel mondo *off-line*.

Questo, per sommi capi, è il quadro in cui si colloca la raccomandazione del 18 ottobre 2005, adottata dalla Commissione proprio in materia di gestione dei diritti *on-line* nel settore dei contenuti musicali.[222] Il provvedimento ha essenzialmente lo scopo di sollecitare la realizzazione di un sistema paneuropeo di *licensing* per i servizi di commercializzazione e diffusione di musica *on-line,* assicurando ai titolari dei diritti e agli utenti delle opere protette da diritto d'autore la possibilità di scegliere liberamente le modalità di assegnazione delle licenze per esprimere al meglio la natura del servizio, abbandonando le disposizioni che riguardavano la ripartizione dei clienti e le restrizioni territoriali previste nei contratti di licenza esistenti. L'assenza di una disciplina valida in tutto il territorio europeo è infatti tra le cause degli ostacoli al pieno sviluppo dei nuovi sevizi Internet come il *webcasting* ed i servizi di *musica on-demand,* il cui utilizzo supera i tradizionali confini nazionali.

La raccomandazione è stata preceduta dall'adozione di una comunicazione in materia di gestione dei diritti d'autore e diritti connessi, volta ad analizzare i metodi di gestione di tali diritti verificando come le procedure di concessione di licenze, talvolta differenti da territorio a territorio, possano costituire un ostacolo al funzionamento del mercato interno soprattut-

---

[222] Raccomandazione 2005/737/CE della Commissione del 18 ottobre 2005 sulla gestione transfrontaliera collettiva dei diritti d'autore e dei diritti connessi nel campo dei servizi musicali *on-line* autorizzati, G.U. L276, p. 54.

to in relazione alle attività della società dell'informazione. Successivamente è stata aperta una procedura di consultazione diretta a riunire i diversi punti di vista delle parti interessate, anche in vista di un possibile intervento legislativo in questo settore. Infine, poco prima dell'adozione della raccomandazione, la Commissione ha pubblicato uno studio volto a considerare una iniziativa comune per la gestione collettiva transfrontaliera sul diritto d'autore, ovvero la creazione di una licenza di portata comunitaria in grado di autorizzare le società di gestione collettiva a gestire le opere in tutti i paesi dell'Unione. Infatti, come precedentemente riscontrato, le strutture nazionali in materia di diritti di proprietà intellettuale sono basate su tradizioni giuridiche e culture diverse. Proprio per questo, sin dagli anni '70, per sostenere un regolare funzionamento del mercato interno e liberare il campo da possibili ostacoli alla libera circolazione di beni e servizi, uno degli obiettivi principali dell'Unione è stato quello di assicurare l'armonizzare delle normative nazionali in materia di diritto d'autore. Del resto, eliminare o ridurre gli ostacoli alla libera circolazione delle merci che possono risultare dall'adozione di regolamentazioni tecniche nazionali diverse, favorendo la trasparenza delle iniziative nazionali nei confronti della Commissione europea, degli organismi di normalizzazione e degli altri Stati membri, è uno degli obiettivi dell'Unione europea anche nel settore della Società dell'Informazione.

Il Parlamento europeo ha tuttavia recentemente criticato la raccomandazione della Commissione, lamentando in particolare di non essere stato consultato. Con una risoluzione[223] ne ha pertanto respinto l'approccio non vincolante ed ha sollecitato l'adozione di una direttiva quadro flessibile in tale settore.

Di fatto, la formulazione della raccomandazione sollecita gli Stati membri affinché venga assicurata ai titolari dei diritti ed agli utilizzatori commerciali di opere protette dal diritto d'autore la possibilità di scegliere le modalità più convenienti di concessione di licenze. A tal fine si propone di eliminare dai contratti di licenza esistenti le restrizioni territoriali e le disposizioni relative all'attribuzione dei clienti, lasciando ai titolari dei diritti la possibilità di mettere a disposizione il proprio repertorio per una concessione diretta di licenze a livello comunitario. Nel settore della musica *on-line* in particolare, le società di gestione collettiva si sono trovate ad affrontare il problema relativo al superamento della c.d. *economic residency clause* (clausola di residenza economica) prevista nell'Accordo di Santia-

---

[223] Risoluzione del Parlamento europeo del 13 marzo 2007 sulla raccomandazione 2005/737/CE della Commissione, del 18 ottobre 2005, sulla gestione transfrontaliera collettiva dei diritti d'autore e dei diritti connessi nel campo dei servizi musicali *on-line* autorizzati, (2006/2008(INI)).

go[224], ratificato da quasi tutte le società di gestione collettiva operanti nello Spazio Economico Europeo (SEE).[225] Tale accordo prevede il diritto di rilasciare licenze per diritti di esecuzione pubblica di brani musicali *on-line* e contiene una serie di modifiche agli accordi bilaterali esistenti di rappresentanza reciproca conclusi in passato tra le società di gestione autrici della notifica. L'accordo autorizza inoltre ciascuna parte a concedere licenze non esclusive per l'esecuzione pubblica *on-line* di brani musicali del repertorio dell'altra parte a livello mondiale. In particolare, la clausola di residenza economica prevede che gli utenti possano ottenere licenze in tutto lo Spazio Economico Europeo (SEE) per l'utilizzo *on-line* della musica semplicemente attraverso una richiesta alla propria società di gestione collettiva nazionale. Tuttavia la Commissione ha evidenziato come la sezione II dell'accordo stabilisca che la società autorizzata a concedere le succitate licenze multirepertorio, ovvero comprendenti i repertori gestiti dalle società di gestione collettiva che l'hanno applicato, sia la società del paese in cui il fornitore di contenuti ha la sua residenza effettiva ed economica. Poiché nel SEE esiste soltanto un'unica società di gestione collettiva, che gode di una situazione di monopolio per ciascun territorio in ambito SEE, e dato che tutte le società di gestione collettiva stipulano siffatti accordi bilaterali, ciò di fatto implica che ciascuna società di gestione collettiva nazionale usufruisce di un potere di assoluta esclusività territoriale, per quanto riguarda la possibilità di rilasciare licenze multiterritoriali e multirepertorio per l'esecuzione pubblica di brani musicali in rete.

La Commissione europea ha pertanto aperto un procedimento formale nei confronti delle società di gestione collettiva coinvolte: infatti, essa ha ritenuto che parte dell'Accordo di Santiago potesse disattendere il divieto delle pratiche restrittive della concorrenza stabilito dall'art. 81 del Trattato CE,[226] anche in considerazione del fatto che l'esclusività territoriale con-

---

[224] Così sono conosciuti gli accordi bilaterali di rappresentanza reciproca firmati dapprima il 17 aprile 2001 dalle società di gestione collettiva dei diritti di autore BUMA, Gesellschaft für musikalische Aufführungs- und mechanische Vervielfältigungsrechte (GEMA), The Performing Right Society Ltd. (PRS) e Société des Auteurs, Compositeurs et Editeurs de Musique (SACEM). In seguito, tutte le altre società di gestione collettiva in ambito SEE si sono associate alla notifica, ad eccezione della società di gestione portoghese (SPA) e quella svizzera (SUISA).

[225] L'Accordo sullo Spazio Economico Europeo, entrato in vigore il 1° gennaio 1994, a seguito dell'allargamento avvenuto il 1° maggio 2004 coinvolge i 25 paesi dell'UE più i paesi dell' EFTA (Associazione Europea di Libero Scambio), ovvero Islanda, Lichtenstein e Norvegia.

[226] L'articolo 81 del Trattato CE vieta, perché incompatibili con il mercato comune, le pratiche concertate e gli accordi tra imprese in grado di pregiudicare il commercio tra Stati membri e che abbiano per oggetto o per effetto quello di impedire, restringere o falsare il gioco della concorrenza. Tale divieto si applica sia agli accordi orizzontali (tra operatori che agiscono nella stessa fase della produzione, della trasformazione o della distribuzione) che agli accordi verticali (tra imprese che intervengono in fasi diverse del processo industriale e commerciale

templata per le società di gestione collettiva non risulterebbe giustificata da motivi tecnici né sarebbe legittimata all'ambito di applicazione della rete Internet[227] oltre ad essere restrittiva delle possibilità commerciali degli utenti.

La raccomandazione trova pertanto la sua principale giustificazione nella necessità di offrire agli utilizzatori commerciali che impiegano opere musicali ed altri materiali *on-line* una sola licenza paneuropea,[228] che non obblighi gli utilizzatori a ricorrere a più di una società di gestione collettiva per ottenere distinte licenze parziali.[229]

La raccomandazione, in particolare, propone l'abolizione delle previsioni che riguardano la distribuzione dei clienti e le restrizioni territoriali nei contratti di licenza esistenti, concedendo ai titolari dei diritti la scelta di proporre i loro cataloghi per la concessione diretta delle licenze a livello comunitario. Si ritiene pertanto opportuno prevedere una licenza multiterritoriale in grado di garantire maggiore certezza del diritto agli utilizzatori commerciali relativamente alle loro attività e di incoraggiare al contempo lo sviluppo di servizi *on-line* autorizzati, con un aumento dei guadagni per i titolari dei diritti.[230] A tal fine gli Stati membri vengono invitati ad adottare le opportune azioni finalizzate a favorire lo sviluppo nella Comunità di servizi *on-line* autorizzati attraverso l'approvazione di un contesto normativo più adeguato alla gestione comunitaria dei diritti d'autore e diritti connessi per lo sviluppo di servizi musicali *on-line* autorizzati.

La Commissione esorta inoltre gli Stati membri affinché i titolari dei diritti, indipendentemente dallo Stato membro di residenza o dalla cittadinanza, siano messi nelle condizioni di poter affidare ad un gestore colletti-

---

e che non sono in concorrenza tra di loro). Tra le tipologie di accordo vietate rientrano: gli accordi di fissazione dei prezzi, di ripartizione dei mercati tra concorrenti, le intese su quote di produzione o condizioni di vendita etc. Alcune forme di collaborazione, che in linea di principio possono rientrare nel divieto, possono altresì essere derogate se contribuiscono, ad esempio, a migliorare la distribuzione o l'innovazione tecnica. Si veda al riguardo Roberto Mastroianni, Le Società di Autori ed il Diritto Comunitario della Concorrenza, in Riv. It. Dir. Pubbl. Com. 1991, p. 69. Sulle politiche comunitarie di concorrenza si veda inoltre Antonio Tizzano (cura di), Trattati dell'Unione Europea e della Comunità Europea, sub art. 81, Milano 2004, p. 518 e ss.; Laura Pignataro, La Riforma del Diritto Comunitario della Concorrenza: Il Regolamento n. 1/2003 sull'Applicazione degli Articoli 81 e 82 del Trattato CE, Contratto e Impr. Eur., 2003, p. 233.

227 Le società coinvolte hanno presentato alla Commissione i propri impegni a non partecipare ad eventuali accordi nei quali sia prevista la "economic resodency clause". Si veda l'Avviso pubblicato ai sensi dell'articolo 27, paragrafo 4, del regolamento (CE) n. 1/2003 del Consiglio nei casi COMP/C2/39152 - BUMA e COMP/C2/39151 - SABAM (Accordo di Santiago - COMP/C2/38126) alla URL <http://europa.eu.int/eur-lex/lex/LexUriServ/site/it/oj/2005/c_2 00/c_20020050817it00110012.pdf>.

228 Cfr. Raccomandazione 2005/737/CE, considerando 4.

229 Ibidem, considerando 7.

230 Ibidem, considerando 8.

vo di loro scelta, ed in un ambito territoriale di loro scelta, la gestione di qualsiasi diritto *on-line* necessario alla prestazione di servizi musicali *on-line* autorizzati.[231]

La parte sostanziale della Raccomandazione concerne la concessione di una licenza per i diritti *on-line*. Su questo argomento la Commissione raccomanda che il rapporto tra i titolari dei diritti ed i gestori collettivi dei medesimi sia strutturato in modo tale da permettere ai titolari dei diritti di determinare liberamente i diritti *on-line* da affidare alla gestione collettiva, scegliendo altresì la portata territoriale del mandato concesso ai gestori e avendo il potere di revocare il diritto *on-line*, trasferendolo ad altro gestore collettivo senza vincoli legati allo Stato membro di residenza o alla cittadinanza del gestore collettivo dei diritti o del titolare dei medesimi.[232]

La raccomandazione contiene inoltre specifiche disposizioni sulla risoluzione dei contenziosi e delle controversie in materia di tariffe, concessioni di licenze ed affidamenti di diritti *on-line*, sulla trasparenza dei rapporti tra gestori collettivi dei diritti e titolari dei medesimi, la *governance*, nonché la responsabilità ed il regolare dovere di informazione dei gestori collettivi nei confronti dei soggetti di cui esercitano la rappresentanza.

Con il recepimento da parte degli Stati membri delle misure proposte dalla Raccomandazione,[233] la Commissione si attende anche in Europa una sensibile crescita dei servizi autorizzati di musica *on-line*. Significativo è il fatto che dai lavori della Commissione sia emerso che lo strumento attraverso il quale sia possibile ottenere una licenza unica per i diritti musicali, valida ed efficace nell'intera Unione Europea, venga individuato ancora nelle società di gestione collettiva, sebbene i sistemi di gestione dei diritti digitali (*Digital Rights Management Systems*) si possano prestare anch'essi ad essere utilizzati quale potenziale concorrente tecnologico per forme di gestione, collettiva o individuale, dei diritti degli autori e dei titolari di diritti connessi[234].

---

[231] Cfr. Punto 3) "Rapporto tra titolari dei diritti, gestori collettivi dei diritti e utilizzatori commerciali".

[232] Punto 5) lett. a); b) e c).

[233] Il Punto 16) della raccomandazione invita gli Stati membri ed i gestori collettivi a comunicare annualmente alla Commissione le misure adottate, informandola anche sulla gestione a livello comunitario dei diritti d'autore e diritti connessi per la prestazione di servizi musicali *on-line* autorizzati.

[234] Al riguardo la Relazione del Parlamento Europeo per un quadro comunitario per le Società di gestione collettiva dei diritti d'autore, osserva che "i DRMs non possono sostituire né meccanismi di gestione già esistenti, né la politica in materia di diritti d'autore e mezzi d'informazione, ma rappresentano uno strumento essenziale per perfezionare la gestione europeo dei diritti". Sull'argomento si veda diffusamente Christoph Beat Graber et al., (a cura di), Digital rights management: the end of collecting societies? cit.

Attualmente la Commissione sta monitorando gli effetti della raccomandazione. Il 17 gennaio 2007 la Commissione ha infatti invitato tutte le parti interessate, compreso il Parlamento, a presentare osservazioni e commenti sulla loro esperienza iniziale. Base per il monitoraggio sono le risposte alla *call for comments* aperta a tutti gli interessati.[235] Tra i principali temi monitorati rientrano: la natura dello strumento, le licenze utilizzate a livello europeo, il campo di applicazione della raccomandazione, la *governance* e la trasparenza. Tutte le parti interessate sono state invitate a presentare osservazioni in merito alle questioni di cui sopra entro il 1 luglio 2007. Ad agosto 2007 la Commissione ha ricevuto circa 80 risposte da varie parti interessate. Il processo di revisione dei mezzi è attualmente in corso. Dopo un approfondito esame, la Commissione valuterà la necessità di ulteriori passi per quanto riguarda le società di gestione collettiva e gli strumenti per meglio operare *on-line*.

4.9 Modelli economici alternativi per i contenuti digitali

L'avvento delle nuove tecnologie ha cambiato gli assetti dei modelli tradizionali di *business*. In particolare, fenomeni come la diffusione dei sistemi *peer-to-peer* sono stati determinanti per l'emersione di nuovi modelli di commercializzazione digitale nell' industria musicale. I *contents providers,* seppur con estremo ritardo, stanno realizzando i benefici economici della tecnologia digitale che permette loro di fornire contenuti contemporaneamente su più mercati. Vanno inoltre considerate le straordinarie possibilità offerte da Internet in termini di riduzione dei costi, flessibilità dell'offerta di contenuti e miglioramento dei servizi a favore dei consumatori, tutte caratteristiche in grado di offrire interessanti e legittime alternative al *file sharing* illegale.

Come osservato a suo tempo dalla stessa *International Federation of the Phonographic Industry*, lo sviluppo di stabili *modelli di business* digitale ha faticato a realizzarsi.[236] Le prime esperienze, infatti, si sono rivelate non molto soddisfacenti. La ragione principale di tale insuccesso è da attribuire al fatto che, sin dall'inizio, le *major* del settore non hanno veramente raccolto la sfida di sviluppare un nuovo modello di *business* compatibile con l'economia della distribuzione digitale. Al contrario, hanno cercato di

---

[235] Accessibile sul sito web della Commissione alla URL <http://ec.europa.eu/internal_market/c opyright/management/management_en.htm#monitoring>.

[236] IFPI:05 Digital Music Report, cit., p. 4. In quell'anno, infatti, furono avviati due servizi di distribuzione *on-line* sulla base dell'idea di offrire una vasta scelta di musica attraverso il pagamento di un canone d'abbonamento.

mantenere le vecchie pratiche commerciali basate su elevati margini di profitto garantiti dalla vendita di prodotti fisici.[237] Inoltre non sono riuscite a tenere in considerazione le nuove tendenze di consumo che, nel settore musicale, puntavano decisamente verso l'acquisto di singoli brani piuttosto che interi album.

Pertanto le ragionevoli attese dei consumatori di ottenere *file* musicali a prezzi significativamente ridotti furono doppiamente frustrate. Infatti gli utenti hanno sin dall'inizio cercato non solo la facilità di accesso, ma anche la flessibilità di utilizzo dei contenuti digitali. Essi volevano essere in grado di fruire liberamente dei contenuti acquistati, così come erano abituati a fare prima dell'avvento del formato digitale.[238] Originariamente l'industria dei contenuti ha tuttavia impedito una serie di comportamenti, limitando le caratteristiche dei servizi offerti ed imbrigliando i contenuti con misure tecnologiche di protezione capaci di dettare le condizioni di utilizzo. Di contro, l'effetto non poteva non essere quello di promuovere ancora di più la ricerca di contenuti digitali *consumer friendly* attraverso canali "alternativi".

Solo negli ultimi anni si è realmente assistito allo sviluppo di modelli di *business* maggiormente rispondenti alle vere esigenze e richieste del mercato dell'intrattenimento digitale.[239]

La combinazione di caratteristiche come la ricerca intereattiva dei contenuti, il *download* istantaneo, l'interoperabilità e la portabilità stanno realmente trasformando il modo di consumare i contenuti. Un evento fondamentale nella crescita di questi servizi è stata la diffusione su larga scala dei lettori portatili.

Come in passato quando il videoregistratore della Sony – inizialmente visto come una minaccia dall'industria cinematografica – ha in realtà aperto un nuovo mercato,[240] così oggi l'incredibile diffusione dei riproduttori portatili, come l'iPod di Apple, hanno indotto le industrie discografiche ad intraprendere apprezzabili servizi di musica *on-line*.

Due sono attualmente i principali modelli di *business* per i servizi digitali: *pay-per-download* e servizi di sottoscrizione.[241] Il primo concede ai consumatori la possibilità di acquistare contenuti con maggiore flessibilità

---

[237] Cfr. Matthew Fagin et al., Beyond Napster: Using Antitrust Law to Advance and Enhance Online Music Distribution, 8 B.U. J. Sci. & Tech. L. 450, 490-91 (2002).

[238] Cfr. Brendan Scott, Copyright in a Frictionless World: Toward a Rhetoric of Responsibility, Firstmonday alla URL <http://www.firstmonday.dk/issues/issue69/scott/>.

[239] IFPI:05 Digital Music Report, cit, p. 6.

[240] Vedi Infra § 2.5.1. Cfr. Sony Corp. of America v. Universal City Studios, Inc., 464 U.S. 417 (1984). Per una una sintesi dei principali fatti connessi alla decisione di Sony, si veda William W. Fisher III, Promises to Keep: Technology, Law, and the Future of Entertainment, Stanford, 2004, p.70-75.

[241] IFPI:05 Digital Music Report, cit., p 7.

rispetto ai supporti analogici poiché singoli prodotti possono essere selezionati, scaricati e gestiti.[242] Tale modello è utilizzato da servizi come iTunes Music Store e MSN Music.[243]

Il modello dei servizi in abbonamento prevede una certa quantità di contenuti direttamente fruibili *on-demand* o *in streaming* in cambio di un canone mensile. Tale modello è utilizzato da servizi come Napster o Rhapsody che offrono musica *in streaming* illimitata in cambio di un canone mensile, mentre il *download* e l'uso su riproduttori portatili è possibile solo con un compenso extra.[244]

All'interno del mercato dei contenuti digitali, nessuno può negare che il precursore di queste nuove forme legali di distribuzione sia stato il servizio iTunes Music Store di Apple che ha offerto non solo un servizio di distribuzione *on-line* ma lo ha anche combinato ad un dispositivo di riproduzione portatile.[245]

Il modello Apple è stato lanciato *in primis* negli Stati Uniti nell'aprile 2003 e poi è stato ampliato, nel giugno 2004, a tre principali mercati europei: Regno Unito, Francia e Germania. Tra ottobre e dicembre 2004 è stato poi esteso a 11 paesi: Austria, Belgio, Canada, Finlandia, Grecia, Irlanda, Italia, Lussemburgo, Olanda, Portogallo, Spagna. Attualmente i paesi gestiti dallo *store* sono settantasette.

Tale sistema appare essere il primo ed unico prodotto creato in considerazione delle aspettative del mercato: ciò dimostra che l'eccessiva protezione della copia non porta benefici ed è invece possibile sviluppare un modello di *business* nel quale far convivere i diversi interessi legati al profitto. La ragione fondamentale della popolarità e del successo di iTunes sembra essere caratterizzata dalla rinuncia al modello di un perfetto controllo tecnologico, trovando apparentemente il giusto punto di convergenza tra interessi delle industrie discografiche, dell'industria elettronica e dell'informatica e degli utenti. Questo in qualche modo avvalora la tesi secondo cui quando l'offerta di contenuti digitali aumenta essa può competere con la pirateria. L'incremento e la proliferazione di servizi che offrono legalmente contenuti digitali hanno instaurato nuovi mercati e nuovi mo-

---

[242] Ibidem.

[243] Apple Music Store, alla URL <http://www.apple.com/itunes/store>; MSN Music, alla URL <http://music.msn.com/> Per un elenco complete dei servizi di musica *on-line* si veda Pro-Music, alla URL <http://www.pro-music.org >.

[244] Napster, alla URL <http://www.napster.com>.; Real Rhapsody, alla URL <http://www.real-download.com>.; Virgin Digital, alla URL <http://www.virgindigital.com>.

[245] Apple's iTunes Music Store, alla URL <http://www.apple.com/it/itunes/whatson/>. Il servizio di musica *on-line* è presente anche al di fuori degli Stati Uniti e dell'Europa per un totale di 77 paesi serviti. Per un elenco globale di servizi autorizzati di musica digitale *on-line* suddivisi per regione, si veda Pro-Music alla URL <http://www.pro-music.org/musiconline.htm>.

delli di distribuzione. I consumatori hanno dimostrato di gradire tali nuove iniziative e le loro attitudini nei confronti dei contenuti digitali stanno cambiando.[246]

Accanto a tali innovative forme di commercializzazione dei contenuti si vanno sempre più diffondendo strumenti giuridici volti ad una differente gestione e distribuzione dei diritti relativi alle opere dell'ingegno, specie nel settore digitale. Infatti, dinanzi e contro il fenomeno, dagli effetti globali di ipertrofia dei diritti di proprietà intellettuale prende sempre più consistenza ed importanza – e non solo dal punto di vista teorico – il concetto di informazione di *public domain,* ovvero "uno spazio pubblico di accesso e gestione delle conoscenze e dell'innovazione che prescinde dall'idea di appropriazione individuale caratterizzante invece i brevetti ed il diritto d'autore".[247] Su questo concetto si basa il movimento culturale dell'*Open Access,* indirizzato a liberalizzare l'accesso ed il riutilizzo di contenuti su supporti digitali. In qualche modo collegato a tale movimento è il progetto transnazionale *Creative Commons.*[248] Il traguardo di tale iniziativa è la valorizzazione della creatività e della produzione culturale "attraverso lo sviluppo di un sistema di licenze che favoriscano la diffusione e la condivisione delle opere, consentendo di recuperare quella preziosa fase dell'iter creativo rappresentata dalla possibilità per gli autori di rielaborare opere altrui".[249]

Il proposito di *Creative Commons* è quello di offrire licenze di diritto d'autore, utilizzabili gratuitamente e liberamente, ed aventi la caratteristica peculiare di poter modulare, a seconda del tipo di licenza, i diritti che rimangono di esclusiva titolarità dell'autore dell'opera e quelli che invece sono liberamente disponibili come beni comuni.[250] La caratteristica di tali

---

[246] iTunes, attualmente la piattaforma *on-line* per l'audio-video più usata dagli utenti, ha recentemente annunciato di aver raggiunto il traguardo di cinque miliardi di contenuti acquistati dagli utenti Internet negli ultimi cinque anni. Cfr. alla URL <http://www.apple.com/pr/librar ary/2008/06/19itunes.html>.

[247] Cfr. Tallacchini, Gambini, Brevettabilità delle Biotecnologie e Culture Epistemiche, cit. Le autrici osservano come le stesse espressioni *community rights* e *commons* "indicano alcuni di questi nuovi regimi appropriativi che danno espressione giuridica a culture della conoscenza che non trovano e non vogliono trovare il loro compendio nell'appropriazione esclusiva della proprietà intellettuale, tuttavia ancora ben poca attenzione è stata rivolta alla natura dei processi attraverso cui si produce e si accredita la conoscenza stessa". Sul punto si veda diffusamente Lawrence Lessig, The Future of Ideas: The Fate of the Commons in a Connected World, New York, 2001.

[248] Creative Commons alla URL <http://www.creativecommons.org>.

[249] Così Matteo Giacomo Jori, Creative Commons: Passato, Presente e Futuro dei Beni Comuni, in Giovanni Ziccardi (a cura di), Nuove Tecnologie e Diritti di Libertà nelle Teorie Nordamericane, cit. p. 72.

[250] Cfr. Andrea Glorioso, Giuseppe Mazziotti, Alcune riflessioni sulle Licenze Creative Commons e i diritti connessi degli artisti interpreti ed esecutori, dei produttori di fonogrammi e

licenze consiste dunque nel fatto di rendere possibile agli autori la fruizione delle loro opere creative cedendo o mantenendo in parte i diritti di utilizzazione economica e permettendo, allo stesso tempo, libere utilizzazioni per determinati usi e a certe condizioni. La scelta tra le varie opzioni disponibili può essere effettuata attraverso Internet, mediante una procedura guidata presente sul sito web di *Creative Commons*. L'autore dell'opera può scegliere la licenza più adatta alle proprie necessità tra quelle rese disponibili nei vari paesi. Tali licenze, infatti, sebbene nate negli Stati Uniti e quindi basate su tale sistema giuridico, sono state adattate ai vari ordinamenti dei paesi nei quali vengono utilizzate. A livello internazionale le tipologie di licenze sono sei e possono essere utilizzate anche in combinazione tra di loro.

Idealmente le licenze *Creative Commons* si articolano in due moduli: il primo determina i permessi che l'autore vuole concedere sulla sua opera, il secondo indica i vincoli per l'utilizzazione dell'opera.[251]

Per quanto riguarda il primo modulo, tutte le licenze consentono la copia e la distribuzione dell'opera mentre solo alcune permettono anche la modifica. Quanto invece al modulo concernente le condizioni di utilizzo dell'opera, le licenze si suddividono in quattro clausole base, combinabili tra di loro:[252] (i) attribuzione; (ii) non commerciale; (iii) non opere derivate; (iv) condividi allo stesso modo. La clausola (i) "attribuzione" segnala che l'opera può essere copiata, distribuita e pubblicata con l'unico obbligo per chi la utilizza di riconoscere la paternità all'autore originario, indicandone chiaramente nome e fonte. La clausola (ii) "non commerciale" indica che l'opera non può essere utilizzata per scopi commerciali, ovvero l'opera non può essere distribuita dietro compenso. La clausola (iii) "non opere derivate" segnala che l'autore autorizza la copia, la distribuzione e la riproduzione senza alterazioni, trasformazioni o sviluppi dell'opera stessa. La clausola (iv) "condividi allo stesso modo" permette la rielaborazione, la trasformazione o lo sviluppo dell'opera a condizione che l'opera derivata dalla rielaborazione sia distribuita attraverso identica licenza. In altre parole tale condizione assicura che le libertà concesse dall'autore si conservino anche su opere derivate.

Tali licenze pur non rivoluzionando il sistema di distribuzione dei contenuti offrono, come è stato da più parti osservato, una terza via alla tutela dei beni intellettuali: a metà strada tra i vincoli del classico diritto d'autore e la libertà assoluta della copia.

---

degli organismi di diffusione radiotelevisiva, in Riv. Dir. Aut. 2008, p.133, 134; Mario Fabiani, Creative Commons. Un nuovo modello di licenza per l'utilizzazione di opere in Internet, in Riv. Dir. Aut. 2006, p. 157 ss.

[251] Cfr. <http://creativecommons.org/about/licenses/meet-the-licenses>.

[252] Cfr. < http://www.creativecommons.it/Licenze>.

4.10 Sfide e prospettive

Alla luce di quanto esaminato possiamo concludere che la legislazione attuale offre limitati spazi di protezione per i consumatori di contenuti digitali. Come è stato giustamente osservato da altri autori, la questione del *copyright* deve essere vista a tutto tondo, senza limitarsi al tema della remunerazione economica.[253] Si tratta perciò di investire tempo e intelligenze non solo in dissertazioni di principio, ideologiche o solo giuridiche, ma anche e soprattutto nella ricerca e nella definizione di un modello di remunerazione complementare o alternativo, efficace e funzionale.

In questo senso guardare alla questione dal punto di vista dell'utente finale può aiutare a meglio comprendere i contorni e le eventuali soluzioni del problema. Il principio cardine della remunerazione per il lavoro creativo, messo in discussione dal digitale, non si risolve solo attraverso norme sul diritto d'autore più aggressive, ma anche attraverso migliori e più certe condizioni di accesso ai contenuti da parte dei consumatori.[254]

Ci sembra inoltre legittimo richiamare l'attenzione su come il criterio su cui si fondano le diverse ipotesi che danno luogo alle eccezioni e limitazioni ai diritti esclusivi degli autori possa di fatto "ricondursi alla presenza di taluni principi di rango costituzionale"[255] inseriti, riconosciuti o espressi in modo analogo in differenti ordinamenti giuridici.[256] Proprio la presenza di tali principi imporrebbe "che l'assetto normativo dato al sistema del diritto d'autore tenesse in debito conto, accanto alla necessità di incentivare e remunerare gli autori per il loro sforzo creativo, anche il pubblico interesse a promuovere il progresso tecnico o culturale della collettività".[257]

Una soluzione che mantenga attrattivi gli investimenti per realizzare nuovi contenuti, ma che allo stesso tempo non mortifichi l'evoluzione tecnologica, le innovazioni che Internet è in grado di innescare e, soprattutto, sia in grado di tutelare adeguatamente anche gli utenti, è senz'altro possi-

---

[253] Sul punto si veda Giuseppe Mazziotti, EU Digital Copyright Law and the End-User, cit., p. 285 e ss.

[254] Ibidem.

[255] Così Giorgio Spedicato, I Digital Rights Mangement Systems tra Produzione e Diffusione di Opere dell'Ingegno. Quale Nuovo Assetto per il Diritto d'Autore?, Ciberspazio e dir., n. 3, 2004, p. 284.

[256] Almeno nel nostro ordinamento si rinvengono principi specifici, e di notevole rilevanza, come quello concernente lo sviluppo della cultura, del sapere e della ricerca, quello della libertà di espressione del proprio pensiero, quello della libertà dell'arte e della scienza, quello della libertà di attività economica e della necessità che essa sia indirizzata e coordinata a fini sociali nonché quello della funzione sociale della proprietà privata.

[257] Così Spedicato, I Digital Rights Mangement Systems tra Produzione e Diffusione di Opere dell'Ingegno, cit. p. 284.

bile.[258] Ipotizzare un intervento a livello comunitario affinché le cosiddette libere utilizzazioni, ormai eccessivamente costrette dal generalizzato uso di tecnologie di protezione, assurgano al rango di veri e propri diritti soggettivi di utilizzazione delle opere creative sembra una delle migliori soluzioni tra le poche proposte.[259]

Infine, allo scopo di bilanciare in modo adeguato il sistema, orientato eccessivamente a tutela degli autori, è necessario scegliere il giusto "ombrello": si tratta infatti di decidere se mettere al riparo i diritti degli utenti sotto l'ombrello del diritto d'autore oppure sotto quello del diritto dei contratti. Questa però non è una scelta squisitamente giuridica bensì politica.

---

[258] Sulla necessità di un potenziamento della tutela dei consumatori di fronte all'espandersi del diritto d'autore si vedano i recenti commenti apparsi sul Journal of Consumer Law: Lucie Guibault, Accommodating the Needs of iConsumers: Making Sure They Get Their Money's Worth of Digital Entertainment, 31 J. Consum. Policy, p. 409, (2008); Jens Schovsbo, Integrating Consumer Rights into Copyright Law: From a European Perspective, 31 J. Consum. Policy, p. 393 (2008); Natali Helberger, Making Place for the iConsumer in Consumer Law, 31 J. Consum. Policy, p. 385 (2008); Chantal Mak, Fundamental Rights and the European Regulation of iConsumer Contracts, 31 J. Consum. Policy, p. 425 (2008); Peter Rott, Download of Copyright-Protected Internet Content and the Role of (Consumer) Contract Law, 31 J. Consum. Policy, p. 441 (2008); Joris van Hoboken, Natali Helberger N, Looking Ahead – Future Issues when Reflecting on the Place of the iConsumer in Consumer Law and Copyright Law, 31 J. Consum. Policy, p. 489 (2008).

[259] Così Mazziotti, EU Digital Copyright Law and the End-User, cit. p. 285; l'A. osserva come la conversione della categoria delle libere utilizzazioni in veri e propri diritti di utilizzazione potrebbe inoltre trovare una giustificazione anche nei principi costituzionali come la libertà d'espressione e di comunicazione nonché la tutela della riservatezza. Ciò è tanto più indispensabile oggi, quando l'utente finale non è più semplice fruitore di contenuti, ma sempre più spesso creatore di informazione e nuova conoscenza. Ibidem, p. 308. Dello stesso avviso, in dottrina, v. Guibault, Accommodating the Needs of iConsumers: Making Sure They Get Their Money's Worth of Digital Entertainment, cit. p. 419 (L'A. discutendo dei casi belga e portoghese osserva come una strada percorribile per ristabilire il corretto bilanciamento degli interessi all'interno degli accordi contrattuali *on-line* "would be to declare some or all limitations on copyright and related rights imperative"); Urs Gasser, Legal Frameworks and Technological Protection of Digital Content: Moving Forward Towards a Best Practice Model, 17 Fordham Intell. Prop. Media & Ent. L.J. 39, 111 (2006) (L'A. considera come "in order to restore the balance, it is necessary to address the copyright-TPM-contract interface and make sure that contractual agreements cannot waive the available copyright exceptions and defenses").

Considerazioni finali

Come abbiano ampiamente illustrato, in questi ultimi anni è stata attribuita una crescente rilevanza ai diritti di proprietà intellettuale anche perché ogni evoluzione tecnologica reca solitamente con sé ricadute nell'ambito delle opere dell'ingegno. Il manifesto di tali diritti si è storicamente fondato sulla necessità di incoraggiare e promuovere l'innovazione tecnologico-scientifica. In particolare, la crescente tutela del diritto d'autore è stata sempre giustificata al fine di contemperare l'interesse pubblico ad accedere alle opere creative con la necessità di offrire incentivi alla produzione delle stesse (riconoscendo agli autori "un solo limitato monopolio" sullo sfruttamento economico dell'opera). A fronte della rivoluzione digitale, ciò ha provocato un inasprimento delle forme di tutela, a tutto scapito di altri interessi o soluzioni alternative. In tale contesto, abbiamo osservato come il mutamento delle condizioni di partenza (ovvero accordare un diritto limitato ed esclusivo in cambio dell'immediata diffusione generale dell'opera creativa) elida anche il paradigma funzionale (ovvero fornire in qualche modo un incentivo alla produzione di nuove opere dell'ingegno).

Contemporaneamente si è sviluppata un'altra tendenza. La moderna economia ha infatti sostituito ai capitali materiali quelli immateriali (*knowledge economy*), acuendo la necessità di regole stringenti che governino produzione e circolazione dell'informazione. La stessa conoscenza si è così trasformata in capitale immateriale. Le società contemporanee tendono pertanto a divenire (o a promuovere se stesse) come "società della conoscenza", anche se gli studi sulla natura dei procedimenti attraverso cui quest'ultima si genera e si sostiene sono sorprendentemente scarsi.[1]

Di pari passo, produzione e circolazione della conoscenza - proprio grazie alle nuove tecnologie dell'informazione e della comunicazione - diventano più dinamiche. È esattamente tale dinamismo a rappresentare il vero nodo della questione, non essendo da tutti percepito come un dato positivo. L'incontrollabile diffusione delle conoscenze si scontra infatti con i meccanismi di protezione di cui queste ultime sono fatte oggetto. Ecco qui il terreno ove sorge il dilemma "sul quale economisti, giuristi, teorici e praticanti dibattono da parecchi anni senza giungere a conclusioni irrefutabili e

---

[1] Così Maria Chiara Tallacchini e Emanuela Gambini, Brevettabilità delle Biotecnologie e Culture Epistemiche: I Diritti di Proprietà Intellettuale Dinanzi a Nuove Forme di Appropriazione e Gestione dell'Innovazione, alla URL <http://www.fondazionebassetti.org/it/segn alazioni/doc/Culture_epistemiche_diritti_proprieta_intellettuale.pdf>.

univoche".[2]

In questo ulteriore scenario ci siamo concentrati sugli effetti secondari prodotti dalla combinazione tra misure tecnologiche di protezione dei diritti di proprietà intellettuale e licenze. Tale unione può infatti creare un'illimitata tutela dei privilegi dei titolari dei diritti, composta da diversi strati di protezione combinati tra di loro: il *copyright*, le misure tecnologiche di protezione, i sistemi di gestione dei diritti ed infine il diritto dei contratti.

Le nuove tecnologie dell'informazione e della comunicazione non hanno soltanto acuito la deriva protezionistica, ma hanno soprattutto aumentato la difficoltà di mantenere in equilibrio gli interessi intrinsecamente opposti dei titolari dei diritti e degli utenti. In particolare, abbiamo sottolineato come uno dei più importanti strumenti per raggiungere tale equilibrio sia quello di creare, riconoscere e rafforzare eccezioni e limitazioni alla protezione dei diritti di proprietà intellettuale - in special modo nell'ambito dell'accesso alle conoscenze - tramite interventi legislativi sul diritto d'autore.

Abbiamo inoltre osservato come le differenti normative adottate dai singoli paesi non siano state in grado di rimuovere le disuguaglianze digitali. Al contrario, i governi hanno optato per legislazioni che producono solo condizioni sfavorevoli e rischi per i consumatori. Tali norme hanno infatti espanso i confini dei diritti di proprietà intellettuale, includendo vessatori vincoli tecnici e contrattuali riguardanti i beni oggetto di negoziazione. Le soluzioni legislative adottate negli Stati Uniti ed in Europa hanno mostrato una decisa tendenza verso una più stringente protezione dei contenuti attraverso forme di gestione tecnologica dei diritti. Tali elementi sono considerati fondamentali per garantire la conformità ad un modello di *business* con esigenze contrattuali e di regolamentazione.[3] Abbiamo inoltre evidenziato come alcuni commentatori sostengano che tali soluzioni legislative riducano gli spazi per le libere utilizzazioni da parte degli utenti, limitando la libertà di espressione, svilendo la ricerca scientifica e restringendo la concorrenza.[4]

---

[2]   Così Gille, La Protezione della Proprietà Intellettuale, Fattore della Divisione Internazionale della Conoscenza, cit., p.209. Sul punto anche Foray, L'Economia della Conoscenza, cit.; Gorz, L'Immateriale: Conoscenza, Valore e Capitale, cit.

[3]   Cfr. Bill Rosenblatt, Gail Dykstra, Integrating Content Management with Digital Rights Management (2003), alla URL <http://www.xrml.org/reference/CM-DRM whitepaper.pdf>.

[4]   Si veda Tom W. Bell, Fair Use vs. Fared Use: The Impact of Automated Rights Management on Copyright's Fair Use Doctrine, 76 N.C. L. Rev. 557 (1998); Pamela Samuelson, Intellectual Property and the Digital Economy: Why the Anti-Circumvention Regulations Need to be Revised, 14 Berkeley Tech. L. J. 519 (1999); Thomas C. Vinje, Should We Begin Digging Copyright's Grave?, 22 Eur. Intell. Prop. Rev. 551 (2000); P. Bernt Hugenholtz, Why the Copyright Directive is Unimportant, and Possibly Invalid, 22 Eur. Intell. Prop. Rev. 499,

Abbiamo infine analizzato il modo in cui il processo di armonizzazione europea sembri emulare, di fatto, il modello legislativo americano in tema di accesso ai contenuti. Infatti, nonostante l'adozione, negli ultimi quattordici anni, di ben otto direttive[5] in tema di diritto d'autore e diritti connessi nella società dell'informazione, la legislazione comunitaria risulta soffrire ancora di un certo grado di incertezza giuridica. Ciò è imputabile al limitato livello di armonizzazione provocato dalle diverse modalità con cui gli Stati membri hanno recepito i principi ed i criteri indicati dai vari provvedimenti nei loro ordinamenti nazionali (attualmente, a seconda del paese, atti identici possono essere considerati legali o illegali). Proprio per questa ragione c'è chi sostiene sia necessario un consolidamento del cosiddetto *Aquis Communautaire,*[6] così che la protezione del *copyright* possa essere riconosciuta a livello comunitario ed applicata in modo uniforme sul terri-

---

(2000); David Nimmer, A Riff on Fair Use in the Digital Millennium Copyright Act, 148 U. Pa. L. Rev. 673, 741 (2000); Therien, Exorcising the Specter of a "Pay-per-Use" Society, cit.; Michael Hart, The Copyright in the Information Society Directive: An Overview, 24 Eur. Intell. Prop. Rev. 58 (2002); Wendy J. Gordon, Market Failure and Intellectual Property: A Response to Professor Lunney, 82 B.U. L. Rev. 1031 (2002); Terese Foged, U.S. v. E.U. Anti-Circumvention Legislation: Preserving the Public's Privileges in the Digital Age?, 24 Eur. Intell. Prop. Rev. 525 (2002); Michael Hart, The Copyright in the Information Society Directive: An Overview, 24 Eur. Intell. Prop. Rev. 58 (2002); Edward Felten, A Skeptical View of DRM and Fair Use, 46 (4) Communications of the ACM 57, 58 (2003); Albert Sieber, The Constitutionality of the DMCA Explored: Universal City Studios, Inc. v. Corley & United States v. Elcom Ltd., 18 Berkeley Tech. L.J. 7 (2003); Joseph Liu, The DMCA and the Regulation of Scientific Research, 18 Berkeley Tech. L.J. 501 (2003); June Besek, Anti-Circumvention Laws and Copyright: A Report From the Kernochan Center for Law, Media and the Arts, 27 Colum. J.L. & Arts 385 (2004); Alex Eaton-Salners, DVD Copy Control Association v. Bunner: Freedom of Speech and Trade Secrets, 19 Berkeley Tech. L.J. 269 (2004).

5   Nell'ordine, si tratta dei seguenti provvedimenti: direttiva 91/250/CEE sulla tutela giuridica dei programmi per elaboratore, 1991 G.U. (L 122) 42; direttiva 92/100/CEE, concernente il diritto di noleggio, il diritto di prestito e tuluni diritti connessi al diritto d'autore in material di proprietà intellettuale, 1992 G.U. (L 346) 61; direttiva 93/83/CEE, sul coordinamento di alcune norme in materia di diritto d'autore e diritti connessi applicabili alla radiodiffusione via satellite e alla ritrasmissione via cavo, 1993 G.U. (L 248) 15; direttiva 93/98/CEE, concernente l'armonizzazione della durata di protezione del diritto d'autore e di alcuni diritti connessi, 1993 G.U. (L 290) 9; direttiva 1996/9/CE, relativa alla tutela giuridica delle banche dati, 1996 G.U. (L 77) 20; direttiva 2001/84/CE, relativa al diritto dell'autore di un'opera d'arte sulle successive vendite dell'originale, 2001 G.U. (L 272) 32; direttiva 2001/29/CE, sull'armonizzazione di taluni aspetti del diritto d'autore e dei diritti connessi nella società dell'informazione, 2001 G.U. (L167) 10; direttiva 2004/48/EC, sul rispetto dei diritti di proprietà intellettuale, 2004 G.U. (L 195) 16.

6   L'*acquis communautaire* è definito come "everything that was decided and agreed upon since the establishment of the Communities, whatever the form in which this was done, whether legally binding or not. It refers to the body of rules which govern the Communities in whatever field of activity". P.S.R.F. Mathijsen, A Guide to European Union Law, 8th ed., London, 2004, 5 n. 12.

torio europeo.[7]

D'altro canto, è chiaramente emerso un impegno senza precedenti per dare vita a un progetto politico transnazionale finalizzato alla creazione di un'infrastruttura giuridica "fidata", essenzialmente diretta a salvaguardare l'egemonia economica globale statunitense sulla produzione, la proprietà e la commercializzazione di beni e servizi *intellectual property based*.[8]

In particolare, gli effetti dei cambiamenti normativi ed istituzionali che si sono verificati negli Stati Uniti hanno avuto riverberi simili negli altri paesi.[9]

Le istituzioni statunitensi e le società multinazionali sono insomma diventate veicoli di coercizione economica tanto da indurre cambiamenti anche all'estero.[10] Possiamo così ipotizzare che la tendenza degli Stati Uniti d'America ad estendere le proprie disposizioni normative in materia di media digitali ad imprese straniere, così capitalizzando il proprio *business* e la propria supremazia in campo tecnologico, finirà inevitabilmente per influenzare, anche in futuro, le soluzioni internazionali nel settore della proprietà intellettuale nell'ambiente digitale.

Abbiamo inoltre formulato alcune considerazioni circa l'ambigua relazione esistente tra il diritto dei contratti e la proprietà intellettuale. I nuovi assetti normativi forniscono infatti un convincente argomento per riconsiderare i limiti alla libertà contrattuale[11] nel quadro degli accordi di licenza aventi ad oggetto diritti di proprietà intellettuale, perché tali accordi influenzano negativamente il sistema del diritto d'autore.[12] Le misure tecnologiche di protezione, d'altro canto, rendono possibile un sistema molto simile, per sua natura, ad un sistema proprietario.[13] Infatti, quando gli autori sono liberi di utilizzare clausole contrattuali per restringere l'uso delle loro opere, e sono quindi in grado di esercitare i propri diritti per evitare qualsiasi impiego che non sia soggetto a tali limitazioni, si crea, di fatto,

---

[7]   Così Jörg Reinbothe, European Copyright - Yesterday, Today, Tomorrow, in Eberhard Becker et al. (a cura di), Digital Rights Management: Technological, Economic, Legal and Political Aspects, Berlin, 2003, pp. 416-17.

[8]   Cfr. Bettig, Copyright Culture: The Political Economy of Intellectual Property, cit., p. 197.

[9]   Susan K. Sell, Private power, public law : the globalization of intellectual property rights 5 (2003).

[10]   Ibidem.

[11]   Per un'analisi critica sulla libertà contrattuale si veda Michael J. Trebilcock, The Limits of Freedom of Contract, Cambridge, 1997.

[12]   Mentre "copyright law defines entitlements protected under a property rule, and therefore creates rights in rem [...] Contract law, by contrast, only creates rights against parties to the contract." Così Elkin-Koren, Copyright Policy and the Limits of Freedom of Contract, cit., p. 102. Su questo stesso punto si veda il caso ProCD, Inc. v. Zeidenberg, 86 F.3d 1447, 1454 (7th Cir. 1996).

[13]   Elkin-Koren, Copyright Policy and the Limits of Freedom of Contract, cit., p. 104.

un monopolio assoluto su di esse.[14]

I sistemi di protezione anti-copia e quelli di gestione dei diritti finiscono per ostacolare le cosiddette libere utilizzazioni o *fair uses* dei contenuti digitali legalmente acquistati. Abdicare il potere di regolamentazione dei contenuti digitali al diritto dei contratti significa far venire meno la *first sale doctrine* o il principio dell'esaurimento, concetti che sono alla base del diritto di ogni consumatore di opere intellettuali di fare copie, nonché di prestare, distribuire o rivendere beni protetti dal diritto d'autore.[15] In accordo con le principali previsioni del Trattato WIPO sul *copyright*[16] - riconosciuto sia dalla normativa statunitense sia da quella europea - la comunicazione di un'opera al pubblico attraverso reti di comunicazione è soggetta all'autorizzazione del titolare del diritto, essendo associata al concetto di "fornitura di servizi". Ciò implica che ogni ulteriore azione dello stesso tipo deve essere specificamente autorizzata dal proprietario dei diritti di distribuzione. Nonostante il dibattito in materia continui, la tendenza negli Stati Uniti è esattamente la stessa collaudata in Europa: la *first sale doctrine* o il principio dell'esaurimento non si applicano al contenuto digitale con un conseguente effetto negativo sulle legittime aspettative del consumatore-utente.

Possiamo anche porci in una diversa prospettiva per risolvere il cosiddetto "dilemma digitale", utilizzando l'esperienza derivante dai vecchi media. Anche in passato l'evoluzione dei diritti sulle opere dell'ingegno è sempre andata di pari passo con le innovazioni tecnologiche, anche quelle del passato (fotografia, televisione, radio, videoregistrazione, automobile etc.).[17] Come in occasione di altri importanti eventi storici collegati

---

[14] Ibidem, p. 112.

[15] "The policy of the first sale doctrine as adopted by the courts was to give effect to the common law rule against restraints on the alienation of tangible property. The tangible nature of a copy is a defining element of the first sale doctrine and critical to its rationale. The digital transmission of a work does not implicate the alienability of a physical artifact. When a work is transmitted, the sender is exercising control over the intangible work through its reproduction rather than common law dominion over an item of tangible personal property. Unlike the physical distribution of digital works on a tangible medium, such as a floppy disk, the transmission of works interferes with the copyright owner's control over the intangible work and the exclusive right of reproduction. The benefits to further expansion simply do not outweigh the likelihood of increased harm". Così U.S. Copyright Office, DMCA Section 104 Report, p. xxxi-ii (2001). Il Report di fatto raccomanda di non modificare o emendare la Section 109 dello United States Code relativa alle limitazioni sui diritti esclusivi. Vedi anche Anthony R. Reese, The First Sale Doctrine in the Era of Digital Networks, 44 B.C. L. Rev 577, 582-83 (2003) dove invece si considera la possibilità di emendare il *Copyright Act* al fine di preservare i benefici connessi al principio dell'esaurimento del diritto anche per i media digitali.

[16] WIPO Copyright Treaty, cit., art. 6 e 8.

[17] Cfr. Dirk J. G. Visser, Copyright Exemptions Old and New: Learning from Old Media Experiences, in The Future of Copyright, cit, p. 49.

all'evoluzione del progresso tecnologico, i proprietari delle vecchie tecnologie cercano oggi di ostacolare il mutamento; lo avvertono cioè come una minaccia, anziché trovare modi per collaborare o cooptare la nuova tecnologia.[18]

L'esperienza dimostra che l'emergere di nuove tecnologie non distrugge l'attuale architettura ma piuttosto crea più ampie opportunità commerciali.[19] A nostro avviso, l'acceso dibattito circa la protezione dei contenuti digitali nasce appunto dal timore che una nuova tecnologia renda semplicemente obsolete le precedenti. Tuttavia, come è sempre accaduto nella storia del progresso tecnologico, l'evoluzione di nuovi modelli ha certo significato una perdita iniziale per alcune industrie; nel lungo periodo, però, ciò permette l'accesso a nuovi mercati, assicurando interessanti opportunità e nuove forme di sfruttamento commerciale. Questo costituisce un classico esempio di ciò che Joseph Schumpeter definiva una "distruzione creativa".[20] La "distruzione creativa" rivoluziona quindi la struttura economica dal di dentro incessantemente distruggendo il vecchio e incessantemente creando il nuovo. L'innovazione nel mercato e nell'impresa - nuovi beni, nuovi mercati, nuovi metodi di produzione, nuovi modelli di organizzazione delle aziende - è l'impulso fondamentale che definisce e mantiene in movimento il motore stesso del capitalismo. La storia dell'apparato produttivo è perciò una storia di rivoluzioni:

> L'impulso fondamentale che mette e mantiene in moto il motore del capitalismo deriva dai nuovi consumatori, beni, metodi di produzione o trasporto, nuovi mercati, nuove forme di organizzazione industriale, creati dall'impresa capitalista.[21]
>
> Il capitalismo è quindi, per la sua stessa natura, una forma o un sistema di trasformazione dell'economia e non solo non è mai statico, ma nemmeno può esserlo. [...] Un processo di mutazione dell'industria – se posso mu-

---

[18]   Cfr.Sawhney, Hand in Hand, cit. L'autore illustra come spesso le persone erroneamente suppongano che una nuova tecnologia finisca direttamente per sostituire quella vecchia.

[19]   Per esempio, la tecnologia del videoregistratore (VCR) in un primo momento fu percepita come una minaccia per il sistema di distribuzione di contenuti. In realtà,
"the VCR offered home tapers the ability to decide when they wanted to watch particular programs. Taking some scheduling control out of the hands of broadcasters. Television program producers also feared losing income from advertisers as home tapers deleted or fast-forwarded through commercials. The apparent threat of this new technology caused the filmed entertainment industry to seek to protect its markets through judicial and legislative action. However, when the dust settled, the VCR, like television and cable television before it, ha[d] become yet another ancillary market for the major filmed entertainment companies." Bettig, Copyright Culture, cit., pp. 4, 151.

[20]   Così Joseph A. Schumpeter, Capitalism, Socialism and Democracy (New York: Harper, 1975) [orig. pub. 1942], p. 83.

[21]   Ibidem (ns. traduzione).

tuare un termine dalla biologia – che rivoluziona incessantemente la struttura economica dall'interno, distruggendo incessantemente il vecchio, creando incessantemente il nuovo. Questo processo di Distruzione Creativa è il fondamento essenziale del capitalismo. È in questo che consiste il capitalismo [...].[22]

Ciò che l'innovazione ha prodotto nel passato, le tecnologie continuano a compierlo oggi. In tal senso possiamo affermare che la digitalizzazione dei contenuti ha introdotto un processo di "distruzione creativa" non solo nel settore dell'industria, ma anche negli ordinamenti giuridici,[23] enfatizzando l'obsolescenza e l'inadeguatezza dell'attuale disciplina di protezione della proprietà intellettuale.

Talvolta, come sta accadendo ora nel settore dei contenuti digitali, questo processo può essere piuttosto lento; le istituzioni governative possono infatti fornire sostegni economici e giuridici per far fronte ai costi di natura politica e sociale nel periodo di transizione. Tuttavia, tale tipologia di approccio ha come risultato finale quello di turbare il mercato, rallentando la crescita economica e l'affermarsi delle tecnologie emergenti (e quindi il progresso).

La società dell'informazione si ritrova esattamente in tale stadio. Le tecnologie digitali permettono un'ampia distribuzione di copie perfette a zero costo marginale e con un effetto disarticolante sulle norme a tutela del diritto d'autore. Tale processo è irreversibile. È difficile immaginare una reazione a tali processi attraverso sucessive estensioni dei diritti di proprietà intellettuale, o predisponendo un conseguente e dispendioso sistema repressivo. È ormai evidente come tale tipo di approccio sia stato realizzato solo per assecondare le esigenze e le pressioni dell'influente industria dei contenuti nonché il suo modello di *business*.

Il progresso economico e culturale è invece il risultato della libera circolazione delle idee e della conoscenza. Proseguire sulla strada delle barriere e delle restrizioni (o sulla scelta di un indiscriminato uso delle misure tecnologiche di protezione) sarebbe un comportamento anacronistico e del tutto simile ad alcune assurde misure già adottate in passato. Ci riferiamo, per esempio, all'incredibile caso del *Red Flag Act,* emanato per difendere l'industria delle carrozze dall'avvento delle prime automobili e che imponeva di far precedere i nuovi veicoli da un uomo dotato di una bandiera

---

[22]   Ibidem (ns. traduzione).

[23]   Cfr. Raymond Shih Ray Ku, The Creative Destruction of Copyright: Napster and the New Economics of Digital Technology, 69 U. Chi. L. Rev. 263, 313 (2002). L'A. osserva come in realtà il diritto d'autore non sia più necessario a favorire la distribuzione di nuove opere perché oggi sono i consumatori stessi a costruire e supportare i canali di distribuzione di contenuti digitali.

rossa per avvertire i passanti.[24]

Nel corso dell'indagine abbiamo anche osservato come l'accesso ai contenuti digitali e alle informazioni non sia solo un problema economico ma anche una questione culturale, sociale e politica: in altre parole, una questione di libertà.[25] Le diverse forme di intervento a livello governativo, infatti, non hanno rimosso le disuguaglianze: al contrario, hanno favorito possibili effetti collaterali e nocivi per i consumatori, compromettendo la capacità di esercitare legittimi privilegi e concedendo ai titolari dei diritti di privativa una protezione metagiuridica sulle loro opere.

Le soluzioni adottate in ambito europeo e statunitense, a seguito dei trattati OMPI, hanno espanso le frontiere normative dei diritti di proprietà intellettuale, permettendo di incorporare restrizioni di carattere tecnologico e contrattuale all'interno dei media digitali.[26] Tali provvedimenti hanno realizzato un'inopportuna delega di compiti chiaramente istituzionali ai privati, con la conseguente privatizzazione dei compiti in materia di protezione della proprietà intellettuale e di definizione di standard tecnici per l'infrastruttura digitale e l'interoperabilità.[27]

In questo contesto, la difesa dei diritti materiali e morali degli autori di opere letterarie, scientifiche o artistiche può compromettere l'altrettanto rilevante diritto ad essere partecipi, senza impedimenti, del progresso scientifico, della vita culturale e dello sviluppo democratico della società. La cultura, l'informazione e la conoscenza sono, infatti, frutto di uno scambio continuo tra chi crea e chi ne fruisce. Tutti hanno diritto a godere dei benefici che risultano da questo processo di scambievole compenetrazione. Le nuove tecnologie offrono straordinarie opportunità di partecipazione della (ed alla) conoscenza. Le pericolose e anacronistiche visioni del diritto d'autore possono perciò rappresentare un grave impedimento alla realizzazione di una compiuta modernizzazione. La vera questione è che, da alcuni anni, milioni di persone nel mondo possono avere accesso, del tutto gratuitamente, a copie digitali di opere frutto dell'ingegno di qualche autore. È giusto discuterne ma è anche doveroso prendere atto che indietro non si può tornare: è la constatazione di un percorso ineluttabile. Si tratta invece

---

[24]   Con la diffusione su larga scala delle prime automobili, in Inghilterra l'industria delle carrozze incoraggiò l'adozione di alcuni provvedimenti volti a tutelare il proprio mercato da quelli che vedeva temibili concorrenti. Il *Red Flag Act* del 1865 (anche detto *Locomotives on Highways Act*), imponeva che ogni vettura circolante su suolo pubblico, dovesse essere preceduta da un uomo a piedi vestito in nero e munito di bandierine rosse o una lanterna durante la notte. L'atto fu modificato nel 1878. Cfr. Anthony Bird, Roads And Vehicles, Harlow, 1969, p. 41-42.

[25]   Cfr Helberger, Digital Rights Management from a Consumer's Perspective, cit., p. 3.

[26]   Cfr. Bill Rosenblatt & Gail Dykstra, Integrating Content Management with Digital Rights Management (2003), alla URL <http://www.xrml.org/reference/CM-DRM whitepaper.pdf>.

[27]   Così Ghosh, Deprivating Copyright, cit., p. 395.

di investire tempo e intelligenze non solo in dissertazioni etiche, ideologiche o giuridiche, ma anche e soprattutto nella ricerca e definizione di un modello di remunerazione complementare o alternativo, efficace e funzionale.

I tempi sembrano ormai maturi per elaborare una soluzione di compromesso in grado di garantire ai produttori di contenuti forme opportune di compensazione, magari organizzate diversamente dal passato. È necessaria una soluzione che mantenga attrattivi gli investimenti per realizzare i contenuti, ma che, allo stesso tempo, non mortifichi l'evoluzione tecnologica, le innovazioni che Internet è in grado di innescare e, soprattutto, sia in grado di tutelare adeguatamente anche gli utenti.

Gli allarmi a difesa del diritto d'autore, in relazione ai fenomeni di partecipazione e condivisione di contenuti facilitati da Internet, si susseguono ormai ad intervalli regolari. Il problema esiste da tempo e, pur tornando d'attualità ad ogni nuovo fenomeno di "distribuzione alternativa", non è stato ancora risolto. Mutando la prospettiva, potremo dire che, in realtà la questione va oltre la mera tutela dei diritti di proprietà intellettuale: essa sembra, piuttosto, il paradigma di molte altre questioni legate a quella che è stata definita "l'era del controllo digitale".

Le nuove forme di distribuzione dei contenuti aprono un periodo di nuove opportunità oppure di minore libertà? A noi pare che le moderne dinamiche della comunicazione siano incontenibili e foriere di crescita e benefici per tutti, se adeguatamente e razionalmente interpretate. In realtà, come abbiamo avuto modo di documentare attraverso l'analisi delle contraddizioni dell'attuale quadro giuridico e dei possibili rimedi (anche solo lenitivi e temporanei) utilizzabili per affrontare le provocazioni tecnologiche, esistono ampi margini per trovare soluzioni equilibrate che consentano di coniugare opportunità di sviluppo e libertà.

In particolare, dopo aver descritto come il diritto d'autore si sia nel tempo sempre più espanso (in un'unica direzione) abbiamo rimarcato come siano di fatto possibili diverse alternative per riportare il sistema in equilibrio; tutte egualmente dirette a reintegrare o fortificare i diritti e le libertà degli utenti (*rectius* consumatori) delle opere intellettuali. L'attuale disciplina, infatti, delega in maniera eccessiva al titolare del diritto la scelta se limitare o concedere l'esercizio di eccezioni e limitazioni oltrepassando quel grado di tutela giustificata dall'esigenza di contemperare l'interesse pubblico ad accedere alle opere creative con la necessità di offrire incentivi alla produzione delle stesse. Per ritrovare la giusta rotta, sono essenzialmente due le coordinate lungo le quali è possibile muoversi. La prima prevede una completa incorporazione dei legittimi interessi e delle prerogative degli utenti all'interno dello stesso diritto d'autore, anche attraverso forme rafforzate di eccezioni e limitazioni. La seconda auspica il potenziamento, la riqualificazione e l'inserimento di norme specificamente modellate in tal senso all'interno del diritto dei consumatori, anche riducendo (come si è visto) le asimmetrie informative circa le caratteristiche tecnologiche dei contenuti immessi sul mercato[28]. Nell'attesa che ciò accada, abbiamo altresì visto come, forzando la lettura e l'interpretazione sia del diritto d'autore sia delle esistenti norme in materia di diritto dei contratti, appare possibile ipotizzare taluni spazi di manovra per temperare le disfunzioni del sistema.[29]

Il punto di equilibrio sembra tuttavia ancora lontano. Da una parte abbiamo i conservatori a tutti i costi - i "mercanti di contenuti"- che continuano a lanciare allarmi senza far nulla di concreto per adeguarsi all'inevitabile cambiamento. Dall'altra si collocano le istituzioni - Unione europea *in primis* - che, potendo arrivare dove i singoli Stati non sono in grado di giungere, avrebbero il dovere di trovare soluzioni ordinamentali proporzionate e congrue ai problemi sul tappeto. Il rischio dietro l'angolo è quello di un governo dei contenuti privato e globale delegato alle *corporation*: una manomissione potenzialmente pericolosa per la democrazia.

---

[28] Vedi *supra,* cap. 3.
[29] Vedi *supra,* § 4.2.

Appendice normativa

Direttiva 2001/29/CE del Parlamento europeo e del Consiglio, del 22 maggio 2001, sull'armonizzazione di taluni aspetti del diritto d'autore e dei diritti connessi nella società dell'informazione

Gazzetta ufficiale n. L 167 del 22/06/2001 pag. 10 – 19

IL PARLAMENTO EUROPEO E IL CONSIGLIO DELL'UNIONE EUROPEA,

visto il trattato che istituisce la Comunità europea, in particolare l'articolo 47, paragrafo 2, e gli articoli 55 e 95,
vista la proposta della Commissione(1),
visto il parere del Comitato economico e sociale(2),
deliberando secondo la procedura di cui all'articolo 251 del trattato(3),
considerando quanto segue:

(1) Il trattato prevede l'instaurazione di un mercato interno, e la creazione di un sistema che garantisca l'assenza di distorsioni della concorrenza nel mercato interno. L'armonizzazione delle legislazioni degli Stati membri relative al diritto d'autore e ai diritti connessi contribuisce al raggiungimento di tali obiettivi.
(2) Il Consiglio europeo nella sua riunione di Corfù del 24 e 25 giugno 1994 ha sottolineato la necessità di istituire un quadro giuridico generale e flessibile a livello comunitario per favorire lo sviluppo della società dell'informazione in Europa. Ciò presuppone, tra l'altro, l'esistenza di un mercato interno dei nuovi prodotti e servizi. Sono già stati o stanno per essere adottati importanti atti legislativi comunitari per attuare tale quadro normativo. Il diritto d'autore e i diritti connessi svolgono un'importante funzione in questo contesto in quanto proteggono e stimolano lo sviluppo e la commercializzazione di nuovi prodotti e servizi nonché la creazione e lo sfruttamento del loro contenuto creativo.
(3) L'armonizzazione proposta contribuisce all'applicazione delle quattro libertà del mercato interno e riguarda il rispetto dei principi fondamentali del diritto e segnatamente della proprietà, tra cui la proprietà intellettuale, della libertà d'espressione e dell'interesse generale.
(4) Un quadro giuridico armonizzato in materia di diritto d'autore e di diritti connessi, creando una maggiore certezza del diritto e prevedendo un elevato livello di protezione della proprietà intellettuale, promuoverà notevoli investimenti in attività creatrici ed innovatrici, segnatamente nelle infrastrutture delle reti, e di conseguenza una crescita e una maggiore competitività dell'industria europea per quanto riguarda sia la fornitura di contenuti che le tecnologie dell'informazione nonché, più in generale, numerosi settori industriali e culturali. Ciò salvaguarderà l'occupazione e favorirà la creazione di nuovi posti di lavoro.
(5) Lo sviluppo tecnologico ha moltiplicato e diversificato i vettori della creazione, della produzione e dello sfruttamento. Anche se non sono necessari nuovi concetti in materia di protezione della proprietà intellettuale, si dovrebbero adattare e integrare le normative attuali sul diritto d'autore e sui diritti connessi per rispondere adeguatamente alle realtà economiche, quali le nuove forme di sfruttamento.

(6) Senza un'armonizzazione a livello comunitario, la produzione legislativa già avviata a livello nazionale in una serie di Stati membri per rispondere alle sfide tecnologiche può generare differenze significative in materia di protezione e, di conseguenza, restrizioni alla libera circolazione dei servizi e prodotti che contengono proprietà intellettuale o su di essa si basano, determinando una nuova frammentazione del mercato interno nonché un'incoerenza normativa. L'impatto di tali differenze ed incertezze normative diverrà più significativo con l'ulteriore sviluppo della società dell'informazione che ha già incrementato notevolmente lo sfruttamento transfrontaliero della proprietà intellettuale. Tale sviluppo è destinato ad accrescersi ulteriormente. L'esistenza di sensibili differenze e incertezze giuridiche in materia di protezione potrebbe ostacolare la realizzazione di economie di scala per i nuovi prodotti e servizi contenenti diritti d'autore e diritti connessi.

(7) Anche il quadro giuridico comunitario relativo alla protezione del diritto d'autore e dei diritti connessi dovrebbe, di conseguenza, essere adattato e completato per il buon funzionamento del mercato interno. A tal fine dovrebbero essere modificate le disposizioni nazionali sul diritto d'autore e sui diritti connessi che siano notevolmente difformi nei vari Stati membri o che diano luogo a incertezze giuridiche ostacolanti il buon funzionamento del mercato interno e l'adeguato sviluppo della società dell'informazione in Europa, e dovrebbero essere evitate risposte nazionali incoerenti rispetto agli sviluppi tecnologici, mentre non è necessario eliminare o prevenire le differenze che non incidono negativamente sul funzionamento del mercato interno.

(8) Le varie implicazioni sociali e culturali della società dell'informazione richiedono che si tenga conto della specificità del contenuto dei prodotti e servizi.

(9) Ogni armonizzazione del diritto d'autore e dei diritti connessi dovrebbe prendere le mosse da un alto livello di protezione, dal momento che tali diritti sono essenziali per la creazione intellettuale. La loro protezione contribuisce alla salvaguardia e allo sviluppo della creatività nell'interesse di autori, interpreti o esecutori, produttori e consumatori, nonché della cultura, dell'industria e del pubblico in generale. Si è pertanto riconosciuto che la proprietà intellettuale costituisce parte integrante del diritto di proprietà.

(10) Per continuare la loro attività creativa e artistica, gli autori e gli interpreti o esecutori debbono ricevere un adeguato compenso per l'utilizzo delle loro opere, come pure i produttori per poter finanziare tale creazione. Gli investimenti necessari a fabbricare prodotti quali riproduzioni fonografiche, pellicole o prodotti multimediali e servizi quali i servizi su richiesta ("on-demand") sono considerevoli. È necessaria un'adeguata protezione giuridica dei diritti di proprietà intellettuale per garantire la disponibilità di tale compenso e consentire un soddisfacente rendimento degli investimenti.

(11) Un sistema efficace e rigoroso di protezione del diritto d'autore e dei diritti connessi è uno dei principali strumenti in grado di garantire alla creazione e alla produzione culturale europea le risorse necessarie nonché di preservare l'autonomia e la dignità di creatori e interpreti o esecutori.

(12) Un'adeguata protezione delle opere tutelate dal diritto d'autore e delle opere tutelate dai diritti connessi assume grande importanza anche sotto il profilo culturale. L'articolo 151 del trattato obbliga la Comunità a tener conto degli aspetti culturali nell'azione da essa svolta.

(13) Una ricerca comune e un'utilizzazione coerente, su scala europea, delle misure tecniche volte a proteggere le opere e altro materiale protetto e ad assicurare la necessaria informazione sui diritti in materia rivestono un'importanza fondamentale in quanto hanno per oggetto, in ultima analisi, l'applicazione dei principi e delle garanzie fissati dalle disposizioni giuridiche.

(14) La presente direttiva dovrebbe promuovere l'apprendimento e la cultura proteggendo le opere e altro materiale protetto, ma autorizzando al tempo stesso alcune eccezioni o limitazioni nell'interesse del pubblico a fini educativi e d'insegnamento.

(15) La conferenza diplomatica tenutasi sotto gli auspici dell'Organizzazione mondiale della proprietà intellettuale (WIPO) ha portato nel dicembre del 1996 all'adozione di due nuovi trattati, il "Trattato della WIPO sul diritto d'autore" e il "Trattato della WIPO sulle interpretazioni, le esecuzioni e i fonogrammi", relativi rispettivamente alla protezione degli autori e alla protezione degli interpreti o esecutori e dei produttori di riproduzioni fonografiche. Detti trattati aggiornano notevolmente la protezione internazionale del diritto d'autore e dei diritti connessi anche per quanto riguarda il piano d'azione nel settore del digitale (la cosiddetta "digital agenda") e perfezionano i mezzi per combattere la pirateria a livello mondiale. La Comunità e la maggior parte degli Stati membri hanno già firmato i trattati e sono già in corso le procedure per la loro ratifica. La presente direttiva serve anche ad attuare una serie di questi nuovi obblighi internazionali.

(16) La responsabilità per le attività in rete riguarda, oltre al diritto d'autore e ai diritti connessi, una serie di altri ambiti, come la diffamazione, la pubblicità menzognera o il mancato rispetto dei marchi depositati, ed è trattata in modo orizzontale nella direttiva 2000/31/CE del Parlamento europeo e del Consiglio, dell'8 giugno 2000, relativa a taluni aspetti giuridici dei servizi della società dell'informazione, in particolare il commercio elettronico, nel mercato interno ("direttiva sul commercio elettronico")(4) che chiarisce ed armonizza vari aspetti giuridici riguardanti i servizi della società dell'informazione, compresi quelli riguardanti il commercio elettronico. La presente direttiva dovrebbe essere attuata in tempi analoghi a quelli previsti per l'attuazione della direttiva sul commercio elettronico, in quanto tale direttiva fornisce un quadro armonizzato di principi e regole che riguardano tra l'altro alcune parti importanti della presente direttiva. Questa direttiva lascia impregiudicate le regole relative alla responsabilità della direttiva suddetta.

(17) Soprattutto alla luce delle esigenze che derivano dal digitale, è necessario garantire che le società di gestione collettiva dei diritti raggiungano un livello di razionalizzazione e di trasparenza più elevato per ciò che riguarda il rispetto delle regole della concorrenza.

(18) La presente direttiva lascia impregiudicate le modalità di gestione dei diritti, quali le licenze collettive estese, in vigore negli Stati membri.

(19) I diritti morali dei titolari dei diritti devono essere esercitati in base al diritto degli Stati membri nel rispetto delle disposizioni della Convenzione di Berna, sulla protezione delle opere letterarie e artistiche, del Trattato WIPO sul diritto d'autore e del Trattato WIPO sulle interpretazioni, le esecuzioni e i fonogrammi. Detti diritti morali non rientrano pertanto nel campo di applicazione della presente direttiva.

(20) La presente direttiva si basa su principi e regole già definiti dalle direttive in vigore in tal campo, tra cui le direttive 91/250/CEE(5), 92/100/CEE(6), 93/83/CEE(7), 93/98/CEE(8) e 96/9/CE(9) e sviluppa detti principi e regole e li integra nella prospettiva della società dell'informazione. Le disposizioni della presente direttiva devono lasciare impregiudicate le disposizioni di dette direttive, salvo quanto diversamente previsto nella presente direttiva.

(21) La presente direttiva dovrebbe definire la portata degli atti coperti dal diritto di riproduzione in relazione ai vari beneficiari e ciò nel rispetto dell'acquis comunitario. È necessaria una definizione ampia di tali atti per garantire la certezza del diritto nel mercato interno.

(22) La diffusione della cultura non può essere veramente promossa se non proteggendo rigorosamente i diritti e lottando contro le forme illegali di messa in circolazione di opere culturali contraffatte o riprodotte abusivamente.

(23) La presente direttiva dovrebbe armonizzare ulteriormente il diritto d'autore applicabile alla comunicazione di opere al pubblico. Tale diritto deve essere inteso in senso lato in quanto concernente tutte le comunicazioni al pubblico non presente nel luogo in cui esse hanno origine. Detto diritto dovrebbe comprendere qualsiasi trasmissione o ritrasmissione di un'opera al pubblico, su filo o senza filo, inclusa la radiodiffusione, e non altri atti.

(24) Il diritto di messa a disposizione del pubblico del materiale di cui all'articolo 3, paragrafo 2, andrebbe inteso come riguardante tutti gli atti che mettono tale materiale a disposizione del pubblico non presente nel luogo in cui hanno origine tali atti, con l'esclusione di tutti gli altri atti.

(25) Dovrebbe ovviarsi all'incertezza giuridica relativa alla natura e al grado di protezione degli atti di trasmissione su richiesta, su rete, di opere protette dal diritto d'autore e di materiali protetti dai diritti connessi, prevedendo una protezione armonizzata a livello comunitario. Dovrebbe essere chiarito che tutti i titolari riconosciuti dalla direttiva hanno il diritto esclusivo di rendere accessibili al pubblico le opere protette dal diritto d'autore e i materiali protetti da altri diritti mediante trasmissioni interattive su richiesta ("on-demand"). Tali trasmissioni sono caratterizzate dal fatto che i componenti del pubblico possono accedervi dal luogo e nel momento da essi individualmente scelto.

(26) Relativamente ai casi in cui le emittenti mettono a disposizione nei servizi su richiesta loro produzioni radiofoniche o televisive contenenti, quale parte integrante, musica proveniente da fonogrammi commerciali, vanno incoraggiati accordi collettivi in materia di licenze per agevolare la remunerazione dei diritti in questione.

(27) La mera fornitura di attrezzature fisiche atte a rendere possibile o ad effettuare una comunicazione non costituisce un atto di comunicazione ai sensi della presente direttiva.

(28) La protezione del diritto d'autore nel quadro della presente direttiva include il diritto esclusivo di controllare la distribuzione dell'opera incorporata in un supporto tangibile. La prima vendita nella Comunità dell'originale di un'opera o di sue copie da parte del titolare del diritto o con il suo consenso esaurisce il contenuto del diritto di controllare la rivendita di tale oggetto nella Comunità. Tale diritto non dovrebbe ritenersi esaurito in caso di vendita dell'originale o di sue copie da parte del titolare del diritto o con il suo consenso al di fuori della Comunità. I diritti di noleggio e i diritti di prestito per gli autori sono stati stabiliti nella direttiva 92/100/CEE. Il diritto di distribuzione di cui alla presente direttiva lascia impregiudicate le disposizioni relative ai diritti di noleggio e ai diritti di prestito di cui al capitolo I della direttiva suddetta.

(29) La questione dell'esaurimento del diritto non si pone nel caso di servizi, soprattutto di servizi *on-line*. Ciò vale anche per una copia tangibile di un'opera o di altri materiali protetti realizzata da un utente di tale servizio con il consenso del titolare del diritto. Perciò lo stesso vale per il noleggio e il prestito dell'originale e delle copie di opere o altri materiali protetti che sono prestazioni in natura. Diversamente dal caso dei CD-ROM o dei CD-I, nel quale la proprietà intellettuale è incorporata in un supporto materiale, cioè in un bene, ogni servizio *on-line* è di fatto un atto che dovrà essere sottoposto ad autorizzazione se il diritto d'autore o i diritti connessi lo prevedono.

(30) I diritti oggetto della presente direttiva possono essere trasferiti, ceduti o dati in uso in base a contratti di licenza, senza pregiudizio delle disposizioni legislative nazionali applicabili in materia di diritto d'autore e diritti connessi.

(31) Deve essere garantito un giusto equilibrio tra i diritti e gli interessi delle varie categorie di titolari nonché tra quelli dei vari titolari e quelli degli utenti dei materiali protetti. Le eccezioni e limitazioni alla protezione esistenti nelle legislazioni degli Stati membri devono essere riesaminate alla luce del nuovo ambiente elettronico. Le differenze esistenti nelle eccezioni e limitazioni relative a determinati atti hanno effetti negativi diretti sul funzionamento del mercato interno nel settore del diritto d'autore e dei diritti connessi. Tali differenze potrebbero facilmente accentuarsi con l'ulteriore sviluppo dell'utilizzazione economica transfrontaliera di opere e delle attività transfrontaliere. Onde garantire il corretto funzionamento del mercato interno, tali eccezioni e limitazioni dovrebbero essere definite in modo più uniforme. Il grado di armonizzazione di dette eccezioni dovrebbe dipendere dal loro impatto sul corretto funzionamento del mercato interno.

(32) La presente direttiva fornisce un elenco esaustivo delle eccezioni e limitazioni al diritto di riproduzione e al diritto di comunicazione al pubblico. Talune eccezioni o limitazioni si applicano, se del caso, solo al diritto di riproduzione. Tale elenco tiene debito conto delle diverse tradizioni giuridiche degli Stati membri e mira, allo stesso tempo, a garantire il funzionamento del mercato interno. Gli Stati membri dovrebbero arrivare ad applicare in modo coerente tali eccezioni e limitazioni e ciò dovrebbe essere valutato al momento del riesame futuro della legislazione di attuazione.

(33) Si dovrebbe prevedere un'eccezione al diritto esclusivo di riproduzione per consentire taluni atti di riproduzione temporanea, che sono riproduzioni transitorie o accessorie, le quali formano parte integrante ed essenziale di un procedimento tecnologico e effettuate all'unico scopo di consentire la trasmissione efficace in rete tra terzi con l'intervento di un intermediario o l'utilizzo legittimo di un'opera o di altri materiali. Gli atti di riproduzione in questione non dovrebbero avere un proprio valore economico distinto. Per quanto siano soddisfatte queste condizioni, tale eccezione include atti che facilitano la navigazione in rete e la realizzazione di copie "cache", compresi gli atti che facilitano l'effettivo funzionamento dei sistemi di trasmissione, purché l'intermediario non modifichi le informazioni e non interferisca con l'uso lecito di tecnologia ampiamente riconosciuta e utilizzata nel settore per ottenere dati sull'impiego delle informazioni. L'utilizzo è da considerare legittimo se è autorizzato dal titolare del diritto o non è limitato dalla legge.

(34) Si dovrebbe dare agli Stati membri la possibilità di prevedere talune eccezioni o limitazioni in determinati casi, ad esempio per l'utilizzo a scopo didattico e scientifico, o da parte di organismi pubblici quali le biblioteche e gli archivi, per scopi d'informazione giornalistica, per citazioni, per l'uso da parte di portatori di handicap, per fini di sicurezza pubblica e in procedimenti amministrativi e giudiziari.

(35) In taluni casi di eccezioni o limitazioni i titolari di diritti dovrebbero ricevere un equo compenso affinché siano adeguatamente indennizzati per l'uso delle loro opere o dei materiali protetti. Nel determinare la forma, le modalità e l'eventuale entità di detto equo compenso si dovrebbe tener conto delle peculiarità di ciascun caso. Nel valutare tali peculiarità, un valido criterio sarebbe quello dell'eventuale pregiudizio subito dai titolari dei diritti e derivante dall'atto in questione. Se i titolari dei diritti hanno già ricevuto un pagamento in altra forma, per esempio nell'ambito di un diritto di licenza, ciò non può comportare un pagamento specifico o a parte. Il livello dell'equo compenso deve tener pienamente conto della misura in cui ci si avvale delle misure tecnologiche di protezione contemplate dalla presente direttiva. In talune situazioni, allorché il danno per il titolare dei diritti sarebbe minimo, non può sussistere alcun obbligo di pagamento.

(36) Gli Stati membri possono prevedere l'equo compenso dei titolari anche allorché si applicano le disposizioni facoltative sulle eccezioni o limitazioni che non lo comportano.

(37) Gli attuali regimi nazionali in materia di reprografia non creano, dove previsti, forti ostacoli al mercato interno. Gli Stati membri dovrebbero avere la facoltà di prevedere un'eccezione, o una limitazione in relazione alla reprografia.

(38) Si dovrebbe consentire agli Stati membri di prevedere un'eccezione o una limitazione al diritto di riproduzione per taluni tipi di riproduzione di materiale sonoro, visivo e audiovisivo ad uso privato con un equo compenso. Si potrebbe prevedere in questo contesto l'introduzione o il mantenimento di sistemi di remunerazione per indennizzare i titolari dei diritti del pregiudizio subito. Le differenze esistenti tra tali sistemi di remunerazione, pur incidendo sul funzionamento del mercato interno, non dovrebbero, per quanto riguarda la riproduzione analogica privata, avere un impatto significativo sullo sviluppo della società dell'informazione. La realizzazione privata di copie digitali potrà diventare una pratica più diffusa con conseguente maggiore incidenza economica. Occorrerebbe pertanto tenere debitamente conto delle differenze tra copia privata digitale e copia privata analogica. È quindi opportuno, sotto certi aspetti, operare una distinzione tra loro.

(39) All'atto dell'applicazione dell'eccezione o della limitazione relativa alla copia privata, gli Stati membri dovrebbero tenere in debito conto gli sviluppi tecnologici ed economici, in particolare in ordine alla riproduzione digitale a fini privati ed ai sistemi di remunerazione, quando siano disponibili misure tecnologiche di protezione efficaci. Tali eccezioni o limitazioni non dovrebbero ostacolare né l'uso di misure tecnologiche, né la loro esecuzione in presenza di atti di elusione della legislazione.

(40) Gli Stati membri possono prevedere un'eccezione o una limitazione a favore di taluni organismi senza scopo di lucro, quali per esempio le biblioteche accessibili al pubblico e le istituzioni equivalenti nonché gli archivi. Tale eccezione dovrebbe però essere limitata a determinati casi specifici contemplati dal diritto di riproduzione. Detta eccezione o limitazione non dovrebbe comprendere l'utilizzo effettuato nel contesto della fornitura *on-line* di opere o altri materiali protetti. La presente direttiva non deve pregiudicare la facoltà degli Stati membri di prevedere deroghe al diritto esclusivo di prestito nel caso di prestiti effettuati da istituzioni pubbliche, conformemente all'articolo 5 della direttiva del Consiglio 92/100/CEE, del 19 novembre 1992. È quindi opportuno incoraggiare la concessione di contratti o di licenze di tipo specifico al fine di favorire in modo equilibrato tali organismi e la realizzazione dei loro obiettivi di diffusione.

(41) L'applicazione dell'eccezione o della limitazione per le registrazioni effimere effettuate da organismi di diffusione radiotelevisiva va intesa nel senso che i servizi di un'emittente comprendono quelli di persone che operano per conto o sotto la responsabilità di un organismo di diffusione radiotelevisiva.

(42) Nell'applicare l'eccezione o la limitazione per finalità didattiche non commerciali e di ricerca scientifica, compreso l'apprendimento a distanza, la natura non commerciale dell'attività in questione dovrebbe essere determinata dall'attività in quanto tale. La struttura organizzativa e i mezzi di finanziamento dell'organismo di cui trattasi non costituiscono i fattori decisivi a tal fine.

(43) È in ogni caso importante che gli Stati membri adottino tutte le opportune misure per favorire l'accesso alle opere da parte dei portatori di un handicap che impedisca di fruirne, tenendo particolarmente conto dei formati accessibili.

(44) La facoltà di applicare le eccezioni e le limitazioni previste nella presente direttiva deve essere esercitata nel rispetto degli obblighi internazionali. Le eccezioni e le limitazioni non possono essere applicate in modo da arrecare pregiudizio agli interessi legittimi dei titolari dei diritti o da essere in contrasto con la normale utilizzazione economica delle loro opere o materiali protetti. L'introduzione di tali eccezioni o limitazioni da parte degli Stati membri deve in particolare tenere debitamente conto dell'accresciuto impatto economico che esse possono avere nel contesto del nuovo ambiente elettronico. È pertanto possibile che la portata di alcune eccezioni o limitazioni debba essere ulteriormente limitata nel caso di taluni nuovi utilizzi di opere e materiali protetti.

(45) Le eccezioni e limitazioni di cui all'articolo 5, paragrafi 2, 3 e 4 non dovrebbero tuttavia ostacolare la definizione delle relazioni contrattuali volte ad assicurare un equo compenso ai titolari dei diritti, nella misura consentita dalla legislazione nazionale.

(46) Il ricorso alla mediazione potrebbe aiutare utenti e titolari dei diritti a risolvere le loro controversie. La Commissione dovrebbe, in cooperazione con gli Stati membri, nell'ambito del Comitato di contatto, effettuare uno studio volto a prevedere nuovi mezzi giuridici per la risoluzione delle controversie relative al diritto d'autore e i diritti connessi.

(47) Lo sviluppo tecnologico consentirà ai titolari dei diritti di far ricorso a misure tecnologiche per impedire o limitare atti non autorizzati dal titolare del diritto d'autore, dei diritti connessi o del diritto sui generis sulle banche dati. Esiste tuttavia il rischio di attività illegali intese a rendere possibile o a facilitare l'elusione della protezione tecnica offerta da tali misure. Per evitare soluzioni legislative frammentarie che potrebbero ostacolare il funzionamento del mercato interno è necessario prevedere una protezione giuridica armonizzata contro l'elusione di efficaci misure tecnologiche e contro la fornitura di dispositivi e prodotti o servizi a tal fine.

(48) Una siffatta protezione giuridica dovrebbe essere accordata alle misure tecnologiche che limitano in modo efficace atti non autorizzati dai titolari del diritto d'autore, dei diritti connessi o del diritto sui generis sulle banche dati, senza tuttavia impedire il normale funzionamento delle attrezzature elettroniche ed il loro sviluppo tecnologico. Tale protezione giuridica non implica alcuna obbligazione di adeguare i dispositivi, i prodotti, le componenti o i servizi a tali misure tecnologiche, purché detti dispositivi, prodotti, componenti o servizi non rientrino nel divieto di cui all'articolo 6. Tale protezione giuridica dovrebbe rispettare il principio della proporzionalità e non dovrebbe vietare i dispositivi o le attività che hanno una finalità commerciale significativa o un'utilizzazione diversa dall'elusione della protezione tecnica. Segnatamente, questa protezione non dovrebbe costituire un ostacolo alla ricerca sulla crittografia.

(49) La protezione giuridica delle misure tecnologiche non pregiudica l'applicazione delle disposizioni nazionali che possono vietare il possesso privato di dispositivi, prodotti o componenti per l'elusione di misure tecnologiche.

(50) Una protezione giuridica armonizzata lascia impregiudicate le disposizioni specifiche di protezione previste dalla direttiva 91/250/CEE. In particolare essa non si dovrebbe applicare alla tutela delle misure tecnologiche usate in relazione ai programmi per elaboratore, disciplinata esclusivamente da detta direttiva. Non dovrebbe inoltre ostacolare né impedire lo sviluppo o l'utilizzo di qualsiasi mezzo atto a eludere una misura tecnologica se necessario per l'esecuzione degli atti da compiere ai sensi dell'articolo 5, paragrafo 3, e dell'articolo 6 della direttiva 91/250/CEE. Gli articoli 5 e 6 di tale direttiva si limitano a stabilire le eccezioni ai diritti esclusivi applicabili ai programmi per elaboratore.

(51) La protezione giuridica delle misure tecnologiche si applica senza pregiudicare l'ordine pubblico, come enunciato all'articolo 5, o la sicurezza pubblica. Gli Stati membri dovrebbero promuovere l'adozione di misure volontarie da parte dei titolari, comprese la conclusione e l'attuazione di accordi fra i titolari e altre parti interessate, per tener conto, a norma della presente direttiva della realizzazione degli obiettivi di determinate eccezioni o limitazioni previste nella normativa nazionale. Se, trascorso un congruo lasso di tempo, tali misure o accordi volontari ancora mancassero, gli Stati membri dovrebbero prendere provvedimenti adeguati affinché i titolari forniscano ai beneficiari di tali eccezioni o limitazioni i mezzi necessari per fruirne, modificando una misura tecnologica già in atto o in altro modo. Tuttavia, per scongiurare abusi relativamente alle misure prese dal titolare, anche nel quadro di un accordo, o da uno Stato membro, tutte le misure tecnologiche attuate in applicazione delle suddette misure dovrebbero godere di tutela giuridica.

(52) Nell'applicare un'eccezione o una limitazione per riproduzioni a uso privato conformemente all'articolo 5, paragrafo 2, lettera b), gli Stati membri dovrebbero analogamente promuovere l'adozione di misure volontarie per realizzare gli obiettivi di tali eccezioni o limitazioni. Qualora tali misure volontarie, finalizzate a rendere possibile la riproduzione a uso privato, non siano state adottate entro un periodo di tempo ragionevole, gli Stati membri possono adottare provvedimenti per consentire che i beneficiari delle eccezioni o limitazioni in questione ne fruiscano realmente. Le misure volontarie prese dai titolari, compresi accordi fra titolari e altre parti interessate, come pure le misure prese dagli Stati membri, non impediscono ai titolari di far uso di misure tecnologiche coerenti con le eccezioni o limitazioni per riproduzioni ad uso privato previste dalla normativa nazionale conformemente all'articolo 5, paragrafo 2, lettera b), tenendo conto delle condizioni di equo compenso di cui a tale disposizione, paragrafo 2, lettera b), né l'eventuale differenziazione tra diverse condizioni d'uso conformemente all'articolo 5, paragrafo 5, come il controllo del numero di riproduzioni. Per scongiurare abusi relativamente alle suddette misure, tutte le misure tecnologiche di protezione dovrebbero godere di tutela giuridica.

(53) La protezione delle misure tecnologiche dovrebbe assicurare un ambiente sicuro per la fornitura di servizi interattivi su richiesta ("on-demand"), in modo tale che il fruitore possa accedere alle opere o ad altri materiali dal luogo e nel momento che ha scelto individualmente. Laddove i servizi siano regolati da accordi contrattuali, il primo ed il secondo comma dell'articolo 6, paragrafo 4, non dovrebbero applicarsi. Le forme di uso non interattivo *on-line* dovrebbero rimanere soggette a quelle disposizioni.

(54) Sono stati fatti notevoli progressi in materia di standardizzazione internazionale dei sistemi tecnici di identificazione di opere ed altri materiali protetti in formato digitale. Dato il sempre maggiore sviluppo dei collegamenti in rete, le differenze tra le misure tecnologiche potrebbero dare luogo a un'incompatibilità di sistemi all'interno della Comunità. Dovrebbero essere incoraggiate la compatibilità e l'interoperabilità dei diversi sistemi. Sarebbe altamente auspicabile incoraggiare lo sviluppo di sistemi globali.

(55) Lo sviluppo tecnologico agevolerà la distribuzione delle opere, in particolare in rete, il che comporterà la necessità per i titolari dei diritti di identificare meglio l'opera o i materiali protetti, l'autore dell'opera o qualunque altro titolare di diritti e di fornire informazioni sui termini e sulle condizioni di utilizzo dell'opera o di altro materiale protetto, così da rendere più facile la gestione dei diritti ad essi connessi. Si dovrebbero incoraggiare i titolari, quando mettono in rete opere o altri materiali protetti, a usare contrassegni indicanti, tra l'altro, la loro autorizzazione, oltre alle informazioni di cui sopra.

(56) Sussiste tuttavia il rischio di attività illegali intese a rimuovere o alterare le informazioni elettroniche sul regime del diritto d'autore, apposte sull'opera ovvero a distribuire, importare a fini di distribuzione, diffondere per radio o televisione, comunicare o mettere a disposizione del pubblico opere o altri materiali protetti dai quali siano state eliminate senza autorizzazione tali informazioni. Per evitare soluzioni legislative frammentarie che potrebbero ostacolare il funzionamento del mercato interno, è necessario prevedere una protezione giuridica armonizzata contro tutte queste attività.

(57) Le predette informazioni sul regime dei diritti potrebbero, a seconda della loro configurazione, rendere al tempo stesso possibile il trattamento di dati personali riguardanti i modelli di consumo di materiale protetto da parte di singoli consumatori e pertanto consentire di registrarne il comportamento *on-line*. Le misure tecnologiche in oggetto devono presentare, nelle loro funzioni tecniche, meccanismi di salvaguardia della vita privata, come previsto dalla direttiva 95/46/CE del Parlamento europeo e del Consiglio, del 24 ottobre 1995, relativa alla tutela delle persone fisiche con riguardo al trattamento dei dati personali, nonché alla libera circolazione di tali dati (10).

(58) Gli Stati membri dovrebbero prevedere mezzi di ricorso e sanzioni efficaci contro le violazioni dei diritti e degli obblighi sanciti nella presente direttiva. Dovrebbero adottare tutte le misure necessarie a garantire l'utilizzazione dei mezzi di ricorso e l'applicazione delle sanzioni. Le sanzioni dovrebbero essere efficaci, proporzionate e dissuasive e includere la possibilità del risarcimento e/o di un provvedimento ingiuntivo e, se necessario, di procedere al sequestro del materiale all'origine della violazione.

(59) In particolare in ambito digitale, i servizi degli intermediari possono essere sempre più utilizzati da terzi per attività illecite. In molti casi siffatti intermediari sono i più idonei a porre fine a dette attività illecite. Pertanto fatte salve le altre sanzioni e i mezzi di tutela a disposizione, i titolari dei diritti dovrebbero avere la possibilità di chiedere un provvedimento inibitorio contro un intermediario che consenta violazioni in rete da parte di un terzo contro opere o altri materiali protetti. Questa possibilità dovrebbe essere disponibile anche ove gli atti svolti dall'intermediario siano soggetti a eccezione ai sensi dell'articolo 5. Le condizioni e modalità relative a tale provvedimento ingiuntivo dovrebbero essere stabilite dal diritto nazionale degli Stati membri.

(60) La protezione prevista dalla presente direttiva non dovrebbe ostare all'applicazione delle disposizioni di diritto nazionale o comunitario in altri settori, come la proprietà industriale, la protezione dei dati, l'accesso condizionato, l'accesso ai documenti pubblici e la norma della cronologia dell'utilizzo dei media, che possono pregiudicare la tutela del diritto di autore o dei diritti connessi.

(61) Per conformarsi al Trattato del WIPO sulle interpretazioni, le esecuzioni e i fonogrammi, la direttiva 92/100/CEE e la direttiva 93/98/CEE dovrebbero essere modificate.

HANNO ADOTTATO LA PRESENTE DIRETTIVA:

CAPO I

OBIETTIVO E CAMPO D'APPLICAZIONE

Articolo 1
Campo d'applicazione

1. La presente direttiva riguarda la tutela giuridica del diritto d'autore e dei diritti connessi nell'ambito del mercato interno, con particolare riferimento alla società dell'informazione.

2. Salvo i casi di cui all'articolo 11, la presente direttiva non modifica e non pregiudica le vigenti disposizioni comunitarie in materia di:

a) tutela giuridica dei programmi per elaboratore;

b) diritto di noleggio, diritto di prestito e taluni diritti connessi al diritto d'autore in materia di proprietà intellettuale;

c) diritto d'autore e diritti connessi applicabili alla radiodiffusione via satellite e alla ritrasmissione via cavo;

d) durata di protezione del diritto d'autore e di alcuni diritti connessi;

e) tutela giuridica delle banche dati.

CAPO II
DIRITTI ED ECCEZIONI

Articolo 2
Diritto di riproduzione
Gli Stati membri riconoscono ai soggetti sotto elencati il diritto esclusivo di autorizzare o vietare la riproduzione diretta o indiretta, temporanea o permanente, in qualunque modo o forma, in tutto o in parte:

a) agli autori, per quanto riguarda le loro opere;

b) agli artisti interpreti o esecutori, per quanto riguarda le fissazioni delle loro prestazioni artistiche;

c) ai produttori di fonogrammi per quanto riguarda le loro riproduzioni fonografiche;

d) ai produttori delle prime fissazioni di una pellicola, per quanto riguarda l'originale e le copie delle loro pellicole;

e) agli organismi di diffusione radiotelevisiva, per quanto riguarda le fissazioni delle loro trasmissioni, siano esse effettuate su filo o via etere, comprese le trasmissioni via cavo o via satellite.

Articolo 3
Diritto di comunicazione di opere al pubblico, compreso il diritto di mettere a disposizione del pubblico altri materiali protetti
1. Gli Stati membri riconoscono agli autori il diritto esclusivo di autorizzare o vietare qualsiasi comunicazione al pubblico, su filo o senza filo, delle loro opere, compresa la messa a disposizione del pubblico delle loro opere in maniera tale che ciascuno possa avervi accesso dal luogo e nel momento scelti individualmente.

2. Gli Stati membri riconoscono ai soggetti sotto elencati il diritto esclusivo di autorizzare o vietare la messa a disposizione del pubblico, su filo o senza filo, in maniera tale che ciascuno possa avervi accesso dal luogo e nel momento scelti individualmente:

a) gli artisti interpreti o esecutori, per quanto riguarda le fissazioni delle loro prestazioni artistiche;

b) ai produttori di fonogrammi, per quanto riguarda le loro riproduzioni fonografiche;

c) ai produttori delle prime fissazioni di una pellicola, per quanto riguarda l'originale e le copie delle loro pellicole;

d) agli organismi di diffusione radiotelevisiva, per quanto riguarda le fissazioni delle loro trasmissioni, siano esse effettuate su filo o via etere, comprese le trasmissioni via cavo o via satellite.

3. I diritti di cui ai paragrafi 1 e 2 non si esauriscono con alcun atto di comunicazione al pubblico o con la loro messa a disposizione del pubblico, come indicato nel presente articolo.

Articolo 4
Diritto di distribuzione

1. Gli Stati membri riconoscono agli autori il diritto esclusivo di autorizzare o vietare qualsiasi forma di distribuzione al pubblico dell'originale delle loro opere o di loro copie, attraverso la vendita o in altro modo.

2. Il diritto di distribuzione dell'originale o di copie dell'opera non si esaurisce nella Comunità, tranne nel caso in cui la prima vendita o il primo altro trasferimento di proprietà nella Comunità di detto oggetto sia effettuata dal titolare del diritto o con il suo consenso.

Articolo 5
Eccezioni e limitazioni

1. Sono esentati dal diritto di riproduzione di cui all'articolo 2 gli atti di riproduzione temporanea di cui all'articolo 2 privi di rilievo economico proprio che sono transitori o accessori, e parte integrante e essenziale di un procedimento tecnologico, eseguiti all'unico scopo di consentire:

a) la trasmissione in rete tra terzi con l'intervento di un intermediario o

b) un utilizzo legittimo

di un'opera o di altri materiali.

2. Gli Stati membri hanno la facoltà di disporre eccezioni o limitazioni al diritto di riproduzione di cui all'articolo 2 per quanto riguarda:

a) le riproduzioni su carta o supporto simile, mediante uso di qualsiasi tipo di tecnica fotografica o di altro procedimento avente effetti analoghi, fatta eccezione per gli spartiti sciolti, a condizione che i titolari dei diritti ricevano un equo compenso;

b) le riproduzioni su qualsiasi supporto effettuate da una persona fisica per uso privato e per fini né direttamente, né indirettamente commerciali a condizione che i titolari dei diritti ricevano un equo compenso che tenga conto dell'applicazione o meno delle misure tecnologiche di cui all'articolo 6 all'opera o agli altri materiali interessati;

c) gli atti di riproduzione specifici effettuati da biblioteche accessibili al pubblico, istituti di istruzione, musei o archivi che non tendono ad alcun vantaggio economico o commerciale, diretto o indiretto;

d) le registrazioni effimere di opere realizzate da organismi di diffusione radiotelevisiva con i loro propri mezzi e per le loro proprie emissioni; la conservazione di queste registrazioni in archivi ufficiali può essere autorizzata, se hanno un eccezionale carattere documentario;

e) le riproduzioni di emissioni radiotelevisive effettuate da istituzioni sociali pubbliche che perseguano uno scopo non commerciale, quali ospedali o prigioni, purché i titolari dei diritti ricevano un equo compenso.

3. Gli Stati membri hanno la facoltà di disporre eccezioni o limitazioni ai diritti di cui agli articoli 2 e 3 nei casi seguenti:

a) allorché l'utilizzo ha esclusivamente finalità illustrativa per uso didattico o di ricerca scientifica, sempreché, salvo in caso di impossibilità, si indichi la fonte, compreso il nome dell'autore, nei limiti di quanto giustificato dallo scopo non commerciale perseguito;

b) quando si tratti di un utilizzo a favore di portatori di handicap, sempreché l'utilizzo sia collegato all'handicap, non abbia carattere commerciale e si limiti a quanto richiesto dal particolare handicap;

c) nel caso di riproduzione a mezzo stampa, comunicazione al pubblico o messa a disposizione di articoli pubblicati su argomenti di attualità economica politica o religiosa o di opere radiotelevisive o di altri materiali dello stesso carattere, se tale utilizzo non è espressamente riservato, sempreché si indichi la fonte, incluso il nome dell'autore, o nel caso di utilizzo delle opere o di altri materiali in occasione del resoconto di un avvenimento attuale nei limiti di quanto giustificato dallo scopo informativo e sempreché si indichi, salvo in caso di impossibilità, la fonte, incluso il nome dell'autore;

d) quando si tratti di citazioni, per esempio a fini di critica o di rassegna, sempreché siano relative a un'opera o altri materiali protetti già messi legalmente a disposizione del pubblico, che si indichi, salvo in caso di impossibilità, la fonte, incluso il nome dell'autore e che le citazioni siano fatte conformemente ai buoni usi e si limitino a quanto giustificato dallo scopo specifico;

e) allorché si tratti di impieghi per fini di pubblica sicurezza o per assicurare il corretto svolgimento di un procedimento amministrativo, parlamentare o giudiziario;

f) quando si tratti di allocuzioni politiche o di estratti di conferenze aperte al pubblico o di opere simili o materiali protetti, nei limiti di quanto giustificato dallo scopo informativo e sempreché si indichi, salvo in caso di impossibilità, la fonte, incluso il nome dell'autore;

g) quando si tratti di un utilizzo durante cerimonie religiose o cerimonie ufficiali organizzate da un'autorità pubblica;

h) quando si utilizzino opere, quali opere di architettura o di scultura, realizzate per essere collocate stabilmente in luoghi pubblici;

i) in caso di inclusione occasionale di opere o materiali di altro tipo in altri materiali;

j) quando l'utilizzo avvenga per pubblicizzare un'esposizione al pubblico o una vendita di opere d'arte, nella misura in cui ciò sia necessario alla promozione dell'avvenimento, escludendo qualsiasi altro uso commerciale;

k) quando l'utilizzo avvenga a scopo di caricatura, parodia o pastiche;

l) quando si tratti di utilizzo collegato a dimostrazioni o riparazioni di attrezzature;

m) quando si utilizzi un'opera d'arte consistente in un edificio o un disegno o il progetto di un edificio con lo scopo di ricostruire quest'ultimo;

n) quando l'utilizzo abbia come scopo la comunicazione o la messa a disposizione, a singoli individui, a scopo di ricerca o di attività privata di studio, su terminali dedicati situati nei locali delle istituzioni di cui al paragrafo 2, lettera c), di opere o altri materiali contenuti nella loro collezione e non soggetti a vincoli di vendita o di licenza;

o) quando l'utilizzo avvenga in taluni altri casi di scarsa rilevanza in cui la legislazione nazionale già prevede eccezioni o limitazione, purché esse riguardino solo utilizzi analogici e non incidano sulla libera circolazione delle merci e dei servizi all'interno della Comunità, fatte salve le altre eccezioni e limitazioni contenute nel presente articolo.

4. Quando gli Stati membri possono disporre un'eccezione o limitazione al diritto di riproduzione in virtù dei paragrafi 2 e 3 del presente articolo, essi possono anche disporre un'eccezione o limitazione al diritto di distribuzione di cui all'articolo 4 nella misura giustificata dallo scopo della riproduzione permessa.

5. Le eccezioni e limitazioni di cui ai paragrafi 1, 2, 3 e 4 sono applicate esclusivamente in determinati casi speciali che non siano in contrasto con lo sfruttamento normale dell'opera o degli altri materiali e non arrechino ingiustificato pregiudizio agli interessi legittimi del titolare.

CAPO III
TUTELA DELLE MISURE TECNOLOGICHE E DELLE INFORMAZIONI
SUL REGIME DEI DIRITTI

Articolo 6
Obblighi relativi alle misure tecnologiche
1. Gli Stati membri prevedono un'adeguata protezione giuridica contro l'elusione di efficaci misure tecnologiche, svolta da persone consapevoli, o che si possano ragionevolmente presumere consapevoli, di perseguire tale obiettivo.

2. Gli Stati membri prevedono un'adeguata protezione giuridica contro la fabbricazione, l'importazione, la distribuzione, la vendita, il noleggio, la pubblicità per la vendita o il noleggio o la detenzione a scopi commerciali di attrezzature, prodotti o componenti o la prestazione di servizi, che:

a) siano oggetto di una promozione, di una pubblicità o di una commercializzazione, con la finalità di eludere, o

b) non abbiano, se non in misura limitata, altra finalità o uso commercialmente rilevante, oltre quello di eludere, o

c) siano principalmente progettate, prodotte, adattate o realizzate con la finalità di rendere possibile o di facilitare l'elusione di efficaci misure tecnologiche.

3. Ai fini della presente direttiva, per "misure tecnologiche" si intendono tutte le tecnologie, i dispositivi o componenti che, nel normale corso del loro funzionamento, sono destinati a impedire o limitare atti, su opere o altri materiali protetti, non autorizzati dal titolare del diritto d'autore o del diritto connesso al diritto d'autore, così come previsto dalla legge o dal diritto sui generis previsto al capitolo III della direttiva 96/9/CE. Le misure tecnologiche sono considerate "efficaci"

nel caso in cui l'uso dell'opera o di altro materiale protetto sia controllato dai titolari tramite l'applicazione di un controllo di accesso o di un procedimento di protezione, quale la cifratura, la distorsione o qualsiasi altra trasformazione dell'opera o di altro materiale protetto, o di un meccanismo di controllo delle copie, che realizza l'obiettivo di protezione.

4. In deroga alla tutela giuridica di cui al paragrafo 1, in mancanza di misure volontarie prese dai titolari, compresi accordi fra titolari e altre parti interessate, gli Stati membri prendono provvedimenti adeguati affinché i titolari mettano a disposizione del beneficiario di un'eccezione o limitazione, prevista dalla normativa nazionale in conformità dell'articolo 5, paragrafo 2, lettere a), c), d), e), o dell'articolo 5, paragrafo 3, lettere a), b) o e), i mezzi per fruire della stessa, nella misura necessaria per poter fruire di tale eccezione o limitazione e purché il beneficiario abbia accesso legale all'opera o al materiale protetto in questione.

Uno Stato membro può inoltre adottare siffatte misure nei confronti del beneficiario di un'eccezione di una limitazione prevista in conformità dell'articolo 5, paragrafo 2, lettera b), a meno che i titolari non abbiano già consentito la riproduzione per uso privato nella misura necessaria per poter beneficiare dell'eccezione o limitazione in questione e in conformità delle disposizioni dell'articolo 5, paragrafo 2, lettera b), e paragrafo 5, senza impedire ai titolari di adottare misure adeguate relativamente al numero di riproduzioni conformemente alle presenti disposizioni.

Le misure tecnologiche applicate volontariamente dai titolari, anche in attuazione di accordi volontari e le misure tecnologiche attuate in applicazione dei provvedimenti adottati dagli Stati membri, godono della protezione giuridica di cui al paragrafo 1.

Le disposizioni di cui al primo e secondo comma del presente paragrafo non si applicano a opere o altri materiali a disposizione del pubblico sulla base di clausole contrattuali conformemente alle quali i componenti del pubblico possono accedere a dette opere e materiali dal luogo e nel momento scelti individualmente.

Quando il presente articolo si applica nel contesto delle direttive 92/100/CEE e 96/9/CE, il presente paragrafo si applica mutatis mutandis.

Articolo 7
Obblighi relativi alle informazioni sul regime dei diritti
1. Gli Stati membri prevedono un'adeguata protezione giuridica contro chiunque compia consapevolmente senza averne diritto i seguenti atti:
a) rimuovere o alterare qualsiasi informazione elettronica sul regime dei diritti;
b) distribuire, importare a fini di distribuzione, diffondere per radio o televisione, comunicare o mettere a disposizione del pubblico opere o altri materiali protetti ai sensi della presente direttiva o del capitolo III della direttiva 96/9/CE, dalle quali siano state rimosse o alterate senza averne diritto le informazioni elettroniche sul regime dei diritti;
ove chi compie tali atti sia consapevole, o si possa ragionevolmente presumere che sia consapevole, che con essi induce, rende possibile, agevola o dissimula una violazione di diritti d'autore o diritti connessi previsti dalla legge o del diritto sui generis di cui al capitolo III della direttiva 96/9/CE.

2. Ai fini della presente direttiva, per "informazioni sul regime dei diritti" s'intende qualunque informazione fornita dai titolari dei diritti che identifichi l'opera o i materiali protetti di cui alla presente direttiva o coperti dal diritto sui generis di cui al capitolo III della direttiva 96/9/CE, l'autore o qualsiasi altro titolare dei diritti, o qualunque informazione circa i termini e le condizioni di uso dell'opera o di altri materiali nonché qualunque numero o codice che rappresenti tali informazioni.

La disposizione di cui al primo comma si applica quando uno qualsiasi degli elementi suddetti figuri su una copia o appaia nella comunicazione al pubblico di un'opera o di uno dei materiali protetti di cui alla presente direttiva o coperti dal diritto sui generis di cui al capitolo III della direttiva 96/9/CE.

CAPO IV
DISPOSIZIONI COMUNI

Articolo 8
Sanzioni e mezzi di ricorso
1. Gli Stati membri prevedono adeguate sanzioni e mezzi di ricorso contro le violazioni dei diritti e degli obblighi contemplati nella presente direttiva e adottano tutte le misure necessarie a garantire l'applicazione delle sanzioni e l'utilizzazione dei mezzi di ricorso. Le sanzioni previste devono essere efficaci, proporzionate e dissuasive.
2. Ciascuno Stato membro adotta le misure necessarie a garantire che i titolari dei diritti i cui interessi siano stati danneggiati da una violazione effettuata sul suo territorio possano intentare un'azione per danni e/o chiedere un provvedimento inibitorio e, se del caso, il sequestro del materiale all'origine della violazione, nonché delle attrezzature, prodotti o componenti di cui all'articolo 6, paragrafo 2.
3. Gli Stati membri si assicurano che i titolari dei diritti possano chiedere un provvedimento inibitorio nei confronti degli intermediari i cui servizi siano utilizzati da terzi per violare un diritto d'autore o diritti connessi.

Articolo 9
Applicazione impregiudicata di altre disposizioni legali
La presente direttiva non osta all'applicazione delle disposizioni concernenti segnatamente brevetti, marchi, disegni o modelli, modelli di utilità, topografie di prodotti a semiconduttori, caratteri tipografici, accesso condizionato, accesso ai servizi di diffusione via cavo, la protezione dei beni appartenenti al patrimonio nazionale, gli obblighi di deposito legale, le norme sulle pratiche restrittive e sulla concorrenza sleale, il segreto industriale, la sicurezza, la riservatezza, la tutela dei dati e il rispetto della vita privata, l'accesso ai documenti pubblici, il diritto contrattuale.

Articolo 10
Applicazioni nel tempo
1. Le disposizioni della presente direttiva si applicano a tutte le opere e agli altri materiali protetti in essa contemplati che, alla data del 22 dicembre 2002, sono tu-

telati dalla legislazione degli Stati membri relativa al diritto d'autore e ai diritti connessi o rispondono ai criteri per la tutela di cui alla presente direttiva o alle disposizioni di cui all'articolo 1, paragrafo 2.

2. La presente direttiva non si applica agli atti conclusi e ai diritti acquisiti prima del 22 dicembre 2002.

Articolo 11
Adeguamenti tecnici

1. La direttiva 92/100/CEE è modificata come segue:

a) l'articolo 7 è abrogato;

b) all'articolo 10, il paragrafo 3 è sostituito dal seguente: "3. Le limitazioni possono essere applicate solo in determinati casi speciali che non arrechino indebitamente pregiudizio ai legittimi interessi dei titolari dei diritti o siano in contrasto con il normale sfruttamento dei materiali protetti".

2. All'articolo 3 della direttiva 93/98/CEE, il paragrafo 2 è sostituito dal seguente: "2. I diritti dei produttori di riproduzioni fonografiche scadono 50 anni dopo la fissazione. Tuttavia, se la riproduzione fonografica è lecitamente pubblicata durante tale periodo, i diritti scadono 50 anni dopo la data della prima pubblicazione. Se nel periodo indicato nella prima frase non sono effettuate pubblicazioni lecite e se la riproduzione fonografica è lecitamente comunicata al pubblico durante detto periodo, i diritti scadono 50 anni dopo la data di tale prima comunicazione al pubblico.

Tuttavia, se allo scadere del periodo di protezione garantito dal presente paragrafo nella versione precedente alla modifica apportata dalla direttiva 2001/29/CE del Parlamento europeo e del Consiglio, del 22 maggio 2001, sull'armonizzazione di taluni aspetti del diritto d'autore e diritti connessi nella società dell'informazione (11) i diritti dei produttori fonografici non sono più protetti alla data del 22 dicembre 2002 il presente paragrafo non produce l'effetto di proteggere tali diritti nuovamente."

Articolo 12
Disposizioni finali

1. Entro il 22 dicembre 2004, e in seguito ogni tre anni, la Commissione presenta al Parlamento europeo, al Consiglio e al Comitato economico e sociale una relazione sull'applicazione della presente direttiva, nella quale esamina, tra l'altro, in particolare, in base alle informazioni specifiche fornite dagli Stati membri, l'applicazione degli articoli 5, 6 e 8, alla luce dello sviluppo del mercato digitale. Nel caso dell'articolo 6 essa esamina in particolare se tale articolo offra un livello sufficiente di protezione e se l'uso di efficaci misure tecnologiche abbia ripercussioni negative sugli atti consentiti dalla legge. In particolare per garantire il buon funzionamento del mercato interno, conformemente all'articolo 14 del trattato, la Commissione presenta, se del caso, proposte di modifica della presente direttiva.

2. La tutela dei diritti connessi ai sensi della presente direttiva non pregiudica e non incide in alcun modo sulla tutela del diritto d'autore.

3. È istituito un comitato di contatto costituito dai rappresentanti delle autorità competenti degli Stati membri. Esso è presieduto da un rappresentante della

Commissione e si riunisce su iniziativa del presidente, o su richiesta della delegazione di uno Stato membro.

4. I compiti del comitato sono i seguenti:

a) esaminare l'impatto della presente direttiva sul funzionamento del mercato interno e segnalare le eventuali difficoltà;

b) organizzare consultazioni su tutti i quesiti che sorgono dall'applicazione della presente direttiva;

c) facilitare lo scambio di informazioni sui pertinenti sviluppi della legislazione e della giurisprudenza, nonché sui pertinenti sviluppi economici, sociali, culturali e tecnologici;

d) funzionare come un foro di valutazione del mercato digitale delle opere e degli altri elementi, compresi la copia privata e l'impiego di misure tecnologiche.

Articolo 13
Attuazione
1. Gli Stati membri mettono in vigore le disposizioni legislative, regolamentari e amministrative necessarie per conformarsi alla presente direttiva anteriormente al 22 dicembre 2002. Essi ne informano immediatamente la Commissione.

Quando gli Stati membri adottano tali disposizioni, queste contengono un riferimento alla presente direttiva o sono corredate di un siffatto riferimento all'atto della pubblicazione ufficiale. Le modalità del riferimento sono decise dagli Stati membri.

2. Gli Stati membri comunicano alla Commissione il testo delle disposizioni di diritto interno che essi adottano nel settore disciplinato dalla presente direttiva.

Articolo 14
Entrata in vigore
La presente direttiva entra in vigore il giorno della pubblicazione nella Gazzetta ufficiale delle Comunità europee.

Articolo 15
Destinatari
Gli Stati membri sono destinatari della presente direttiva.
Fatto a Bruxelles, addì 22 maggio 2001.
Per il Parlamento europeo
La Presidente
N. Fontaine
Per il Consiglio
Il Presidente
M. Winberg

(1) GU C 108 del 7.4.1998, pag. 6 e
GU C 180 del 25.6.1999, pag. 6.
(2) GU C 407 del 28.12.1998, pag. 30.
(3) Parere del Parlamento europeo del 10.2.1999 (GU C 150 del 28.5.1999, pag. 171), posizione comune del Consiglio del 28 settembre 2000 (GU C 344

dell'1.12.2000, pag. 1) e decisione del Parlamento europeo del 14 febbraio 2001 (non ancora pubblicata nella Gazzetta ufficiale). Decisione del Consiglio del 9 aprile 2001.

(4) GU L 178 del 17.7.2000, pag. 1.

(5) Direttiva 91/250/CEE del Consiglio, del 14 maggio 1991, relativa alla tutela giuridica dei programmi per elaboratore (GU L 122 del 17.5.1991, pag. 42). Direttiva modificata dalla direttiva 93/98/CE.

(6) Direttiva 92/100/CEE del Consiglio, del 19 novembre 1992, concernente il diritto di noleggio, il diritto di prestito e taluni diritti connessi al diritto di autore in materia di proprietà intellettuale (GU L 346 del 27.11.1992, pag. 61). Direttiva modificata dalla direttiva 93/98/CE.

(7) Direttiva 93/83/CEE del Consiglio, del 27 settembre 1993, per il coordinamento di alcune norme in materia di diritto d'autore e diritti connessi applicabili alla radiodiffusione via satellite e alla ritrasmissione via cavo (GU L 248 del 6.10.1993, pag. 15).

(8) Direttiva 93/98/CEE del Consiglio, del 29 ottobre 1993, concernente l'armonizzazione della durata della protezione del diritto d'autore e di alcuni diritti connessi (GU L 290 del 24.11.1993 pag. 9).

(9) Direttiva 96/9/CE del Parlamento europeo e del Consiglio, dell'11 marzo 1996, relativa alla tutela giuridica delle banche di dati (GU L 77 del 27.3.1996, pag. 20).

(10) GU L 281 del 23.11.1995, pag. 31.

(11) GU L 167 del 22.6.2001, pag. 10.

United States Code, Title 17, Chapter 12, § 1201 *

Title 17 – Copyrights
  Chapter 12 – Copyright Protection and Management Systems

Section 1201. Circumvention of copyright protection systems

(a) Violations Regarding Circumvention of Technological Measures
  (1)(A) No person shall circumvent a technological measure that effectively controls access to a work protected under this title. The prohibition contained in the preceding sentence shall take effect at the end of the 2-year period beginning on the date of the enactment of this chapter.
  (B) The prohibition contained in subparagraph (A) shall not apply to persons who are users of a copyrighted work which is in a particular class of works, if such persons are, or are likely to be in the succeeding 3-year period, adversely affected by virtue of such prohibition in their ability to make noninfringing uses of that particular class of works under this title, as determined under subparagraph (C).
  (C) During the 2-year period described in subparagraph (A), and during each succeeding 3-year period, the Librarian of Congress, upon the recommendation of the Register of Copyrights, who shall consult with the Assistant Secretary for Communications and Information of the Department of Commerce and report and comment on his or her views in making such recommendation, shall make the determination in a rulemaking proceeding for purposes of subparagraph (B) of whether persons who are users of a copyrighted work are, or are likely to be in the succeeding 3-year period, adversely affected by the prohibition under subparagraph (A) in their ability to make noninfringing uses under this title of a particular class of copyrighted works. In conducting such rulemaking, the Librarian shall examine:
  (i) the availability for use of copyrighted works;
  (ii) the availability for use of works for nonprofit archival, preservation, and educational purposes;
  (iii) the impact that the prohibition on the circumvention of technological measures applied to copyrighted works has on criticism, comment, news reporting, teaching, scholarship, or research;
  (iv) the effect of circumvention of technological measures on the market for or value of copyrighted works; and
  (v) such other factors as the Librarian considers appropriate.

---

*   Il WIPO Copyright and Performances and Phonograms Treaties Implementation Act del 1998 ha aggiunto il chapter 12, intitolato "Copyright Protection and Management Systems," al titolo 17 allo US code. Pub. L. No. 105-304, 112 Stat. 2860, 2863. Il WIPO Copyright and Performances and Phonograms Treaties Implementation Act del 1998 è il titolo I del Digital Millennium Copyright Act. Pub. L. No. 105-304, 112 Stat. 2860.

(D) The Librarian shall publish any class of copyrighted works for which the Librarian has determined, pursuant to the rulemaking conducted under subparagraph (C), that noninfringing uses by persons who are users of a copyrighted work are, or are likely to be, adversely affected, and the prohibition contained in subparagraph (A) shall not apply to such users with respect to such class of works for the ensuing 3-year period.

(E) Neither the exception under subparagraph (B) from the applicability of the prohibition contained in subparagraph (A), nor any determination made in a rulemaking conducted under subparagraph (C), may be used as a defense in any action to enforce any provision of this title other than this paragraph.

(2) No person shall manufacture, import, offer to the public, provide, or otherwise traffic in any technology, product, service, device, component, or part thereof, that:

(A) is primarily designed or produced for the purpose of circumventing a technological measure that effectively controls access to a work protected under this title;

(B) has only limited commercially significant purpose or use other than to circumvent a technological measure that effectively controls access to a work protected under this title; or

(C) is marketed by that person or another acting in concert with that person with that person's knowledge for use in circumventing a technological measure that effectively controls access to a work protected under this title.

(3) As used in this subsection:

(A) to "circumvent a technological measure" means to descramble a scrambled work, to decrypt an encrypted work, or otherwise to avoid, bypass, remove, deactivate, or impair a technological measure, without the authority of the copyright owner; and

(B) a technological measure "effectively controls access to a work" if the measure, in the ordinary course of its operation, requires the application of information, or a process or a treatment, with the authority of the copyright owner, to gain access to the work.

(b) Additional Violations

(1) No person shall manufacture, import, offer to the public, provide, or otherwise traffic in any technology, product, service, device, component, or part thereof, that:

(A) is primarily designed or produced for the purpose of circumventing protection afforded by a technological measure that effectively protects a right of a copyright owner under this title in a work or a portion thereof;

(B) has only limited commercially significant purpose or use other than to circumvent protection afforded by a technological measure that effectively protects a right of a copyright owner under this title in a work or a portion thereof; or

(C) is marketed by that person or another acting in concert with that person with that person's knowledge for use in circumventing protection afforded by a technological measure that effectively protects a right of a copyright owner under this title in a work or a portion thereof.

(2) As used in this subsection:

(A) to "circumvent protection afforded by a technological measure" means avoiding, bypassing, removing, deactivating, or otherwise impairing a technological measure; and

(B) a technological measure "effectively protects a right of a copyright owner under this title" if the measure, in the ordinary course of its operation, prevents, restricts, or otherwise limits the exercise of a right of a copyright owner under this title.

(c) Other Rights, Etc., Not Affected

(1) Nothing in this section shall affect rights, remedies, limitations, or defenses to copyright infringement, including fair use, under this title.

(2) Nothing in this section shall enlarge or diminish vicarious or contributory liability for copyright infringement in connection with any technology, product, service, device, component, or part thereof.

(3) Nothing in this section shall require that the design of, or design and selection of parts and components for, a consumer electronics, telecommunications, or computing product provide for a response to any particular technological measure, so long as such part or component, or the product in which such part or component is integrated, does not otherwise fall within the prohibitions of subsection (a)(2) or (b)(1).

(4) Nothing in this section shall enlarge or diminish any rights of free speech or the press for activities using consumer electronics, telecommunications, or computing products.

(d) Exemption for Nonprofit Libraries, Archives, and Educational Institutions

(1) A nonprofit library, archives, or educational institution which gains access to a commercially exploited copyrighted work solely in order to make a good faith determination of whether to acquire a copy of that work for the sole purpose of engaging in conduct permitted under this title shall not be in violation of subsection (a)(1)(A). A copy of a work to which access has been gained under this paragraph:

(A) may not be retained longer than necessary to make such good faith determination; and

(B) may not be used for any other purpose.

(2) The exemption made available under paragraph (1) shall only apply with respect to a work when an identical copy of that work is not reasonably available in another form.

(3) A nonprofit library, archives, or educational institution that willfully for the purpose of commercial advantage or financial gain violates paragraph (1):

(A) shall, for the first offense, be subject to the civil remedies under section 1203; and

(B) shall, for repeated or subsequent offenses, in addition to the civil remedies under section 1203, forfeit the exemption provided under paragraph (1).

(4) This subsection may not be used as a defense to a claim under subsection (a)(2) or (b), nor may this subsection permit a nonprofit library, archives, or educational institution to manufacture, import, offer to the public, provide, or otherwise traffic in any technology, product, service, component, or part thereof, which circumvents a technological measure.

(5) In order for a library or archives to qualify for the exemption under this subsection, the collections of that library or archives shall be:

(A) open to the public; or

(B) available not only to researchers affiliated with the library or archives or with the institution of which it is a part, but also to other persons doing research in a specialized field.

(e) Law Enforcement, Intelligence, and Other Government Activities

This section does not prohibit any lawfully authorized investigative, protective, information security, or intelligence activity of an officer, agent, or employee of the United States, a State, or a political subdivision of a State, or a person acting pursuant to a contract with the United States, a State, or a political subdivision of a State. For purposes of this subsection, the term "information security" means activities carried out in order to identify and address the vulnerabilities of a government computer, computer system, or computer network.

(f) Reverse Engineering

(1) Notwithstanding the provisions of subsection (a)(1)(A), a person who has lawfully obtained the right to use a copy of a computer program may circumvent a technological measure that effectively controls access to a particular portion of that program for the sole purpose of identifying and analyzing those elements of the program that are necessary to achieve interoperability of an independently created computer program with other programs, and that have not previously been readily available to the person engaging in the circumvention, to the extent any such acts of identification and analysis do not constitute infringement under this title.

(2) Notwithstanding the provisions of subsections (a)(2) and (b), a person may develop and employ technological means to circumvent a technological measure, or to circumvent protection afforded by a technological measure, in order to enable the identification and analysis under paragraph (1), or for the purpose of enabling interoperability of an independently created computer program with other programs, if such means are necessary to achieve such interoperability, to the extent that doing so does not constitute infringement under this title.

(3) The information acquired through the acts permitted under paragraph (1), and the means permitted under paragraph (2), may be made available to others

if the person referred to in paragraph (1) or (2), as the case may be, provides such information or means solely for the purpose of enabling interoperability of an independently created computer program with other programs, and to the extent that doing so does not constitute infringement under this title or violate applicable law other than this section.

(4) For purposes of this subsection, the term "interoperability" means the ability of computer programs to exchange information, and of such programs mutually to use the information which has been exchanged.

(g) Encryption Research

(1) DEFINITIONS.- For purposes of this subsection:

(A) the term "encryption research" means activities necessary to identify and analyze flaws and vulnerabilities of encryption technologies applied to copyrighted works, if these activities are conducted to advance the state of knowledge in the field of encryption technology or to assist in the development of encryption products; and

(B) the term "encryption technology" means the scrambling and descrambling of information using mathematical formulas or algorithms.

(2) PERMISSIBLE ACTS OF ENCRYPTION RESEARCH.

Notwithstanding the provisions of subsection (a)(1)(A), it is not a violation of that subsection for a person to circumvent a technological measure as applied to a copy, phonorecord, performance, or display of a published work in the course of an act of good faith encryption research if:

(A) the person lawfully obtained the encrypted copy, phonorecord, performance, or display of the published work;

(B) such act is necessary to conduct such encryption research;

(C) the person made a good faith effort to obtain authorization before the circumvention; and

(D) such act does not constitute infringement under this title or a violation of applicable law other than this section, including section 1030 of title18 and those provisions of title 18 amended by the Computer Fraud and Abuse Act of 1986.

(3) FACTORS IN DETERMINING EXEMPTION.

In determining whether a person qualifies for the exemption under paragraph (2), the factors to be considered shall include:

(A) whether the information derived from the encryption research was disseminated, and if so, whether it was disseminated in a manner reasonably calculated to advance the state of knowledge or development of encryption technology, versus whether it was disseminated in a manner that facilitates infringement under this title or a violation of applicable law other than this section, including a violation of privacy or breach of security;

(B) whether the person is engaged in a legitimate course of study, is employed, or is appropriately trained or experienced, in the field of encryption technology; and

(C) whether the person provides the copyright owner of the work to which the technological measure is applied with notice of the findings and documentation of the research, and the time when such notice is provided.

(4) USE OF TECHNOLOGICAL MEANS FOR RESEARCH ACTIVITIES. Notwithstanding the provisions of subsection (a)(2), it is not a violation of that subsection for a person to:

(A) develop and employ technological means to circumvent a technological measure for the sole purpose of that person performing the acts of good faith encryption research described in paragraph (2); and

(B) provide the technological means to another person with whom he or she is working collaboratively for the purpose of conducting the acts of good faith encryption research described in paragraph (2) or for the purpose of having that other person verify his or her acts of good faith encryption research described in paragraph (2).

(5) REPORT TO CONGRESS.- Not later than 1 year after the date of the enactment of this chapter, the Register of Copyrights and the Assistant Secretary for Communications and Information of the Department of Commerce shall jointly report to the Congress on the effect this subsection has had on:

(A) encryption research and the development of encryption technology;

(B) the adequacy and effectiveness of technological measures designed to protect copyrighted works; and

(C) protection of copyright owners against the unauthorized access to their encrypted copyrighted works.

The report shall include legislative recommendations, if any.

(h) Exceptions Regarding Minors

In applying subsection (a) to a component or part, the court may consider the necessity for its intended and actual incorporation in a technology, product, service, or device, which:

(1) does not itself violate the provisions of this title; and

(2) has the sole purpose to prevent the access of minors to material on the Internet.

(i) Protection of Personally Identifying Information

(1) CIRCUMVENTION PERMITTED.

Notwithstanding the provisions of subsection (a)(1)(A), it is not a violation of that subsection for a person to circumvent a technological measure that effectively controls access to a work protected under this title, if:

(A) the technological measure, or the work it protects, contains the capability of collecting or disseminating personally identifying information reflecting the online activities of a natural person who seeks to gain access to the work protected;

(B) in the normal course of its operation, the technological measure, or the work it protects, collects or disseminates personally identifying information about the person who seeks to gain access to the work protected, without providing conspicuous notice of such collection or dissemination to such person, and without providing such person with the capability to prevent or restrict such collection or dissemination;

(C) the act of circumvention has the sole effect of identifying and disabling the capability described in subparagraph (A), and has no other effect on the ability of any person to gain access to any work; and

(D) the act of circumvention is carried out solely for the purpose of preventing the collection or dissemination of personally identifying information about a natural person who seeks to gain access to the work protected, and is not in violation of any other law.

(2) INAPPLICABILITY TO CERTAIN TECHNOLOGICAL MEASURES.

This subsection does not apply to a technological measure, or a work it protects, that does not collect or disseminate personally identifying information and that is disclosed to a user as not having or using such capability.

(j) Security Testing

(1) DEFINITION. For purposes of this subsection, the term "security testing" means accessing a computer, computer system, or computer network, solely for the purpose of good faith testing, investigating, or correcting, a security flaw or vulnerability, with the authorization of the owner or operator of such computer, computer system, or computer network.

(2) PERMISSIBLE ACTS SECURITY TESTING. Notwithstanding the provisions of subsection (a)(1)(A), it is not a violation of that subsection for a person to engage in an act of security testing, if such act does not constitute infringement under this title or a violation of applicable law other than this section, including section1030 of title18 and those provisions of title 18 amended by the Computer Fraud and Abuse Act of 1986.

(3) FACTORS IN DETERMINING EXEMPTION. In determining whether a person qualifies for the exemption under paragraph (2), the factors to be considered shall include:

(A) whether the information derived from the security testing was used solely to promote the security of the owner or operator of such computer, computer system or computer network, or shared directly with the developer of such computer, computer system, or computer network; and

(B) whether the information derived from the security testing was used or maintained in a manner that does not facilitate infringement under this title or a violation of applicable law other than this section, including a violation of privacy or breach of security.

(4) USE OF TECHNOLOGICAL MEANS FOR SECURITY TESTING. Notwithstanding the provisions of subsection (a)(2), it is not a violation of that subsection for a person to develop, produce, distribute or employ technological means for the sole purpose of performing the acts of security testing described in

subsection (2), provided such technological means does not otherwise violate section (a)(2).

(k) Certain Analog Devices and Certain Technological Measures
(1) CERTAIN ANALOG DEVICES.

(A) Effective 18 months after the date of the enactment of this chapter, no person shall manufacture, import, offer to the public, provide or otherwise traffic in any:

(i) VHS format analog video cassette recorder unless such recorder conforms to the automatic gain control copy control technology;

(ii) 8 mm format analog video cassette camcorder unless such camcorder conforms to the automatic gain control technology;

(iii) Beta format analog video cassette recorder, unless such recorder conforms to the automatic gain control copy control technology, except that this requirement shall not apply until there are 1,000 Beta format analog video cassette recorders sold in the United States in any one calendar year after the date of the enactment of this chapter;

(iv) 8 mm format analog video cassette recorder that is not an analog video cassette camcorder, unless such recorder conforms to the automatic gain control copy control technology, except that this requirement shall not apply until there are 20,000 such recorders sold in the United States in any one calendar year after the date of the enactment of this chapter; or

(v) analog video cassette recorder that records using an NTSC format video input and that is not otherwise covered under clauses (i) through (iv), unless such device conforms to the automatic gain control copy control technology.

(B) Effective on the date of the enactment of this chapter, no person shall manufacture, import, offer to the public, provide or otherwise traffic in:

(i) any VHS format analog video cassette recorder or any 8 mm format analog video cassette recorder if the design of the model of such recorder has been modified after such date of enactment so that a model of recorder that previously conformed to the automatic gain control copy control technology no longer conforms to such technology; or

(ii) any VHS format analog video cassette recorder, or any 8 mm format analog video cassette recorder that is not an 8 mm analog video cassette camcorder, if the design of the model of such recorder has been modified after such date of enactment so that a model of recorder that previously conformed to the four-line colorstripe copy control technology no longer conforms to such technology.

Manufacturers that have not previously manufactured or sold a VHS format analog video cassette recorder, or an 8 mm format analog cassette recorder, shall be required to conform to the four-line colorstripe copy control technology in the initial model of any such recorder manufactured after the date of the enactment of this chapter, and thereafter to continue conforming to the four-line colorstripe copy control technology. For purposes of this subparagraph, an analog video cassette recorder "conforms to" the four-line colorstripe copy control technology if it records a signal that, when played back by the playback function of that recorder in the normal viewing mode, exhibits, on a reference display device, a display containing distracting visible lines through portions of the viewable picture.

(2) CERTAIN ENCODING RESTRICTIONS. No person shall apply the automatic gain control copy control technology or colorstripe copy control technology to prevent or limit consumer copying except such copying:

(A) of a single transmission, or specified group of transmissions, of live events or of audiovisual works for which a member of the public has exercised choice in selecting the transmissions, including the content of the transmissions or the time of receipt of such transmissions, or both, and as to which such member is charged a separate fee for each such transmission or specified group of transmissions;

(B) from a copy of a transmission of a live event or an audiovisual work if such transmission is provided by a channel or service where payment is made by a member of the public for such channel or service in the form of a subscription fee that entitles the member of the public to receive all of the programming contained in such channel or service;

(C) from a physical medium containing one or more prerecorded audiovisual works; or

(D) from a copy of a transmission described in subparagraph (A) or from a copy made from a physical medium described in subparagraph (C).

In the event that a transmission meets both the conditions set forth in subparagraph (A) and those set forth in subparagraph (B), the transmission shall be treated as a transmission described in subparagraph (A).

(3) INAPPLICABILITY. This subsection shall not:

(A) require any analog video cassette camcorder to conform to the automatic gain control copy control technology with respect to any video signal received through a camera lens;

(B) apply to the manufacture, importation, offer for sale, provision of, or other trafficking in, any professional analog video cassette recorder; or

(C) apply to the offer for sale or provision of, or other trafficking in, any previously owned analog video cassette recorder, if such recorder was legally manufactured and sold when new and not subsequently modified in violation of paragraph (1)(B).

(4) DEFINITIONS. For purposes of this subsection:

(A) An "analog video cassette recorder" means a device that records, or a device that includes a function that records, on electromagnetic tape in an analog format the electronic impulses produced by the video and audio portions of a television program, motion picture, or other form of audiovisual work.

(B) An "analog video cassette camcorder" means an analog video cassette recorder that contains a recording function that operates through a camera lens and through a video input that may be connected with a television or other video playback device.

(C) An analog video cassette recorder "conforms" to the automatic gain control copy control technology if it:

(i) detects one or more of the elements of such technology and does not record the motion picture or transmission protected by such technology; or

(ii) records a signal that, when played back, exhibits a meaningfully distorted or degraded display.

(D) The term "professional analog video cassette recorder" means an analog video cassette recorder that is designed, manufactured, marketed, and intended for use by a person who regularly employs such a device for a lawful business or industrial use, including making, performing, displaying, distributing, or transmitting copies of motion pictures on a commercial scale.

(E) The terms "VHS format," "8 mm format," "Beta format," "automatic gain control copy control technology," "colorstripe copy control technology," "four-line version of the colorstripe copy control technology," and "NTSC" have the meanings that are commonly understood in the consumer electronics and motion picture industries as of the date of the enactment of this chapter.

(5) VIOLATIONS. Any violation of paragraph (1) of this subsection shall be treated as a violation of subsection (b)(1) of this section. Any violation of paragraph (2) of this subsection shall be deemed an "act of circumvention" for the purposes of section 1203(c)(3)(A) of this chapter.

Bibliografia

AA.VV. (2004) Studi di Diritto Industriale in Onore di Adriano Vanzetti: Proprietà Intellettuale e Concorrenza. Giuffrè, Milano

Abbot FM (1989) Protecting First World Assets in the Third World: Intellectual Property Negotiation in the GATT Multilateral Framework. 22 Vanderbilt Journal of Transnational Law 689

Abrams DE (2004) Personal Video Recorders, Emerging Technology and the Threat to Antiquate the Fair Use Doctrine. 15 Albany Law Journal of Science and Technology 127

Abrams F (1987) First Amendment and Copyright. 35 Journal of the Copyright Society of the USA p 1

Adam KW (2001) Self-help in the Digital Jungle. In: Dreyfuss RC, Zimmerman DL, First H (a cura di) Expanding the Boundaries of Intellectual Property: Innovation Policy for the Knowledge Society. Oxford University Press, Oxford New York, p 103

Agnew Grace (2008) Digital Rights Management: A Librarians Guide to Technology and Practice. Chandos Publishing, Oxford

Alderman J (2002) Sonic Boom-Napster, MP3, and the New Pioneers of Music. Perseus Publishing, Cambridge (Massachusetts)

Ammendola M, Ubertazzi LC (1993) Il Diritto d'Autore. Utet, Torino

Ardizzone A (et al.) (2009) Copyright Digitale. L'impatto delle Nuove Tecnologie tra Economia e Diritto. Giappichelli, Torino, 2009

Arezzo E (2008) Misure tecnologiche di protezione, Software e Interoperabilità nell'Era Digitale, Il Diritto d'Autore, p 340

Arrow KJ (1962) Economic Welfare and the Allocation of Resources for Invention. In: R.R. Nelson (a cura di) The Rate and Direction of Inventive Activity: Economic and Social Factors. Princeton University Press, Princeton, p 609

Ascarelli T (1960) Teoria della Concorrenza e dei Beni Materiali, 3rd edn. Giuffrè, Milano

Association for Computing Machinery (2002) Security and Privacy in Digital Rights Management : ACM CCS-8 workshop DRM 2001, Philadelphia, PA, USA, November 5, 2001. Springer, Berlin

Association of American Publishers Copyright Committee (2000) Contractual Licensing, Technological Measures and Copyright Law. Association of American Publishers, Washington DC at http://www.publishers.org/home/abouta/co py/plicens.htm

Auteri P (2005) Diritto ed Economia: L'Analisi Economica del Diritto e la Proprieta Intellettuale. Università di Pavia, Pavia

Auteri P (1996) Internet ed il Contenuto del Diritto d'Autore. 5 Annali Italiani del Diritto d'Autore p 83

Bainbridge DI (2002) Intellectual Property, 5th edn. Longman, Harlow (England) New York

Baldassarre A (2002) Globalizzazione contro democrazia. Laterza, Bari

Balkin JM (2004) Digital Speech and Democratic Culture: A Theory of Freedom of Expression for the Information Society. 79 New York University Law Review p 1

Balsamo P (2001) Distribuzione On-line di File Musicali e Violazione del Copyright. Il Caso Napster. Il Diritto di Autore p 34

Band J (1999) The Digital Millennium Copyright Act: A Balanced Result. 21 European Intellectual Property Review p 92

Barceló RJ, Koelman KJ (2000) Intermediary Liability in The E-Commerce Directive: So

Far So Good, But It's Not Enough. 4 Computer Law & Security Report p 231
Barlow JP (2002) Intellectual Property, Information Age. In: Thierer A, Crews CW Jr (eds) Copyfights: The future of intellectual property in the information age. Cato Institute, Washington DC, p 37
Barlow JP (1994) The Economy of Ideas. 2.03 WIRED p 84
Barrett (2000) Intellectual Property: Patents, Trademarks & Copyright, 3rd edn: Emanuel Publishing, Larchmont NY
Bates R (2004) Communication Breakdown: the Recording Industry's Pursuit of the Individual Music User, a Comparison of US and EU Copyright Protections for Internet Music File Sharing. 25 Northwestern Journal of International Law & Business p 229
Bechtold S (2004) Digital Rights Management in the United States and Europe. 52 American Journal of Comparative Law p 323
Bechtold S (2003) The Present and Future of Digital Rights Management: Musings on Emerging Legal Problems. In: Becker E, Buhse W, Günnewig D, Rump N (a cura di) Digital Rights Management: Technological, Economic, Legal and Political Aspects. Springer, Berlin New York, p 597
Becker E, Buhse W, Günnewig D, Rump N (eds) (2003) Digital Rights Management: Technological, Economic, Legal and Political Aspects. Springer, Berlin New York
Bell TW (1998) Fair use v. Fared Use: the Impact of Automated Rights Managements on Copyright's Fair Use Doctrince. 76 North Carolina Law Review p 557
Benkler Y (2007) La Ricchezza della Rete: La Produzione Sociale Trasforma il Mercato e Aumenta la Libertà. Egea, Milano
Benkler Y (2002) Intellectual Property and the Organization of Information Production. 22 International Review of Law & Economics p 81
Benkler Y (2000) From Consumers to Users: Shifting the Deeper Structures of Regulation Toward Sustainable Commons and User Access. 52 Federal Communications Law Journal p 561
Benkler Y (2000) Net Regulation: Taking Stock and Looking Forward. 71 University of Colorado Law Review p 1203
Benkler Y(1999) Free as the Air to Common Use: First Amendment Constraints on Enclosure of the Public Domain. 74 New York University Law Review p 354
Benoliel D (2007) Copyright Distributive Injustice. 10 Yale Journal of Law and Technology p 45
Benoliel D (2004) Technological Standards, Inc.: Rethinking Cyberspace Regulatory Epistemology. 92 California Law Review p 1069
Benoliel D (2003) Cyberspace Technological Standardization: an institutional theory retrospective. 18 Berkeley Technology Law Journal p 1259
Bentley L, Sherman B (2009) Intellectual Property Law, Oxford, 3d ed. Oxford Univeristy Press, Oxford
Bern RC (2004) "Terms Later" Contracting: Bad Economics, Bad Morals, and a Bad Idea for a Uniform Law, Judge Easterbrook Notwithstanding. 12 Journal of Law and Policy p 641
Besek JM (2004) Anti-Circumvention Laws and Copyright: A Report from the Kernochan Center for Law, Media and the Arts. 27 Columbia Journal of Law & the Arts p 385
Besek JM (2002) Digital Rights Management: Protection and Enforcement. Practising Law Institute, 22nd Annual Institute on Computer Law p 893
Bettig (1996) Copyright Culture: The Political Economy of Intellectual Property. Westview Press, Boulder
Biddle P, England P, Peinado M, Willman B (2003) The Darknet and the Future of Content Protection. In: Becker E, Buhse W, Günnewig D, Rump N (a cura di) Digital Rights Management: Technological, Economic, Legal and Political Aspects. Springer, Berlin

New York, p 344
Bin R (2004) Lo Stato di Diritto. Come Imporre Regole al Potere. Il Mulino, Bologna
Bisi S, di Cocco C (a cura di) (2006) La Gestione e la Negoziazione Automatica dei Diritti sulle Opere d'Ingegno Digitali: Aspetti Giuridici e Informatici. Gedit, Bologna
Blair DR, Cotter FT (1998) An Economic Analysis of Damages in Intellectual Property Law. 39 William and Mary Law Review p 1585
Borghi P (2004) L'Agricoltura nel Trattato di Marrakech. Giuffrè, Milano
Bottani A, Davies R. (a cura di) (2005), L'Ontologia della Proprietà Intellettuale, Franco Angeli, Milano
Boucher R (2002) The Future of Intellectual Property in the Information Age. In: Thierer A, Crews CW Jr (a cura di) Copyfights: The future of intellectual property in the information age. Cato Institute, Washington DC, p 95
Boyle J (2008) The Public Domain, Enclosing the Commons of the Mind. Yale University Press, New Haven
Boutang YM (2002) L'Età del Capitalismo Cognitivo: Innovazione e Cooperazione delle Moltitudini. Ombre Corte, Verona
Brandner HE, Ulmer P (1991) The Community Directive on Unfair Consumer Contracts: Some Critical Remarks on the Proposal Submitted by the EC Commission. 28 Common Market Law Review p 647
Braucher J (2003) The Failed Promise of the UCITA Mass-Market Concept and Its Lessons for Policing of Standard Form Contracts. 7 The Journal of Small and Emerging Business Law p 393
Braun N (2003) The Interface Between the Protection of Technological Measures and the Exercise of Exceptions to Copyright and Related Rights: Comparing the Situation in the United States and the European. 25 European Intellectual Property Review p 496
Breyer S (1972) Copyright: A Rejoinder. 20 UCLA Law Review p 75
Breyer S (1970) The Uneasy Case for Copyright: A Study of Copyright in Books, Photocopies, and Computer Programs. 84 Harvard Law Review p 281
Brown K (2003) Digital Rights Management: Trafficking in Technology that Can be Used to Circumvent the Intellectual Property Clause. 40 Houston Law Review p 803
Brown I (2003) Implementing the European Union Copyright Directive. Alla URL <http://www.fipr.org/copyright/guide/eucd-guide.pdf>
Bunk AP (2002) Validity, Construction and Application of the Digital Millennium Copyright Act. 179 Amercan Law Reports Federal 2nd ed p 319
Burk DL, Gillepsie T (2006) Autonomy and Morality in DRM and Anti-Circumvention Law. 4 TRIPLEC p 239
Burk DL (2004) DNA Rules: Legal and Conceptual Implications of Biological "Lock-Out" Systems. 92 California Law Review p 1553
Burk DL (2002) Anticircumvention Misuse. 50 UCLA Law Review p 1095
Burk DL, Cohen JE (2001) Fair Use Infrastructure for Rights Management Systems.15 Harvard Journal of Law & Technology p 41
Burke JJA (2003) Reinventing Contract. 10 Murdoch University Electronic Journal of Law p 2
Burkitt D (2001) Copyrighting Culture: The History and Cultural Specificity of the Western Model of Copyright. 2 Intellectual Property Quarterly p 146
Burrell R, Coleman A (2005) Copyright Exceptions: the Digital Impact. Cambridge University Press, Cambridge
Bygrave LA (2003) DRM and Privacy. Legal Aspects in the European Union, in Digital Rights Management. In: Becker E, Buhse W, Günnewig D, Rump N (eds) Digital Rights Management: Technological, Economic, Legal and Political Aspects. Springer, Berlin New York, p 344

Calamari M, Ciurcina M, Glorioso A. (2004) Commenti sul Rapporto Finale del "High Level Group on Digital Rights Management" alla URL <https://gforge.miuft.org/download.php/225/High.Level.Group.on.Digital.Rights.Management.Final.Report.0.4.it.pdf>

Calleja R (2004) The IP Enforcement Directive. 10 Computer and Telecommunications Law Review p 55

Calovi F, Lucchi N (2004) Pirateria Musicale: Tecnologia e Diritto, 7/8 Studium Iuris p 1027

Camarote JR (2009) A Little More Contract Law with My Contracts Please: The Need to Apply Unconscionability Directly to Choice-of-Law Clauses. 39 Seton Hall Law Review p 605

Cerina P (2001) Il Caso Napster e la Musica On-line: Cronaca di una Condanna Annunciata di una Rivoluzionaria Tecnologia. Il Diritto Industriale p 26

Cordera M (2001) E-consumer Protection: A Comparative Analysis of EU and US Consumer Protection on the Internet. 27 Rutgers Computer & Technology Law Journal p 231

Carroll MW (2004) Whose Music is it Anyway?: How We Came to View Musical Expression as a Form of Property. 72 University of Cincinnati Law Review p 1405

Casamiquela RJ (2002) Business Law: A. Electronic Commerce: Contractual Assent and Enforceability in Cyberspace. 17 Berkeley Technology Law Journal p 475

Casellati AM (2001) The Evolution of Article 6.4 of the European Information Society Copyright Directive. 24 Columbia Journal of Law & the Arts p 369

Casellati AM (2003) Protezione Legale delle Misure Tecnologiche ed Usi Legittimi. L'articolo 6.4 della Direttiva Europea e sua Attuazione in Italia. 74 Il Diritto di Autore p 360

Caso R (2004) Digital Rights Management: Il Commercio delle Informazioni Digitali tra Contratto e Diritto d'Autore. Cedam, Padova

Caso R, Pascuzzi G (2002) I Diritti sulle Opere Digitali: Copyright Statunitense e Diritto d'Autore Italiano. Cedam, Padova

Castells M (2003) L'Età dell'Informazione: Economia, Società, Cultura. Egea, Milano

Castells M (2002) The Rise of the Network Society, 2nd edn. Blackwell Publishers, Oxford Malden

Castells M (2001) The Internet Galaxy: Reflections on the Internet, Business, and Society. Oxford University Press, Oxford New York

Chiariglione L (2003) The Digital Media Manifesto, alla URL <http://www.chiariglione.org/manifesto/dmm.htm>

Chircu AM, Kauffman RJ (1999) Strategies for Internet Middlemen in the Intermediation/Disintermediation/Reintermediation Cycle. 9 Electronic Markets p 109

Cicoria C (2003) The Protection of the Weak Contractual Party in Italy vs. United States Doctrine of Unconscionability. A Comparative Analysis. 3 Global Jurist alla URL <http://www.bepress.com/gj/advances/vol3/iss3/art2>

Clark C (1996) The Answer To the Machine Is In the Machine. In: Hugenholtz PB (ed) The Future of Copyright in a Digital Environment. Kluwer Law International, The Hague Boston, p 139

Cohen JE (2006) Pervasively Distributed Copyright Enforcement. 95 Georgetown Law Journal p 1

Cohen JE (2003) DRM and Privacy. 18 Berkeley Technology Law Journal p 575

Cohen JE (2001) Information rights and Intellectual Freedom. In: Vedder A. (a cura di) Ethics and the Internet. Intersentia, Antwerpen, pp 11-32

Cohen JE (1998) Copyrigh and the Jurisprudence of Self-Help. 13 Berkeley Technology Law Journal p 1089

Cohen JE (1998) Lochner in Cyberspace: The New Economic Orthodoxy of Rights Management. 97 Michigan Law Review p 462

Collins H (2004) The Forthcoming EC Directive on Unfair Commercial Practices. Kluwer Law International, The Hague New York

Collins H (1999) Regulating Contracts. Oxford University Press, Oxford New York

Collovà C (1999) Sui Recenti Sviluppi in Materia di Compressione Audio Digitale e di tutela dei diritti degli autori, degli interpreti o esecutori e dei produttori nella Distribuzione On-line di Brani Musicali. 70 Il Diritto di Autore p 561

Commission of the European Communities (2004) European Union High Level Group on Digital Rights Mgmts: Final Report alla URL <http://europa.eu.in t/information_soci ety/eeurope/2005/all_about/digital_rights_man/doc/040709_hlg_drm_2nd_meeting_final _report.pdf >

Committee on Intellectual Property Rights and the Emerging Information Infrastructure, National Research Council (2000) The Digital Dilemma: Intellectual Property in the Information Age. National Academy Press, Washington DC

Congressional Budget Office (2004) U.S. Congress, Copyright Issues in Digital Media. Alla URL <http://www.cbo.gov/showdoc.cfm?index=5738&sequence=0>

Conte A (1981) Videoregistratori e Diritto D'autore. Il Caso Betamax. Il Diritto d'Autore p 212

ContentGuard (2000) XrML: The Technology Standard for Trusted Systems in the eContent Marketplace. Alla URL <http://www.xpert.co.kr/1com/2network/p2 p/pds/0_Wh itePaper.pdf#search='The%20Technology%20Standard%20for%20trusted>

Coteanu C (2005) Cyber Consumer Law and Unfair Trading Practice. Ashgate, Aldershot Hants (England) Burlington (Vermont)

Coyle K (2004) Rights Expression Languages: A Report for the Library of Congress. Alla URL <http://www.loc.gov/standards/Coylereport_final1single.pdf>

Craswell R (1993) Property Rules and Liability Rules in Unconscionability and Related Doctrines. 60 University of Chicago Law Review p 1

Davies G (1995) The Convergence of Copyright and Authors' Rights – Reality or Chimera? 26 International Review of Intellectual Property and Competition Law p. 964

Davis S, Meyer C (1998) Blur: The Speed of Change in the Connected Economy. Addison-Wesley, Reading (Mass)

Gillian D (2002) Copyright and the Public Interest, 2nd edn. Sweet & Maxwell, London

Ginsburg JC (1999) Copyright Legislation for the "Digital Millennium". 23 Columbia Journal of Law & the Arts p 137

Davies JR (1998) On Self-Enforcing Contracts, the Right to Hack, and Willfully Ignorant Agents, 13 Berkeley Technology Law Journal p 1145

Denicola RC (2008) Access Controls, Rights Protection, and Circumvention: Interpreting the Digital Millennium Copyright Act to Preserve Noninfringing Use. 31 Columbia Journal of Law & the Arts p 209

Denicola RC (1979) Copyright and Free Speech: Constitutional Limitations on the Protection of Expression. 67 California Law Review p 283

De Nova G (1994) Criteri generali di determinazione dell'abusività di clausole ed elenco di clausole abusive. 48 Rivista Trimestrale di Diritto e Procedura Civile p 691

de Sanctis VM (2003) Misure Tecniche di Protezione e Libere Utilizzazioni. Il Diritto d'Autore p 1

de Werra J (2003) Moving Beyond the Conflict Between Freedom of Contract and Copyright Policies. In Search of a New Global Policy for On-line Information Licensing Transaction: A Comparative Analysis Between US Law and European Law. 25 Columbia Journal of Law & the Arts p 239

de Werra J (2002) The Legal System of Technological Protection Measures under the

WIPO Treaties, the Digital Millennium Copyright Act, the European Directives and other National Laws (Japan, Australia). In: Ginsburg JC, Besek JM (a cura di) Adjuncts and Alternatives to Copyright: Proceedings of the ALAI Congress, New York, June 13-17, 2001. Columbia School of Law, New York p 198

de Werra J (2005) Acces Control or Freedom of Access?. In: Graber BC, Govoni C, Girsberger M, Nenova M (a cura di) Digital Rights Management: The End of Collecting Societies? Staempfli, Bern - Juris Publishing Inc, New York p 111

De Wolf RC (1986) An Outline of Copyright Law. F.B. Rothman, Littleton

Dickie J (2005) Producers and Consumers in EU e-Commerce Law. Hart Publishing, Oxford Portland

Dietz A (1998) The Protection of Intellectual Property in the Information Age: the Draft EU Copyright Directive of November 1997. 4 Intellectual Property Quarterly p 335

Distefano M (2001) Soluzione delle Controversie nell'OMC e Diritto internazionale. Cedam, Padova

Dmytrenko O, Dempsey JX (2004) Copyright & the Internet: Building national legislative frameworks based on international copyright law. Global Internet Policy Initiative Papers (Dec. 2004) alla URL <http://www.internetpolicy.net/practices/20041200copyright.pdf>

Dodes JL (2003) Beyond Napster, Beyond the United States: The Technological and International Legal Barriers to on-line Copyright Enforcement. 46 New York Law School Law Review p 279

Dreyfuss RC (2000) UCITA in the International Marketplace: Are We About To Export Bad Innovation Policy?. 26 Brooklyn Journal International Law p 49

Dreyfuss RC (1996) We Are Symbols and Inhabit Symbols, So Should We Be Paying Rent? Deconstructing the Lanham Act and Rights of Publicity. 20 Columbia Journal of Law & the Arts p 123

Dreyfuss RC, Ginsburg JC (a cura di) (2005) Intellectual Property Stories. Foudation Press, New York

Dusollier S (2003) Exceptions and Technological Measures in the European Copyright Directive of 2001 - An Empty Promise. 34 International Review of Intellectual Property & Copetition Law p 62

Dussollier S (2003) Fair Use by Design in the European Copyright Directive of 2001, 46 Communications of the ACM p 51

Dusollier S (2003) Tipping the Scale in Favor of the Right Holders: the European Anti-Circumvention Provisions. In: Becker E, Buhse W, Günnewig D, Rump N (eds) Digital Rights Management: Technological, Economic, Legal and Political Aspects. Springer, Berlin New York, p 462

Dusollier S (2002) Some Reflections on Copyright Management Information and Moral Rights. 25 Columbia Journal of Law & the Arts p 377

Dusollier S (1999) Electrifying the Fence: The Legal Protection of Technological Measures for Protecting Copyright. 21 European Intellectual Property Review p 285

Eaton-Salners A (2004) DVD Copy Control Association v. Bunner: Freedom of Speech and Trade Secrets. 19 Berkeley Technology Law Joutnal p 269

Edwards L, Waelde C (1997) Law and the Internet: Regulating Cyberspace. Hart Publishing, Oxford

Eisenstein E (1979) The Printing Press as an Agent of Change: Communications and Cultural Transformations in Early-Modern Europe. Cambridge University Press, Cambridge New York

Elkin-Koren N (2007) Making Room for Consumers Under the DMCA. 22 Berkeley Technology Law Journal p 1119

Elkin-Koren N (2002) It's All About Control: Rethinking Copyright in the New Information Landscape. In: Elkin-Koren N, Netanel NW (a cura di) The Commodification of Information. Kluwer Law International, The Hague New York p 79

Elkin-Koren N (2001) A Public Regarding Approach to Contracting over Copyright. In: Dreyfuss RC, Zimmerman DL, First H (a cura di) Expanding the Boundaries of Intellectual Property: Innovation Policy for the Knowledge Society. Oxford University Press, Oxford New York, p 191

Elkin-Koren N (1997) Copyright Policy and the Limits of Freedom of Contract. 12 Berkeley Technology Law Journal p 93

Elkin-Koren N, Netanel NW (a cura di) (2002) The Commodification of Information. Kluwer Law International, The Hague New York

Ellard D (2004) The EU's IPR Enforcement Directive. 3 Computer Law Review International p 65

Emilianides AC (2004) The Author Revived: Harmonisation without Justification. 26 European Intellectual Property Review p 538

Epstein RA (2005) Liberty Versus Property? Cracks in the Foundations of Copyright Law. 42 San Diego Law Review p 1

Epstein RA (1975) Unconscionability: A Critical Reappraisal. 18 Journal of Law & Economics p 293

Ercolani S (2007) Una Sommessa Riflessione sul Diritto d'Autore all'Epoca della Convergenza. Il Diritto d'Autore p 1

Fabiani M (2003) L'attuazione della Direttiva CE su Diritto di Autore nella Società dell'Informazione - Una Analisi Comparativa. 74 Il Diritto di Autore p 331

Fabiani M (2004) Nuove Tecnologie di Telecomunicazione, Antitrust e Protezione della Proprietà Intellettuale. 75 Il Diritto di Autore p 78

Fabiani M (1984) La Videoregistrazione Privata nell'Affare Betamax e il Concetto di Fair Use. Il Diritto di Autore p 165

Fagin M, Pasquale F, Weatherall K (2002) Beyond Napster: Using Antitrust Law to Advance and Enhance Online Music Distribution. 8 Boston University Journal of Science & Technology Law p 450

Farnsworth EA (2004) Contracts, 4th edn. Aspen Publishers, New York

Falce V (2003) Diritto d'Autore e Innovazione "Derivata" nelle Information Technologics. 52 Rivista di Diritto Industriale p 74

Feldman T (1997) An introduction to Digital Media. Routledge, London New York

Felten E (2003) A Skeptical View of DRM and Fair Use. 46 (4) Communications of the ACM p 57

Ficsor M. (2002) The Law of Copyright and the Internet: The 1996 WIPO Treaties their Interpretation and Implementation. Oxford University Press, Oxford

Fisher WW III (2006) Conference speech: The Future Digital Economy. Digital Content – Creation, Distribution and Access, organized by the Italian Minister for Innovation and Technologies and the Organisation for Economic Co-operation and Development, 30-31 January 2006, Rome, Italy alla URL <http://www.oecd.org/dataoecd/16/44/36138 608.pdf>

Fisher WW III (2004) Promises to Keep: Technology, Law, and the Future of Entertainment. Stanford Law and Politics, Stanford

Fisher WW III (2001) Theories of Intellectual Property. In: Munzer SR (ed) New Essays in the Legal and Political Theory of Property. Cambridge University Press, Cambridge New York, p 168

Fisher WW III (1998) Property and Contract on the Internet.73 Chicago-Kent Law Review p 1203

Fisher WW III (1998) Reconstructing the Fair Use Doctrine. 101 Harvard Law Review p 1659

Foged T (2002) U.S. v. E.U. Anti-Circumvention Legislation: Preserving the Public's Privileges in the Digital Age?. 24 European Intellectual Property Review p 525

Fong IK (1991) Law and New Technology: The Virtues of Muddling Through the Digital Dilemma: Intellectual Property in the Information Age. 19 Yale Law & Policy Review p 443

Foray D (2006) L'Economia della Conoscenza. Il Mulino, Bologna

Franceschelli R (1960) Trattato di diritto industriale, Giuffrè, Milano

Friedman D (1998) In Defense of Private Orderings. 13 Berkeley Technology Law Journal p 1151

Fry R (2002) Copyright Infringement and Collective Enforcement. 24 European Intellectual Property Review p 516

Fumagalli G (2005) La Tutela del Software nell'Unione Europea. Brevetto e Diritto d'Autore. Nyberg Edizioni, Milano

Gaja G (2005) Introduzione al Diritto Comunitario. Laterza, Roma Bari

Galgano F, Marrella F (2007) Diritto del Commercio Internazionale. Cedam, Padova

Galgano F (2005) La Globalizzazione nello specchio del diritto. Il Mulino, Bologna

Galgano F (2000) Diritto ed economia alle soglie del nuovo millennio, 16 Contratto e Impresa p 189

Gallaugher JM, Auger P, Anat B (2001) Revenue Streams and Digital Content Providers: An Empirical Investigation. 38 Information & Management p 473

Garrote FD (2001) El Derecho de Autor en Internet: la Directiva Sobre Derechos de Autor y Derechos Afines en la Sociedad de la Información. Editorial Comares, Granada

Gasser U (2006) Legal Frameworks and Technological Protection of Digital Content: Moving Forward Towards a Best Practice Model. 17 Fordham Intellectual Property Media & Entertainment Law Journal p 39

Gasser U (2004) iTunes: How Copyright, Contract, and Technology Shape the Business of Digital Media – A Case Study (Berkman Center for Internet & Society at Harvard Law School Research Publ'n No. 7, 2004), alla URL <http://ssrn.com/abstract=556802>

Gasser U, Girsberger M (2004) Transposing the Copyright Directive: Legal Protection of Technological Measures in E.U.-Member States. A Genie Stuck in the Bottle? (Berkman Working Paper No. 2004-10) alla URL <http://ssrn.co m/abstract=628007>

Gasser U, Palfrey J (2005) Catch-As-Catch-Can: A Case Note on Grokster, Berkman Center Research Publication Series 2005 alla URL <http://papers.ssrn.co m/sol3/papers.c fm?abstract_id=869030>

Geiger C (2008) Flexibilising Copyright--Remedies to the Privatisation of Information by Copyright Law. 39 International Review of Intellectual Property & Competition Law p 178

Geiger C (2008) The Answer to the Machine Should Not Be the Machine: Safeguarding the Private Copy Exception in the Digital Environment. 30 European Intellectual Property Review p 121

Geiger C (2008) Legal or Illegal: That is the Question! Private Copying and Downloading on the Internet. 39 International Review of Intellectual Property & Competition Law p 597

Geller PE (1992) New Dynamics in International Copyright. 16 Columbia Journal of Law & the Arts p 461

Gerber DJ (1997) Global Technological Integration, Intellectual Property Rights and Competition Law: Some Introductory Comments. In: Abbott FM, Gerber DJ (a cura di) Public policy and global technological integration. Kluwer Law International, London Boston, p 3

Gervais D (2009) The Tangled Web of UGC: Making Copyright Sense of User Generated Content. 11 Vanderbilt Journal of Entertainment and Technology Law p 841

Ghidini G (2008) Profili Evolutivi del Diritto Industriale. Giuffrè Milano

Ghidini G (2006) Intellectual Property & Competion Law: the Innovation Nexus. Edward Elgar, Cheltenham

Ghosh S (2003) Deprivatizing Copyright. 54 Case Western Reserve Law Review p 387

Giaglis G, Klein SM, OKeefe RM (1999) Disintermediation, Reintermediation, or Cyber-mediation? The Future of Intermediaries in Electronic Marketplaces. In: Klein S, Gricar J, Pucihar A (a cura di) Proceedings of the Twelfth International Bled Electronic Commerce Conference. Bled, Slovenia June 7-9 pp 389-407

Giaglis G, Klein SM, OKeefe RM (2002) The Role of Intermediaries in Electronic Market-places: Developing a Contingency Model. 12 Information Systems Journal p 231

Gillen M (2004) Copyrights and Copywrongs: The Rise of Intellectual Property and How it Threatens Creativity. 12 International Journal of Law & Information Technology p 242

Gillette CP (1998) Lock-In Effects in Law and Norms. 78 Boston University Law Review p 813

Ginsburg JC (2003) From Having Copies to Experiencing Works: The Development of an Access Right in U.S. Copyright Law. 50 Journal of the Copyright Society of the U.S.A. p 113

Ginsburg JC (1999) Il 'Digital Millennium Copyright Act' ed il 'Sony Bono Copyright Term Extension Act': Due Novità dagli Stati Uniti. 97 Rivista del Diritto Commerciale p 625

Ginsburg JC (1999) Copyright Legislation for the Digital Millennium. 23 Columbia Journal of Law & the Arts p 137

Ginsburg JC (1996) Diritto di Autore e Trasmissione Digitale e Diritti Protetti negli Stati Uniti: uno Sguardo d'Insieme, 94 Rivista del Diritto Commerciale p 1141

Ginsburg J (1994) A Tale of Two Copyrights: Property in Revolutionary France and America. In: Sherman B, Strowel A (a cura di) Of Authors and Origins: Essays on Copyright Law. Oxford University Press, Oxford p 134

Glorioso A, Mazziotti G (2008) Alcune Riflessioni sulle Licenze Creative Commons e i Diritti Connessi degli Artisti Interpreti ed Esecutori, dei Produttori di Fonogrammi e degli Organismi di Diffusione Radiotelevisiva. Il Diritto di Autore p.133

Goldberg HP (2002) Note, A Proposal for an International Licensing Body to Combat File Sharing and Digital Copyright Infringement. 8 Boston University Journal of Science & Technology Law p 272

Goldring J (1998) Consumer Protection, Globalization and Democracy. 6 Cardozo Journal of International &Comparative Law p 1

Goldstein P (1997) Copyright and its Substitutes, Wisconsin Law Review p 865

Goldstein P (1983) Derivative Rights and Derivative Works in Copyright. 30 Journal of the Copyright Society of the U.S.A p 209

Goldstein P (1989) Copyright: Principles, Law and Practice. Little, Brown, Boston

Goldstein P (1970) Copyright and the First Amendment. 70 Columbia Law Review p 983

Gomulkiewicz RW, Williamson ML (1996) A Brief Defense of Mass Market Software License Agreements. 22 Rutgers Computer & Technology Law Journal p 335

Gordon WJ (2002) Excuse and Justification in the Law of Fair Use: Commodification and Market Perspectives. In: Elkin-Koren N, Netanel NW (eds) The Commodification of Information. Kluwer Law International, The Hague New York, p 149

Gordon WJ (2002) Market Failure and Intellectual Property: A Response to Professor Lunney. 82 Boston University Law Review p 1031

Gordon WJ (1998) Intellectual Property as Price Discrimination: Implications for Contract, 73 Chicago-Kent Law Review p 1367

Gordon WJ (1982) Fair Use as Market Failure: A Structural and Economic Analysis of the Betamax Case and its Predecessors. 82 Columbia Law Review p 1600

Gordon WJ (1989) An Inquiry into the Merits of Copyright: The Challenges of Consistency, Consent, and Encouragement Theory. 41 Stanford Law Review p 1343

Gorz A (2003) L'immateriale: Conoscenza, Valore e Capitale. Bollati Boringhieri, Torino

Greenberg MH (2003) A Return to Lilliput: The LICRA v. Yahoo! Case and the Regulation of On-line Content in the World Market. 18 Berkeley Technology Law Journal p 1191

Grendler PF (1997) The Roman Inquisition and the Venetian Press. Princeton University Press, Princeton

Grosheide WF (2001) Copyright law from a user's perspective: access rights for users, 23 European Intellectual Property Review p 321

Grøndal L (2006) DRM and contract terms, alla URL <http://www.indicare.org/tiki-read_article.php?articleId=177>

Gross RD (2002) Copyright Zealotry in a Digital World: Can Freedom of Speech Survive?. In: Thierer A, Crews CW Jr (eds) Copyfights: The future of intellectual property in the information age. Cato Institute, Washington DC, p 189

Groves P (2004) The proposed EC Directive on Enforcement of Intellectual Property Rights. 25 Business Law Review p 149

Guibault LMCR (2008) Accommodating the Needs of iConsumers: Making Sure They Get Their Money's Worth of Digital Entertainment. 31 Journal of Consumer Policy p. 409

Guibauld LMCR (2002) Copyright limitations and contracts: an analysis of the contractual overridability of limitations on copyright. Kluwer Law International, The Hague Boston

Guibault LMCR (2000) Contracts and Copyright Exemptions. In: Hugenholtz PB (ed) Copyright and Electronic Commerce: Legal Aspects of Electronic Copyright Management. Kluwer Law, The Hague London Boston, p 125

Guibault LMCR (1998) Pre-emption Issues in the Digital Environment: Can Copyright Limitations be Overriden by Contractual Agreements under European Law. In: Grosheide FW, Boele-Woelki K (a cura di) Molengrafica n. 11. Europees Privaatrecht. Opstellen over Internationale Transacties en Intellectuele Eigendom. Intersentia, Antwerp New York: p 225

Guibault LMCR, Helberger N (2005) Consumer protection and Copyright Law, European Consumer Law Group, alla URL <http://www.ivir.nl/publications/other/co pyrightlaw-consumerprotection.pdf>

Haber S, Horne B, Pato J, Sander T, Tarjan RE (2003) If Piracy is the Problem, is DRM the Answer?. In: Becker E, Buhse W, Günnewig D, Rump N (a cura di) Digital Rights Management: Technological, Economic, Legal and Political Aspects. Springer, Berlin New York, p 224

Hadfield GK (1992) The Economics of Copyright: An Historical Perspective. 38 Copyright Law Symposium p 1

Helberger N (2005) Digital Rights Management from a Consumer's Perspective, 8 IRIS plus, alla URL <http://www.obs.coe.int/oea_publ/iris/iris_plus/iplus8_2 005.pdf.en>

Halbert DJ (1999) Intellectual Property in the Information Age: The Politics of Expanding Ownership Rights. Quorum, Westport (Conn)

Hallin DC, Mancini P (2004) Comparing Media Systems: Three Models of Media and Politics. Cambridge University Press, Cambridge New York

Hamilton MA (1996) The TRIPS Agreement: Imperialistic, Outdated, and Overprotective, 29 Vanderbilt Journal of Transnational Law p 613

Hanbidge N (2001) DRM: Can it Deliver. 12 Entertainment Law Review p 138

Hardy IT (1996) Property (and Copyright) in Cyberspace. 1996 University of Chicago Legal Forum p 217

Hardy IT (1995) Contracts, Copyright, and Preemption in a Digital World. 1 Richmond Journal of Law and Technology p 2

Hardy IT (1994) The Proper Legal Regime for "Cyberspace". 55 University of Pittsburgh Law Review p 993

Hart M (2002) The Copyright in the Information Society Directive: An Overview. 24 European Intellectual Property Review p 58

Hart M (1998) The Proposed Directive for Copyright in the Information Society: Nice Rights, Shame about Exceptions. 5 European Intellectual Property Review p 169

Hassett R (1998) Online contracting. Alla URL <http://www.internetlegal.com/articles/online.htm>

Heide T (2003) Copyright, Contract and the Legal Protection of Technological Measures - Not "the Old Fashioned Way": Providing a Rationale to the "Copyright Exceptions Interface". 50 Journal of the Copyright Society of the U.S.A. p 315

Heide T (2001) Copyright in the EU and U.S.: What "Access-Right". 48 Journal of the Copyright Society of the U.S.A. p 363

Heide T (2000) The Approach to Innovation Under the Proposed Copyright Directive: Time for Mandatory Exceptions. 3 Intellectual Property Quarterly p 215

Helberger N (2008) Making Place for the iConsumer in Consumer Law. 31 Journal of Consumer Policy p 385

Helberger N, Hugenholtz PB (2007) No Place Like Home for Making a Copy: Private Copying in European Copyright Law and Consumer Law. 22 Berkeley Technology Law Journal p 1061

Hillman RA, Rachlinski JJ (2002) Standard-Form Contracting in the Electronic Age.77 New York University Law Review p 429

Hillman RA (2002) Rolling Contracts. 71 Fordham Law Review p 743

Howells GG, Weatherill S (2005) Consumer protection law, 2nd edn. Ashgate, Aldershot Hants Burlington

Howells GG, Wilhelmsson T (1997) EC Consumer Law. Ashgate, Dartmouth

Hugenholtz PB (2001) Copyright and Freedom of Expression in Europe. In: Dreyfuss RC, Zimmerman DL, First H (eds) Expanding the Boundaries of Intellectual Property: Innovation Policy for the Knowledge Society. Oxford University Press, Oxford New York, p 343

Hugenholtz PB (2000) Copyright, Contract and Code: What Will Remain of the Public Domain?. 26 Brooklyn Journal of International Law p 77

Hugenholtz PB (ed)(2000) Copyright and Electronic Commerce: Legal Aspects of Electronic Copyright Management Kluwer Law, The Hague, London Boston

Hugenholtz PB (2000) Why the Copyright Directive is Unimportant, and Possibly Invalid. 22 European Intellectual Property Review p 499

Higenholtz PB (ed)(1996) The Future of Copyright in a Digital Environment. Kluwer Law International, The Hague Boston

Hugenholtz PB, Guibault LMCR, van Geffen S (2003) The Future of Levies in the Digital Environment, alla URL <http://www.ivir.nl/publications/other/DRM&levies-report.pdf>

Hunt G (2000) In a Digital Age: the Musical Revolution Will Be Digitalized. 11 Albany Law Journal Science & Technology p 181

Hunter D (2003) Cyberspace as a Place and the Tragedy of the Digital Anticommons. 91 California Law Review p 439

Huppertz MT (2003) The Point of View of Software Industry. In: Gotzen F (a cura di) The Future of Intellectual Property in the Global Market of the Information Society: Who is Going to Shape the IPR System in the New Millennium?. Bruylant, Bruxelles, p 70

Idris K (2003) International Intellectual Property: Introduction. 26 Fordham International Law Journal p 209

International Federation of the Phonographic Industry (2009) IFPI:09. Digital Music

Report. Alla URL <http://www.ifpi.org/content/library/DMR2009.pdf>.

Ministero dell'Innovazione e delle Tecnologie: Dipartimento per l'Innovazione e le Tecnologie (2005) I Contenuti Digitali nell'Era di Internet. Alla URL <http://www.interlex.it/testi/pdf/cdei_full.pdf>

Ministero dell'Innovazione e delle Tecnologie: Dipartimento per l'Innovazione e le Tecnologie (2004) Relazione Informativa: Digital Rights Management, (2004). Alla URL <http://www.interlex.it/testi/pdf/drmfull.pdf>

Jackson M (2001) Using Technology to Circumvent the Law: The DMCA's Push to Privatize Copyright. 23 Hastings Communications & Entertainment Law Journal p 607

Joerges C (1995) The Europeanization of Private Law as a Rationalization Process and as a Contest of Disciplines - an Analysis of the Directive on Unfair Terms in Consumer Contracts. 3 European Review of Private Law p 175

Kao A (2004) RIAA v. Verizon: Applying the Subpoena Provision of the DMCA19 Berkeley Technology Law Journal p 405

Katsh E (1993) Law in a Digital World: Computer Networks and Cyberspace. 38 Villanova Law Review 403, 415 (1993)

Keeling DT (2003) Intellectual Property Rights in EU Law: Free Movement and Competition Law. Oxford University Press, Oxford New York

Kemp B (2003) Copyright's Digital Reformulation 6 Yale Journal of Law & Technology p 174

Kerr I, Bailey J (2004) The Implications of Digital Rights Management for Privacy and Freedom of Expression. 2 Journal of Information, Communication & Ethics in Society p 87

Kerr OS (2002) A Lukewarm Defense of the DMCA. In: Thierer A, Crews CW Jr (a cura di) Copyfights: The future of intellectual property in the information age. Cato Institute, Washington DC, p 163

Knapp CL (2002) Taking Contracts Private: The Quiet Revolution in Contract Law. 71 Fordham Law Review p 761

Kilbey I (2003) Copyright duration? Too Long. 25 European Intellectual Property Review p 105

Kingston W (2004) Why Harmonisation is a Trojan Horse. 26 European Intellectual Property Review p 447

Kleiner K (2001) Free Speech, Liberty, Pornography: The Internet and Peer to Peer Networking. 169 New Scientist p 32

Koelman KJ (2002) The Protection of Technological Measures vs. the Copyright Limitations In: Ginsburg JC, Besek JM (a cura di) Adjuncts and Alternatives to Copyright: Proceedings of the ALAI Congress, New York, June 13-17, 2001. Columbia School of Law, New York p 448

Koelman KJ (2004) Copyright Law and Economics in the EU Copyright Directive: Is the Droit d'Auteur Passe?. 35 International Review of Intellectual Property & Competition Law p 603

Koelman KJ, Helberger N (2000) Protection of Technological Measures. In: Hugenholtz PB (a cura di) Copyright and Electronic Commerce: Legal Aspects of Electronic Copyright Management. Kluwer Law, The Hague London Boston, p165

Kornhauser LA (1976) Unconscionability in Standard Forms. 64 California Law Review p 1151

Korobkin R (2003) Bounded Rationality, Standard Form Contracts, and Unconscionability. 70 University of Chicago Law Review p 1203

Kretschmer M (2003) Digital Copyright: The End of an Era. 25 European Intellectual Property Review p 333

Ku RSR (2002) The Creative Destruction of Copyright: Napster and the New Economics of

Digital Technology. 69 University Chicago Law Review p 263

Kur A (2004) The Enforcement Directive – Rough start, happy landing?, 35 International Review of Intellectual Property and Competition Law p 821

Lackman EM (2003) Slowing Down the Speed of Sound: A Transatlantic Race to Head off Digital Copyright Infringement. 13 Fordham Intellectual Property Media & Entertainment Law Journal p 1161

Lamourex EL, Baron SL, Stewart C (a cura di) (2009) Intellectual Property Law and Interactive Media: Free for a Fee. New York, Peter Lang Publishing

Landes WM, Posner RA (2003) Indefinitely Renewable Copyright. 70 University of Chicago Law Review p 471

Landes WM, Posner RA (2003) The Economic Structure of intellectual Property Law. Harvard University Press, Cambridge (Mass)

Landes WM, Posner RA (1989) An Economic Analysis of Copyright Law. 18 Journal of Legal Studies p 325

Lardner J (2002) Fast Forward: A Machine and the Commotion it Caused: Franklin Pierce Law Center, New Hampshire

Lattanzi R (2004) Protezione dei Dati Personali e Diritti di Proprietà Intellettuale: alla Ricerca di un Difficile Equilibrio, relazione al convegno "Nuovi Media e Regole: Orizzonti e Rischi per la Proprietà Intellettuale", Roma 25 marzo 2004. alla URL <http://europa.eu.int/information_society/eeurope/2005/all_about/digital_rights_man/doc/lattanzi_roberto_it.pdf>

Leff AA (1967) Unconscionability and the Code--The Emperor's New Clause. 115 University of Pennsylvania Law Review p 485

Lemley MA (2006) Terms of Use. 91 Minnesota Law Review p 459

Lemley MA (2005) The Innovative Medium Defense: A Doctrine to Promote the Multiple Goals of Copyright in the Wake of Advancing Digital Technologies. 110 Penn State Law Review p 111

Lemley MA (2003) Place and Cyberspace. 91 California Law Review p 521

Lemley MA (1999) Beyond Preemption: The Law and Policy of Intellectual Property Licensing. 87 California Law Review p 111

Lemley MA (1998) Symposium on the Internet and Legal Theory: The Law and Economics of Internet Norms. 73 Chicago- Kent Law Review p 1257

Lemley MA (1997) The Economics of Improvement in Intellectual Property Law. 75 Texas Law Review p 989

Lemley MA (1997) Romantic Authorship and the Rhetoric of Property. 75 Texas Law Review p 873

Lemley (1995) Intellectual Property and Shrinkwrap Licenses. 68 Southern California Law Review p 1239

Lemley MA, Reese RA (2005) A Quick and Inexpensive System for Resolving Digital Copyright Disputes. 21 Cardozo Arts & Entertainment Law Journal p 1

Lemley MA, Reese RA (2004) Reducing Digital Copyright Infringement Without Restricting Innovation. 56 Stanford Law Review p 1345

Lessig L. (1999) Code and Other Laws of Cyberspace. Basic Books, New York

Lessig L (1999) The limits in open code: regulatory standard and the future of the net. 14 Berkeley Technology Law Journal p 759

Lessig L (1999) Keynote address: commons and code. 9 Fordham Intellectual Property Media & Entertainment Law Journal p 405

Lessig L (2004) Free Culture: How Big Media Uses Technology and the Law to Lock Down Culture and Control Creativity. Penguin Press, New York

Levin SJ (1986) Examining Restraints on Freedom to Contract as an Approach to Purchaser Dissatisfaction in the Computer Industry. 74 California Law Review p 2101

Lichtman D, Landes W (2003) Indirect Liability for Copyright Infringement: an Economic Prospective. 16 Harvard Journal of. Law & Technology p 395

Liestøl G, Morrison A, Rasmussen T (a cura di) (2003) Digital Media Revisited: Theoretical and Conceptual Innovation in Digital Domains. MIT Press, Cambridge (Mass.)

Litman J (2001) Digital Copyright: protecting intellectual property on the Internet. Prometheus Books, Amherst N.Y

Litman J (1998) The Tales that Article 2B Tells. 13 Berkeley Technology Law Journal p 931

Liu J (2003) The DMCA and the Regulation of Scientific Research. 18 Berkeley Technology Law Journal p 501

Lloyd IJ (2009) Information Technology Law. 5th edn Oxford University Press, Oxford

Lu CS (2005) Multimedia Security: Steganography and Digital Watermarking Techniques for Protection of Intellectual Property. Idea Group Publishing, Hershey

Lucchi (2008) Proprietà Intellettuale e Diritto dei Contratti nel Particolarismo Giuridico Digitale. Contratto Impresa / Europa p 230

Lucchi (2007) Countering the Unfair Play of DRM Technologies. 16 Texas Intellectual Property Law Journal p 91

Lucchi N (2005) Intellectual Property Rights in Digital Media: A Comparative Analysis of Legal Protection, Technological Measures and New Business Models under EU and U.S. Law. 53 Buffalo Law Review p 1111

Lucchi N (2002) Il Caso DeCSS: Tra Libertà di Manifestazione del Pensiero e Diritto d'Autore. 3 Studium Iuris p 381

Macmillan F. (2006) New Directions in Copyright Law. E. Elgar, Cheltenham UK Northampton (Massachusetts)

MacQueen HL (2000) Copyright and the Internet. In: Edwards L., Waelde C. (a cura di) Law and the Internet: A Framework for Electronic Commerce. 2nd edn Hart Publishing, Oxford (England) Portland (Oregon), p 181

Madison MJ (1998) Legal-ware: Contract and Copyright in Digital Age, Fordham Law Review p 1025

Mak C (2008) Fundamental Rights and the European Regulation of iConsumer Contracts. 31 Journal of Consumer Policy p 425

Margoni T (2006) Il Conflitto tra Digital Rights Management e Privacy nel Caso Sony-rootkit, Diritto dell'Internet p 519

Marks DS, Turnbull BH (2000) Technical Protection Measures: The Intersection of Technology, Law and Commercial Licenses. 22 European Intellectual Property Review p 198

Marret P (2002) Information Law in Practice. 2nd edn Ashgate, Aldershot Hants Burlington

Martin-Prat M (2002), The Relationship Between Protection and Exceptions in the EU "Information Society" Directive. In: Ginsburg JC, Besek JM (a cura di) Adjuncts and Alternatives to Copyright: Proceedings of the ALAI Congress, New York, June 13-17, 2001. Columbia School of Law, New York, p 466

Marzano P (2005) Diritto d'Autore e Digital Technologies: Il Digital Copyright nei Trattati OMPI, nel DMCA e nella Normativa Comunitaria. Giuffrè, Milano

Maschio F (2006) Proprietà Intellettuale: Principi Costituzionali e Fattispecie di Conflitto. Aracne, Roma, 2006

Massa CH (2004) The Scope of the Proposed IP Enforcement Directive: Torn Between the Desire to Harmonise Remedies and the Need to Combat Piracy, 26 European Intellectual Property Review p 244

Massa CH, Strowel A (2004) The Scope of the Proposed IP Enforcement Directive: Torn between the Desire to Harmonise Remedies and the Need to Combat Piracy. 26 European Intellectual Property Review p 244

Mastroianni R (1997) Diritto Internazionale e Diritto d'Autore. Giuffrè, Milano

Matesky MP(2005) The Digital Millennium Copyright Act and Non-Infringing Use: Can Mandatory Labeling of Digital Media Products Keep the Sky from Falling?. 80 Chicago-Kent Law Review p 515

Maxeiner JR (2003) Standard-Terms Contracting in the Global Electronic Age: European Alternatives. 28 Yale Journal of International Law p 109

May C (2003) Digital Rights Management and the Breakdown of Social Norms. 8 FirstMonday alla URL <http://www.firstmonday.org/issues/issue8_11/may/index.html>

May C (2002) The Venetian Moment: New Technologies, Legal Innovation and the Institutional Origins of Intellectual Property. 20 Prometheus p 159 alla URL <http://taylorandfrancis.metapress.com/index/QAAXAY05786CLA16.pdf>

Mazziotti G (2008) EU Digital Copyright Law and the End-User, Springer, Berlin

Mazziotti G (2005) Did Apple's Refusal to License Proprietary Information enabling Interoperability with its iPod Music Player Constitute an Abuse under Article 82 of the EC Treaty?. 28 World Competition p 235

Mazziotti G (2004) Monopoli Elettronici e Utilizzazioni Libere nel Diritto d'Autore Comunitario. 75 Il Diritto di Autore p 150

McNealy P, McGuire M (2001) Digital Content Sales Hinge on Standardized Protection. Gartner Group, alla URL <http://www.gartner.com/resources/100500 /100543/digital _content.pdf >

Mefford A (1997) Lex Informatica: Foundation of Law on the Internet, 5 Indiana Journal of Global Legal Studies p 211

Menell PS, Nimmer D (2007) Unwinding Sony, 95 California Law Review p 941

Menozzi L (1999) Dove Va il Diritto d'Autore? Profezie Buone e Cattive di una Trasformazione. Il Diritto d' Autore p 400

Merges RP, Menell PS, Lemley MA (2003) Intellectual Property in the New Technological Age, 3rd edn. Aspen Publishers, New York

Merriden T (2001) Irresistible Forces: The Business Legacy of Napster & the Growth of the Underground Internet. Capstone Publishing, Milford

Metthews D (2002) Globalising Intellectual Property Rights: The TRIPs Agreement. Routledge, London New York

Micklitz HW, Kessler J (a cura di) (2002) Marketing Practices Regulation and Consumer Protection in the EC Member States and the US. Nomos, Baden-Baden

Monducci J (2006) DRM e Privacy In: Bisi S, Di Cocco C (a cura di) La Gestione e la Negoziazione Automatica dei Diritti sulle Opere dell'Ingegno Digitali: Aspetti Giuridici e Informatici. Gedit, Bologna, p 287

Montagnani ML (2009) A New Interface between Copyright Law and Technology: How User-Generated Content Will Shape the Future of Online Distribution. 26 Cardozo Arts & Entertainment Law Journal p 719

Montagnani ML, Borghi M (a cura di) (2006), Proprietà Digitale: Diritti d'Autore, Nuove Tecnologie e Digital Rights Management, Egea, Milano

Moretti M (2004) Misure Tecnologiche di Protezione delle Opere e Tutela del Consumatore, 75 Il Diritto d' Autore p 43

Morganstern S (1978) Legal protection for the consumer, 2nd edn. Oceana Publications, Dobbs Ferry N.Y

Moscati L (2007) Alle radici del Droit d'Auteur In: Liotta F (a cura di) Studi di Storia del Diritto Medioevale e Moderno. Monduzzi, Bologna

Moscati L (2007) Lo Statuto di Anna e le origini del copyright. In Fides Humanitas Ius. Studi in onore di Luigi Labruna, VI. Editoriale Scientifica, Napoli

Mostacci E (2008) La soft Law nel Sistema delle Fonti: Uno Studio Comparato. Cedam, Padova

Mulligan DK, Perzanowski AK (2007) The Magnificence of the Disaster: Reconstructing the Sony BMG Rootkit Incident, 22 Berkeley Technology Law Journal p 1157

Murray JE Jr (1982) The Standardized Agreement Phenomena in the Restatement (Second) of Contracts. 67 Cornell Law Review p 735

Musso A (2008) Diritto di Autore sulle Opere dell'Ingegno Letterarie e Artistiche: Art. 2575-2583. Zanichelli, Bologna

Neboyskey DAP (2000) A Leap Forward: Why States Should Ratify the Uniform Computer Information Transactions Act. 52 Federal Communications Law Journal p 793

Negroponte N (1995) Being Digital. Alfred A Knopf, New York

Netanel WN (2003) Impose a Non-Commercial Use Levy to Allow Free Peer-to-Peer File Sharing.17 Harvard Journal Law & Technology p 1

Netanel NW (2001) Locating Copyright Within the First Amendment Skein. 54 Stanford Law Review p 1

Netanel NW (1999) Recent Developments in Copyright Law. 7 Texas Intellectual Property Law Journal p 331

Netanel NW (1996) Copyright and Democratic Civil Society. 106 Yale Law Journal p 283

Netanel WN (1994) Alienability Restrictions and the Enhancement of Author Autonomy in United States and Continental Copyright law. 12 Cardozo Arts & Entertainment Law Journal p 1

Niederman M (2005) The Changing Narrative Paradigm Analog to Digital and What that Means. 2 International Digital Media and Arts Association Journal p 45

Nimmer RT (2004) UCITA and the Continuing Evolution of Digital Licensing Law. Computer & Internet Lawyer p 10

Nimmer RT (2000) Contract Law in Electronic Commerce. 587 Practicing Law. Institute p 1127

Nimmer RT (2000) UCITA: A Commercial Contract Code. 17 Computer Lawyer p 3

Nimmer RT (1998) Breaking Barriers: the Relation Between Contract and Intellectual Property Law.13 Berkeley Technology Law Journal p 827

Nimmer RT (1997) The Law of Computer Technology: Rights, Licenses, Liabilities, 3rd edn. West Group, St. Paul

Nimmer RT (1994) Intangibles Contracts: Thoughts of Hubs, Spokes, and Reinvigorating Article 2. 35 William & Mary Law Review p 1337

Nimmer D (2000) A Riff on Fair Use in the Digital Millennium Copyright Act, 148 University of Pennsylvania Law Review p 673

Nimmer M, Nimmer D (2005) Nimmer on Copyright: A Treatise on the Law of Literary, Musical and Artistic Property, and the Protection of Ideas. Matthew Bender, New York

Nivarra L (2005) L'Enforcement dei Diritti di Proprietà Intellettuale dopo la Direttiva 2004/48/CE, 54 Rivista di Diritto Industriale p 33

Noam E (2004) Will Internet TV Be American?. In: Noam E, Groebel J, Gerbarg D (a cura di) Internet Television. Lawrence Erlbaum, Mahwah, NJ p 235

Oakley RL (2005) Fairness in Electronic Contracting: Minimum Standards for Non-Negotiated Contracts. 42 Houston Law Review p 1041

O'Hara R (2004) You Say you Want a Revolution: Music & Technology – Evolution or Destruction?. 39 Gonzaga Law Review p 247

Olson S (2005) Digital Deontology. 2 International Digital Media and Arts Association Journal p 53

Olswang S (1995) Accessright: an Evolutionary Path for Copyright into the Digital Era. 17 European Intellectual Property Review p 215

Opderbeck DW (2005) Peer-to-Peer Networks, Technological Evolution, and Intellectual Property Reverse Private Attorney General Litigation. 20 Berkeley Technology Law

Journal p 1685

O'Rourke MA (1997) Copyright Preemption After the ProCD Case: A Market-Based Approach. 12 Berkeley Technology Law Journal p 53

O'Rourke MA (1998) Striking a Delicate Balance: Intellectual Property, Antitrust, Contract and Standardization in the Computer Industry. 12 Harvard Journal of Law & Technology p 1

Ottolia A (2004) Preserving Users' Rights in DRM: Dealing with "Juridical Particularism" in the Information Society. 35 International Review of Intellectual Property and Competition Law p 491

Ottolia A, Wielsch D (2004) Mapping the Information Environment: Legal Aspects of Modularization and Digitalization. 6 Yale Journal of Law & Technology p 174

Palfrey J, Gasser U (2008) Born Digital: Understanding the First Generation of Digital Natives. Basic Book, New York

Palmer TG (1989) Intellectual Property: A Non-Posnerian Law and Economics Approach. 12 Hamline Law Review p 261

Palmer TG (1989) Intellectual Property: A Non-Posnerian Law and Economics Approach.12 Hamline Law Review p 261

Palmieri A, Pardolesi R (2002) Gli Access Contracts: Una Nuova Categoria per il Diritto dell'Età Digitale. 7 Rivista di Diritto Privato p 265

Pardolesi R (1994) Clausole Abusive (nei contratti dei consumatori): Una Direttiva Abusata?. 119 Il Foro Italiano p 137 V

Pascuzzi G (2006) Il Diritto nell'Era Digitale. Tecnologie Informatiche e Regole Privatistiche. Il Mulino, Bologna

Pascuzzi G (1984) Videoregistrazione e Copyright Statunitense: Violazione, Fair Use o Terza Via?. Il Foro Italiano p 23

Pascuzzi G (1984) La videoregistrazione domestica di opere protette davanti alla Supreme Court. Il Foro Italiano p 351

Patry WF (1994) Copyright Law and Practice. Bureau of National Affairs, Washington DC

Patterson LR (1987) Free Speech, Copyright, and Fair Use. 40 Vanderbilt Law Review p 1

Patterson LR (1968) Copyright in Historical Perspective. Vanderbilt University Press, Nashville

Pearson H, Smith G (2005) Internet Filesharing. A European Perspective on Grokster. 10 Cyberspace Lawyer p 11

Perritt J (2003) Protecting Technology over Copyright: A Step Too Far. 14 Entertainment Law Review p 1

Petković M, Jonker W (a cura di) (2007) Security, Privacy, and Trust in Modern Data Management. Springer, Berlin

Pilati A, Perrucci A (a cura di) (2005) Economia della Conoscenza: Profili Teorici ed Evidenze Empiriche, Il Mulino, Bologna

Piola Caselli E (1927) Trattato del Diritto di Autore e del Contratto di Edizione nel Diritto Interno Italiano Comparato col Diritto Straniero. UTET, Torino, 1927

Ploeger L, Brown MD, Armon O, An Overview of MGM Studios Inc. v. Grokster, Ltd.. 34 The Colorado Lawyer 89

Posner EA (1998) Efficient Norms. In: Newman P (a cura di) The New Palgrave Dictionary of Economics and the Law. Macmillan Reference, London p 19

Posner EA (1995) Contract Law in the Welfare State: A Defense of the Unconscionability Doctrine, Usury Laws, and Related Limitations On The Freedom to Contract. 24 Journal of Legal Studies p 283

Preta A (2007) Economia dei contenuti. L'industria dei Media e la Rivoluzione Digitale. Vita e Pensiero, Milano

Prime T (2000) European Intellectual Property. Ashgate, Aldershot Brookfield

Putnam GH (1962) Books and Their Makers During the Middle Ages; A Study of the Conditions of the Production and Distribution of Literature from the Fall of the Roman Empire to the Close of the Seventeenth Century. Hillary house publishers, New York

Radin MJ (2004) Regulation by Contract, Regulation by Machine. 160 Journal of Institutional and Theoretical Economics p 1

Radin MJ (2000) Humans, Computers and Binding Commitment. 75 Indiana Law Journal p 1125

Radin MJ (2002) On-line Standardization and the Integration of Text and Machine. 70 Fordham Law Review p 1125

Ramello GB (2005) Intellectual Property and the Markets of Ideas. In: Backhaus JG (a cura di) The Elgar Companion to Law and Economics. Edward Elgar, Cheltenham Northampton

Ramello G (2003) Il Diritto d'Autore nella Prospettiva Law and Economics. Economia della cultura p 207

Ramello G (2001) Il Diritto d'Autore tra Creatività e Mercato. Economia pubblica p 37

Ramello G (1997) Copyright e Pirateria nel Mercato Fonografico. L'industria p 317

Reese RA (2003) Will Merging Access Controls and Rights Controls Undermine the Structure of Anticircumvention Law?. 18 Berkeley Technology Law Journal p 619

Reese RA (2003) Legal Incentives for Adopting Digital Rights Management Systems: Will Merging Access Controls and Rights Controls Undermine the Structure of Anticircumvention Law?.18 Berkeley Technology Law Journal p 619

Reese RA (2003) The First Sale Doctrine in the Era of Digital Networks. 44 Boston College Law Review p 577

Reese RA (2001) Copyright and Internet Music Transmissions: Existing Law, Major Controversies, Possible Solutions. 55 University of Miami Law Review p 237

Reichman JH, Dinwoodie GB, Samuelson P (2007) A Reverse Notice and Takedown Regime to Enable Public Interest Uses of Technically Protected Copyrighted Works. 22 Berkeley Technology Law Journal p 981

Reichman JH, Franklin JA (1999) Privately Legislated Intellectual Property Rights: Reconciling Freedom of Contract with Public Good Uses of Information. 147 University of Pennsylvania Law Review p 875

Reichman JH, Uhlir PF (2003) A Contractually Reconstructed Research Commons for Scientific Data in a Highly Protectionist Intellectual Property Environment. 66 SPG Law & Contemporary Problems p 315

Reidemberg J (1998) Lex Informatica: The Formulation of Information Policy Rules Through Technology. 76 Texas Law Review p 553

Reinbothe J (2003) European Copyright – Yesterday, Today, Tomorrow. In: Becker E, Buhse W, Günnewig D, Rump N (a cura di) Digital Rights Management: Technological, Economic, Legal and Political Aspects. Springer, Berlin New York, p 416

Rice DA (1997) Digital Information As Property And Product: U.C.C. Article 2B, 22 University of Dayton Law Review p 621

Riccio GM (2002) La Responsabilità Civile degli Internet Providers. Giappichelli, Torino

Ricolfi M (2001) Intellectual Property Rights and Legal Order. 72 Il Diritto di Autore p 123

Ricolfi M (2002) La Tutela della Proprietà Intellettuale: Fra Incentivo all'Innovazi –one e Scambio Ineguale. 51 Rivista di Diritto Industriale p 511

Rifkin J (2000) The Age of Access: The New Culture of Hypercapitalism, Where All of Life is a Paid-for Experience. J.P. Tarcher/Putnam, New York

Ritchie A (2000) Hanging in the Balance: Fair Use for Digital Works. 9 University of Baltimore Intellectual Property Law Journal p 29

Romer P (1986) Increasing Returns and Long-Run Growth, 94 Journal of Political Economy p 1002

Roppo V (1994) La nuova disciplina delle clausole abusive nei contratti fra imprese e consumatori. 40 Rivista di Diritto Civile p 277

Rose M (1994) The Author as Proprietor: Donaldson v. Beckett and the Genealogy of Modern Authorship. In: Sherman B, Strowel A (a cura di) Of authors and origins : essays on copyright law. Oxford University Press, Oxford New York

Rose M (1993) Authors and Owners: The Invention of Copyright. Harvard University Press, Cambridge (Mass.)

Rossini M, Helberger N (2005) Fair DRM Use. Report on the 3rd INDICARE Workshop Held on 28 May 2005 in Amsterdam. Alla URL <http://www.indi care.org/tiki-download_file.php?fileId=146>

Rosenblatt W, Trippe W, Mooney S (2002) Digital rights management: business and technology. M&T Books, New York

Rosenblatt B, Dykstra G (2003) Integrating Content Management with Digital Rights Management at http://www.xrml.org/reference/CM-DRMwhitepaper.pdf

Rosenfield HN (1975) The Constitutional Dimensions of "Fair Use" in Copyright Law. 50 Notre Dame Law Review p 790

Rott P (2008) Download of Copyright-Protected Internet Content and the Role of (Consumer) Contract Law. 31 Journal of Consumer Policy p 441

Rullani E, Romano L (1998) Il postfordismo. Idee per il capitalismo prossimo venturo. Etas, Milano

Rustad ML (1999) Making UCITA More Consumer-Friendly. 18 John Marshall Journal of Computer & Information Law p 547

Samuelson P (2009) Unbundling Fair Uses. 77 Fordham Law Review p 2537

Samuelson P, Schultz J (2007) Should Copyright Owners Have to Give Notice about Their Use of Technical Protection Measures? 6 Journal on Telecommunications & High Technology Law p 41

Samuelson P (2006) Three Reactions to MGM v. Grokster. 13 Michigan Telecommunications and Technology Law Review p 177

Samuelson P (2003) DRM {and, or, vs.} the law. 46 Communications of the ACM p 41

Samuelson P (1999) Intellectual Property and the Digital Economy: Why the Anti-Circumvention Regulations Need to be Revised. 14 Berkeley Technology Law Journal p 519

Samuelson P (1999) Challenges for the World Intellectual Property Organization and the Trade-related Aspects of Intellectual Property Rights Council in Regulating Intellectual Property Rights in the Information Age. 21 European Intellectual Property Review p 578

Samuelson P (1998) Foreword, Symposium on Intellectual Property and Contract Law for the Information Age. 13 Berkeley Technology Law Journal p 809

Samuelson P (1997) The U.S. Digital Agenda at WIPO. 37 Virginia Journal of International Law p 369

Samuelson P (1994) Will the Copyright Office be Obsolete in the Twenty-First Century?. 13 Cardozo Arts & Entertainment Law Journal p 55

Samuelson P (1991) Digital Media and the Law. 34 Communications of the ACM p 23

Samuelson P (1990) Digital Media and the Changing Face of Intellectual Property Law.16 Rutgers Computer and Technology Law Journal p 323

Samuelson P (1989) Information as Property: Do Ruckelshaus and Carpenter Signal a Changing Direction in Intellectual Property Law?. 38 Catholic University Law Review p 365

Samuelson P, Glushko RJ (1993) Intellectual Property Rights for Digital Library and Hypertext Publishing Systems. 6 Harvard Journal of Law & Technology p 237

Samuelson P, Scotchmer S (2002) The Law and Economics of Reverse Engineering. 111

Yale Law Journal p 1575

Santilli M (1988) Il diritto d'Autore nella Società dell'Informazione. Giuffrè, Milano

Satta G (2002) Copyright/Copyleft, Note sull'Ipertrofia della Proprietà Intellettuale su Certi Paradossi e su Alcune Strategie di Resistenza. 28 Parolechiave p 121

Sawhney M (2000) Hand in Hand. Context Magazine alla URL <http://www.cont ext-mag.com/setFrameRedirect.asp?src=/archives/200004/DigitalStrategy.asp>

Scassellati Sforzolini MT (2003) La Direttiva Comunitaria del 22 maggio 2001 n. 29 sull'Armonizzazione di Taluni Aspetti del Diritto d'Autore nella Società dell'Informazione. 74 Il Diritto di Autore p 65

Schiller D (2000) Capitalismo Digitale: Il Mercato Globale in Rete. Egea, Milano

Schovsbo J (2008) Integrating Consumer Rights into Copyright Law: From a European Perspective. 31 Journal of Consumer Policy p 393

Schuster L (1982) Home Use of Videotape Recorders (VTRs): Infringement or Fair Use?. 59 Chicago Kent Law Review p 209

Sell SK (2003) Private Power, Public Law: The Globalization of Intellectual Property Rights. Cambridge University Press, Cambridge New York

Sell SK (2002) TRIPs and the Access to Medicines Campaign. 20 Wisconsin International Law Journal p 481

Sell SK, May C (2001) Moments in Law: Contestation and Settlement in the History of Intellectual Property. 8 Review of International Political Economy p 467

Sellars C (2003) Digital Rights Management Systems: Recent European Issues. 14 Entertainment Law Review p 5

Shah PA (2000) The Uniform Computer Information Transactions Act. 15 Berkeley Technology Law Journal p 85

Shapiro AL (1999) The Control Revolution: How the Internet is Putting Individuals in Charge and Changing the World We Know. PublicAffairs, New York

Shapiro C, Varian HR (1999) Information Rules: A Strategic Guide to the Network Economy.Harvard Business School Press, Boston (Massachusetts)

Sherman B, Bently L (1999) The Making of Modern Intellectual Property Law. Cambridge University Press, Cambridge (England) New York

Sieber A (2003) The Constitutionality of the DMCA Explored: Universal City Studios, Inc. v. Corley & United States v. Elcom Ltd.. 18 Berkeley Technology Law Journal p 7

Simon D (2001) Le Système Juridique Communautaire, 3rd edn. Presses Universitaires de France, Paris

Simon E (2002) The DMCA: Providing Locks for Digital Doors. In: Thierer A, Crews CW Jr (a cura di) Copyfights: The future of intellectual property in the information age. Cato Institute, Washington DC, p 171

Sirinelli P (2002) The scope of the prohibition on circumvention of technological measures: exceptions in Adjuncts and Alternatives to Copyright. In: Ginsburg JC, Besek JM (a cura di) Adjuncts and Alternatives to Copyright: Proceedings of the ALAI Congress, New York, June 13-17, 2001. Columbia School of Law, New York, p 384

Slawson DW (1996) Binding Promises: The Late 20th- Century Reformation of Contract Law. Princeton University Press, Princeton

Smith MD, Bailey J, Brynjolfsson E (2000) Understanding Digital Markets: Review and Assessment. In: Brynjolfsson E, Kahin B (a cura di) Understanding the Digital Economy. MIT Press, Cambridge (Massachusetts) p 99

Sobel LS (2003) DRM as an Enabler of Business Models: ISPs as Digital Retailers. 18 Berkeley Technology Law Journal p 667

Sobel LS (1971) Copyright and the First Amendment: A Gathering Storm?, 19 Copyright Law Symposium p 43

Spada P (1998) La Proprietà Intellettuale nelle Reti Telematiche. 44 Rivista di Diritto Civile p 635

Spada P (2000) La Proprietà Intellettuale su Internet. Temi romana p 128

Spada P (2002) Copia Privata e Opere Sottochiave. 51 Rivista di Diritto d'Autore p 591

Spanogle JA (1969) Analyzing Unconscionability Problems. 117 University of Pennsylvania. Law Review p 931

Stamatoudi IA (2002) Copyright and Multimedia Works. A Comparative Analysis. Cambridge University Press, Cambridge (Massachusetts) New York

Stefik M (1997) Shifting the Possible: How Trusted Systems and Digital Property Rights Challenge Us to Rethink Digital Publishing. 12 Berkeley Technology Law Journal p 137

Sterling JAL (1998) Creator's Right and the Bridge Between Author's Right and Copyright. 29 International Review of Intellectual Property and Competion Law p 302

Stokes S (2002) Digital Copyright: Law and Practice. Butterworths, London

Strowel A (a cura di) (1993) Droit d'Auteur et Copyright. Divergences et Convergences: Étude de Droit Compare, Bruylant, Bruxelles

Sunstein CR (1997) Free Markets and Social Justice. Oxford University Press, New York Oxford

Swanson CB (2001) Unconscionable Quandary: U.C.C. Article 2 and the Unconscionability Doctrine. 31 New Mexico Law Review p 359

Swire P (2008) When Should "Consumer-as-Producers" Have to Comply with Consumer Protection Law? 31 Journal of Consumer Policy p 473

Tebbel J (1972) A History of Book Publishing in the United States. R. R. Bowker Co, New York

Terrell TP, Smith JS (1985) Publicity, Liberty, and Intellectual Property: A Conceptual and Economic Analysis of the Inheritability Issue. 34 Emory Law Journal p 1

Thierer A, Crews W (a cura di) (2002) Copy Fights: The Future of Intellectual Property in the Information Age. Cato Institute, Washington DC

Therien JR (2001) Exorcising the Spectre of a "Pay per Use" Society: Towards Preserving Fair Use and the Public Domain in the Digital Age. 16 Berkeley Technology Law Journal p 979

Tian Y (2009) Re-thinking Intellectual Property. The Political Economy of Copyright Protection in the Digital Era. Routledge, London

Trebilcock MJ (1997) The Limits of Freedom of Contract: Harvard University Press, Cambridge (Massachusetts)

Tremml B (1997) The EU Directive on Unfair Terms in Consumer Contracts, 3 International contract advisor p 18

Ulmer-Eilfort C (Private Copying and Levies for Information- and Communication – Technologies and Storage Media in Europe. In: Becker E, Buhse W, Günnewig D, Rump N (a cura di) Digital Rights Management: Technological, Economic, Legal and Political Aspects. Springer, Berlin New York, p 447

United States Copyright Office (2001) Executive Summary Digital Millennium Copyright Act Section 104 Report. Alla URL <http://www.loc.gov/copyright /reports/studies/d mca/dmca_executive.html>

Vaidhyanathan S (2001) Copyrights and Copywrongs: The Rise of Intellectual Property and How It Threatens Creativity. New York University Press, New York

van Dijk J. (1999) The Network Society: Social Aspects of New Media (Leontine Spoorenberg trans). Thousand Oaks, London

van Hoboken J, Helberger N (2008) Looking Ahead – Future Issues when Reflecting on the Place of the iConsumer in Consumer Law and Copyright Law. 31 Journal of Consumer Policy p 489

Vanzetti A, Di Cataldo V (2000) Manuale di Diritto Industriale, 3rd edn. A. Giuffrè, Milano

Varian HR (1996) Pricing Information Goods. In: Hughes C (a cura di) Scholarship in the new information environment: proceedings from an Research Libraries Group Symposium held May 1-3, 1995 at Harvard University. Research Libraries Group, Mountain View (California) p 5

Vaver D (1998) Internationalizing Copyright Law: Implementing the WIPO Treaties. OIPRC Electronic Journal of Intellectual Property Rights, http://www.oip rc.ox.ac.uk/EJWP0199.html

Veddern M (2004) The Enforcement Directive 2004/48/EC–A Further Step in the Harmonization of IP Laws in Europe. 16 IPR Helpdesk Bulletin p 4 alla URL <http://www.ipr-helpdesk.org/newsletter/16/pdf/EN/N16_EN.pdf>

Vinje TC (2000) Should We Begin Digging Copyright's Grave?. 22 European Intellectual Property Review p 551

Vinje TC (1997) The new WIPO Copyright Treaty: A Happy Result in Geneva. 5 European Intellectual Property Review p 230

Visser DJG, Copyright Exemptions Old and New: Learning from Old Media Experiences. In: Hugenholtz PB (a cura di) The Future of Copyright in a Digital Environment. Kluwer Law International, The Hague Boston, p 49

von Lewinski S (2004) Rights Management Information and Technical Protection Measures as Implemented in EC Member States. 35 International Review of Intellectual Property & Competition Law p 844

von Lewinski S (1997) WIPO Diplomatic Conference Results in Two New Treaties. 28 International Review of Intellectual Property & Competition Law p 203

von Lohmann F. (2002) Fair Use and Digital Rights Management: Preliminary Thoughts on the (Irreconcilable?) Tension Between Them. Alla URL <http://www.eff.org/IP/DR M/cfp_fair_use_and_drm.pdf

Walterscheid EC (2003) To Promote the Progress of Science and Useful Arts: The Anatomy of a Congressional Power. 43 IDEA: The Journal of Law and Technology p 1

Walterscheid EC (1998) To Promote the Progress of Useful Arts: American Patent Law and Administration, 1798-1836. F.B. Rothman, Littleton, Colo

Weatherill S (2005) EU Consumer Law and Policy. Edward Elgar, Cheltenham Northampton

Weinberg J (2000) Hardware-Based ID, Rights Management, and Trusted Systems. 52 Stanford Law Review p 1251

White JJ (1997) Form Contracts under Revised Article 2. 75 Washington University Law Quarterly p 315

White JJ, Summers RS (1980) Handbook of the law under the uniform commercial code, 2nd edn. West Publishing, St. Paul

Wiese H (2002) The Justification of the Copyright System in the Digital Age. 24 European Intellectual Property Review pp 387-396

Williams A, Calow D, Higham N (1998) Digital Media: Contracts, Rights and Licensing, 2nd edn. Sweet & Maxwell, London

Winn JK (a cura di) (2006) Consumer Protection in the Age of the Information Economy. Ashgate, Aldershot Hants Burlington

Winn JK, Bix BH (2006) Diverging Perspectives on Electronic Contracting in the U.S. and the EU. Minnesota Legal Studies Research Paper No. 06-15, alla URL <http://ssrn.com/abstract=893144>

Winn J, Jondet N (2008) A "New Approach" to Standards and Consumer Protection. 31 Journal of Consumer Policy p 459

Xalabarder R (2003) Copyright and Digital Distance Education: The Use of Pre-Existing Works in Distance Education Through the Internet. 26 Columbia Journal of Law & the Arts p 101

Xalabarder R (2002) Copyright: choice of law and jurisdiction in the digital age. 8 Annual Survey of International & Comparative Law p 79

Zencovich VZ, (2005) Diritto d'Autore e Libertà di Espressione: Una Relazione Ambigua. Annali Italiani del Diritto d'Autore, della Cultura e dello Spettacolo p. 151

Zencovich VZ, Mezzanotte F (2008) Le Reti della Conoscenza: Dall'Economia al Diritto. Diritto dell'Informazione e dell' Informatica p. 141

Zepeda LM (2002) A&C Records, Inc. v. Napster, Inc.. 17 Berkeley Technology. Law Journal p 71

Ziccardi G (a cura di) (2007), Nuove Tecnologie e Diritti di Libertà nelle Teorie Nordamericane. Mucchi, Modena

Ziccardi G (2001) Il Diritto d'Autore nell'Era Digitale: Evoluzione Tecnologica e Copyright: Internet, Mp3, DivX; Open Source, Gnu/Linux, Free Software, Mezzi di Protezione. Il Sole 24 Ore, Milano

Zittrain J (2005) Technological Complements to Copyright. Foundation Press, New York